매일 조금씩 나를 바꾸는 **퇴근길 인문학 수업** │ 커리큘럼 1 : **멈춤** │

카테고리	강의 주제	월	화
생존과 공존	1. 생태계에서 배우는 삶의 원리	어설픈 변신, 그래도 나는 나다	극한의 압박에서 피어나는 처절한 생명력
	2. 너를 이해해	진짜 정의는 무엇인가	그들은 누구인가 : **사이코패스**
	3. 너와 나 그리고 우리	누구도 그럴 권리는 없다 : **토마스 빈터베르그 감독의 〈더 헌트〉**	말없이 실천하는 한 사람의 힘 : **프레데릭 백 감독의 〈나무를 심은 사람〉**
대중과 문화	4. 스크린으로 부활한 천재들	'작업'의 신 피카소	고흐가 남쪽으로 간 까닭은?
	5. 연극의 발견	당신과 연극 사이를 가로막는 4개의 장벽	부유하면 죽고 가난하면 사는 연극의 비밀
	6. 조선의 대중문화	임진왜란, 한류의 시작	조선시대 인어 이야기 : **유몽인의 《어우야담》**
경제와 세계	7. 쉽게 풀어보는 경제원리	첫사랑이 기억에 오래 남는 이유 : **한계이론**	이유 없는 선택은 없다 : **기회비용과 매몰비용**
	8. 역사에 남은 경제학자의 한마디	화폐가치 : 악화가 양화를 구축하다	시장 : 보이지 않는 손
	9. 무기의 발달과 경제	전쟁이 무기 기술의 혁명을 가져오다	전쟁의 판도를 바꾼 개인화기의 출현과 진화
철학과 지혜	10. 한국의 사상을 말하다	한국인의 사상적 DNA, 풍류	화쟁의 세계에서 마음을 묻다
	11. 철학하며 살아보기	생각에 대한 생각	잘못된 생각을 고치는 철학
	12. 고전의 잔혹한 지혜	막장 드라마는 어떻게 고전이 되었나	비극의 원천은 아트레우스 가문의 저주

수	목	금
암컷은 약자인가	뭉쳐야 산다	전문가들의 고군분투
멀고 먼 무지개 깃발 : 동성애	삶을 원하면 죽음을 준비하라 : 안락사	인권이 없는 곳에서 인권을 논하다 : 학교와 인권
쉿! 없는 사람처럼 : 고레에다 히로카즈 감독의 〈아무도 모른다〉 장 피에르 다르덴·뤽 다르덴 감독의 〈자전거 탄 소년〉	어린 왕자는 동화가 아니다 : 생텍쥐페리의 《어린 왕자》	그들은 왜 남자로 살았을까 : 로드리고 가르시아 감독의 〈앨버트 놉스〉
전쟁 중에 예술을 한다는 것 : 르누아르	세기말, 분열된 정신을 장식한 화가 : 클림트	제자, 연인 그리고 조각가 : 까미유 끌로델
키워드로 읽는 연극의 매력 1 공감 · 사건 · 사고	키워드로 읽는 연극의 매력 2 분위기 · 소통 · 선택	연극의 기원에서 만난 인간의 본성
조선의 백과사전 : 이수광의 《지봉유설》	조선 최고의 식객 : 허균의 《도문대작》	선비, 꽃을 즐기다
전쟁, 금융의 발달을 재촉하다	물류, 도시를 만들다	나도 모르는 사이에 나의 선택에 개입하는, 넛지효과
버블 : 비이성적 과열	균형 : 차가운 머리, 뜨거운 가슴	혁신 : 창조적 파괴
제1차 세계대전 승리의 주역, 전차	산업과 숫자로 보는 제2차 세계대전	현실로 다가온 미래무기
마음 수양의 비결, 돈오점수	유교를 통해 배우고 묻다	이치에 다다르다
전제를 비판해야 하는 이유	생각의 앞뒤 짜 맞추기	철학이 세상을 바꾸는 방식
잔혹복수극 〈오레스테스〉 3부작 읽기	미스터리 추적 패륜드라마 〈오이디푸스 대왕〉	비극 속 악녀 〈메데이아〉를 위한 변명

퇴근길
인문학
수업 ●

일러두기

- 외래어 표기는 국립국어원 외래어 표기법을 따르되 일부 널리 쓰이는 관용적 표현에는 예외를 두었습니다.
- 중국어 표기는 외래어 표기법을 따르되 신해혁명 이전의 고유명사는 한자 발음으로, 이후의 고유명사는 현지 발음을 따랐습니다.

퇴근길 인문학 수업 : 멈춤

초판 1쇄 발행 2018년 9월 15일
초판 22쇄 발행 2020년 10월 15일

편저 백상경제연구원

펴낸이 조기흠
편집이사 이홍 / **책임편집** 송지영 / **기획편집** 최진 / **기획** 박선영, 장선화
마케팅 정재훈, 박태규, 김선영, 홍태형, 배태욱 / **디자인** 석운디자인 / **제작** 박성우, 김정우

펴낸곳 한빛비즈(주) / **주소** 서울시 서대문구 연희로2길 62 4층
전화 02-325-5506 / **팩스** 02-326-1566
등록 2008년 1월 14일 제 25100-2017-000062호
ISBN 979-11-5784-285-8 04300
   979-11-5784-288-9 (세트)

이 책에 대한 의견이나 오탈자 및 잘못된 내용에 대한 수정 정보는 한빛비즈의 홈페이지나
이메일(hanbitbiz@hanbit.co.kr)로 알려주십시오. 잘못된 책은 구입하신 서점에서 교환해드립니다.
책값은 뒤표지에 표시되어 있습니다.

⌂ hanbitbiz.com 🅵 facebook.com/hanbitbiz 🅽 post.naver.com/hanbit_biz
▶ youtube.com/한빛비즈 🅘 instagram.com/hanbitbiz

지금 하지 않으면 할 수 없는 일이 있습니다.
책으로 펴내고 싶은 아이디어나 원고를 메일(hanbitbiz@hanbit.co.kr)로 보내주세요.
한빛비즈는 여러분의 소중한 경험과 지식을 기다리고 있습니다.

퇴근길 인문학 수업 멈춤

바쁜 걸음을 멈추고
나를 둘러싼 세계와 마주하기

백상경제연구원

HB 한빛비즈
Hanbit Biz, Inc.

퇴근길 인문학 수업을 열며

'욕망은 우리의 불완전함에 대한 표시인가'
'정의가 무엇인지 알기 위해 불의를 경험하는 것이 필요한가'
'존 스튜어트 밀의《논리학 체계》발췌문을 읽고 평하라'

질문만 읽어도 머리가 아프겠지만 2018년 과학계열 대학을 지망하는 프랑스 고등학생들이 치른 대입자격시험 '바칼로레아'의 시험문제다. 프랑스는 매년 6월 고등학교 졸업시험이자 대학진학의 관문인 이 시험을 치른다. 나폴레옹 시대부터 200년 넘게 이어졌다.

인문·경제사회·과학계열로 나눠 일주일간 10여 개 과목을 치르는 이 시험은 계열에 관계없이 철학, 역사·지리, 외국어1, 수학 등은 공통과목이다. 2018년 일반 바칼로레아 과학계열 응시자는 철학과목에 출제된 위 세 개 문제 중 한 개를 선택해 네 시간 동안 풀었다.

인문과 경제사회계열에 나온 철학문제도 당혹스럽긴 마찬가지다. '문화는 우리를 더 인간답게 만드는가' '우리는 진실을 포기할 수 있는가' '모든 진리는 결정적인가' '우리는 예술에 대하여 무감각할 수 있는가' 등이다. 이 문제 중 하나를 선택해 답을 써본다면 우리는 과연 얼마나 써 내려갈 수 있을까. 철학 전공자도 쉽지 않을 터다.

그렇다고 지레 겁먹을 필요는 없다. 20점 만점에 10점 이상이면 통과한다. 합격률이 80퍼센트에 달한다. 역사적인 사실과 논증 등을 활용해 자신의 주장을 얼마나 설득력 있게 적어나가는지를 평가하는데, 불합격자에게는 재도전의 기회를 줘 합격률을 높인다.

이런 시험을 치르려니 관리에만 1조 원이 넘게 든다. 그래서 다각적인 개혁이 추진되고 있지만, 반발도 만만치 않다. 교육에서 무엇보다 중요한 게 생각하는 힘을 기르는 것이고, 그 바탕이 철학, 즉 인문학이라고 판단하기 때문이다. 바칼로레아가 치러지는 날 프랑스 국민들은 '올해는 어떤 시험문제가 나올까' 궁금해하고 토론회장에는 학자와 시민들이 모여 시험문제에 대한 자신의 생각을 말한다. 그들은 인문학에서 삶의 답을 찾고 있다.

인문학에서 답을 찾으려는 시도는 정보통신기술(ICT) 등 첨단산업에서도 활발하다. 인문학과 예술은 특히 4차 산업혁명 시대에 창의융합형 인재를 육성하기 위한 필수과목으로 꼽힌다. 아이폰 신화를 일으킨 스티브 잡스의 인생을 바꾼 강의는 엉뚱하게도 캘리그라피(서체학) 수업이었다. 아름다운 서체를 연구하는 이 수업에 빠진 잡스는 캘리그라피를 컴퓨터에 접목해 오늘날의 애플을 있게 한 매킨토시 컴퓨터를 히트시켰다. 잡스는 생전에 "애플은 언제나 인문학과 기술이 만나는 지점에 존재했다"고 말했다. 마이크로소프트의 빌 게이츠는 "인문학이 없었다면 나도 없었고 컴퓨터도 없었을 것"이라고 얘기한다. 테슬라의 일론 머스크는 아예 자신이 읽은 공상과학소설을 현실 세계로 옮기는 중이다. 전기자동차 개발에 이어 우주개발업체 스페이스X를 설립하고 화성에 미래도시를 세우겠다는 꿈을 추진하고 있다.

미국의 경제주간지 〈포브스〉의 기자 조지 앤더스는 《왜 인문학적 감각인가》라는 저서에서 인문학은 일반인들의 생각과 달리 돈이 되고 고용을 창출하며 혁신의 중심이라고 주장한다. 브루킹스연구소가 통계청 자료를 바탕으로 산출한 미국의 전공별 고소득자를 살펴보니 철학·정치학·역사학 전공자들이 주류를 이뤘다는 것이다. 증권·금융은 물론이고 가장 큰 성공을 거둔 스타트업 설립자의 3분의 1이 인문학 전공이라는 분석이다. 페이스북의 마크 저커버그, 알리바바의 마윈, 미국 대선 경쟁에까지 나섰던 칼리 피오리나 전 HP 회장 등도 인문학 전공자들이다.

《퇴근길 인문학 수업》을 펴내게 된 것은 이런 이유들 때문이다. 빡빡한 삶에 지친 직장인이나 학생들에게 인문학을 통해 자기성찰과 치유의 기회를 마련해주면서 동시에 인문학에 대한 지적 갈증도 해소하기 위해서다. 근로시간 단축을 계기로 인문학에 대한 관심이 높아졌으면 하는 바람도 작용했다.

《퇴근길 인문학 수업》은 교과과정처럼 커리큘럼을 정해 매주 한 가지 주제를 읽고 성찰할 수 있도록 구성했다. 인생을 항해할 때 '멈춤/전환/

전진'이라는 과정을 거치듯 1권은 '멈춤'이라는 테마로 바쁜 걸음을 멈추고 나를 둘러싼 세계와 마주할 수 있는 내용들로 꾸몄다. 2권의 테마는 '전환'이다. 지금까지와는 다른 시선으로 나를 돌아볼 수 있는 주제들이다. 3권은 '전진'이다. 다시 일상의 시간으로 돌아가 세상 밖으로 성큼성큼 나아가자는 의미다.

《퇴근길 인문학 수업》에는 문학·역사·철학은 물론 신화·음악·영화·미술·경제·과학·무기·심리치유 등 다양한 분야가 포함되어 있다. 사고의 영역을 넓히기 위해서다. 그래서 필진도 다양하다. 문화창작부 교수에서부터 정신과 전문의, 한문학자, 소설가, 영화평론가, 경제학자, 군사전문기자, 철학자, 중국차※ 전문가 등 각 분야의 전문가들이 참여했다.

이 책은 2013년부터 서울경제신문부설 백상경제연구원이 서울시교육청과 함께 진행하고 있는 인문학 아카데미 '고인돌(고전 인문학이 돌아오다)'을 바탕으로 한다. 주제에 맞게 강연내용을 새로 쓰고 다듬었다. 독자들에게 필요하다고 판단해 특별히 모신 필진도 있다. 고인돌은 지금까지 8만여 명의 중고등학생과 시민들이 들을 정도로 인기를 끌고 있는 강연이다. 올해도 서울시교육청 산하 공공도서관과 학교에서 성황리에 진행 중이다.

《퇴근길 인문학 수업》은 아리스토텔레스와 소크라테스로 서양철학 공부를 시작하라고 강요하지 않는다. 다만 살아가는 데 철학이 왜 필요한지 설명하고, 정서적으로 불안하다면 이를 벗어날 수 있는 자신만의 방법을 찾는 노하우를 전하기 위해 노력했다. 아울러 서양 중심의 스토리 산업에 밀려 사라져가는 동양 신화를 환생시키고, 동물의 생태를 통해 인간과 남녀평등의 문제를 고민해볼 수 있도록 했다. 딱딱한 경제학으로도 영역을 넓혀 경제학자들이 남긴 명언의 배경과 시대 상황 등을 소개해 경제사의 조류를 쉽게 이해할 수 있도록 꾸몄다. 프랑켄슈타인, 뱀파이어, 지킬박사와 하이드 등 괴물의 탄생과 기원을 소개하고, 내 안에 그런 낯선 이방인이 있을 수 있음을 같이 고민하게 했다.

마음을 다잡을 수 있는 글쓰기 기술도 소개했다. 박완서의 《나목》, 카프카의 《변신》, 헤르만 헤세의 《데미안》을 해부하고, 근대로의 전환기에 영국, 프랑스, 러시아에서 벌어진 혁명이 던지는 의미도 살폈다. 동성애와 사이코패스 같은 논란의 주제도 다뤘다.

칼리 피오리나 전 HP 회장은 "중세가 르네상스로 이행하는 데서 디지털시대가 도래할 것이라는 영감을 얻었다"고 말한다. 삶이 피곤할 때 잠시 멈춰 서서 자기성찰과 재충전의 시간을 갖는 데 《퇴근길 인문학 수업》이 도움이 되기를 바란다. 한발 더 나아가 불확실한 미래에 대한 영감까지 얻을 수 있다면 더 바랄 게 없겠다.

백상경제연구원장

이용택

PART4 | 철학과 지혜

제10강 한국의 사상을 말하다 | 신창호

제11강 철학하며 살아보기 | 이창후

제12강 고전의 잔혹한 지혜 | 박준용

PART 1

생존과 공존

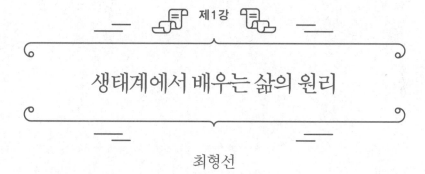

생태계에서 배우는 삶의 원리

최형선

온갖 위기에도 좌절하지 않고 살아남은 동물의 생존전략을 연구하고, 그들에게서 배울 점을 찾는 생태학자. 1984년 이화여대 생태학 박사학위를 마치고 성균관대 초빙교수로 학생들을 가르친다. JTBC 시청자 위원으로도 활동하고 있다. 저서로 《낙타는 왜 사막으로 갔을까》《첫걸음 동물백과》《동물들아 힘을 내》《실험과 함께 읽는 어린이 생태학(전2권)》 외 다수가 있다. 《낙타는 왜 사막으로 갔을까》로 2012년 제30회 과학기술도서상 저술상을 수상했다.

어설픈 변신,
그래도 나는 나다

자기과시는 사람만 하는 게 아니다. 동물의 자기과시가 사람과 다른 점이 있다면 실력으로 자신을 드러낸다는 데 있다. 교묘하게 포장해 위선적 성향을 띠는 허세가 아니다. 춤이나 노래로 시선을 끌거나 화려한 아름다움을 뽐내기도 하고, 힘을 기르는 일에 심혈을 기울이기도 한다. 짝짓기를 위한 구애 행위나 세력권 확보를 위한 투쟁에서 자기과시는 꽤 쓸모가 있다. 외모를 경쟁력으로 끌어올린 전략의 사례로 사슴을 들 수 있다. 이들의 과시는 실질적인 능력을 갖추는 데 집중한다. 슬슬 남의 눈치를 본다거나 공허한 내면을 가리지 않으니 떳떳하다.

크기로
제압하라

사슴은 진화과정에서 주저하지 않고 외모에 고

비용을 투자하며 사치성 기관을 발달시킨 대표적인 동물이다. 과시 용도로 사용하는 뿔은 해마다 떨어졌다가 다시 자라기 때문에 비효율적인 데다 포식자 눈에 잘 띄고 도망치기에도 거추장스럽다. 달고 다니느라 에너지를 소모하는 것도 모자라 뿔을 유지할 영양분도 섭취해야 한다. 한마디로 뿔은 간수하는 데 노력이 필요한 고가의 사치재다. 폼 잡는 데 드는 비용이 만만치 않다.

그럼에도 불구하고 뿔을 기르는 데는 이유가 있다. 큰 뿔은 유전적 우월성을 나타내는 것으로, 능력 있는 사슴이라는 점을 알리는 도구다. 새 뿔은 봄과 여름에 걸쳐 두개골 이마뼈 위쪽에서 대칭으로 자라나는데, 먹이 채집 능력과 대사 효율성이 좋을수록 큰 뿔을 가질 수 있다.

뿔이 큰 수컷은 질병 저항력이 강할 뿐 아니라 생식능력 또한 월등하다. 큰 뿔을 가진 수컷은 암컷에게 유능하고 힘이 좋고 건강한 존재로 인식된다. 수컷끼리 뿔을 맞대고 겨루더라도 절대적으로 유리해서 짝짓기 선택권을 차지하기 쉽다. 암컷은 튼튼한 자손을 낳기 위해 건강한 수컷과의 짝짓기를 선호한다. 이러니 과감한 투자를 망설일 필요가 없다.

그런데 뿔이라고 뻐기기엔 너무 궁상맞은 뿔을 가진 사슴이 남미에 산다. 사슴 중에서도 가장 몸집이 작은 푸두Pudu다. 푸두도 다른 사슴처럼 수컷에게만 뿔이 있는데 워낙 빈약해서 갈라지지도 않은 채 7센티미터 남짓한 길이로 머리 위쪽에 한 가닥씩 두 개가 솟아 있다.

푸두보다 더 형편없는 뿔을 가진 사슴이 없는 건 아니다. 현존하는 사슴 중 가장 오래된 사슴인 문자크Muntjac가 그렇다. 문자크 수컷은 짧은 뿔을 가졌는데 마치 귓바퀴처럼 피부로 덮여있어서 겉으로 크게 드러나지 않는다. 그래도 수컷은 경쟁할 때 아래로 향한 송곳니를 드러내며 그 볼품없고 조그마한 뿔을 사용한다.

푸두는 어쨌거나 열대림 출신의 사슴 조상에 비하면 거주지를 인근 온대우림지역으로 옮기며 나름의 변신을 꾀한 쪽이다. 다만 색다른 환경으로 과감히 진출하고, 그곳에서 완전히 새롭게 출발하려는 도전 정신이 조금 부족했다.

반면에 북극지방으로 멀찌감치 진출한 순록의 수컷들은 1미터가 넘는 압도적인 크기의 뿔을 갖고 있다. 순록은 암수 모두 다른 사슴은 꿈도 못 꿀 큰 뿔을 달고 자신들의 재력과 능력을 과시한다.

온대에서부터 아극지방의 기후에 적응한 무스Moose도 마찬가지다. 무스의 활동 무대 또한 침엽수림이나 낙엽수가 혼재된 추운 곳으로, 순록의 서식지와 중복되기도 한다. 무스는 사슴 중에도 몸집이 월등히 커서 웬만한 수컷 몸무게가 380~700킬로그램에 달한다. 무스의 뿔은 손바닥 모양으로 퍼져 있는데 양쪽으로 펼쳐진 폭이 2미터에 육박한다.

고생물학 자료를 찾아보면 사슴 출현 초기에는 몸집과 뿔이 지금보다 작았지만 점차 여러 대륙으로 퍼지면서 몸집도 커지고 나뭇가지 모양으로 크게 뻗어난 뿔을 갖게 된 것을 알 수 있다. 멸종한 사슴 중에는 현존하는 사슴보다 덩치가 훨씬 더 큰 것도 있었는데 뿔의 길이가 3.5미터에 달했다.

사슴의 뿔이 해마다 이렇게 불쑥 크려면 칼슘, 인 등 무기염이 많은 양질의 먹이를 양껏 먹어야 한다. 사슴은 되새김동물이지만 소나 양과는 달리 섬유소가 적은 부드러운 먹이로 끼니를 때운다. 홍수가 나거나, 빙하가 물러가거나, 산불이 나서 파괴된 환경에 풀이나 잎이 돋아나기 시작하면 어김없이 사슴이 등장한다.

고달픈 건
사슴이나 사람이나
마찬가지

사슴은 먹이를 찾아 다양한 지역을 돌아다닌다. 어린잎이나 부드러운 가지, 신선한 풀과 과실, 곰팡이나 이끼처럼 막 돋아난 먹이를 좋아하기 때문에 계절 변화가 거의 없는 곳에서는 상대적으로 먹을 게 마땅치 않다. 먹을거리도 적은데 그나마도 함께 사는 다른 동물들과 나눠 먹어야 할 형편이다.

열대는 혹독한 환경이 닥쳐올 위험이 적고, 먹이가 사방에 널려 있어 굶어 죽을 염려 또한 없기에 일단 머물면 딱히 벗어날 엄두를 내기 어렵다. 재물이 쌓인 동네를 벗어나면 환란을 당할까 겁을 내는 인간처럼 시야가 점점 좁아져 결국 풍요 속에 갇히고 만다. 주변의 넉넉함에 원대한 목표를 잃어버린 열대 생물들은 좁은 공간에 복닥거리며 좁은 지위를 차지하고 산다. 먹잇감은 풍부하나 영양가가 높지 못하다. 무성하게 자라난 식물들은 섬유소가 많아 질기고 독성이 생겨 소화하기 까다롭다. 그러니 열대에 머무는 종들은 다른 생물들과 공존하기 위해 몸집을 줄여가는 등 현상 유지에 바쁘다. 경쟁에서 배제될까 두려워 남의 생존 방식을 모방해야 하니 눈치를 살피며 소심해질 수밖에 없다. 어찌 보면 고달픈 삶이다. 도시에 모여 사는 현대인과 닮은 듯도 하다.

반면에 추운 지방으로 과감히 진출한 사슴들에겐 전혀 다른 스토리가 펼쳐진다. 겨울이면 추위에 떨며 배를 쫄쫄 곯을 것 같지만 눈 밑을 뒤져 양분이 손실되지 않은 먹이를 섭취할 수 있다. 가을에 심한 서리로 풀이 얼어 죽고 그 위에 눈이 쌓이면 그야말로 자연이 만든 저장 목초가 되는데, 이는 추운 지방에 사는 동물들이 겨울을 버티는 에너지원이 된다.

이들은 매서운 추위를 견디며 몸집을 불렸다. 봄이 되면 얼음이 녹아 질퍽해진 땅에서 신선한 풀과 두툼한 이끼가 마구 솟아나는데, 사슴들에게는 섬유소와 독성이 적고 단백질이 풍부한 고영양 식량이 되어준다. 무기염이 많은 양질의 먹이가 무한 리필되는 것도 추운 기후에 진출한 순록과 무스가 사치스럽고 큰 뿔을 발달시킬 수 있었던 이유다.

짧고 가늘어도
내 방식대로 산다

푸두가 사는 온대우림은 칠레와 아르헨티나에 걸친 안데스산맥 남쪽, 태평양을 향한 서해안에 위치한다. 낙엽수와 침엽수가 자라고는 있지만 상록활엽수가 우점식생優占植生(어느 지역에 특히 많이 자라는 지배적인 식물의 집단 - 편집자 주)으로 해발 2천 미터가 넘는 곳이다. 이곳에 사는 푸두를 남방푸두라 부른다. 북방푸두는 안데스산맥 북쪽 콜롬비아, 에콰도르, 페루에 걸쳐 2~4천 미터에 달하는 고산지대 숲에 산다.

이 두 곳의 온대상록림은 온도가 다소 낮다 뿐이지 열대림과 별반 다를 게 없어서 봄이 와도 신선한 먹이가 마구 돋아나지는 않는다. 열대림에 대한 미련을 떨쳐내지 못한 푸두의 변신은 어설펐던 셈이다. 미지의 세계로 진출한다는 것은 적응력을 단계별로 높여야만 하는 실력 싸움이기 때문에 감히 마음 다잡기가 어려울 수밖에 없다. 푸두의 외모와 삶은 크게 개선되지 못한 채 조상과 거의 닮은꼴이다. 자신보다 수십 배는 더 커다란 몸집에 근사한 뿔을 가진 다른 사슴의 삶은 푸두에게 별세상 이야기다.

그러나 근사한 뿔이 부러워 낙담한다면 자신에 대한 모독이다. 나는 나다. 짧고 가느다란 다리로 12킬로그램 정도의 몸무게를 유지하면서 작으면 작은 대로, 없으면 없는 대로 행복하다. 푸두는 활동성이 왕성한 것도 아니고 사회성도 그다지 좋지 못해 단독으로 산다. 어스름이 깔리는 무렵을 좋아해서 아침이나 늦은 오후에 그 나름대로 성실하게 움직인다.

경계심이 많고 세심한 탓에 과감히 고향을 떠나지 못했을지 모른다. 그 소심한 습성은 천적을 살피거나 먹이를 찾는 미시적 삶에서 헤어나지 못하다 보니 생긴 것일지도 모른다. 아무튼 이 소심한 동물은 정말 잘 놀란다. 너무 깜짝 놀란 푸두는 심장합병증으로 죽는다는 말까지 있다.

푸두는 현재 개체 수가 현저히 줄어서 멸종위기종에 속한다. 하지만 사람들의 우려처럼 겨우겨우 목숨을 연명하며 사는 게 아니라, 안데스 산맥을 따라 새록새록 펼쳐지는 별난 풍광을 만끽하며 설레는 마음으로 살아가고 있을 것이다. 주어진 삶을 능동적으로 즐기며 누리는 건 그의 몫이다.

극한의 압박에서 피어나는
처절한 생명력

스트레스가 쌓이면 탈이 나기 마련이다. 안으로 병이 나든, 밖으로 분노가 치밀든 스트레스에 눌려 망가지기도 하고 때론 걷잡을 수 없는 악순환의 고리에 갇히기도 한다. 생태계에도 그런 스트레스를 감당하지 못해 끝내 몸이 상하는 생물들이 종종 있다. 북극 툰드라에 사는 나그네쥐, 레밍lemming이 그렇다.

레밍은 돼지나 하마처럼 사회성이나 접촉성이 좋지 않아 늘 외톨이로 지내기 때문에 과밀 상태가 되면 예민하게 반응한다. 그러나 짝짓기에는 소홀한 법이 없어 생식능력은 뛰어나다. 먹이만 많다 싶으면 여기저기서 임신하고, 3주 후면 대여섯 마리씩 새끼를 낳으니 번식 속도가 빠르다.

어느 곳이든 환경은 한정된 법이라 우호적인 상황이 무한정 펼쳐지지는 않는다. 먹이가 부족해지거나, 살아갈 공간이 모자라거나, 혹은 배설물과 쓰레기로 오염돼 병균이 생겨나기도 한다. 주거 공간이 열악해지면

슬슬 환경으로 인해 압박을 받는다. 게다가 레밍이 늘어나면 족제비 같은 포식자도 급증하면서 잡아먹히는 신세가 된다. 이런저런 이유로 번식에 한계가 있는 건 당연지사다.

레밍은 대략 4년 주기로 급증했다가 대량 사망하고, 개체 수가 줄면 빈 공간을 이용해 다시 폭발적으로 증가하는 주기적인 사이클을 보인다. 레밍이 한꺼번에 죽었을 때 그 원인을 조사한 결과, 먹이가 모자라 굶어 죽은 게 아니었다. 과밀화 상태에서 스트레스 호르몬이 급증하면서 지레 흥분하고 공격적인 성향으로 돌변해 정상적인 대사 리듬이 깨어진 상태였다. 남을 공격했는데 내가 망가지는 '부정적 그물'에 덜컥 걸려들고 만 것이다. 검은 기운이 덮친 레밍을 포식자가 잡아먹는 건 식은 죽 먹기다. 레밍은 별 수 없이 스트레스에 번번이 패한다.

절망 속에서 희망을 발견한 불굴의 선수들

레밍이 아직 멸종하지 않은 것처럼 개선될 기미가 전혀 없는 극한의 스트레스가 삶을 반드시 망가뜨리는 건 아니다. 생태계에서 존재감이 뚜렷한 생물들을 조사해보면 진화과정에서 대부분 절망을 마주했던 과거가 뒤따라온다. 북극해와 주변 육지를 오가며 지구상 최고위도에 사는 북극곰이 딱 그렇다. 핵 유전자에 담긴 북극곰 양친 부모의 특성이나, 모계 유전자를 살피는 미토콘드리아 게놈 연구는 북극곰이 지구상에 등장한 지 얼마 안 됐다는 사실을 밝혔고, 몸집이 큰 동물 중에서 실로 엄청나게 빠른 속도로 진화했음이 드러났다.

북극곰이 등장한 시기를 핵 게놈 분석 자료로 따져보면 진폭은 크지만 대략 60만 년 전후로 드러난다. 북극 해안의 어떤 불곰 개체군이 먹이를 바꿨다는 증거인데, 잡식성인 불곰이 육식동물로 변신하기 위해 완전히 다른 '직업'을 택했다는 얘기다. 불곰은 잡식성이긴 해도 식물성 먹이가 약 90퍼센트에 달한다. 이에 반해 북극곰은 먹이의 90퍼센트가 육식으로 포유동물 중 육식 비중이 가장 높다. 이빨을 비롯한 신체 변화 없이 먹이를 완전히 바꾸는 일은 처절한 생명력이라는 표현 외에는 달리 할 말이 없다. 잘나가던 직장이 덜컥 사라지자 생소한 직종에 다짜고짜 뛰어들었다고 비유하는 것도 만신창이 상태로 죽음에 내몰렸던 불곰을 하찮게 본 말에 불과하다.

궁지에 몰린 소수의 불곰에게 나타난 빠른 체질 변화가 북극곰의 출발점이다. 북극곰의 조상은 불곰이다. 빙하에 갇혀 죽음과 맞닥뜨린 불곰이 한계상황을 넘기며 기어코 살아남은 성공 스토리와, 동시에 팡파레를 울리며 생태계에 출현한 북극곰을 소개한다. 그가 얼마나 절박했는지, 처절한 생존의지가 그를 어떻게 바꾸어놓았는지 말이다.

캄차카반도에 사는 불곰은 캄차카불곰 또는 극동불곰이라고 부른다. 이 캄차카불곰은 코디악곰과 알래스카반도에 사는 불곰의 조상으로 보는데, 유라시아 곰 중에서 몸집이 가장 크고 몸의 색깔도 진하다. 북극곰

의 조상은 바로 시베리아 동쪽 끝에 사는 캄차카불곰의 일종이라 알려져
있다.

북극곰 진화의 시발점은 고위도 지방으로 진출한 불곰 무리 일부가 빙
하에 고립되었던 시기부터다. 빙하기 사이사이에 온도가 올라가는 간빙
기가 되면 불곰 개체군은 따스해진 기후 때문에 먹이를 찾아 고위도로 올
라가 산다. 그런데 수백 년 넘게 축적된 엄청난 규모의 빙하가 무너져 내
리면서 불곰이 시베리아 동쪽 끝 바닷가에 덜컥 갇히는 사건이 발생했다.

먹이를 찾아 장거리를 자주 이동하는 불곰은 낯선 환경을 심심찮게 겪
었겠지만 허물어져 떨어지는 빙하는 공포 그 자체였을 것이다. 주변은
삽시간에 묻히고 눈사태로 불곰 여럿이 생명을 잃는다. 눈사태를 당하며
그 지역 동물 모두가 무너진 빙하에 얼떨결에 고립되었다.

시베리아 동쪽은 기후가 변화무쌍한 지역이라 거대한 유라시아 대륙
의 냉기와 동쪽 태평양의 바닷바람이 만나 거센 눈보라를 만든다. 여기
에 강력한 한파가 겹치며 광풍이 가차 없이 휘몰아친다. 혹한은 끝도 없
이 계속되고 가도 가도 차디찬 얼음판에, 펼쳐지는 풍광은 시퍼런 파도
가 밀려오는 바다뿐이다.

추위에 굶주렸지만 눈을 씻고 찾아봐도 먹이는 없고, 털은 엄청난 추
위를 견뎌낼 만큼 두툼하지도 않았다. 스트레스가 한둘이 아닌 데다 벗
어날 재간도 없었다. 게다가 발은 눈과 얼음 위를 걷기에 적합하지 않아
생고생의 연속이었다. 끝없는 절망과 마주했다. 해는 하릴없이 떠올랐지

만 희망은 어둠으로 가라앉아 버리기를 반복했다.

불곰은 우여곡절 끝에 물범이 우글대는 얼음 위에 도달했다. 간절한 심정으로 물범을 덮쳤지만 얼음 위에서 유난히 도드라지는 갈색 털은 물범에게 너무 쉽게 들켰다. 절실함이 하늘과 통했는지 회색보다 더 밝은 흰털로 덮인 곰이 태어났다. 피부는 까만색 그대로인데 털로 가야 할 멜라닌 색소입자가 차단된 돌연변이가 생긴 것이다. 절체절명의 위기에서 절호의 찬스를 잡았다.

이유 없는 돌연변이

하얀 털은 얼음에서 사냥할 때 위장이 쉬워 살아남기 좋았다. 결국 생존에 유리한 흰 털을 가진 곰이 무리를 지배하게 되었다. 기름기 많은 먹이를 먹어대면서 그들의 피부와 털은 두툼해졌고 어떠한 추위에도 거뜬히 견딜 수 있는 힘이 생겼다. 북극곰의 피하 지방층 두께는 10센티미터 정도로 혹독한 추위 속에서도 몸이 얼지 않을 뿐 아니라 물에도 잘 뜬다. 게다가 털이 이중으로 나서 몸의 열을 어찌나 잘 가두고 있는지 적외선 카메라로 촬영해도 거의 잡히지 않는다. 다만 북극곰이 숨 쉴 때 나오는 열 때문에 콧구멍 근처만 카메라에 포착될 뿐이다.

북극곰처럼 몸집이 큰 동물이 빠른 속도로 몸의 색깔을 바꿀 수 있었던 것은 빙하에 고립된 무리의 숫자가 적었기 때문이다. 작은 규모의 개체군에서는 뜻하지 않은 유전자 변이로 예측 가능한 유전자 빈도가 달라지는 일이 종종 있다. 무리 내의 유전자 빈도가 짐작할 수 없는 방향으로 흘러가는 유전자부동Genetic Drift이 흔히 일어나는데 이 뚱딴지같은 유전자가 그 개체군 전체의 특징으로 자리잡게 된다. 적은 수의 개체가 보유하고 있는 드문 대립형질이 불균형하게 증가하면서 개체군 전체에 유전적 빈도가 빠르게 변화한다. 예전과는 다른 새로운 종으로 진화할 확률이 커지는 것이다.

개체군 규모가 작으면 근친교배 또한 일어나기 쉬워서 유전자 다양성은 뚝 떨어지고 특정 형질은 그대로인 채로 그 무리를 지배하게 된다. 이역시 북극곰이 획득한 특성이 무리 전체에서 압도적으로 우세하게 된 원인이다.

북극곰은 어설프게나마 특색을 갖추면서 빙하에서 살아남았다. 털색이 바뀌어 겉보기에는 지금의 북극곰 같았지만, 처음에는 이빨 형태와 몸집 크기가 불곰 그대로였다. 긴 세월이 흐르면서 발 크기는 커졌고, 딱딱한 얼음판을 걷다 보니 갈고리 발톱은 짧고 단단해졌다. 발바닥은 또 어떤가. 넓은 패드에는 부드럽고 작은 돌기가 돋아 얼음 위에서 정지마찰력을 높였다. 덕분에 얼음이나 눈 위에서 미끄러지지 않고 움직일 수 있게 되었다. 그 후 오랜 세월에 걸쳐 이빨이 달라지고, 두개골은 길어졌으며, 수영과 사냥 실력이 좋아져 지방이 풍부한 먹거리를 먹으며 번성하게 되었다.

북극곰의 이빨이 육식을 주로 하는 42개의 이빨로 진화하게 된 시기는 최근에 이르러서다. 불과 만 년 전까지만 해도 북극곰은 불곰의 어금니를 갖고 있는 경우가 많았다. 하지만 점점 어금니는 작게 들쭉날쭉해졌고 송곳니는 크고 날카로워졌다.

간절함이 낳은
새로운 종의 탄생

생존을 향한 처절한 열망은 새로운 종을 탄생시킨다. 60만 년 전의 불곰은 견딜 수 없는 스트레스에 바늘구멍을 뚫어놓고 압박감을 견딜 힘을 모았다. 희망이 사라진 것 같았지만 다시 작은 불씨를 살리고 없던 길을 만들었다. 절망에 굴하지 않고 통곡하면서라도 대면했던 것이다.

북극곰의 탄생은 난데없는 유전자 돌연변이로 인해 갑작스레 생긴 것이 아니다. 생물의 행동은 유전자의 영향을 받지만 유전자 변화가 없는 상황에서도 바뀔 수 있다. 지성이면 감천이라고 모든 생물은 노력하는 자에게 오는 기적과 같은 기회를 잡아낸다. 살겠다는 생명의지다. 싫으면 떠나는 자유의지도 있다. 극도의 선택 압력을 받을 때 적은 규모의 개체군은 완전히 사라지거나 혹은 변신한다. 극한의 스트레스가 간절한 생명의지를 만나 변신으로 이어진다.

암컷은 약자인가

미투 운동이 사회를 뜨겁게 달구고 있다. 남성 중심의 억압적 폭력 문화에 저항하고 위계 구도를 바로잡자는 운동이다. 여성들은 성폭력, 성추행 피해 사실을 공개적으로 밝히면서 가슴에 품었던 억울함과 불안함의 응어리를 터트리고, 경각심을 일으켜 사회를 정화하려고 한다. 기울어진 힘의 축이 균형을 이루어갔으면 하는 바람이다.

힘의 불균형이 지속되어 양극화가 심화되는 건 인간 사회뿐 아니라 생태계에서도 흔한 일이다. 하늘로 치솟는 나무 그늘 밑에 적응하는 식물도 많고, 눈치껏 살금살금 활동하는 동물도 많다. 종種 간의 경쟁도 그렇지만 종 내의 경쟁에서 힘겨루기는 더욱 특징적이어서 대개 수컷이 무리의 우두머리로 등장한다.

생태계에 존재하는
다양한 암수 관계

물론 오리나 긴팔원숭이처럼 사이좋게 일부일처를 유지하는 동물도 있고, 물꿩처럼 수컷보다 몸집이 더 큰 암컷이 일처다부로 세력권을 형성하는 경우도 있다. 물꿩은 알을 불쑥 낳기만 하는 암컷과 달리 수컷이 알을 품고 새끼를 지키고 기른다. 암컷이 육아에 바쁜 수컷에게 짝짓기를 유도하느라 새끼를 쪼아 죽이고 던져대기도 한다. 비정하기 그지없는 끔찍한 어미다. 힘이 세지면 제대로 주체하지 못하는 건 암컷이라고 예외가 아니다.

그러나 동물의 세계에서는 보통 수컷의 몸집이 암컷보다 크고 힘도 더 세다. 이때 몸집이 큰 수컷은 수컷끼리의 경쟁에서 우위를 차지하고 암컷을 여럿 차지할 수 있어서 활동하는 데 지장이 없는 한 몸집에 치중하며 경쟁사회를 버틴다. 수컷 몸집이 암컷에 비해 월등히 큰 경우에는 일부다처의 정도가 심한 반면, 암수의 몸 크기가 비슷하면 수컷이 차지하는 암컷의 수가 상대적으로 적다. 암수 크기의 차이는 2차 성징이 되어왔다.

생물은 자신의 유전자를 세상에 남기기 위해 다양한 생식전략을 구사한다. 수컷공작새의 깃털이나 수컷사슴의 뿔, 수컷사자의 갈기는 암컷에게 선택받기 위해 매력적인 외형을 택한 사례다.

큰 몸집으로 경쟁자들을 제압하는 경우도 있다. 우두머리 수컷은 '하렘Harem' 구조를 이끄는데 대개는 서너 마리의 암컷과 독점적으로 짝짓기를 하고 그에 딸린 새끼들을 거느린다. 모든 수컷이 많은 암컷을 거느릴 만큼 힘이 넘치지 않는 데다 권력만큼이나 보호 의무도 따르기 때문이다. 하렘 구조는 사자의 '프라이드Pride' 구조처럼 상시 운영되기도 하고, 짝짓기 철에만 형성되기도 한다.

생태계에는 3개월 이상 쫄쫄 굶은 채 30마리에서 많게는 100마리에 달하는 암컷과 짝짓기를 계속하는 얼빠진 수컷도 있다. 바로 남방코끼리물범이다. 남방코끼리물범은 남극대륙을 감싸는 남극 순환해류를 타고 양껏 먹어 몸을 불린 후, 초봄이 되면 해마다 아남극의 같은 섬 해변에 올라온다. 번식기가 되면 수컷끼리 먼저 대결을 마치고 암컷 여럿을 맞이한다. 남방코끼리물범 수컷의 큰 몸집은 넘치는 정력의 상징으로 우두머리 수컷이 독차지하는 암컷의 숫자가 그 누구보다 많다.

남방코끼리물범은 수컷이 암컷보다 5~6배 무겁다. 물론 5배 정도의 암수 차이가 나는 물개가 있지만, 수컷 남방코끼리물범의 힘과 육지의 건조 상태를 몇 달씩 견디는 내성은 다른 기각류가 넘보기 어렵다. 북방코끼리물범과 향유고래 역시 암수의 크기 차이가 많이 나는데 이들은 암컷보다 평균 3~4배 더 무겁다. 바다생물이 몸집을 맘껏 키울 수 있는 것은 먹이 섭취가 용이한 까닭도 있지만, 물속에서는 부력이 있어서 육지에서처럼 육중한 무게에 눌려 생기는 뼈와 근육 손상의 위험이 거의 없는 탓이다.

냉엄한 현실 생태계 :
승자독식, 부익부 빈익빈

불균등하게 분포하는 자원에 접근할 수 있는 능력이 뛰어나면 강자로 등극할 수 있다. 몸무게가 증가하면 쓸 수 있는 에너지가 지방층에 넉넉히 저장되어 단식을 할 수 있는 기간도 길어지고, 체온 조절과 양분 저장 능력이 뛰어나 먹이가 풍부한 장소에 손쉽게 접근할 수 있다. 하지만 몸집이 작으면 이 모든 것이 어려워지므로, 큰 몸집은 점점 더 커지는 독과점 상태가 굳어진다.

몇몇 증거를 보면 오직 몸집 큰 수컷만이 오랫동안 그리고 깊이 잠수해서 먹이를 양껏 사냥하고 섭취해 엄청난 에너지를 축적한다. 몸집이 작은 수컷이나 암컷에겐 언감생심이다. 두꺼운 피하지방으로 두른 커다란 몸집은 짝짓기에 기력을 왕창 쓰면서도 지치는 법이 없다.

여기서 그치지 않는다. 코끼리물범은 바다생물임에도 몇 달 연속해서 육지에 건조한 상태로 머물 수 있다. 물을 마시거나 흡수할 수 없는 상황이 되면 낭비되는 물을 줄이고 수분을 보존하면서 사막에 사는 동물처럼 기능을 특수화하기 때문이다.

코끼리물범이라는 이름은 커다란 코주부 모양의 주둥이 코에서 유래되었다. 이 코의 공간은 짝짓기 때 엄청난 소리를 내지만 더 중요한 것은 호흡기에 수분을 흡수하는 기능이다. 암컷들이 한눈을 팔지 못하게 지키면서 정신 나간 짝짓기를 계속하느라 해변을 떠나지 못하는 시기가 되면 내뱉는 숨에 담긴 습기를 다시 코 속의 공간으로 흡수한다. 황당하기 그지없는 수컷의 짝짓기 능력은 코의 영향이 크다.

주둥이 코는 코끼리물범의 2차 성적 특징으로 작용한다. 몸집이 큰 코끼리물범 수컷의 커다란 주둥이 코는 현저하게 드러나 있어 번식 상태를 알려주는 시각 신호가 되고, 소리를 증폭시켜 청각적 신호를 보낸다. 암컷은 호전적으로 내지르는 소리에 혹하고 넘어간다. 암컷들은 절대적으로 능력 있는 수컷에게 사로잡힌다. 주둥이 코는 수컷의 자원 획득 능력과 상태를 시각적으로 청각적으로 알려주기 때문에 자식의 건강한 미래를 염두에 둔 암컷이 선호하는 성 선택의 결과물이 되었다.

남방코끼리물범은 번식과 사냥 사이클이 뚜렷하다. 번식기가 되어 수컷끼리 대결을 할 때 크기가 월등히 크면 으르렁대며 공격적인 자세로 위협하면 그만이지만, 양쪽이 해볼 만하다 싶으면 피투성이가 될 때까지 격렬하게 싸운다. 서로 육중한 몸무게로 덮치고 송곳니로 마구 내리찍기 때문에 심각하게 찢어지고 살이 베어 싸움에서 질 경우 고통이 크다. 패배하면 짝짓기도 못하고 물러나야 할 판이니 쾌락을 누리게 되는 권좌를 거머쥐기 위해 목숨을 건다. 남방코끼리물범 수컷은 어찌 보면 생태계에서 가장 남성성이 부각되는 동물이다.

남방코끼리물범의 행태를 들여다보면 과연 이들의 생존이 지속 가능할지 의문이 든다. 자원 취득력은 몸집에 비례하는 데다 우두머리 수컷의 과욕은 도가 넘쳐 수많은 암컷을 독차지하기 때문에 수컷의 몸집은 대책 없이 커지는 방향으로 진화해왔다. 우월한 역량은 특정 수컷에게 치중되어 나머지 수컷들에게는 신분 상승을 할 수 있는 사다리가 거의 끊어진 상태다. 우두머리가 되고자 버둥거려도 현실의 벽은 너무 높아 기회가 없고, 암컷들은 무지막지한 우두머리 수컷의 권력에 무더기로 굴복하는 전근대적 시스템이 암울하기만 하다. 게다가 경험이 없는 어린 암컷에게 엄청난 몸집의 우두머리 수컷은 공포 그 자체다.

어쩌다 우두머리 수컷의 서슬 퍼런 감시를 피해 해변 구석에서 다른 수컷과 짝짓기 하는 철부지 어린 암컷에 대한 관찰연구도 보고된 바 있다. 성폭력이나 억압에 대한 민감도가 기성세대에 비해 좀 더 높아 행동으로 옮긴 사례라면 남방코끼리물범의 짝짓기 시스템에 반기를 든 그 어린 암컷이야말로 변화의 희망일지 모른다.

힘은
몸집이나 권력에만
있는 것이 아니다

우두머리 수컷이 하렘 구조를 운영한다고 해서다 절대적인 권력을 휘두르는 것은 아니다. 원숭이 중에서 가장 추운 지역에 사는 일본원숭이만 보더라도 우두머리 수컷이 있지만 온화한 모계 중심 구조를 이루고 암컷들이 영향력을 행사하며 협력한다.

일본원숭이 암컷은 4~5년간 짝을 이룬 수컷과는 다시 짝짓기를 싫어하며 거부권을 행사한다. 때문에 수컷이 같은 영역에 오래 머물면 짝짓기가 힘들어져 다른 무리로 옮겨가게 된다. 이 같은 특성은 유전적 다양성을 높이고 평화체제를 이루는 결과로 이어져서 일본원숭이를 좀 더 건강한 집단으로 만들었다. 다양한 유전자 획득은 환경 변화에 적응해 다시 번성할 기회를 준다.

하렘 구조에서는 우두머리 수컷이 바뀌면 유아살해가 횡행한다. 새로 등극한 수컷은 자신의 유전자를 퍼뜨리기 위해 수유 중인 암컷의 새끼들을 없애버린다. 기르던 자식을 잃은 암컷들은 새로운 배우자에게 몸을 바칠 수밖에 없다.

그런데 이 사납고 거친 수컷으로부터 치밀한 미인계로 제 새끼를 보호하고 위계 구도를 바꿔 무리의 평화를 지키는 암컷들도 있다. 암컷 몸의 크기가 수컷의 반이나 3분의 1밖에 안 되는 올리브바분Olive Baboon이다.

올리브바분은 발정기에 암컷의 엉덩이가 빨갛게 부풀어 오르는 정도가 원숭이를 통틀어 가장 두드러지는 종이다. 발정기에 들어선 암컷은 혈액량 증가로 생식기 피부가 부풀어 오르면서 두드러져 보이고 밝은 홍색을 띤다. 수컷은 엉덩이가 많이 부풀어 오르는 암컷에게 더 매력을 느끼고, 이런 암컷이 새끼를 가질 확률이 더 높아지면서 차츰 짝짓기 준비 신호가 뚜렷한 암컷의 유전자가 우세하게 되었다. 자식을 위해서라면 무엇인들 못하겠나. 암컷은 그 작은 몸집으로 수컷의 공격성을 잠재우는 능력이 탁월하다. 힘은 몸집이나 권력에만 있는 건 아니다.

뭉쳐야 산다

뭉치지 않으면 뜨기는커녕 살기도 어려운 약자들이 많다. 동아프리카 열대초원에서 건조한 땅속 수 킬로미터를 헤집고 다니는 벌거숭이두더지쥐가 그런 부류다. 핑크빛의 주름 잡힌 누런 피부는 털이 거의 없고 절연 능력이 없는데, 상식적으로 생각해보면 늘 상처 입고 고통에 시달릴 것 같지만 피부 통증을 느끼지 못할 뿐 아니라 항암 능력도 갖췄다. 예민함 대신에 충실한 인내심을 발달시키며 공동체로 살아가기 딱 좋은 품성으로 거듭났다. 그 까닭에 몸집이 10센티미터밖에 안 되지만 수명은 30년이 넘어 설치류 중 최고령을 기록한다.

심장박동 수와 호흡수는 동물의 몸집에 반비례하는 경향이 있는데, 몸집이 작고 대사 속도가 빠른 동물들은 수명도 짧다. 몸집이 좀 더 큰 일반 쥐의 평균 수명이 2년이라는 사실을 감안하면 벌거숭이두더지쥐의 수명은 획기적이다. 몸 크기는 비슷해도 몸무게가 조금 더 나가는 레밍이 쉽게 흥분하고 심장박동 수를 늘리는 탓에 4년 만에 삶을 마감하는 것과도 비교된다. 벌거숭이두더지쥐는 땅속에서 덩이줄기를 먹는데 오랫동안 굶으면 대사 속도를 4분의 1까지 줄일 수 있고, 호흡수도 줄여 산소를 최소한 쓰면서 웬만한 건 참아낸다.

각자의 자리에서
침도 나누고 피도 나누고

레밍이 단독으로 사는 삶을 고집하며 옆에서 알짱대는 동료조차 경쟁자로 인식하는 반면에 벌거숭이두더지쥐는 혼자서는 살지 못해 생식과 일 담당자를 구분한 분업체제를 갖춰 서로 도우며 살아간다. 그러나 협업해야만 살 수 있다고 모두 약자는 아니다. 개미는 전 지구에 퍼져 살고, 육상동물 생물량의 15~25퍼센트에 달할 정도로 번성했다. 뭉쳐서 뜬 경우다.

그러나 벌거숭이두더지쥐는 이곳저곳 파고드는 침투력이나 적응력이 뛰어나지 못해 서식 범위가 한정되어 있다. 번식을 담당하는 여왕(가임 암컷)은 한 마리뿐이고, 수컷은 한 마리에서 세 마리 정도까지만 짝짓기에 가담하고 나머지는 불임이다.

무리당 평균 80마리 정도에 달하는 일꾼들은 자손도 낳지 못하고 땅을 파고 먹이를 구하는 노동과 집 지키는 일로 일생을 보낸다. 하지만 딴마음을 먹거나 뒤엎는 일 없이 조직의 번창을 위해 성실히 자신의 역할을 다한다. 여왕이 출산 후 한 달 정도 젖을 먹인 어린 새끼들에게 자신의 변을 먹여 키우면서 봉사하는 일도 이들이 느끼는 또 다른 기쁨이다. 혼자서는 감히 시도조차 못하던 일도 서로 의지하면서 용감하게 이루어내는 과정에서 보람을 찾는다.

이들은 원래도 자신들의 변을 먹는데 여왕의 호르몬을 나누어 갖는 진사회성eusociality 동물의 행동이기도 하고, 함께하는 식탁에서 전해지는 일치감과 자부심으로 단결력이 공고해지는 일거양득 효과가 있다. 진사회성 동물에는 분업이 확실한 흰개미나 꿀벌, 말벌이 있고, 포유동물 중에는 아프리카 남쪽에 사는 다마라두더지쥐가 있다.

방식이 다르지만 흡혈박쥐는 상호애타적인 협력관계로 똘똘 뭉쳐서 서로를 살린다. 흡혈박쥐는 피를 먹지 않고는 이틀밖에 살지 못한다. 그렇다고 매일 밤 먹이를 찾기도 어렵다. 피를 먹지 못한 박쥐가 다른 박쥐에게 구걸하면 이에 공감한 박쥐는 적은 양의 피를 게워내 먹여준다. 배고픈 이웃을 배려하며 삼켰던 먹이를 게워내는 행동으로 박쥐들은 오랜 기간 협력관계를 유지할 수 있었다. 굶주리는 박쥐 없이 집단은 견고하게 개체 수를 늘리고, 추운 날이면 함께 모여 체온을 유지한다. 흡혈박쥐는 어두운 굴이나 빈 건물, 나무 구멍에 거꾸로 매달려 많게는 수천 마리씩 공동체를 형성하고 있다.

넘쳐도 겨루지 않고,
모자라도
소외시키지 않는다

살려고 뭉쳤더니 뜨기까지 한 생물들이 강자의
반열에 오르는 경우가 많다. 반면 원래부터 강자인데 뭉쳐서 협력하는
경우도 있다. 바다의 최상위 포식자 범고래다. 떼 지어 사냥하기 때문에
'바다의 늑대'라고도 불리는 범고래는 소리로 소통하고 행동하면서 세련
된 사냥술을 선보인다. 수백, 수천 마리가 떼를 지었다 작은 단위로 나눠
졌다 하며 움직이는 돌고래와는 양상이 다르다.

범고래는 모계를 따라 안정되게 무리를 짓고 어미와 전 생애를 같이한
다. 물 위로 솟구치고 꼬리로 철썩 내리치는 행동을 하며 소통하고 놀기
도 한다. 구애 행동도 이와 비슷하며, 몸에 붙은 기생충을 떨어내는 효과
도 얻는다. 범고래는 연령이 가장 높은 암컷과 모계 구도를 따라 세대가
함께 움직이는데, 평균 5.5마리에 이르는 자손이 함께한다. 짝짓고 먹이
를 먹는 몇 시간만 제외하고는 늘 함께 움직이기 때문에 권불십년 화무
십일홍에 떨 것도 없다. 늙고 약해져도 힘이 충만한 젊은 세대가 늘 곁에
있어 든든한 까닭이다.

이 모계 구도는 꽤 안정적이어서 식별력이 남다른 할머니가 오래 살면
4세대가 한꺼번에 여행을 하는 경우도 있다. 무리를 지어 다니다 보면 배
알이 뒤틀리기도 하지만, 서로 이해해야 한다. 옆에서 삐질 게 뻔해 잘난
척하기도 어렵다. 도움이 필요해서 잠시 뭉치는 것과는 차원이 다르다.

친족인 탓에 배려심도 남다르다. 범고래는 발트해와 흑해를 제외하고 북극해와 남극대륙 주변 바다에서 열대의 바다에 이르기까지 어느 바다에서건 쉽게 볼 수 있다. 힘이 넘쳐도 서로 겨루거나 소외시키지 않고 든든히 힘을 모은다.

담수생태계에도 뭉쳐서 더 위협적으로 부상한 포식자가 있다. 악어다. 동물의 뼈를 으스러뜨릴 정도로 힘센 턱에다 날카로운 이빨로 먹이를 찢어버리는 악어는 자신의 영토를 지키고 동지를 밀어내느라 체력을 낭비하지 않는다. 함께 지내며 협동심을 발휘한다. 다른 파충류에 비해 사회성이 있어서 얼룩말이나 몸집 큰 영양 등은 매복한 채 함께 사냥도 한다. 그 덕에 밥줄이 끊어질 염려는 적다. 비좁은 물웅덩이에서 수면 아래 몸을 숨긴 채 먹지도 않고 함께 인내하면서 지내기도 한다. 냉혈동물인 이들은 대사 속도가 느려서 오랜 기간 굶어도 버틸 수 있다.

악어는 정교한 환경 적응력을 타고나서 물이 얼마 남지 않은 건기에는 진흙을 덮어 피부의 건조를 막고, 더울 때는 땀샘이 없지만 입을 벌리고 헐떡이면서 열을 식힌다. 악어는 다른 파충류와 달리 대뇌피질이 있어 생각을 할 수 있다. 전략적인 협공도 가능하다. 이주하는 동물들이 강 하류로 오면 먹이를 선택하고, 치밀한 계산에 따라 몸을 숨긴다. 그들이 접근할 때까지 기다렸다가 대여섯 마리의 악어가 여러 각도에서 협공한다. 함께하면 이득이 커진다는 사실을 중생대부터 알고 있었기 때문이다.

혼자 남겨두지
않을게

        서로 응원하며 한계를 넘어서는 동물들은 이보다 더 강한 울림을 준다. 고통스러운 일도 당연한 듯 해내며 혼신의 노력을 아끼지 않는 과정은 경이롭다. 갓 태어난 어린 새끼들을 거느리고 세계 최고봉 에베레스트를 매년 봄, 가을 두 차례씩 넘나드는 줄기러기나, 최고 위도까지 진출해 한파를 너끈히 견디며 살아가는 일본원숭이 또한 서로를 지지하는 힘의 위력을 보여준다.

  남극 겨울의 맹렬한 한파 속에 머무는 황제펭귄 역시 뭉쳐서 아주 멋지게 뜬 동물이다. 깜깜하고 추운 남극의 겨울, 굶기로 작정하고 내륙으로 들어가는 것부터 반전이다. 남극에 겨울이 오면 대부분의 생물은 남극을 떠나지만 추위가 몰아치는 황량한 내륙으로 일부러 찾아 나서니 말이다. 겨울이 오면 남극에 사는 네 종류의 펭귄 중에 턱끈펭귄과 젠투펭귄은 맹렬한 추위를 피해 일단 남극을 떠나고, 일 년 내내 남극을 떠나지 않는 아델리펭귄은 남극 해안에 남는다.

  그러나 황제펭귄은 먹이도 있고 기후가 그나마 견딜 만한 바닷가를 떠나 춥고 바람만 부는 내륙으로 뚜벅뚜벅 걸어간다. 덩그러니 혼자 남겨지지 않는다는 믿음이 있기에 그들은 용기를 낼 수 있을 것이다. 알을 품는 동안 방어 능력이 떨어진 황제펭귄이 선택한 역설적인 생존 전략이다. 황제펭귄은 몸집이 커서 새끼를 기르려면 다른 펭귄보다 시간이 더 걸리는 데다 알을 낳는 육지에서는 포식자를 피할 방어 능력이 거의 없다. 일부러 견디기 힘든 추위를 선택해 포식자로부터 보호하는 전략을 세운 이유다.

다 같이 번식 장소로 이동한 다음 짝을 짓고, 알이 수정한 후 부화하는 총 4개월 동안 암컷과 수컷은 번갈아 가면서 책임을 분담한다. 두 달은 암컷의 몸속에서 체내 부화의 초기 단계를 지나고, 나머지 두 달은 수컷 발등에서 알이 성숙하는 체외 부화 단계를 거친다. 맹추위를 함께 버티며 동료를 살린다는 자긍심으로 마음은 후끈해지고 몸은 따뜻하다.

두 달의 임신 기간 동안 아무것도 먹지 못한 암컷은 낳은 알을 조심스럽게 수컷의 발등으로 옮겨 놓고는 양분을 보충하기 위해 바다로 향한다. 암컷이 떠난 지 두 달, 즉 수컷이 품은 알이 부화할 때쯤 암컷이 돌아온다. 암컷은 새끼를 물려받아 발등에 놓고 바다에서 한껏 채워 둔 위 속의 먹이를 게워 새끼에게 먹인다.

돌아온 암컷이 새끼를 받으면 이제는 수컷이 양분을 보충하러 떠날 차례다. 수컷 또한 바다에서 3주일이 조금 넘는 기간 동안 먹으면서 충분히 몸을 회복하고 새끼를 돌보러 되돌아온다. 책임과 의무를 다한 후 찾아오는 기쁨은 엄청나다. 이렇게 부모 품속에서 새끼들이 자라난다. 돌아오리라 믿어준 짝에게는 물론이고, 함께한 동료에게 감사하는 마음이 황제펭귄의 무리를 감싼다. 사랑이다.

전문가들의 고군분투

생태계는 각종 전문가들로 가득 차 있다. 북극곰과 자이언트판다는 곰 중에서도 특수한 전문가에 속해서 전문가 중에서도 으뜸이라고 할 수 있다. 다양한 생존 방식으로 자신의 지위를 특수화해 남과 다른 삶을 유지하면 새로운 직업을 가진 전문가가 되고, 새로운 종으로 탄생하면서 전에 없던 직업을 만들기도 한다. 요샛말로 창직創職이다.

전문가에게는 끊임없는 피와 땀 그리고 눈물이 뒤따른다. 강자와 공존하려면 그와 다른 생존 방식을 찾아내든지 아니면 떠나야만 한다. 숙명이다. 그냥 눌러앉아 어영부영 살다가 하나둘 사라진 생물이 부지기수다. 생태계를 찬찬히 들여다보면 같은 장소에 있지만 모두 다르게 살고 있다. 달라야만 살 수 있기 때문이다.

현존하는 곰 여덟 종의 생태를 들여다보면 모두 특별한 전문가다. 곰의 뿌리를 캐보면 개처럼 생긴 식육목Carnivora에서 갈라졌다. 개의 특성으로 몸집이 작은 고만고만한 육식동물이 그럭저럭 먹고살다가 드디어 남달리 사는 방식을 찾아냈다는 얘기다. 곰과^科 동물은 육식동물목에 속하지만, 북극곰을 제외하고 현재 육식에만 비중을 둔 육식동물은 없다. 먹이를 조금씩 바꿔가며 육식 비중을 줄여 채식주의 곰으로 변신한 자이언트판다 외에는 대부분 잡식성으로 거듭나 오히려 생존력이 높아졌다.

달라야만
살 수 있다

　　　　　　개도 아니고 곰도 아닌 어정쩡한 곰은 환경 변화와 종간 경쟁을 거듭하면서 소리 없이 사라졌다. 개와 같은 곰은 진화한 곰에게 뒤처졌고, 양다리 걸치기로 버텨보려 해도 남들과 요구 조건이 겹치면서 경쟁으로 배제되어 생존자 대열에서 쫓겨났다.

　곰은 다른 육식동물들과 차별화된 활동 장소, 활동 시기, 자원을 까다롭게 분할하면서 행운으로 찾아온 유전자 변이의 기회를 놓치지 않고 자신의 모양새를 찾았다. 그리고 새로운 직업을 만들어냈다. 남들과 지위가 중복되지 않도록 유전자 풀 안에서 능동적으로 생존 방식을 찾아 세분화하면서 생태계에 자신을 알렸다. 나는 곰이다!!

　현재 살아있는 곰의 조상은 아시아에서 번성했던 곰에서 출발한다. 아시아 출신 곰은 다양한 종으로 분화하며 여러 대륙으로 퍼져 나가 자신만의 특별한 스타일을 선보였다.

남미에서 가장 몸집이 큰 육식동물로 꼽히는 안경곰은 먹이를 채식으로 바꿨음에도 육식동물이라 부른다. 안데스 산지에 살면서 먹이 중 5퍼센트만 육식으로 섭취하지만 생김새는 육식동물 시절의 모습을 그대로 유지하고 있다.

살아남은 곰들은 직업을 바꾸거나 새로 직업을 만들면서 각자 전문성을 확보했다. 경쟁은 줄고 공존이 가능해졌지만, 어떻게 틈새시장을 찾아내느냐에 따라 생사가 갈렸다. 환경적응력뿐 아니라 다른 생물과 생존방식이 달라야만 했다. 인도에 사는 느림보곰이 찾아낸 틈새시장은 곤충이었다. 다른 곰이 먹지 않는 곤충을 먹이로 선택하면서 몸집이 큰 다른 동물과 경쟁을 피할 수 있었다. 흰개미와 개미를 먹고 꿀을 좋아하다 보니 주둥이로 흡입하는 노하우를 쌓으면서 분화가 빨랐다. 과일은 먹어도 질긴 식물을 먹는 일이 적어서 어금니가 다른 곰보다 작다.

곰 중에서 몸집이 가장 작은 말레이곰은 동남아시아의 열대우림에 살면서 20~25센티미터나 되는 긴 혀로 곤충과 꿀을 먹고 산다. 몸집에 비해 이해하기 어려울 정도로 커다란 송곳니와 강한 이빨 그리고 단단한 턱은 육식동물의 특징을 그대로 갖고 있다. 하지만 타고난 신체 조건을 이용해 단단한 열대나무를 뜯고 곤충과 꿀을 찾아낸다. 게다가 잡식성이라 먹이 환경이 달라져도 적응하는 데 큰 지장이 없다. 불곰, 미국흑곰, 아시아흑곰 등은 환경적응력이 더욱 뛰어나 웬만한 서식지에서도 적응하고, 잡식성이라 식물과 곤충, 물고기 등 계절별로 형편에 닿는 대로 먹어 웬만한 환경 조건은 버텨내는 일반전문가Generalist다. 지위의 폭이 넓고 견디는 힘이 좋은 일반전문가는 환경이 바뀐다 해도 생존율이 높다. 불곰이나 미국흑곰을 제외하고 위협받는 취약종이 되는 이유는 환경 파괴 탓이다.

먹이 환경이 바뀌면 살 수 없는 곰도 있다. 북극곰과 자이언트판다는 모방이 불가능한 생존전략가인 데다 몸집이 크고 외모도 수려하다. 생태계 전체에서 단연 돋보여 쉽게 뜬 동물이다. 물론 극한의 스트레스를 극복하며 고비마다 삶의 의지로 버텨내야 했던 고통의 연속이었지만, 이들은 특수 환경에서만 살면서 특수한 먹이만 먹는 특수전문가Specialist가 되었다. 하지만 바뀌는 환경에 적응하는 힘을 넓히지 못한 특수전문가는 언젠가 사라져버릴 톱스타의 운명에 놓일 확률이 높다.

특별한 것들의 위기

육식동물인 북극곰은 북극해를 누비는 특수전문가가 되면서 생태계에서 톱스타로 떴다. 까다로운 톱스타는 서식지 적응력이 남들과 특별히 달라 요구 조건을 충족하지 못하면 곧장 위험에 처한다. 북극곰은 대륙붕 위를 덮고 있는 견고한 해빙 서식지를 좋아해서 북극해 주변의 땅과 바다로 둘러싸인 지역에 산다. 서식지를 대체하기가 불가능한 좁은 생태적 지위에 있다. 게다가 먹이도 한정되어 많은 양의 지방을 해양 포유동물에게서 섭취하도록 진화해왔다.

해빙 사이에 바닷물이 드러난 빙호는 북극곰이 물범을 사냥하기 딱 좋은 곳이다. 물범 역시 엄청난 양의 갑각류나 물고기를 먹어야 하고, 휴식을 취하고 번식하기 위해 해빙이 필요한 까닭이다. 그래서 물범은 양분이 풍부하고 먹거리가 풍요로운 대륙붕 위의 해빙 주변을 헤엄친다. 연간 해빙이 차지하는 면적은 계절에 따라 달라져 물범이 이동하면 북극곰도 먹이를 따라 움직인다.

여름이면 얼음이 녹는 지역에서는 북극곰이 육지로 올라와 다시 얼 때까지 몇 달을 기다리거나 여름에도 얼음이 남아 있는 북쪽으로 올라가기도 한다. 육상생물로는 영양분을 충분히 섭취하기 어려워 육지에 있는 동안 살이 빠지게 된다. 캐나다 허드슨만에 사는 북극곰은 해초도 먹고, 새도 먹고, 홍합이나 성게를 먹기도 하고, 베리 등 식물 열매를 먹으며 허기를 때우기도 한다.

완벽하게 초식동물로 직업을 바꾼 자이언트판다 역시 특수전문가라서 지위의 폭이 좁다. 환경이 바뀌면 어려움을 겪는다. 자이언트판다는 육식동물의 두개골과 뼈를 으스러뜨릴 정도의 이빨 특성은 그대로 보존한 채 먹이만 바꿔 대나무 줄기를 부순다. 대나무 숲에 고립된 육식성 곰이 강한 삶의 의지로 견디다 기발하게 새로운 직업을 개척했고, 급하게 나돌아다닐 일이 없어져 한결 여유를 즐기면서 무거워지고 커졌다. 물론 고기도 먹을 수야 있지만 먹이의 99퍼센트는 대나무다. 안타까운 건

적응력이 좋지 못한 동물이라 건너편에 대나무 숲이 빤히 보이는데도 큰 도로가 가로막고 있으면 넘어가지 못하고 대책 없이 바라만 보다가 굶어 죽기도 한다는 것이다.

내성의 폭이 좁은 북극곰은 기후변화에 가장 어려움을 겪게 된 동물 중 하나고, 자이언트판다는 서식지가 파괴되면서 먹이 구하기가 힘들어 위기를 맞고 있다. 그러나 흑곰은 현재 지구상에서 가장 흔한 곰이고 불곰 또한 번성 중이다. 지위의 폭이 넓으면 웬만하면 적응하고 어려움도 잘 견뎌서 생존율이 높다.

변해야
살아남는다

요즘 북극곰은 몸집이 작아지고 홀쭉해졌다. 전 연령에서 신체 조건이 모두 나빠졌을 뿐 아니라 충분한 지방을 축적하기 전에 홀쭉한 몸으로 연안에 돌아오게 되고, 단단한 얼음까지 장거리를 헤엄쳐야 해서 헤엄에 서툰 어린 곰의 사망률이 부쩍 늘어났다.

기후변화와 서식지 손실로 인해 영양이 불충분한 상황에서 암컷은 출산율을 낮추고, 어린 북극곰의 생존율 또한 낮다. 이대로 기후변화가 계속되어 2080년이 되면 대부분의 지역에서 얼음이 사라질 것이라 한다. 허드슨만에서 영구동토층 면적을 조사한 결과 감소되고 있다는 사실이 밝혀졌고, 바다 위의 얼음뿐 아니라 지상의 얼음, 지하의 얼음층까지 녹을 정도로 변화는 심각하다. 국제자연보존연합(IUCN)은 앞으로 35~50년이면 북극곰 개체 수가 3분의 1로 줄어들 것으로 예측한다.

북극곰은 지금보다 더 더웠던 과거의 간빙기(에미안기Eemain inter-glacial, 13만 년~11만5천 년 전)에도 살아남았다. 지구 기온이 온난한 시기에 북극곰은 육지로, 불곰은 북쪽으로 이주하면서 간헐적으로 짝짓기를 하곤 했다. 이렇게 태어난 새끼를 피즐리곰Pizzly Bear 또는 그롤라곰Grolar Bear이라 부르지만, 각각의 종은 생태적 지위에서 오래 생존하지 못한다.

북극곰은 90퍼센트가 육식이고 불곰은 90퍼센트가 식물성인 데다, 근거지가 바다가 된 북극곰과 육상 토박이 불곰의 서식지가 전혀 다르기 때문에 잡종이 설 자리가 마땅치 않다. 잡종은 지위의 폭이 넓은 불곰 방식으로 흡수 통합될 가능성이 크다. 불곰에서 진화한 북극곰의 미래로 보면, 북극곰에게 닥친 위협은 기후변화에 적응할 수 없다는 것보다 불곰이 현재 환경에 더 잘 적응한다는 데에 있다. 북극곰은 현재 위기에 처한 취약종으로 분류되어 있다.

전문가로 뜨긴 떴지만 지는 것도 쉬워 보인다. 견디는 힘을 키우면서 변신 능력을 꾸준히 기르는 게 상책이다. 환경은 바뀌고 사회의 요구도 달라진다. 변할 수 있는 힘을 넓혀야 살아남는다.

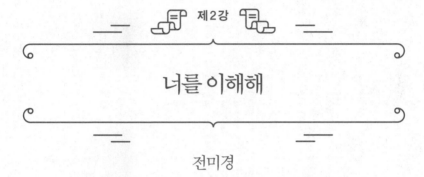

너를 이해해

전미경

마음이 아파 병원을 찾는 환자들의 불안을 덜어주는 든든한 의학적 조력자. 단국대 의과대학 의학과를 졸업하고, 성 안드레아 신경정신병원 전공의를 수료한 후 아산 열린성애병원, 제주 한라병원 등을 거쳐 현재 천안 굿모닝정신건강의학과의원 원장 겸 단국대 정신건강의학과 외래교수로 활동하고 있다. SBS 〈긴급출동 SOS 24〉, SBS 〈금요 건강플러스〉 등에 자문 역할을 했다.

진짜 정의는 무엇인가

'정의justice'가 우리 사회의 화두가 된 적이 있다. 2010년 즈음이다. 때마침 번역 출간된 하버드대 마이클 샌델 교수의 《정의란 무엇인가》가 불을 지폈다. 지성인이라면 누구나 읽어야 할 것 같은 압박에 책을 들었으나 내용을 정확하게 이해하기 어려웠다. 이렇게 어렵고 모호한 책이 베스트셀러가 되었다는 사실이 그저 놀라웠다. 이후 서점에는 정의를 주제로 한 책이 봇물 터지듯 나왔고, 나의 무지를 채우고자 무차별적으로 읽어보기로 마음먹었다. 오기가 생겨서다. 하지만 읽으면 읽을수록 나의 부족한 지식만 드러나는 듯해 결국 백기를 들었다.

책을 쓴 저자의 이력을 차분히 살펴보니 대부분 철학이나 법학을 전공한 학자들이었다. 곰곰이 생각해보았다. 정의를 말하는 책이 대부분 형이상학적이라는 결론에 이르렀다. 현실과의 괴리 탓이었다. 주변에 물어보니 샌델 교수의 책은 샀으나 끝까지 읽지 않은 사람들이 대부분이었다. 그의 책을 폄훼할 생각은 없다. 단지 정의를 주제로 한 책이 왜 우리

사회 구성원들에게 피상적으로 다가올 수밖에 없을까 궁금증이 생겼고
답을 구해보고 싶을 뿐이었다.

박제된 정의는
목마른 사회를 만든다

10여 년 전으로 시계를 돌려보자. 2008년, 광우
병 파동으로 주부들이 유모차를 끌고 집회 현장에 나타나는 진풍경이 연
출됐다. 이듬해에는 노무현 대통령의 자살이 많은 사람들의 가슴에 멍을
남겼다. 이때 샌델 교수의 책이 폭발적으로 팔려나간 것은 우리 사회가
공평하지 못하고 정의롭지 못하다고 느끼는 사람들이 많았기 때문이다.
사람들은 정의에 목말랐다. 내용보다 제목에 열광한 것이다.

정신과 전문의는 병원에서 환자를 만나면서 사회의 민낯을 확인한다.
군대에 비유하자면 진창을 구르며 실전에 익숙한 중사의 위치 정도일 것
이다. 철학과 사색의 차원에서 해석하고 설명하는 '정의'는 피부에 와닿
지 않았다. 책 속에 나오는 사례는 내가 사는 오늘날 대한민국의 현실에
맞지 않은 박제된 정의에 불과했다.
우리 사회는 왜 정의를 갈망했을까. 대한민국에서 태어나 대학교까지
정규 교과과정을 거쳐 사회인이 된 사람치고 부조리한 경험을 하지 않은
사람은 드물다. 1970년대에 태어난 나는 초등학교 때 느꼈던 비정상적

인 상황이 제일 먼저 떠오른다. 새 학기가 되면 교실에서 사용할 비품을 학생들에게 강제 할당하고 마치 숙제 검사하듯 확인했던 경험이다. 시골에서 공부를 꽤 잘했던 나는 중학교 3년 내내 장학금을 받을 대상이었지만, 나에게 장학금은 전달되지 않았다. 배달 사고라고 해야 할까. 고등학교 때에는 분필이 가득 묻은 지우개를 학생들 얼굴에 던지는 특기를 발휘하던 교사도 있었고, 수업 준비가 부족해 자습으로 시간을 때우던 교사도 있었다. 고3 때는 원하는 학과 대신 서울대의 비인기과에 원서 넣기를 강요받기도 했다.

사회에 나가서는 더 깊은 세상의 쓴맛, 단맛, 짠맛을 보게 되었다. 모든 조직에는 정치라는 게 존재하고 줄을 잘 서야 출세한다는 사실을 알게 되었다. 줄은 본인의 능력만이 아닌 부모의 사회경제적 배경과 출신 지역 등을 모두 아우른다는 사실도 알게 되었다. 어느 의과대학이든 교수로 임용되려면 해당 의국과 잘 어울려야 해서 현직 교수진의 입맛에 맞는 사람을 뽑는 게 상식이었다.

의학계에서도 논문 제조기로 불리며 해외 학회에서도 이름 석 자 말하면 알 만한 분이 본인의 출신 대학에서 방출된 사례도 있었다. 봉직의로 여러 병원을 다니면서 끝까지 남아 있는 부류는 소위 병원 오너의 입맛에 맞는, 말 잘 듣는 의사라는 것도 알게 되었다. 병원에서 문제가 생기면 정당한 절차에 따라 옳고 그름을 따지는 대신 윗사람들의 편의와 입장에 따라 문제를 해결하는 경우가 다반사였다.

정신과 의사로 살면서 들여다본 세상은 한술 더 떴다. 자신이 쓴 논문을 지도교수에게 빼앗긴 대학원생, 학교에서 일어난 성추행 사건의 합리적 처리를 요구하는 여교사의 주장을 묵살하는 정년을 앞둔 교감, 직장 내 노사위원회의 공금횡령을 고발했다가 동료들에게 왕따를 당한 젊은 직장인 등 불합리한 조직 문화가 우리 사회에 만연해 있다. 그들은 병원을 찾아와 분하고 억울하다며 하소연한다. 때로는 울기도 한다. 그들이 할 수 있는 일이라곤 정신과 의사를 찾아와 '임금님 귀는 당나귀 귀'라고 외치는 게 전부다. 그나마 병원을 찾는 사람들은 여유가 있는 사람들이다. 그냥 억울함을 당하며 살아가는 사람이 너무 많다.

정의롭지 못한 사회의 구성원은 삶이 행복하지 않다. 많은 사람이 스트레스로 인한 수면장애, 우울증 등의 증상으로 병원을 찾아온다. 정의롭지 못한 사회 환경으로 울분과 설움을 겪으면서 스트레스가 심화하기 때문이다. 울분과 설움이야말로 정신건강에 악영향을 주는 요소이다. 조직 내에서 이해하기 어려운 불합리한 상황으로 자신이 불이익을 받았다는 생각을 곱씹다가 결국에는 '내가 못나서 사회에 어울리지 못했다'는 자기혐오의 감정에 빠져드는 것이다. 실제로 환자들에게 듣는 말이다. '사는 것 자체가 두렵다' '난 왜 이럴까 싶다' '내가 보는 나의 앞날은 암울하다'며 속내를 털어놓는다. 이 사회에서 내가 할 수 있는 게 없다는 절망감과 자기 무력감의 표출인 것이다.

샌델이 주장하는 정의는 윤리, 경제, 정치 등 크게 세 가지 담론으로 구분된다.

첫 번째, 윤리적으로는 '정의로움'을 말한다. 노력한 사람과 노력하지 않은 사람을 차등으로 대해야 한다는 수직적 인간관과 성별, 경제력, 인종, 지역에 상관없이 모든 사람을 평등하게 대해야 한다는 수평적 인간관이 있다.

두 번째, 경제적으로는 '분배'를 의미한다. 모든 사회적 갈등은 분배의 문제로부터 시작된다. 차등 분배와 균등 분배가 있다. 차등 분배는 수직적 인간관과 관계가 있으며 분배에서의 '자유'를 추구하게 된다. 균등 분배는 수평적 인간관과 관계가 있으며 분배에서의 '평등'을 추구한다. 이는 자본주의와 사회주의의 양방향으로 나뉘게 된다.

세 번째로 정치적 측면에서는 '선택'을 말한다. 분배의 문제를 해결하기 위해 정치적 선택을 해야 하는 것이다. 시민들은 정치적 자유와 선택을 통해 보수와 진보를 결정할 수 있고, 결과는 그 사회의 경제체계로 나타나게 된다.

조금 더 구체적으로 설명해보자. 이명박 정권의 경우 보수 정권이었고, 신자유주의의 극대화를 추구했다. 신자유주의는 공산주의 몰락 후 20세기 말에 빠르게 확장되어 시장의 자유, 재산권 보장, 성장, 자본가의 이익 등의 정책을 추구한다. 현재 문제인 정부는 진보 정권이고 정부의 개입을 확장해 수정자본주의로 가고자 한다. 그리하여 복지의 확대, 분배, 노동자의 이익과 연결된다. 참고로 미국, 일본, 한국이 신자유주의 국가라면 수정자본주의에는 프랑스, 영국이 속한다. 복지정책을 논할 때 빠지지 않고 등장하는 북유럽 국가들은 사회민주주의 국가들이다. 이 모든 논란은 옳고 그름의 문제가 아닌 '다름'의 문제다.

현실에 널린
답이 없는 정의

　　　　　　　　실제로 마이클 샌델 교수는 학생들에게 질문을
던져놨을 뿐 답을 제시하지는 않았다. 아주 극단적인 예를 들어서 철학
적인 사색을 권하는 경우가 대부분이었다. 심오한 철학적 사색이 필요한
질문이 아니라 우리 사회와 관련된 질문이라면 어떨까. 빙상연맹과의 갈
등으로 러시아로 귀화한 안현수의 선택은 옳았을까? 2018년 동계올림
픽에서 스타 플레이어를 위해 다른 선수를 희생시킨 빙상연맹의 결정은
정의로운가? 한체대 출신과 비한체대 출신의 차별은 과연 정당한가 같
은 질문들 말이다.

　정의의 반대말은 불의다. 불합리와 일맥상통한다. 한국 사회의 정의를
논하려면 정과 의리가 개입할 수 있는 여지를 최소화해야 한다. '우리가
남이가?'라는 태도가 불의를 눈감아주는 행위를 합리화한다. 정과 의리
의 핵심은 이기주의다. 지역에 따라, 당 배지 색깔에 따라, 출신 학교에
따라 '우리가 남이가' 정신으로 하나가 된다.

　구태의연한 사고방식을 뜻하는 '꼰대' 정신도 바꿔야 한다. 꼰대 정신
은 자신의 옛 경험이나 가치를 아랫사람에게 강요하는 식으로 나타난다.
인공지능이 세상을 바꾼다는 4차 산업혁명의 시대에도 그들은 안하무인

이다. 힘을 이용해 불의를 자행하는 경우가 적지 않다. 미투 운동도 넓게 보면 꼰대질에서 출발한다. 상대의 의사를 무시하고 권력을 이용해 자신의 성적인 만족을 추구한다면 꼰대질과 다를 바 없다. 나를 찾는 젊은 환자 중에는 기성세대들이 자행하는 여러 형태의 꼰대질로 정의롭지 못한 사회에서 상처받은 사례들이 많다.

관례나 관행도 문제다. 과거의 방식을 의식적으로 답습하게 된다면 꼰대질에 갑질을 더하게 된다. 잘못된 악습이나 구습은 새로운 시대에 맞게 바꿔야 하지만, 기성세대는 이를 대대손손 따르고 싶어 한다. 고부간의 갈등이 대표적인 사례다. 후기 조선시대의 잘못된 관행을 고수하며 저지르는 갑질이 되어버린 것이다. 며느리도 귀하게 자란 누군가의 자식이라는 생각보다 며느리는 일꾼이라는 구닥다리 사고방식이 우리 사회를 정의롭지 못하게 만드는 것은 아닐까.

정치판 돌아가는 상황에 빠삭한 50대가 있다고 치자. 대학 다닐 땐 정작 민주화 운동을 못 본 체하고 열심히 공부하며 스펙도 쌓았다. 고속 승진으로 50대에 기업의 임원이 된 그는 이제 정치에 대해 갑론을박한다. 그러나 정작 회사에서 사건이 터져 부하 직원이 불이익을 받고 힘들어할 땐 옳은 말 한마디 하지 않고 자신의 안위만 소중하게 여긴다. 어떠한 순간에도 자신의 이익은 손톱만치도 내려놓을 생각이 전혀 없다. 그에게 정의는 박제된 채 입만 살아 움직일 뿐이다. 내가 속한 공동체의 불의도 못 본 척하고 이익만 챙기면서 겉으로만 국가의 대의를 논하고 정의를 말하는 게 무슨 소용이 있을까.

옳은 것을 옳다고
말할 수 있는
연대가 정의다

우리 전통에도 정의를 바로 세울 수 있는 정신이 살아있다. '시시비비是是非非' 정신이다. 옳고 그름과, 너와 나의 다름의 문제를 따지고 고민해왔다. 여기에 '역지사지易地思之'와 '인지상정人之常情'을 더하면 우리 사회는 더욱 정의로워진다. 역지사지와 인지상정은 지금도 우리의 마음에 있다. 세월호 사태로 전 국민이 함께 울고 슬퍼하며, 지하철 근로자의 사망 소식에 안타까움을 느끼고 사고 현장을 찾아가는 마음이다. 우리는 이 사회의 여러 문제에 대해 합리적 '사리분별事理分別'을 토대로 같이 자유롭게 '심사숙고深思熟考'해야 한다.

인간은 '동고동락同苦同樂'하는 사회적 존재다. 타인의 아픔에 귀 기울이고 나의 문제가 될 수 있음을 기억하자. 독일의 루터 교회 목사이자 신학자였던 마틴 니뮐러는 반공주의자로, 처음에는 히틀러의 등장을 지지했다. 그러나 히틀러가 국가와 민족의 우월성을 주장하며 유대인을 잡아들이게 되자 히틀러를 반대하는 독일 성직자 그룹의 지도자가 되었다. 결국 체포되어 강제 수용소에 감금당하게 된다. 그가 쓴 시를 읽어보면 혼자 살 수 없는 사회에서 배려와 연대가 왜 중요한지를 알 수 있다.

거대한 철학적 담론 대신 당장 실천할 수 있는, 그래서 내가 사는 이 땅을 더 나은 곳으로 만드는 생각이 현재 한국 사회가 필요로 하는 진정한 정의가 아닐까.

처음에 나치는 공산주의자를 잡아갔다.

나는 침묵했다. 나는 공산주의자가 아니었기 때문이다.

그리고 그들은 유대인을 잡아갔다.

나는 침묵했다. 나는 유대인이 아니었기 때문이다.

그다음에 그들은 노동운동가를 잡아갔다.

역시 침묵했다. 나는 노동운동가가 아니었기 때문이다.

그리고 이제는 가톨릭교도를 잡아갔다.

나는 침묵했다. 나는 가톨릭교도가 아니었기 때문이다.

어느 날부터 내 이웃이 잡혀가기 시작했다.

그러나 침묵했다. 그들이 잡혀가는 것은 뭔가 죄가 있어서라고 생각

했기 때문이다.

그러던 어느 날 내 친구들이 잡혀갔다.

그때도 나는 침묵했다. 내 가족들이 더 소중했기 때문이다.

그러던 어느 날 그들이 나를 잡으러 왔을 때

내 주위에는 나를 위해 이야기해 줄 사람이 아무도 남아 있지 않았다.

— 마틴 니묄러Martin Niemöller

그들은 누구인가

사이코패스

　우리나라에 '사이코패스'라는 개념이 알려진 시기는 유영철 연쇄살인 사건이 터진 2004년이었다. 2003년 9월부터 이듬해 7월까지 20명을 무참히 살해한 유영철은 희대의 살인마로 세상을 경악케 했다. 여기서 끝이 아니었다. 2007년에는 안양 초등학생을 유괴 살인한 사건(일명 혜진·예슬이 사건)을 저지른 정성현이 사형선고를 받았고, 2008년에는 일명 '나영이 사건'으로 알려진 조두순 사건, 2013년에는 울산 계모와 칠곡 계모 사건 등이 잇따라 터지면서 사회 전체는 공포에 휩싸였다. 여기에 〈크리미널 마인드〉〈라이투미〉 등 범죄스릴러 미드(미국드라마) 열풍이 가세해 '프로파일링'이라는 단어가 심심치 않게 등장하면서 범죄심리학에 대한 관심도 높아졌다.

부도덕한 사람
또는 개망나니

당시 레지던트 과정을 마치고 전문의 2년차였던 나는 범죄심리학에 관심이 있어 프로파일러가 되기 위해 갖춰야 할 요건을 구체적으로 알아본 적이 있었다. 드라마에서 연쇄살인범들의 행동과 진술, 범죄 현장에 남아 있는 사소한 단서로 범인을 알아내는 과정이 어찌나 멋지던지! 어린 시절 열심히 읽었던 셜록 홈스의 환생을 보는 듯 빠져들었다.

그때 열심히 사이코패스에 대한 논문과 책을 찾아 학회에서 발표하기도 했으니 옛말 그른 게 없다. 배워서 남 주진 않았다. 사이코패스의 개념은 고대에도 있었다. 물론 사이코패스라는 용어는 쓰지 않았지만 말이다. 아리스토텔레스의 제자였으며 미학 및 예술 이론에 뛰어났던 철학자 테오프라스토스Theophrastus는 '부도덕한 사람'이라는 고상하고 우아한 단어로 그러한 개념을 설명했다.

우리나라에도 예전부터 비슷한 말이 있다. 천하에 고약하고 막된 사람을 일컬어 '개차반' '개망나니' '개백정' 등으로 불렀다. 현대판 버전도 있다. '개만도 못한 놈' '개 같은 놈' '개보다 더한 놈' 등등. 왜 인간과 가장 가까운 동물인 개를 끌어다 붙였는지는 잘 모르겠다. 개 입장에서는 굉장히 억울할 듯도 하다. 하지만 서양의 우아한 표현과 달리 꾸밈없는 날 것 그대로 입에 착착 달라붙는, 지극히 한국적 해학이 담겨있는 표현법이기도 하다.

사이코패스라는 용어가 처음 등장한 시기는 1940년대에 이르러서다. 미국의 정신의학전문의 크렉클리Hervey M. Cleckly가 1941년 그의 저서《온전한 정신의 가면The Mask of Sanity》에서 현대적 의미의 정신병질Psychopathy과 사이코패스Psychopath라는 개념을 제시했다.

사이코패스는 피상적으로는 매력적이고 지능도 우수하다. 하지만 본인의 행동에 대한 뉘우침이나 부끄러움이 없고, 대인관계 능력도 떨어지고 냉담하다. 게다가 거짓말과 반사회적 행동을 쉽게 하는 사람이다. 실제로 21세기인 현재의 사이코패스를 설명할 때에도 크렉클리의 개념이 통용되고 있다. 현재 일반 인구 중에서 1퍼센트가 여기에 해당하고, 수감자 중에서는 15~25퍼센트가 해당한다.

사이코패스의 가부를 판단하기 위한 검사 도구가 나온 것은 50여 년이 지나고 나서다. 캐나다 출신 임상심리학자인 로버트 헤어Robert D. Hare 박사가 사이코패스 검사 도구 PCL-R을 개발했다. 그는 현재 세계적인 범죄심리학의 대가이기도 하다. 그의 명성에 따라 사이코패스를 거론할 때 PCL-R을 빼놓을 수 없다. PCL-R은 크렉클리의 개념을 정교하게 체계화해 두 개의 요인으로 나눠서 설명하고 있다. 대인관계와 감정적인 부분으로 주로 냉담성, 죄책감 결여 등을 포함한 요인 1factor 1과 생활방식이나 반사회 행동으로 무책임한 생활양식, 행동통제 곤란 등의 요인 2factor 2로 구분된다.

인터넷에 사이코패스라고 검색하면 '혹시 나도 사이코패스?'와 비슷한 제목으로 나오는 20개짜리 자가 설문 문항이 바로 PCL-R의 번역본이다. 40점 만점에 30점 이상이 나오면 사이코패스일 수 있다는 의심을 할 수 있다. 물론 PCL-R에서 로버트 헤어 박사가 제시하는 커트라인도 30점이다. 참고로 유영철은 37점이 나왔고, 강호순은 28점을 받았다고 한다.

로버트 헤어 박사에 따르면, PCL-R은 정신과 의사나 심리학자와 같은 전문가 집단이 범죄 기록지와 반구조화된 면담을 거쳐 장기간 객관적으로 관찰한 후에 최종 진단을 내려야 한다. 인터넷에 나온 설문 문항으로 자가 진단을 해서 30점 이상이 나왔으니 사이코패스에 가까운 것은 아닌가 우려하거나 속단해서는 안 된다.

태생부터 확연히 다른 기질적 문제

사실 사이코패스는 정신의학 분야의 전문용어는 아니다. 그나마 현재 정신의학계에서 비슷하게 쓰는 진단은 '반사회적 인격장애'이다. 미국정신과의학회의 DSM-V (Diagnostic and Statistical Manual of mental disorders fifth edition, 정신장애의 진단 및 통계편람 5판)에 나오는 진단 분류 목록으로, 현재 우리나라 정신의학계에서는 미국의 진단 분류를 공식적으로 사용하고 있다.

반면에 세계보건기구가 작성한 국제질병분류기호 ICD-10은 주로 유럽에서 쓰는 진단 분류인데, 여기서도 사이코패스는 '반사회적 인격장애'의 개념과 유사하게 통용된다.

흥미로운 사실 한 가지. DSM-V에서는 주로 반사회적 행동에 초점을 맞추어 PCL-R의 요인2와 많은 부분이 겹치고, ICD-10에서는 반사회적 인격 특성에 초점을 맞추어 PCL-R의 요인1과 겹치는 부분이 많다. 이는 정신의학을 바라보는 미국과 유럽의 태도 차이에서 비롯된다.

영국에서는 사이코패스라는 단어의 뜻이 경멸적이라 하여 거의 쓰지 않고 있다. 주의력 결핍 과잉행동장애ADHD 진단율도 유럽의 국가들보다 미국이 훨씬 높다. 즉, 휴머니즘적 관점의 차이가 있다는 말이다. 미국은 대체로 자본주의적 사고방식을 적용해 인간을 하나의 유기체로 값을 매기지만, 유럽 국가들은 문화적 존재로 다양성을 인정하는 사고방식이 지배적이다.

그렇다면 왜 사이코패스가 되는 것일까? 닭이 먼저냐 달걀이 먼저냐의 문제이겠지만, 관련 논문에 따르면 몇 가지 가설로 압축된다.

뇌영상 연구에서 전두엽 기능이 떨어져 충동성을 조절하지 못한다는 가설과 편도체의 기능이 떨어져 감정이 무뎌진다는 가설이 있다. 여기에 추가해서 신경전달물질 세로토닌 수치가 낮거나 테스토스테론이 높으면 공격적인 성향이 짙어진다는 이론도 있다. 즉 충동성, 대뇌 각성도, 공포에 대한 반응이 일반인과 다른 기질적인 문제가 선천적으로 확연하게 존재한다는 게 지금까지의 연구 결과다. 또 열악한 양육 환경 등의 후천적인 결과로 소시오패스Sociopath 라는 개념을 만들어 정의내리고 있다. 소시오패스는 기질적으로는 일반인에 가깝지만 어린 시절부터 가난한 환경 탓에 심리적 불안을 겪거나, 주변인으로부터 학대를 당하는 등 부정적인 사회 환경에 노출되어 반사회적 행동을 하는 사람을 의미한다.

범죄는 의학의 영역이 아니다

사이코패스는 정신의학적인 전문용어나 연구 분야이기에 앞서 사회적, 도덕적 혹은 법적인 행태를 설명하는 데 더 많이 쓰인다. 상식적으로 생각해보자. 정신과 의사인 내가 어찌 시체를 토막 내어 암매장한 범인이나 연쇄살인범을 병원에서 만나겠는가? 그들은 범죄자로서 법의 영역에서 법조계 전문가들이 처벌 대상으로 만나는 사람들이지, 의학의 영역에서 만나는 환자가 아니라는 말이다. 의학적 치료의 개념으로 접근하기 어렵다는 의미다. 심각한 사이코패스는 사회로부터 영원히 격리하는 것이 유일한 해결책이라고 대놓고 얘기하는 논문도 있다.

2017년에는 여덟 살 초등학생을 살해하고 암매장한 10대 소녀 두 명의 얘기로 떠들썩했다. 1심에서 주범인 김양에게는 20년, 공범인 박양에게는 무기징역이 선고됐다. 이들에게 갱생이나 개과천선의 개념이 과연 가능한지 나도 궁금하다. 화려한 스펙의 변호인단에 둘러싸여 이 사건은 현재도 재판이 진행 중이다.

　정신과 전문의로 한 가지 당부하고 싶다. 분명한 의도로 저지른 계획적 살인 사건에 정신의학을 끌어들이는 것은 자제해야 한다. 자칫 심각한 범죄를 저질러놓고도 심신미약 내지 심신상실을 호소하며 미꾸라지처럼 빠져나가는 일이 벌어질 수 있어서다. 사이코패스를 다루는 전문가들은 법조계에 있다. 그러니 법으로 엄격하게 다루자.

멀고도 먼 무지개 깃발

동성애

"네 아들이 동성애자라면 엄마로서 그렇게 담담할 수 있겠니?"

언젠가 학회에서 동성애를 주제로 발표를 마치고 열린 뒤풀이에서 날아온 질문이었다. 질문을 던진 저의에는 '너의 아들이 아니라는 전제하에 그렇게 태연하게 발표하겠지'라는 비아냥거림이 담겨 있었다. 대뜸 "당신의 아들이 만일 동성애자라고 해봅시다. 사람들에게 혐오스러운 존재로 낙인이 찍히고 무시당하고 차별받고, 스스로 자괴감에 빠져 괴로워하는 모습을 바라보면 어떤 생각을 하겠어요?"라고 대답했다. 지금 생각해봐도 무례한 질문에 까칠한 답변이었다. 동성애 자체가 사회악이지 않냐는 속뜻이 담긴 질문에 동성애를 대하는 당신의 편견과 태도가 문제라는 답변이었으니 우문우답을 주고받은 격이다.

냉철한 이성과 따뜻한 감성을 갖춰야 하는 것은 정신과 의사로서의 덕목이자 직업적 윤리이다. 진료실에서 나에게만 '커밍아웃' 하는 젊은 친구들이 종종 있는데 직업윤리에 앞서 한 인간으로서 그들을 바라보는 나의 시선은 따뜻하다.

동성애를 종교적 관점에서 보면 논의 자체가 의미 없다. 특히 보수 기독교의 관점으로 보자면 용납할 수 없는 대역 죄인이니까. 반박을 해보자. 한때 피임과 낙태 문제로 종교계가 갑론을박하기는 했지만 지금은 구닥다리 논쟁거리에 불과하다. 제2차 세계대전 당시 나치가 유대인만 학살한 줄 알고 있지만 학살 대상에는 공산주의자, 동성애자, 집시, 지적장애인, 소련의 전쟁 포로, 여호와의 증인과 프리메이슨 등 소수자들도 포함되어 있었다. 학살을 당한 사람 중 1,500명 정도가 동성애자였다. 수용소에서 죽은 유대인들이 전체 유대인 인구 중 35퍼센트를 차지한 반면 동성애자들은 65퍼센트가 사망했다. 유대인보다 더 심한 취급을 당한 것이다.

홀로코스트가 제도에 의한 민간인 살인이었다면, 현재 한국의 보수 기독교 단체는 종교적 믿음을 근거로 감정적 폭력을 행사하고 있다. 아이러니하게도 현재 동성애와 동성결혼을 허용하는 나라는 대부분 오랜 기독교 문화권 아래 민주주의가 발달한 나라다. 북유럽과 서유럽 그리고 미국 등이 동성애 문제에 비교적 관대하다. 반면에 경제적으로 낙후한 아프리카 국가들이나 이슬람 국가에서 동성애자를 죄인으로 취급한다.

가치관과 도덕관은 바뀐다

　　　시대에 따라 가치관은 바뀌게 마련이다. 변하지 않는 절대적인 가치는 '인간 존중' 하나밖에 없다. 인간 존중을 상위 가치로 두고, 그 밖의 여러 가치관은 하위에 두어야 하지 않을까. 종교적 믿음으로 동성애를 혐오하는 사람에게 '신을 위해 인간이 존재하는지, 인간을 위해 신이 존재하는지' 묻고 싶다. 물론 과거에는 신권 밑에 왕권이 있었고, 그 아래에 인권이 있었다. 하지만 현재 민주주의 국가에서는 국가의 최우선 가치로 인권 내지 주권을 내세우고 있고, 그 주체는 인간 내지 국민이다.

　도덕적 가치는 어떨까. 절대적인 도덕이 존재하는가. 조선시대는 엄격한 신분제도로 반상班常이 명확했다. 그때의 진리는 양반과 상놈의 차이, 즉 '차별'이었다. 신분제도가 사라진 오늘의 진리는 '평등'이다. 1950~1960년대 미국에서는 여성 인권운동, 흑인차별 철폐운동이 활발했다. 그 과정에서 1968년 마틴 루서 킹 목사가 암살당하기도 했다. 지금은 여성과 인종에 대한 차별이 공식적으로는 허용되지 않는다.

　아랍 문화권에서는 아내를 여러 명 두는 풍습이 지금도 합법적으로 이루어지고 있다. 맨체스터 시티 FC의 구단주 만수르도 공식적으로 부인이 둘이다. 아직도 팔레스타인, 요르단 등지에서는 여성이 외간 남자와 연애만 해도 집안의 명예를 실추시켰다는 이유로 죽임을 당한다.

도덕의 개념과 가치 역시 시대와 문화에 따라 바뀌어 왔다. 절대적 도덕의 가치란 나의 권리와 자유를 지키고자 할 때 다른 사람의 권리와 자유를 침해하지 않는 것이다. 동성애자가 내 옆집에 살거나, 같은 직장에 다니거나, 나를 찾아와 진료를 받는다고 해서 무슨 도덕적 가치를 훼손할까 싶다.

종교가 우리를 갈라놓기 전까지 그들도 내 이웃이었다

동성애는 역사에서 쉽게 찾아볼 수 있다. 구석기시대의 동굴 벽화, BC 2세기 함무라비 법전, 이집트의 파피루스 기록, 원시 부족 공동체, 기독교의 성서, 이슬람교의 코란, 고대 그리스와 초기 로마시대 등 역사적으로 각 지역에서 골고루 나타난다.

대신 시대에 따라 동성애는 다른 모습으로 나타난다. 고대 그리스시대 동성 간의 사랑은 인간이 누릴 수 있는 신성한 권리이자 진리를 나누는 지혜로움의 상징으로 사회적 존경의 대상이었다. 동성애는 주로 성인 남자(에라스트)와 10대 소년(에로멘) 사이에 이루어졌다. 소크라테스, 아리스토텔레스, 사포, 알렉산더 대왕 등이 대표적인 동성애자들이다.

"아기를 낳고 싶은가? 아내에게로 가라. 여자와 자고 싶은가? 노예나 창녀에게로 가라. 진정한 사랑을 하고 싶은가? 미소년에게로 가라."

플라톤의 《향연》에 나오는 문구를 봐도 당시 동성애에 대한 사회적 인식을 알 수 있다. 로마시대에는 동성애와 이성애를 동등하게 취급했다. 동성애는 상류층의 문화로서 성적인 쾌락을 강조했으며, 동성 간의 결혼은 이성 간의 결혼과 법적으로 동등하게 인정받았다. 율리우스 시저와 네로 황제 또한 동성애자로 알려져 있다.

313년 콘스탄티누스 황제가 기독교를 로마 국교로 공인하면서 종교가 문화와 사상의 중심이 되었다. 중세 초기에는 봉건주의 사회로 각 영주의 권력이 득세하였기 때문에 기독교의 영향력은 미미했다. 이 시기에는 교회가 동성애를 용인했다. 봉건시대에는 기사 집단의 단합과 우정, 영주에 대한 충성스러운 복종과 사나이들 간의 절대적 동지애가 중요했기 때문이다. 이때 등장한 용어가 '동성사회성(homosocialitè, 성적인 의미가 포함되지 않은 생활방식, 사조, 문화를 포괄한다. 남자들 간의 애정 어린 사회관계를 지칭함)'이다. 중국의 《삼국지》에도 비슷한 의미가 있다. 도원결의를 다짐한 유비, 관우, 장비의 세 사나이의 의리라든가 관우를 향한 조조의 동경이 여기에 속한다. 요샛말로는 '브로맨스(형제를 뜻하는 브라더와 로맨스를 조합한 신조어로 남자들 간의 강한 애정. 단 성적인 관계는 맺지 않는다)' 정도에 해당한다.

11~12세기에 이르러 농업 생산력이 증가하고 산업이 발달하면서 유럽에는 도시가 발전하기 시작했다. 아울러 기독교의 영향력이 커지면서 성직자, 수도사 등의 독신 생활을 추앙했다. 교회에서 동성애를 죄악시했던 시기도 이때부터다. 13세기에 이르러서는 성사(聖事, sacrament) 중

에 혼배 성사가 포함되면서 결혼 제도가 자리 잡았고, 흑사병으로 전 유럽 인구의 3분의 1이 사망했던 14세기에는 이성 간 결혼을 강조하게 되었다. 그리하여 교회가 앞장서서 동성애를 비인간적인 행위이자 죄악으로 규정하고 강력히 금지하기 시작했다. 현재 대한민국 보수 기독교의 동성애에 대한 관점은 14세기 유럽 사회의 수준에 머무르고 있다.

15세기 르네상스 시대가 열리면서 인간을 중시하는 휴머니즘이 싹트게 된다. 다시 동성애가 부활한 시기이다. 레오나르도 다빈치, 셰익스피어, 미켈란젤로, 마키아벨리 등 당대를 풍미했던 예술가들의 이름이 등장한다. 호모에로티스즘이 풍부한 르네상스 예술로 다비드상, 세례자 요한 등의 작품이 나오기도 했다.

16세기 루터의 종교개혁과 헨리 8세의 이혼에 따른 영국 성공회의 분리, 칼뱅의 종교개혁 등이 일어나면서 16~17세기에 신교가 확산된다. 교회의 영향력이 줄어들고 남녀 간의 결혼이 중요시되면서 동성애에 대한 비난이 다시 머리를 들었다.

18~19세기 근대 유럽에서는 프랑스 대혁명과 산업혁명으로 유럽 사회가 재편성되면서 귀족계급이 몰락하고 신흥 부르주아계급이 탄생했다. 동성애가 종교 대신 법의 영역으로 넘어간 시기이다. 법의 관점에서 규범적 이성애를 바람직한 사회질서로 본 것이다. 동성애가 의학의 영역으로 넘어간 시기는 19세기 말에서 20세기 초 정신의학의 발전과 궤를 같이한다. 동성애를 병리화하면서 동성애자는 변태 내지 정신적 질환을 앓고 있어 치료가 필요한 환자로 인식했다.

20세기 초가 되면서 남녀 관계는 종교적, 도덕적, 종족 번식의 목적을 벗어나 각자 자율적 존재로 발전하면서 동성애에 대한 엘리트주의적이고 미학적인 관점이 등장한다. 이때 등장한 동성애 해방운동은 부르주아적, 가부장적, 보수적, 권위주의 사회의 구시대적 가치관에 대한 반발의 의미가 크다.

제2차 세계대전 당시 동성애자들이 탄압을 받자 미국으로 문화의 본거지를 옮기게 된다. 1969년에 일어난 스톤월 항쟁(Stonewall Riots, 2천여 명의 시민들이 경찰과 대치하며 동성애자에 대한 처우 개선을 요구한 사건. 미국 전체의 동성애자들에게 영향을 주었으며 사회적 억압과 차별에 항거하여 일어난 인권운동으로 평가된다)을 시작으로 동성애자들이 본격적이고 조직적인 인권운동을 하게 된다. 1989년에는 네덜란드의 동성 동거에 대한 법 제정을 시작으로 동성 결혼을 공식 인정하기 시작했다.

동성애는 치료의 대상이 아니다

인간의 성적 행동을 파격적으로 다룬 〈킨제이 보고서〉는 이성애와 금욕이 바람직하다는 고정관념을 깨고 여성의 성적 자율성, 동성애자의 인권 등에 대한 관심을 촉발했다.

정신과 의사인 이블린 후커Evelyn Hooker의 1957년 연구 결과에 따르면 이성애자 3분의 2와 동성애자 3분의 1이 심리검사와 일상생활에서 차이가 없었다. 후커의 연구로 미국정신의학회는 동성애를 정신과 질환 목록에서 제외했다. 정신의학에서는 더 이상 동성애를 질병으로 보지 않는다. 미국심리학회, 미국변호사협회, 미국의학협회, 미국소아과학회, 미국사회복지사협회 등도 같은 입장을 발표했다. 1990년에는 WHO의 국제질병분류기호에서 동성애를 삭제했다. 다음은 후커의 말이다.

"동성애를 바로잡거나 바꿀 수 있으리라는 희망은 잘못된 것이다. 동성애의 특성을 이해하고 기정사실로 받아들인다면 동성애자의 건전한 사회적 삶을 용인하는 태도에 근접할 수 있을 것이다."

2013년에는 전 세계 400여 개의 지부가 있는 동성애 치유단체 엑소더스인터내셔널Exodus International이 37년 만에 문을 닫았다. 앨런 챔버스 회장은 단체를 해산하면서 "그동안 우리는 이웃과 성경 모두를 존중하지 않는 세계관에 갇혀 있었다"고 했다. 동성애를 치료의 대상으로 여긴 무지로 인해 성소수자에게 도움보다는 상처를 주었다는 과오를 저지른 데 대한 고백이었다.

2013년 4월에는 반기문 유엔 사무총장이 '동성애 혐오성 괴롭힘 없는 학교를 만들기 위한 교육정책'을 발표했다. 반 총장은 "레즈비언, 게이, 양성애자, 트랜스젠더 청소년들은 자유롭고 평등하며, 온전한 존엄성과 권리를 가지고 태어난 사람들이며, 보호와 존중을 받아야 마땅합니다"라고 말했다. 2015년 6월 26일 미국 연방대법원이 동성 결혼이 합헌이라는 판결을 내리면서 미국 전역에서 동성 결혼을 법적으로 허용하는 효과를 낳았다. 스톤월 항쟁과 맞먹는 역사적인 날이다. 2016년 3월에 나온 세계정신의학회의 성명서에는 동성애를 인간 섹슈얼리티의 정상적 형태로 인정했다.

서구 선진국에서는 동성애에 대한 법률이 하나씩 바뀌고 있으며 섹슈얼리티에 새로운 개념이 등장하고 있다. 생식이 없는 성(피임, 낙태), 성이 없는 생식(인공수정, 시험관 수정, 대리모 출산) 등으로 사랑과 성과 생식이 분리될 수 있는 세상이다. 게다가 개인의 자율성과 다양성을 국가, 종교, 법보다 우선시하는 사회로 바뀌고 있다.

한국에서도 팬픽 문화, BL$^{Boy's Love}$, GL$^{Girl's Love}$, 여성향^{女性向}, 퀴어 영화, 퀴어 소설 등이 문화적 코드의 한 축을 담당하고 있다. 하지만 한국 사회에서 문화, 인권, 도덕, 종교, 정치, 법 등의 갈등은 이제 시작 단계다. 여기서 하나는 제외하자. 적어도 동성애는 현재로서 정신의학에서는 벗어난 주제다.

미셸 푸코, 샤를 보들레르, 아르튀르 랭보, 앤더슨 쿠퍼, 엘튼 존, 조지 마이클, 보이 조지, 리키 마틴, 나브라 틸로바, 브라이언 오서, 칼 루이스를 데려다가 정신과 의사인 내가 내릴 수 있는 진단명과 해야 할 치료는 없다는 얘기다. 편견과 차별의 눈으로 그들을 볼 것인지, 나와 다르다는 다양성의 눈으로 볼 것인지 생각해보자.

삶을 원하면 죽음을 준비하라

안락사

'삶을 원하거든 죽음을 준비하라'는 라틴어 문구가 있다. 이를 그대로 인용하여 죽음을 말한 사람이 있었으니 바로 프로이트Sigmund Freud이다. 프로이트는 1915년 자신의 저서에 "If you want to ensure life, prepare yourself for death."라고 남겼다.

전 세계 정신과 의사들과 심리학자들에게 가장 많은 영향을 미치고 있는 사람을 뽑으라면 프로이트가 압도적 1위를 차지할 것이다. 그러나 프로이트가 안락사로 삶을 마감했다는 사실은 그리 알려지지 않았다. 프로이트는 1923년 위턱뼈에 암 선고를 받고 16년간의 투병 생활을 했다. 30회 이상 수술을 받았고, 말년에는 고통을 이기지 못해 주치의이자 막역했던 친구 막스 슈르 박사로부터 과량의 몰핀을 투여받으며 죽음을 맞이했다.

그의 삶은 평탄치 않았다. 둘째 딸을 폐렴으로 잃고, 손자는 결핵으로 먼저 보냈다. 유대인 학살을 피하고자 말년에는 고향 빈을 떠나 런던으

로 피신했다. 미처 떠나지 못했던 여동생들은 가스실에서 유명을 달리했
다. 후대에 길이 남을 학문적 업적은 이루었지만 가까운 사람들의 죽음
을 속수무책으로 지켜봐야 했던 천형과 같은 운명이었다. 프로이트가 말
년에 인간은 삶의 본능과 더불어 죽음의 본능을 가지고 있다고 주장한
까닭이 여기에 있다.

죽음에 대한
사회적 논의의 시작

2018년 2월 4일, 대한민국은 연명의료결정법을
단행했다. 정확한 명칭은 '호스피스·완화의료 및 임종 과정에 있는 환자
의 연명의료결정에 관한 법률'이다. 웰빙으로 대변되는 삶의 문제와 더
불어 죽음의 문제에 한국 사회가 드디어 한발 내디딘 것이다. 국내에서
존엄사에 대한 사회적 논의가 시작된 사건은 1997년 보라매 병원에서
다. 식물인간 상태로 퇴원을 요구한 환자의 보호자에게는 살인죄가, 퇴
원을 허락한 의사에게는 살인방조죄 등 유죄가 선고되었다. 사건 이후
의료 현장에서는 회복 불가능한 환자에 대해서도 연명 치료를 지속하면
서 방어 진료를 할 수밖에 없게 되었다.

이 사건은 임종에 대한 사회적 인식이 바뀌는 계기가 되었다. 전통적
으로 우리나라에서는 밖에서 죽는 것을 객사라 하여 꺼려왔다. 병원에서
오랫동안 투병했던 환자라도 임종이 가까워지면 집으로 돌아가 가족들

이 보는 가운데 생을 마감하는 경우가 많았다. 하지만 지금은 대부분 병원 침대에서 임종을 맞게 되고, 병원 영안실에 모셔졌다가 병원이나 집 근처에 있는 장례식장에서 삶을 마감한다.

우리나라 최초의 존엄사 인정은 2009년 김 할머니 사례다. 뇌사 상태로 병원에 입원해 있던 김 할머니의 자녀들이 병원을 상대로 무의미한 연명행위 중지 가처분 신청을 낸 것이다. 결국 대법원의 최종 승소 판결로 김 할머니의 인공호흡기를 제거하게 되었다.

안락사를 뜻하는 영어 'euthanasia'는 고대 그리스어로 '좋다'라는 뜻의 'eu'와 '죽음'을 뜻하는 'thanatos'로 만든 조어다. 즉, '편안한 죽음' '고통 없는 죽음'을 의미한다. 안락사는 '소극적 안락사'와 '적극적 안락사'로 나뉜다. 소극적 안락사는 회생 가능성이 없는 환자에게 연명의료 치료를 중단하는 것을 뜻하며, 적극적 안락사는 인위적 생명 단축을 목적으로 이루어지는 행위를 말한다. 여기에 '의사조력자살'이라는 용어도 살펴봐야 한다. 의사조력자살은 자살에 필요한 약제나 정보 등을 의사가 환자에게 제공하는 것을 의미한다.

현재는 적극적 안락사와 의사조력자살에 한해서만 '안락사'라는 용어를 쓰고 있다. 소극적 안락사는 '존엄사'라는 용어를 사용하도록 권고하고 있다. 소극적 안락사와 존엄사 모두 의미하는 바는 같지만, 소극적 안락사는 의사가 하는 행위의 관점에서 보는 개념이고, 존엄사는 환자의 관점에서 '존엄하게 임종을 맞이할 환자의 권리'라는 시각이 강하다.

한국 사회에서 시대에 따라 존엄사에 대한 인식이 바뀐 것처럼 전 세

계적으로도 존엄사와 안락사에 대한 견해차가 나라마다 다르게 나타난
다. 한 나라에서도 의학과 법과 종교와 사회적 인식이 골고루 섞여 일관
성 없게 합법과 불법의 경계를 넘나들고 있다.

양도할 수 없는
자기 결정의 권리

　　　　　　　　　하지만 죽음에 대해 인류가 공통으로 고민하는
교집합은 분명히 존재한다. 첫째, 환자의 고통에 대한 배려다. 환자가 연
명의료를 중단한다는 것은 모든 의학적 처치를 거부한다는 뜻이 아니
다. 회생 가능성이 없는 환자에게 단지 생명 연장을 이유로 행하는 의료
에 반대한다는 것이다. 여기서 연명의료를 중단하면 환자는 어떻게 되냐
는 고민이 생긴다. 또 다른 의료가 시작되는데, 고통을 덜어주는 '완화의
료'다. 완화의료란 불치병 환자나 죽음을 앞둔 사람을 돌보는 행위를 말
한다. 병의 완치와 상관없이 신체적인 고통과 정신적인 고통을 없애주기
위하여 모든 수단을 사용하는 것을 말한다. 완화의료와 함께하는 것이
호스피스라는 개념이다.

둘째, 환자의 존엄과 삶의 질에 대한 것이다. 무엇이 존엄한 죽음일까?
본인이 맞고 싶은 임종을 가정해보면 어렵지 않게 답이 나온다. 일단 육
체적으로 고통이 없는 상태는 기본이다. 나를 에워싸고 있는 가족들에게
맑은 정신으로 작별 인사를 하고 싶다. 살 가망도 없는 나의 병원비를 대

느라 사랑하는 가족들을 경제적으로 힘들게 하고 싶지 않은 마음도 분명하다. 살면서 저지른 과오가 있다면 마지막 가는 길에 용서를 빌면서 마음 편하게 생을 마치고 싶은 것이 인지상정이다. 혹시 종교가 있다면 영적으로도 편안한 마지막을 맞고 싶을 것이다.

여기서 호스피스의 중요성이 다시 강조된다. 호스피스는 의료뿐만 아니라 사회복지, 종교, 철학 등을 모두 아우르는 포괄적인 정신이다. 환자의 마지막 가는 길을 육체적, 정신적, 영적으로 편안하게 도와주려는 전인적인 치료를 말한다. 한국에서는 2017년에서야 건강보험제도에 정식으로 편입되었다.

셋째, 환자의 죽음의 권리에 관한 것이다. 여기서 개인의 선택과 자율성이 강조된다. 이번에 시행된 대한민국의 연명의료결정법에서는 '사전연명의료의향서'와 '연명의료계획서'를 작성하는 것, 크게 두 갈래로 나누어진다. 사전연명의료의향서는 질병 유무와 관계없이 19세 이상 모든 성인이 평소 연명의료 중단에 대한 자기 뜻을 밝혀놓는 문서다. 연명의료계획서는 말기 또는 임종기에 있는 환자가 담당 의사에게 요청해 연명의료와 관련된 문서를 작성하는 것이다. 모두 죽음의 권리에 대한 개인의 선택과 자율성을 존중하고 있다.

네덜란드의 신학자이자 교수인 쿠이테르트H. M. Kuitert의 글을 인용해 본다. "삶에 대한 권리와 죽음에 대한 권리는 자기 결정의 핵심이다. 그것은 양도할 수 없는 권리로서 이 결정을 타인에게 또는 의사의 개입에 맡기는 것이 아니라, 스스로 언제 어떻게 죽을 것인지에 관해 결정할 수 있는 자유를 포함한다."

안락사는 신중하게 고려해야 할 사안이 많다. 경제적 압박에 의한 현대판 고려장의 모습이 될 우려도 있고, 자살과 적극적 안락사의 경계가 무엇인지 모호할 때도 있다. 도대체 인간의 존엄성은 누가 무슨 근거로 판단하는 거냐고 물으면 객관적인 근거를 들이대기가 어렵다. 의사인 나로서는 어디까지가 정당한 의료행위인지 머리가 터지도록 고민이 된다. 앞으로 우리 사회가 같이 고민해야 할 문제다.

삶을 돌아보며
죽음을 기억하라

웰빙에 이어 웰다잉well-dying 이라는 신조어가 등장했다. 살아갈 날이 한참 더 남은 젊은이들도 버킷 리스트를 만들어 죽기 전에 '꼭'이라며 가짓수를 정리하는 게 유행이다. 죽음의 문제를 거북해하기보다는 삶의 연장선상에서 좀 더 친근하고 긍정적으로 받아들이려는 움직임으로 해석된다.

웰다잉과 함께 웰에이징well-aging의 중요성도 점점 더 강조되고 있다. 다음은 죽어가는 사람들을 돌보던 호주의 간병인 브로니 웨어Bronnie Ware가 쓴 책《내가 원하는 삶을 살았더라면》에 나오는 '죽기 전에 가장 후회하는 다섯 가지'다.

① 나 자신에게 솔직한 인생을 살지 못했다. ↔ 남들을 의식하며 살았다.

② 그렇게 열심히 일할 필요가 없었다. ↔ 일만 열심히 했다.

③ 내 감정에 솔직하지 못했다. ↔ 많은 것을 억누르며 살았다.

④ 친구의 소중함을 잊고 살았다. ↔ 그때 그 친구가 보고 싶다.

⑤ 행복은 결국 내 선택이었다. ↔ 제대로 된 선택을 하지 못했다.

이 책에 따르면 큰 집에 살아보지 못했거나 돈을 더 벌었어야 했다거나 아이들을 더 잘 가르쳐야 했다와 같은 후회를 하는 사람은 단 한 명도 없었다고 한다. 죽음을 앞두게 되면 물건, 재산과 같은 것들에 대한 후회가 아니고, 주로 해보지 못한 것들에 대해 후회한다는 거다.

왜 한국 사회에서는 임종 환자에게 쉬쉬하면서 다가올 죽음을 숨기는 것이 환자를 위한 길이라고 생각하는 것일까. 익숙한 라틴어 중 하나인 '메멘토 모리Memento mori'를 기억하자. 죽음을 기억하라는 뜻이다. 인간은 필연적으로 죽음을 만나야 하는 존재임을 기억하자. 인간이 유한한 존재라는 깨달음을 얻게 되면 현재의 삶이 얼마나 가치 있는지도 알게 되지 않을까? 스스로의 죽음에 대해 미리 생각해볼 시간이 주어져 삶을 정돈할 기회를 갖게 된다는 것이 얼마나 축복인지 누군가는 깨닫게 되지 않을까 싶다.

인권이 없는 곳에서 인권을 논하다

학교와 인권

인권에 대한 관심이 어느 때보다 뜨겁다. 세월호 참사로 희생된 유가족의 슬픔이 사회를 하나로 만들면서, 국가는 개인의 권리를 존중해야 한다는 목소리가 커졌다. 2018년 한 검사의 용기 있는 폭로가 도화선이 된 미투 운동은 여성의 인권이라는 의미에서 시작되었지만, 넓게는 기득권층의 힘과 권력을 이용한 횡포를 고발한다는 의미가 더 크다. 쉬쉬하며 묻어두었던 과거와 달리 이제는 적극적으로 자신의 권리를 찾고자 하는 사람들이 늘어나고 있다.

청소년도 모르는
청소년헌장

생물학적 성별로 여성이며 정신과 의사인 나는 인권에 관심을 둘 수밖에 없다. 정규교육 과정을 차근히 거쳐 의대를 들어가 정신과 의사가 되었고, 나를 찾아오는 환자들은 대부분 인권의 박탈로 인한 정신적 피해를 호소하는 사람들이다.

인권을 보호받지 못한다고 느끼는 사람들이 왜 이렇게 많을까. 인권에 대한 법적 조치가 취약해서일까. 인권보호 조치가 계속 마련되고 있는데도 말이다. 직장 내 성희롱 예방교육을 의무화하여 시행한 지 10여 년이 되었고, 법무부 직원과 장애인 시설 관리자 및 정신과 병원 관련자들도 1년에 한 번씩 '인권 교육'을 받고 있다. 2017년 5월 30일에는 '정신보건법'을 전면 개정했다. 군대에서도 동반입대 복무제도 등 나름의 노력을 기울이고 있다. 교육계에서는 2010년 2월 경기도 교육청이 '학생인권조례'를 명문화하면서 서울, 광주, 전북 등에서 공포되었다.

우리 사회에서 벌어지는 인권 침해 관련 사건은 교육이 생활 속에 뿌리내리지 못하고 있기 때문이다. 가장 심각한 인권 사각지대에 놓인 계층은 중고등학생 즉, 청소년들이다.

"청소년은 자기 삶의 주인이다. 청소년은 인격체로서 존중을 받을 권리와 시민으로서의 미래를 열어 갈 권리를 가진다. 청소년은 스스로 생각하고 선택하며 활동하는 삶의 주체로서 자율과 참여의 기회를 누린다. 청소년은 생명의 가치를 존중하며 정의로운 공동체의 성원으로 책임 있는 삶을 살아간다. 가정, 학교, 사회 그리고 국가는 위의 정신에 따라 청소년의 인간다운 삶을 보장하고 청소년 스스로 행복을 가꾸며 살아갈 수 있도록 여건과 환경을 조성한다."

국무총리실 산하 한국청소년정책연구원이 1998년 10월 개정 선포한 '청소년헌장'의 한 대목이다. 구구절절 옳으신 말씀이다. 그런데 이 문구를 청소년들에게 보여주면 한마디로 잘라 말하지 않을까. "아이고, X선비 납셨네." 그들의 일상과 너무나 동떨어져 있기 때문일 것이다. 청소년의 일상을 이해하려면 반대로 해석해야 맞지 않을까.

2017년도 국제학업성취도평가에서 조사 대상 65개국을 비교한 결과 OECD 34개 회원국 중 한국은 수학 1위, 읽기 1~2위, 과학 2~4위로 최상위권의 학업성취도를 보이지만 행복감은 65위로 꼴찌였다.

학교에서 벌어지는 일상을 들여다보면 그 이유는 분명하게 드러난다. 체벌, 야간 자율학습, 운동장 조회, 운동회, 성적을 기준으로 한 특별반 배정 그리고 기숙사 배정, 일기장 검사, 휴대폰 수거 및 압수, 교복에 새겨진 이름표, 두발·복장에 대한 규제, 획일화된 교복, 교실 밖에서 벌 받기, 반성문·서약서 쓰기, 강제 사과, 종교 사립재단 학교에서의 종교 활동 강요는 늘 벌어지는 일이다.

교사의 언어폭력과 학생들 간 벌어지는 폭력·왕따, 성추행, 성폭력 사건도 학교라는 공간에서 비일비재하다. 그들은 단지 대학 입시라는 최종 목적을 향해 두 눈과 두 귀를 막고 학교에 간다. 신체의 자유, 사생활과 개인정보보호의 자유, 자기 의사 결정권 및 행복권, 주도권, 교육을 받을 권리, 차별받지 않을 권리, 사상의 자유, 양심의 자유, 종교의 자유, 집회 결사의 자유 등을 누리지 못한 채 말이다. 오로지 배우는 사람 즉, '학생'이라는 정체성 하나로만 재단된 채 교육 시스템과 학교 방침에 철저히

따를 것을 강요당한다. 그래서 나는 패배주의적이며 냉소적인 태도를 보이는 청소년들을 이해할 수 있다.

매에는 관대하고 사랑에는 인색한 사회

우리의 전통 교육관이 드러나는 표현이 있다. '교편을 잡다' 혹은 '지도 편달을 부탁한다' 등이다. 모두 채찍의 뜻이 담긴 '편鞭' 자가 들어있다. '사랑의 매'를 기꺼이 인정하는 교육관이다. 김홍도의 풍속화 〈서당〉에는 수직 관계의 스승과 제자의 모습이 잘 그려져 있다. 그림을 떠올려보면, 훌쩍거리며 체념한 듯 왼쪽 발목의 대님을 푸는 아이의 양쪽으로 자기 차례를 기다리며 책장을 넘기는 아이들과 고소하다는 듯 낄낄거리며 웃는 아이들이 있다. 친구에 대한 무관심이 그대로 드러나는 장면이다. 훈장은 '다 너 잘되라고 때리는 사랑의 매이니 달게 받으라'고 할 것이다. 이는 인권 친화력이 낮은 공간에 모여 인권 감수성이 없는 태도를 묘사한 장면이다. 그림 속 풍경은 21세기 대한민국의 학교로 이어지고 있다.

학교를 무대라고 쳐보자. 학생과 교사가 주인공이며 극의 주제는 '일류 대학 가기' 혹은 '기득권에 편입하기' 정도가 무난할 것이다. 여기서 중요한 대목은 학생들을 성적대로 줄을 세워 이름표를 붙이는 것이다.

이 연극에서는 눈에 보이지 않지만 중요한 역할을 맡은 사람들이 있다. 적극적인 후원을 아끼지 않는 부유한 학부모들이다. 수단과 방법을 가리지 않고 극의 주제에 맞춰 주인공인 내 아이가 목표에 도달할 수 있도록 최선을 다한다. 삶의 가치, 인간다운 삶 따위에 대한 관심은 시간 낭비다. 자녀의 뒷바라지를 위해 세계적으로 유일무이한 가족 형태인 '기러기 가족'을 자청하기도 한다.

부모 역시 경제적·정신적 스트레스에 시달리면서 한편으로는 자식들을 닦달한다. 대학 졸업장 정도는 있어야 사회생활을 하는 데 불편함이 없고, 혹시 공부를 잘해서 기득권에 들어가면 더 바랄 게 없다는 판단에서다. 연극의 연출자인 교육 당국, 학교의 교장 혹은 사립재단의 이사장은 교사를 본인의 입맛에 맞게 몰아붙여야 한다. 유명 대학교에 몇 명을 보냈는지가 학교의 위상을 높이는 절대적 기준인지라 우수한 학생들을 모아 '특별반'을 만들고 좀 더 빡세게 교육을 시키기도 한다. 가장 중요한 역할을 하는 사람은 오너 즉, 극장주(사회 시스템)다. 극장주는 다양성보다는 획일화된 서열 중심, 과정보다는 결과 중심, 인간 자체라는 목적보다는 수단 중심으로 살라고 요구한다. 학력이 높고, 학벌도 좋고, 직업도 번듯해야 성공한 삶이자 사회에서 살아남는 길이라고 세뇌한다. 목적을 위해서는 수단과 방법을 가리지 말라고 가르치기도 한다.

내각 후보자들에 대한 인사청문회를 보면 이런 분위기는 극명히 드러난다. 위장 전입, 논문 표절, 자식 군 면제, 부동산 투기는 기본 옵션이다. 한 나라의 대통령이 임기가 끝나고 정권이 바뀌면 부정 축재가 슬며시

드러나는 게 상식처럼 여겨진다.

학생의 인권이 교사의 교권과 상충한다는 주장이 나오기도 한다. 학생의 인권이 개선되면 교권이 훼손되지 않을까 우려하는 경우가 적지 않다. 학생들이 인권을 주장하면서 학교 시스템에 저항하면 선생님의 권위가 도전받기 때문에 말 안 듣는 학생들을 통제하기 어렵다는 식이다. 이같은 반응은 교권을 단지 교사의 권위로만 인식하는 데서 비롯된다. 교사의 권위를 통제와 처벌 그리고 학생의 순종을 통해 보장받는다는 잘못된 생각이다.

교권이란 수업을 자유롭게 할 권리, 교사도 인간으로서 존중받을 권리를 의미한다. 교사는 교육 이외의 행정 업무에 힘을 쏟아야 하고, 때로는 교장과 이사장과 학부모의 어처구니없는 압박과 지시를 견뎌야 한다. 교과서는 학교에서 정해주는 대로 받아서 수업해야 한다. 야간 자율학습이라는 명목으로 밤 늦게까지 학교에 남아 학생들을 감시하는 것도 교사의 몫이다.

인권은 글로 배우는 것이 아니라 가슴으로 받아들이는 것

학생의 인권과 교권은 제로섬 게임이 아니다. 서로 동등한 인간으로서 존중을 받으며 서로 누리는 권리다. 인권 친화력이 높은 공간에서 인권 감수성이 높은 학생과 교사가 모여 교육과 대화를 통한 진정한 교육이 이루어질 때 학생의 인권과 교권, 둘 다 존중받을 수 있다.

의사인 나 역시 직업에 따른 '진료권'이 있다. 환자의 이익을 최우선에 둔 진료행위를 수행하는 권리이다. 그러나 보호자나 병원의 오너, 혹은 건강보험심사평가원에게 권리를 훼손당할 때가 있다. 진료권을 제대로 보장받을 때 제대로 된 의료행위를 할 수 있다. 이는 환자의 이익과 직접적으로 비례하게 된다. 진료권은 환자가 최선의 치료를 받을 권리와 의사가 환자의 이익을 최우선에 두는 자유로운 결정권이 서로 톱니바퀴처럼 맞물려 돌아간다.

이제 이론으로만 답습하던 인권을 현장으로 확산해야 할 때다. 인권교육을 크게 3단계로 구분하면 첫 번째 단계는 인권에 대한 민감성을 키우기 위한 가치와 태도에 대한 교육, 두 번째는 글로 배우던 인권을 가슴으로 받아들이는 단계, 세 번째가 참여하는 행동의 단계다. 세 단계 중에서 인권운동가들은 두 번째 단계가 가장 중요하다고 평가한다. 인권 친화력이 높은 환경과 인권 감수성이 살아있는 개개인으로 성장해야 한다는 말이다. 한국 사회는 학교, 직장, 군대 등에서 인권에 관련된 교육을 의무적으로 받는 첫 번째 단계를 벗어나지 못하고 있다. 작금의 미투 운동을 보면 절실하게 느낀다. 가야 할 길이 멀다.

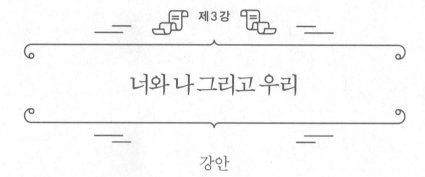

너와 나 그리고 우리

강안

작가 겸 영화칼럼니스트. 숙명여대 국문과를 거쳐 고려대 대학원에서 현대문학 박사과정을 마쳤다. 오랫동안 대학에서 문학창작 강의를 해왔고 현재 전업 작가로 동화와 에세이를 쓰며 영화인 문학, 자녀교육과 소통을 주제로 강연을 하고 있다. 저서로는 《엄마의 영화관》《오늘도 엄마인 내가 낯설지만》《이런 중년이어도 괜찮습니까?》《왜 아이들의 평화는 오지 않을까?》《아기구름 하양이》《참나무 숲이 된 교실》외 다수가 있다.

누구도 그럴 권리는 없다
토마스 빈터베르그 감독의 〈더 헌트〉

아이는 정말 거짓말을 하지 않을까. 유치원에 다닐 정도의 어린이는 순수하고 거짓말을 할 줄 모른다고 믿는 사람이 많다. 정말 그럴까. '어린이는 순수하다'는 고정관념에 끔찍한 일을 겪어야만 했던 유치원 교사가 있었다.

루카스는 꼬맹이들의 짓궂은 장난을 받아주고, 함께 엉켜 놀며 이런 생활에 어느 정도 만족하며 살고 있다. 어느 날 친구의 딸인 외톨이 클라라로 인해 루카스는 끔찍한 일을 당하게 된다. 아동 성추행범으로 몰린 것이다. 자초지종은 이렇다. 도로 위에 그려진 선 밟기를 좋아하는 아이, 친구의 딸 클라라는 늘 외롭다. 클라라는 늘 바쁜 부모님과 달리 자신에게 정겹게 대해주고, 유치원에도 데려가주는 아빠의 친구 루카스 선생이 정말 좋다. 하지만 친구들에 치여 루카스 선생의 곁을 비집고 들어갈 틈이 없다.

어느 날 클라라는 루카스 선생의 코트 주머니에 하트 펜던트를 넣어두고 자신이 한 짓이 아니라고 시침을 뚝 뗀다. "이런 선물은 남자친구에게 주는 거란다." 한껏 마음을 내본 클라라는 그렇게 말하는 루카스 선생이 밉다. 아이는 거기서 그치지 않는다. 언젠가 오빠가 친구들과 보던 성인 잡지를 떠올리며 "루카스가 은밀한 부위를 나에게 보여주었다"는 거짓 말까지. 그런 클라라의 거짓말에 어른들은 모두 속아 넘어가고, 유치원 원장이 불러들인 조사원이 클라라의 상상력에 부채질을 해대자 거짓말은 걷잡을 수 없게 된다. 꼬마의 발칙한 거짓말에 사람들의 불온한 상상이 더해지자 진실은 이미 루카스의 편이 아니다. 결국 유치원 동료는 물론 클라라의 부모를 포함해 허물없이 지내던 오랜 친구들마저도 루카스의 가슴에 비수를 꽂기 시작했다.

이런 상황에 맞닥뜨린다면 우리는 누구의 손을 들어주게 될까? 대부분 루카스의 결백을 쉽게 받아들이지 못하고 순진해 보이는 클라라의 말에 귀를 더 기울이지 않을까. 다수의 목소리에 최면이 걸리면 이성은 쉽게 마비되고 만다.

영화는 공동체에서 선량한 한 남자의 삶이 어떻게 망가지는지를 보여준다. 꼬마 클라라의 상상이 만들어낸 거짓말을 믿고 진실을 외면해버린 어른들의 비겁함, 소문에 휘둘려 올가미를 씌워 단죄하는 치졸함, 중세에 자행되었던 마녀사냥과 다르지 않다. 마녀로 지목받은 사람은 사실관계를 떠나 집단린치를 당할 수밖에 없다. 아무리 결백을 주장해도 한 사람의 목소리는 집단의 목소리를 꺾을 수 없을 테니까. 공동체 밖으로 밀려난 이들이 다시 안으로 들어오는 길은 끔찍한 고통을 수반한다. 그들의 억울함을 대변해줄 그 어떤 사회적 장치도 없다. 법은 한 개인의 삶보다는 공동체의 이익을 우선시했고, 개인의 삶은 법 앞에 무너질 수밖에 없다. 공동체를 무시한 채 개인이 목소리를 높였다가는 '마녀'가 되기 십상이며, 삶의 근간을 잃고 스스로 죽음을 택하거나 집단에 의해 죽임을 당하기도 한다.

루카스의 일상은 엉망이 되었다. 푸줏간에서는 고기 대신 주먹이 날아들고, 슈퍼 주인은 아예 발을 들이지 못하도록 바닥에 패대기를 친다. 그가 치러야 하는 고통은 여기서 끝나지 않는다. 교회에서조차 외면당하고, 집에 날아든 돌멩이에 자식처럼 키우던 애완견을 잃게 되었다.

경찰은 아이에게 속았다는 사실을 뒤늦게 알게 되었고, 루카스의 무죄가 밝혀졌지만 공동체는 이를 쉽게 인정하지 않는다. 만신창이가 된 루카스는 과연 예전의 삶을 되찾을 수 있을까.

거짓말에 무너진 누군가의 일상

무죄가 밝혀진 후 루카스는 친구들이 열어준 파티에서 즐거운 시간을 보낸다. 친구들의 제안으로 사냥을 나선 루카스. 사슴 한 마리를 발견했지만 차마 총을 겨눌 수가 없다. 자신의 처지와 다를 바 없는 사슴에 대한 연민 때문이었을까. 그때 날아든 한 발의 탄알.

'탕!' 얼굴을 감춘 채 방아쇠를 당긴 이는 누구였을까. 루카스는 머리 위를 스쳐 간 총알에 공포를 느꼈고, 순간 깨달았을 것이다. 마녀사냥이 아직 끝나지 않았음을. '너는 여전히 우리의 사냥감'이라는 선언을.

영화는 사건의 중심에 서 있던 루카스를 끝까지 단죄하려는 무서운 군중심리를 보여준다. 루카스의 무죄가 입증되었지만 사람들은 그 사실을 받아들이려고 하지 않는다. 루카스를 동네북으로 삼았던 자신들의 과오를 인정하고 싶지 않은 것이다. 남의 죄에 대한 경솔한 판단에 이어 진실이 드러난 후에도 멈추지 않는 폭력, 사냥감에 대한 동정과 후회는 절대 있어서는 안 된다는 무언의 약속. 결코 비현실적인 서사일 뿐이라고 치부할 수 없다. 집단폭력의 잔혹성은 피해자가 되기 전에는 이해할 수 없다.

영화는 '대부분'의 어린아이가 진실을 말한다는 고정관념에 매몰되어 진실의 목소리를 외면해버리는 다수의 횡포를 꼬집는다. 전제조건이 잘못되었어도 수정하지 않은 채 집단은 포악성을 드러낸다. 누군가를 가해자로 몰아가는 데는 다수의 합의가 필요하기 마련이다. 이혼남 루카스의 말은 들어보나마나 거짓이고, 꼬마 클라라의 말은 진실일 수밖에 없다는 논리를 가진 유치원 원장의 행태와 섣불리 조사원을 불러 하나둘 죄를 늘려가는 과정은 참으로 놀랍다. 타인의 잘못은 절대 용서하지 않겠다는 사람들의 잔인함이 드러난다. 다수가 돌멩이를 던지면 더 무섭고 아프게 던질 수 있다. 누가 던진 돌인지 구분하기 어려울 테니. 하지만 그 돌멩이가 나 혹은 내 가족을 향한다면?

그가
내 가족이라면?

영화 〈콰이어트 맨〉의 주인공 밥 맥코넬은 소심한 성격 탓에 직장 동료들과도 잘 어울리지 못하고 늘 무시와 괴롭힘을 당하는 평범한 샐러리맨이다. 짝사랑하는 여인은 눈길 한번 주지 않고, 상사는 시도 때도 없이 보고서를 요구해 일상이 고달프다. 속내를 털어놓을 상대가 없어 인형과 물고기와 대화를 하며 힘겹게 하루하루를 보내는 밥. 그는 매일 회사 서랍 속에 숨겨놓은 총을 꺼내 동료들을 향해 발사하는 상상을 한다.

그러던 어느 날, 장전하던 총알 중 하나가 책상 밑으로 떨어졌다. 총알을 줍기 위해 책상 밑으로 들어간 밥. 순간, 탕! 탕! 탕! 그의 머리 위로 세 발의 총성이 울려 퍼진다. 기가 막힌 타이밍이다. 자신보다 먼저 동료 콜맨이 계획을 실행한 것이다. 순식간에 사무실은 아수라장이 되었다. 그런데 이게 웬일인가. 짝사랑했던 바네사가 콜맨의 총을 맞고 쓰러져 있다. 순간 밥은 콜맨을 향해 방아쇠를 당긴다. 죽어가는 바네사의 생명을 구한 밥. 하루아침에 영웅이 되어 벼락승진까지 하게 되었다. 그뿐인가. 짝사랑하던 바네사를 간호하며 곁에서 지낼 수 있는 행운까지 얻게 되었으니, 아무리 생각해도 꿈만 같다.

시나리오를 쓰고 영화를 제작한 프랭크 A. 카펠로 감독은 소심하고 조용히 지내던 한 직장인이 동료와 자신의 몸에 불을 지른 사건에서 아이디어를 얻었다고 한다. "주인공 밥은 보잘것없는 외모와 소심한 성격 탓에 직장 동료들에게 무시당하고 겉도는, 말 그대로 왕따. 그의 스트레스는 사무실에서 총기를 난사하고 싶은 욕구에 이르러, 점심시간이면 회사 건물 전체를 스위치 하나로 폭파하는 상상을 한다. 영화에는 세상 모든 직장인이 공감할 법한 애환이 담겼다. 객관적으로 보면 밥은 일반적이지 않은 위험인물이지만 사회생활을 해본 사람이라면 누구나 밥의 이런 위험한 상상에 공감하고, 그를 동정하게 될 것이다"라고 감독은 말한다.

직장인을 대상으로 한 설문조사 결과를 보면, 직장 내 왕따는 업무 능력이 떨어지거나 노력하지 않는 사람이 아니라 눈치 없고 답답한 성격의 소유자가 당할 확률이 높다. 하지만 대인관계가 원만치 않고 내성적인 사람이 어디 밥뿐일까. 내 가족, 내 친구, 심지어는 나 자신도 이 땅에 존재하는 수많은 밥 중 한 명이 될 수 있다는 점을 잊어서는 안 된다. 누구나 피해자이며 가해자가 될 수 있기 때문이다.

우리 주변에는 밥이나 그의 동료 콜맨처럼 소심해서 자신을 제대로 드러내지 못하는 사람들이 의외로 많다. 내 자신이고 이웃이라고 생각한다면 그들을 함부로 대할 수 없을 것이다. 가해자가 되어 누군가를 아프게 한 적은 없는지, 집단의 무리가 되어 누군가를 향해 돌멩이를 던져본 적은 없는지 자신에게 먼저 물어야겠다.

말없이 실천하는 한 사람의 힘

프레데릭 백 감독의 〈나무를 심은 사람〉

이 작품은 1953년 《희망을 심고 행복을 가꾼 사람》이라는 제목으로 출간된 장 지오노Jean Giono의 작품을 1987년 프레데릭 백 감독이 애니메이션 〈나무를 심은 사람〉으로 제작했다. 한쪽 눈이 실명될 만큼 그림에 심혈을 기울인 프레데릭 백의 장인정신 덕에 '부피에'라는 한 인간의 숭고한 의지와 정신이 2만 장이 넘는 크레파스화에 녹아있다.

프로방스 지방을 여행하던 '나'는 물을 찾아다니다 황무지에 무언가를 심고 있는 양치기 노인 부피에를 만난다. 노인의 호의로 식사와 잠자리를 얻은 '나'는 다음 날 심을 튼실한 도토리를 골라 담는 노인 곁에서 그의 인생 이야기를 듣게 된다. 그는 아내와 아들을 잃고 양을 치며, 황무지에 매일 백 개씩 도토리와 너도밤나무를 심는 중이었다. 숯을 만들어 생활하던 사람들은 숲이 사라지자 싸움을 일삼았고 마을을 떠나기 시작했다. 다음 날 '나'는 부피에 노인을 따라나섰다. 노인은 양을 치며 말없이 도토리를 심기 시작했다.

　제1차 세계대전이 터져 전쟁에 징집되었다 돌아온 '나'는 부피에 노인을 다시 찾아갔다. 황무지였던 그곳은 놀랍게도 울창한 숲으로 변해있었다. 계곡에는 물이 흘렀고 마을이 들어섰으며 사람들의 웃음소리가 끊이지 않았다. 축제를 즐기는 마을 사람들은 아주 평화로워 보였다. 그러나 숲이 어떻게 만들어졌는지 아무도 모르는 것 같았다. 아름다운 숲을 보려고 많은 관광객이 그곳으로 몰려들었다. 그러자 정부가 나서서 다른 황무지에도 나무를 심기 시작했다.

　전쟁을 거치며 자연은 파괴되었고, 인간의 삶 또한 피폐해졌다. 이 작품에는 자연과 인간의 삶에 대한 작가적 연민이 가득하다. 전쟁으로 인한 파괴가 빈번하고 무질서가 난무했다. 숲이 사라지자 마을엔 물이 말랐고, 사람들이 살 수 없게 되었다. '피폐해진 인간의 삶은 자연 안에서만 회복될 수 있다'고 이 애니메이션은 말한다.

　치유의 원동력은 평범한 한 노인에게서 비롯되었다. 전쟁의 소용돌이에서도 아랑곳하지 않고 자신의 신념에 따라 도토리를 심는 노인의 한결같은 행동은 이기적인 현대인의 삶에 묵직한 울림으로 다가온다. 아울러 공동의 선을 위해 누구든 '부피에'가 될 수 있다는 희망을 말한다.

　작가 장 지오노는 제1차 세계대전에 징집되었다 돌아온 후, 서구 문명의 야만성을 폭로하며 '인간과 자연'이라는 일관된 주제로 작품을 썼다. 반전운동을 펼치다 두 차례 투옥되기도 했던 그는 풍광이 아름다운 자신의 고향 프로방스를 사랑해 죽을 때까지 그곳에서 살았다. 자연과 분리된 인간의 삶이란 황무지와 다를 바 없음을 초지일관 강조한 작가다. 나무를 베고 숯을 만들었던 만큼 삶이 연장될 수 있다고 믿었던 사람들은 숲이 사라지며 삶의 근간을 잃고 말았다. 숲이 사라지면 물이 마르고 어떤 생명체도 살 수 없다는 순환의 질서를 깨닫지 못한 것이다.

인도의 자다브 파잉이라는 남자는 열여섯 살에 자신이 살고 있는 마을이 사막화되어간다는 사실을 깨닫고 나무를 심기로 결심한다. 지역 당국에 찾아가 도움을 청했지만 "사막엔 아무것도 자랄 수 없다"며 당국은 그의 말을 무시했다. 그는 겨우 스무 개의 대나무 묘목만을 받았을 뿐이다. 하지만 자신의 신념을 굽히지 않고 끊임없이 나무를 심고 물을 주며 가꾸었다. 세월이 흐르자 자다브의 집념만큼 나무도 자랐고 마침내 숲이 생겼다. 그러자 떠났던 동물들이 하나둘 돌아오기 시작했다.

"나는 앞으로 가난한 삶을 살지 모르지만, 자연을 사랑하는 많은 사람들에게 자극을 줄 수 있다면 만족한다"라고 그는 말한다. 가난한 삶을 살지라도 자신의 행동이 우리 삶에 어떤 변화를 가져올 수 있다면 자신의 가난쯤은 괜찮다는 것이다. 노인 '부피에'와 같은 사람이다. 주위의 시선이나 비난쯤은 아랑곳하지 않고 신념을 굽히지 않는 사람. 그들의 꾸준한 노력과 헌신으로 세상은 바뀔 것이다. 행동하지 않으면 그 무엇도 바꿀 수 없다는 것, 이들을 통해 깨닫게 된다.

2차 산업혁명으로 인한 대량생산, 그리고 두 차례의 세계대전을 거치며 20세기의 인류는 빠른 속도로 변했다. 그 변화에 따라 인간의 삶은 물질적으로 나아졌다고 한다. 그런데 우리의 삶은 과연 온전한 것일까. 성장이라는 거침없는 물살에 휩쓸려 정처 없이 흘러가고 있는 건 아닐까. 영화〈나무를 심은 사람〉은 파괴와 살상을 자행하는 전쟁, 문명의 이기가 인간의 삶을 어떻게 무너뜨리는지, 인간이 왜 자연친화적인 삶을 살아야 하는지를 잘 보여준다.

우리는 문명화된 삶을 살고 있을까?

유엔식량기구 자문위원 장 지글러 교수는 저서 《왜 세계의 절반은 굶주리는가》를 통해 산업 발전과 인간의 식생활 변화가 세계 절반의 인구를 굶주리게 한다고 말한다. 육류 소비가 늘어 축산업이 성장하면서 옥수수나 콩과 식물이 동물의 사료로 쓰이고 있다. 그 바람에 세계의 절반은 기아로 죽어가고 있다는 게 그의 전언이다. 경제학자 겸 미래학자인 제러미 리프킨은 그의 저서 《육식의 종말》에서 육류 소비를 줄여야 지구상에 있는 모든 생명체가 공존할 수 있다고 말했다. 옥수수 사료를 먹고 자란 소, 한 평 남짓한 공간에서 살을 찌우는 돼지, 항생제가 섞인 모이를 먹고 알만 낳다 죽는 닭, 이런 가축과 생산물이 식탁에 올라오고 있는 게 요즈음 현실이다.

모건 스펄록 감독이 제작, 연출, 각본, 주연을 맡은 영화〈슈퍼 사이즈

미〉는 햄버거만 먹고 한 달 동안 살았던 한 남자의 일상을 기록한 다큐멘터리다. 체험을 통해 햄버거의 문제점을 증명하고자 했던 모건은 30일 후 엄청나게 체중이 늘었고 성인병이 생겼으며, 간에서 이상 증상이 발견되어 결국 병원에 입원해야만 했다. 몸이 원상태로 돌아가는 데 오랜 시간이 걸렸다고 한다.

배스킨라빈스 창업주의 외아들 존 로빈스는 기업의 유일한 상속자였지만, 상속을 거부하고 환경운동가로 활동하는 중이다. 그의 아버지는 심한 당뇨와 고혈압을 앓고 있었고, 삼촌은 심장병으로 죽었다. 삼촌의 죽음과 아버지의 심각한 질환이 아이스크림에서 비롯되었다는 결론을 내린 그는 유제품 뒤에 감춰진 진실을 폭로하며 채식주의자가 되었고, 자연친화적인 삶을 살고 있다.

그는 "가난했지만 사랑으로 충만한 삶을 살고 있다"고 고백한다. 그의 저서 《존 로빈스의 음식혁명》에는 먹을거리가 인간의 삶과 가축의 환경을 어떻게 변화시키는지 잘 드러나 있다. "생명의 존엄성에 기초해 모든 생물과 공존을 이루려는 것은, 지구에 사는 모든 생명체가 지구가 처한 위기를 인식하고, 함께 사는 세상을 보호해야 한다는 절실함에서 비롯되어야 한다"고 로빈스는 말한다. 우리의 생활방식이 개인의 삶은 물론 지구환경을 바꿀 수 있다는 게 그의 한결같은 생각이다.

공존은
어떻게
이루어질까?

전 세계 소 사육 두수는 약 110억 마리가 넘는
다. 육류를 선호하는 사람이 많아질수록 사육장은 더 늘어날 수밖에 없
다. 미국 텍사스 육우농장에서 사육되는 소 대부분은 옥수수 사료를 먹고
성장촉진제 주사를 맞는다. 농장주는 부가가치가 높은 소, 흔히 '마블링'
이라는 지방이 많은 소로 둔갑시키려고 다양한 방법을 시도할 것이다. 지
방이 많은 소와 적은 소의 가격 차가 열 배가 넘기도 한다니 농장주의 선
택은 분명하다. 초식동물인 소가 곡물을 먹고 사는 게 정상일까. 소 떼가
초원에서 풀을 뜯는 평화로운 풍경은 그림에서나 볼 수 있게 되었다.

한 평 남짓한 공간에서 똥을 싸고, 그 똥 위에서 사료를 먹고 살을 찌우
는 돼지의 지능지수가 75라는 사실에 놀랐다. 도살장에 끌려갈 땐 눈물
을 흘리기도 한다고 한다. 빠른 시일 내에 성장해야 하는 양계장 닭들은
스물네 시간 꺼지지 않는 전등 아래서 잠도 못 자고 항생제가 잔뜩 든 사
료를 먹는다.

가축들이 짧은 생을 사는 동안만이라도 좀 더 쾌적한 환경에서 먹고
살 수는 없을까. 동물복지 문제가 우리 건강과 직결된다고 생각하면, 먹
을거리에 대해 더 많은 고민을 해야 한다. 아무리 '육식의 종말'을 외쳐
도 우리가 식생활에 변화를 꾀하지 않는 한, 세계의 절반은 계속 굶주릴
것이다. 하루아침에 살아가는 방식을 바꾸는 일은 그리 쉽지 않겠지만

타인이 살아가는 방식에 자신의 삶을 꼭 끼워 넣을 필요는 없다. 모두가 가고 있는 길을 따라가지 않고 자신의 신념대로 살았던 '부피에' 같은 이들이 많아질 때 세상은 좀 더 건강해지리라. '행동하지 않으면 변화란 없다'는 말을 마음에 두고《오래된 미래》를 다시 읽어야겠다.

쉿! 없는 사람처럼

고레에다 히로카즈 감독의 〈아무도 모른다〉
장 피에르 다르덴 · 뤽 다르덴 감독의 〈자전거 탄 소년〉

아프리카 사막에 사는 벨벳거미는 자신의 몸을 새끼들에게 먹이로 내어줄 만큼 희생정신이 강하다. 자신의 새끼뿐 아니라 다른 새끼들에게도 몸을 내어준다고 하니 척박한 땅에서 종족 보존을 위해 생태학적으로 선택한 최선의 방법이라고 정의할 수 있다. 이에 앞서 벨벳거미는 어린 생명체를 보호하려는 어미 본능의 상징으로 먼저 떠오른다. 한갓 미물도 그러한데 만물의 영장이라는 인간의 모성애는 어떨까.

영화 〈아무도 모른다〉에 등장하는 엄마 게이코는 자신의 삶을 먼저 생각하는 여자다. 아빠가 제각기 다른 아이를 넷이나 두었지만 큰아들 아키라에게 돈 몇 푼을 쥐어주며 동생들을 맡기고 다른 남자에게 가버렸다. 네 명의 아이들은 부모 없이 산다는 사실이 이웃에 알려질까 두려워 숨죽이며 살아간다.

일본 도쿄 도심에 버려진 네 아이 이야기는 1988년 도쿄에서 일어난 '나시 스가모의 버림받은 4남매 사건'을 고레에다 히로카즈 감독이 영화로 제작했다. 빌딩이 즐비한 일본의 수도 한복판에서 부모에게 버림받은 네 아이가 굶주리며 죽어가는 사실을 '아무도' 몰랐다. 감독은 엄마에게 버림받은 네 명의 아이들이 굶고 있었다는 사실을 모른 채 살아가는 현대인들의 이기심을 인문학적 담론으로 풀어낸다. '이제 우리는 알아야겠다, 알아야 한다'고 스크린 속 아이들을 통해 말한다. 엄마가 버린 아이들이 가쁜 숨을 몰아쉬며 버티는 모습이 영화적 상상력이 아니라 현실이라는 사실에 다시 한 번 놀란다.

영화는 도시를 배경으로 극도의 비극성을 담담하게 풀어나간다. 아무도 모르게 살아야만 했던 아이들, 굶을 수밖에 없는 아이들이 있다는 사실을 모르는 이웃. 아이들은 왜 이웃에게 도움을 청하지 않았을까. 이웃집에 방해가 되면 쫓겨날 수 있을 테니 소리를 내어서도 안 되고 밖으로 나와서도 안 된다는 사실을 본능적으로 알고 있었는지도 모른다.

우리가
놓치고 있는 것들

도시적 삶에는 개인주의 성향이 다분하다. 이웃이 누구인지, 그들이 무엇을 하는지 알고자 하지 않고 알 필요도 없다고 생각하기 쉽다. 남의 사생활에 관심을 둘 필요도 없고, 개인의 사생활을 침해하는 이웃을 원치 않는다. 이기적인 삶이라고 비난해도 실제 현실이 그렇다.

　이웃의 시선이 오가는 공동체 안에서 네 명의 아이들이 그렇게 살았다면 어찌 되었을까? 뉘 집 자식이 장가를 가고, 뉘 집 개가 새끼를 낳았으며, 뉘 집 김치가 맛있는지 다 아는 열린 공간에서는 아무도 아이들이 굶거나 죽게 놔두지는 않았을 것이다. 부모가 버린 아이들이 있다면 공동체 안에서 돌보지 않았을까. 자식에 대한 엄마 게이코의 무책임을 먼저 탓할 수밖에 없겠지만, 미혼모 혼자 아이 넷을 키우며 산다는 것은 현실적으로 쉽지 않은 일이다. 어떤 이유로 미혼모가 되었든 아이를 입양 보내거나 시설에 맡기지 않고 직접 돌보겠다는 의지가 있는 엄마라면, 국가와 사회가 그들을 돌봐야 한다.

　2012년 8월 '입양특례법'이 시행된 이후 미혼모가 더욱 증가했다는데 법의 허점이 무엇일까. 미혼모가 아기를 다른 가정에 보내려면 부모의 동의가 있어야 하니 신분 노출을 꺼리면서 아이를 버리거나 혼자 키우는 것이다. 2013년 서울 관악구에 위치한 교회에서 설치한 '베이비박스'에 한 해 252명의 영아가 버려졌다. 입양 절차가 까다로워 버리거나 음성적으로 입양을 보내는 경우도 늘고 있다. 인터넷에 자신의 아기를 입양 보내고 싶다는 내용의 글은 물론이고, 아기를 입양시켜주겠다며 돈을 갈취하는 브로커도 생겼다니 어이가 없다. 생명을 사고파는 일이 벌어지고 있다.

　아이를 입양하려 할 경우 가정법원의 허가를 받아야 하며 입양 아동의 출생신고가 우선이기 때문에 미혼모들은 출산 기록을 평생 안고 살아야 한다. 막막하고 두려워 입양 결정을 쉽게 내리지 못하는 것이다. 때로는 미혼모들이 극단적인 방법을 선택할 때도 있다.

10대 미혼모가 날로 증가하는 추세다. 아무 준비 없이 임신을 하게 된 청소년들은 출산과 더불어 학업을 중단하는 경우가 많다. 아기를 키울 준비가 되어 있지 않은 데다 설령 키우려 해도 경제적인 어려움 탓에 엄두가 나지 않는 것이다. 많은 미혼모들이 경제적 궁핍과 삐딱한 주변의 시선에서 벗어나기 어렵다. 정부에서 지급하는 아동양육비나 생활보조금으로 살기에는 너무 빠듯하다. 10대 미혼모는 이마저도 지급 대상에서 제외되니 아이를 기르기보다는 포기하는 편이 낫다고 판단하게 된다.

저출산 국가일수록 생산가능 인구가 줄어들게 마련이다. 저출산에 대한 걱정에 앞서 자신이 낳은 아기를 경제적인 이유로 돌볼 수 없는 미혼부모에 대한 국가적 차원의 지원이 필요하다. 이와 더불어 어려서부터 올바른 성교육이 절대적으로 필요하다. 생명에 대한 인식, 임신과 피임, 출산에 대한 교육이 체계적으로 이루어져야 한다. 아이를 낳은 미혼모, 부모에게서 버려진 아이들이 '아무도 모르게' 숨을 죽이며 살지 않아도 되는 길이다.

화려한 겉모습 뒤에 가려진 부끄러운 그늘, 도시적 삶에 대한 감독의 시선은 다분히 냉소적이다. 영화는 이웃에 누가 사는지, 누가 죽었는지 '아무도 모르게' 살아가는 현대인들에게 일침을 가한다.

아빠를
기다리는 소년

아빠에게 버려진 채 보육원에 살며 끊임없이 아빠를 그리워하는 한 소년의 이야기를 다룬 영화 〈자전거 탄 소년〉은 버림받은 소년 시릴을 돌보는 위탁모 사만다의 삶에 집중한다. 보육원을 빠져나와 아빠의 행방을 수소문하던 시릴은 아빠가 자신이 아끼던 자전거마저 팔아버렸다는 사실에 절망하지만 끝내 아빠를 찾아간다. 자신을 버린 게 "돈 때문이야?"라고 묻고, 강도질을 해 아빠에게 돈을 가져다주지만 아빠는 돈뭉치를 내던지며 찾아오지 말라고 밀어낸다. 아빠의 차갑고 냉랭한 시선을 보며 돌아선 소년 시릴. 위탁모 사만다가 끌어안는다.

일본 방문 중 보육원에서 하염없이 아빠를 기다리는 한 소년의 이야기를 통해 영감을 얻어 영화를 만들게 되었다는 다르덴 감독의 사회적 약자에 대한 따뜻한 시선을 읽을 수 있다. 화려하거나 다채로운 볼거리를 찾기 어렵지만 끊임없이 냉혹한 현실과 그 현실 속에서 소외당한 이들의 아픔을 보듬은 한 여인에 대한 서사다.

"인간의 가치는 가격을 매길 수 없다. 인간의 존엄성은 그 무엇보다 앞서기 때문이다"라는 감독의 말처럼 영화는 비극적 현실 앞에 놓인 이들을 어떠한 상황에서도 끌어안아야 한다고 말한다. 또한 시릴과 사만다가 처한 상황과 고민이 사회 전체의 고민이어야 한다는 사실을 환기하며 휴머니즘이야말로 인간이 지닌 최대 가치라는 사실을 보여주고 있다.

사회의 어둠을
어루만지다

　　　　　　　다르덴 감독은 휴머니즘을 사회적인 차원으로
끌어올리려는 시도를 영화적 담론으로 풀어내 인간의 존엄성과 사회적
약자에 대한 관심을 호소해왔다. 사회의 어두운 그늘을 조명하고 소외된
이들에게 따뜻한 시선을 담아온 감독은 "가족이 때로는 고통의 원인이
될 수 있으나, 가족이란 언제나 구원과 희망"이라고 말한다.

　부모에게 버림받은 시릴은 마치 온몸의 가시를 세운 고슴도치 같다.
맹렬히 싸워야 살 수 있는 투견처럼 상처를 두려워하지 않는다. 부모와
안락한 집이 필요한 나이. 돈 때문에 아빠로부터 버림받았다는 사실을
깨달은 시릴이 강도질을 마다하지 않는 것을 보면, 아이에게 가족이 얼
마나 절실했는지를 알 수 있다. 주말에 아줌마와 함께 있고 싶다고 말하
고, 안아주는 사만다에게 따뜻하다고 말하면서도 "아빠가 보고 싶어요"
라고 말하는 시릴. 그 무엇으로도 채워지지 않는 정서적 허기를 달래기
라도 하듯 베토벤의 피아노협주곡 5번 2악장이 은은하게 영화를 채운다.
영화에 음악을 넣지 않기로 유명한 다르덴 감독은 "시릴에게 위로가 필
요할 때만 음악을 넣었다"고 한다. 버림받은 소년의 무너져 내리는 마음
의 무게를 대변하듯 음악은 '위로하는 손길'이 되어준다.

　감독은 시릴의 장면에 왜 베토벤 음악을 사용했을까? 극한의 좌절을
경험한 후에 쓰인 베토벤의 곡에는 따뜻한 위로가 있다. 흔히 베토벤은

'의지와 희망'의 대명사로 알려져 있다. 감독은 시릴이 베토벤처럼 '희
망'의 빛을 따라가 주기를 바랐을 것이다. 베토벤에게 위로와 희망이 음
악이었다면 시릴에게 살아갈 힘은 바로 사만다이다. 우리 모두 사만다가
되어주자는 감독의 메시지. 시릴에 대한 감독의 연민이 영화 전편에 흐
른다. 아프고 따뜻하다.

이 세상
누군가 울고 있다

영화 〈르 아브르〉는 영국에 밀입국해 있는 엄마
를 찾아 가봉에서부터 배를 타고 밀입국한 한 소년의 이야기다. 영국에
도착해야만 했던 화물선이 프랑스 르 아브르항에 도착하면서 위기에 처
한 소년을 돕는 사람들의 따뜻한 시선을 통해 휴머니즘의 극치와 만나게
된다.

작은 항구도시의 역 앞에서 구두를 닦아주는 노인 마르셀 막스는 하루
벌이로 겨우겨우 살아가지만, 형사들의 감시를 피해 밀입국 소년을 숨
겨주고, 엄마가 있는 영국에 소년을 보내주기까지 자신의 많은 것을 내
어준다. 냉랭하기만 했던 마을 주민들도 구두닦이 마르셀의 비밀을 공
유하게 되었다. 빵가게 주인과 채소가게 주인은 빵과 과일을 내어주고,
구두닦이 마르셀은 어렵게 모아둔 돈을 몽땅 내놓아 소년의 뱃삯에 보
탠다.

가난한 구두닦이 노인 마르셀의 여유, 소년의 은닉을 알고도 모른 체한 모네 형사, 자선콘서트를 흔쾌히 수락한 리틀 밥 등 휴머니즘이 녹아 있는 이 영화에는 우리가 살아가는 세상이란 '함께 살아갈 수밖에 없는 곳'이라는 감독의 따뜻한 시선이 담겨 있다.

유엔난민기구에 의하면, 2013년 기준 전 세계에 약 4천 2백만 명이 넘는 무국적자가 있다고 한다. 전쟁이나 이념 갈등, 다양한 이유로 고국을 떠나 다른 나라에 정착하고자 하는 사람들이다. 보금자리를 떠나 새로운 문화에 진입한다는 건 많은 어려움이 따르는 일이다. 그걸 무릅쓰고 고향을 등지려는 사람들, 이주민이다.

탈북자를 포함해 우리나라 이민자의 수도 날로 증가하는 추세다. 이들은 경제적 어려움 때문에 오는 경우가 많다. 통계청 조사에 의하면, 2014년 5월 기준 외국인 경제활동인구가 89만 6천 명으로 그중 취업인구는 85만 2천 명이라는 발표가 있었다. 국내 체류 외국인이 추론 200만 명이 넘었다고 하니 다문화시대가 열린 건 분명하다.

영화 〈국제시장〉의 주인공 '덕수'. 독일, 중동에 나가 외화를 벌어오던 1960~1970년대 우리나라의 산업 일꾼처럼, 한국을 찾아온 수많은 이민자들 또한 같은 처지가 아닐까? 하지만 여전히 이민자들에 대한 정부 차원의 정책은 미흡하고, 타문화에 대한 배타적 감정과 편견이 사회 전반에 짙다. 그럼에도 불구하고 이민자는 증가하고 있다. 이와 반대로 우리나라 국적을 포기하고 미국으로 이주하는 한국인은 대략 연간 2만 5천

명으로 일본의 여덟 배 수준이라고 하니 아이러니다. 떠나는 이주민과 들어오는 이주민, 무엇이 다를까.

지난 2014년 6월에는 시칠리아섬과 북아프리카 해안 사이의 지중해 한복판에서 6백 명이 탄 어선이 발견되었다. 발 디딜 틈 없이 타고 있던 난민 가운데 시신 30여 구가 있었다. 이뿐만 아니다. 1천 명가량의 난민이 이탈리아와 접한 프랑스 남부 니스 주변에서 적발되었다고 프랑스 정부가 발표했다. 아프리카에서 이탈리아로 배를 타고 건너와 프랑스로 밀입국을 시도한 아프리카인들이다. 이들은 버스나 기차를 타고 프랑스로 넘어오다 붙잡힌 경우가 많다. 프랑스 정부는 밀입국을 막으려고 단속을 강화하지만 가난으로 인해 고향을 등진 아프리카 난민은 끊임없이 늘고 있는 추세다.

종교적 핍박 때문에 고향을 등지고 유랑민이 되어 떠도는 미얀마의 로힝야족, 내전으로 배에 실려 바다 위를 떠돌다 터키의 해변에서 발견된 시리아의 세 살배기 아이의 죽음은 오늘날 난민의 현실을 여실히 보여준다. 멕시코에서 들어오는 밀입국자를 막으려고 미국의 트럼프 행정부는 1만 명의 국경수비대를 증원하고, 3천 킬로미터가 넘는 국경에 장벽을 설치하고 있다. 팔레스타인인들의 삶을 강제하고 통제하는 이스라엘의 자국민 보호 장벽은 팔레스타인인들에게는 고통의 장벽이 되었다.

국가가 예산 문제로 난민들을 쫓아내고 밀어낸다 해도, 이 세상에는 그들의 아픔을 이해하고 돕고자 하는 사람들도 있다. 하루 벌어 하루 먹고 사는 형편인 주인공 마르셀이 한 푼 두 푼 모은 돈을 몽땅 털어 소년을 돕는다는 영화적 설정이 어딘지 모르게 비현실적이고 뒤가 빤한 이야기처럼 보일 수도 있겠다. 하지만 우리 삶이 현실에 매여 있는 건 사실이다. 현실이 지치고 너덜거릴수록 우리에겐 상상력이 필요하다. 현실에서 불가능한 일도 상상의 세계에서는 가능하니까. 현실적인 잣대로 영화를 재단한다면 다분히 작위적이지만, 현실이 녹록지 않은 만큼 영화로나마 유쾌하고 따뜻한 사람을 만날 수 있다는 건 참으로 흐뭇한 일이다. 영화적 서사가 현실이 되는 날을 기다려본다.

어린 왕자는 동화가 아니다

생텍쥐페리의 《어린 왕자》

어느 집이든 책꽂이에 한 권쯤은 꽂혀 있을 법한 《어린 왕자》는 160개 언어로 출간되어 꾸준히 사랑받아온 작품이다. 《어린 왕자》를 읽은 아이들은 보아구렁이, 모자, 여우와 장미, 바오바브나무와 일곱 개의 별에 사는 인물, 사막에 불시착한 비행사만을 떠올리는 경우가 대부분이다. 여우가 왕자에게 '길들여 달라'고 했던 장면을 제시하며 '관계 맺음'에 대해 묻는 건 논술의 인기 주제이기도 하다.

사실 《어린 왕자》는 어린이가 혼자 읽고 이해하기 어려운 책이다. 서문을 보면 이 책이 어린이를 위한 동화가 아니라 어른을 위한 것임을 알 수 있다. 친구 '레옹 베르트', 특히 '어린이였을 때의 레옹 베르트에게'라고 쓴 걸 보면, 레옹 베르트는 이미 어른이 된 것이다.

레옹 베르트는 생텍쥐페리와 마음을 나누었던 절친한 유대인 친구다. 히틀러의 유대인 학살을 피해 추위와 배고픔을 견디며 숨어 살고 있었는데, 생텍쥐페리는 망명지에서도 친구를 무척 걱정하고 늘 친구에게

미안해했다. 책의 서문에 친구의 이름을 쓴 것도 그 미안함 때문이 아니었을까.

《어린 왕자》는 1941년 조국 프랑스가 독일 점령에 들어가 생텍쥐페리가 미국에 망명해 있던 당시 쓴 작품이다. 그의 머리는 조국과 친구 레옹 베르트, 아내 콘수엘로의 생각으로 가득 차 있었다. 그는 아내와 별거 중이었는데 《어린 왕자》를 쓰면서 아내와 화해했다. 그러니 《어린 왕자》는 그의 삶의 결정체라고도 볼 수 있을 것이다.

삶과 죽음의 경계에서 바라본 인간과 대지

《어린 왕자》의 화자인 '나'는 엔진 고장으로 사하라사막에 불시착한 비행기 조종사다. 나는 비행기 수리를 하던 중 612호 별나라에서 온 어린 왕자를 만난다. 어린 왕자는 나에게 대뜸 "양 한 마리만 그려 달라"고 주문한다. 끈질기게 졸라대는 어린 왕자의 요구에 나는 양 한 마리를 그려준다. 그런데 왕자는 자신이 원하는 양이 아니라며 다시 그려줄 것을 요구한다. 두 번째 세 번째 양조차 거절당한 나, 마지못해 세 개의 구멍이 뚫린 상자 하나를 그려주었다.

"이게 내가 원하는 양이야."

어린 왕자가 좋아한다. 어린 왕자는 '눈으로 보는 것이 전부가 아니고 마음으로 보아야 제대로 볼 수 있다'고 말한다. 화자인 '나'에게도 그런 경험이 있다.

그의 나이 여섯 살. 코끼리를 잡아먹은 보아구렁이 그림을 어른들에게 보여주자, 어른들은 한결같이 '모자'라고 한다. 어른들은 '사는 데 도움도 되지 않는 그림은 그리지 말고 수학이나 지리를 공부하라'며 면박을 주었고, 그 바람에 나는 여섯 살의 나이에 화가의 꿈을 접고 말았다.

'본질에 대한 이해보다 보이는 것이 전부'라고 믿는 어른의 세계는 창의적인 사고와는 담을 싼 물질로 가득 차 있다. 그 별에는 명령만 하는 수많은 왕이 있고, 자만과 위선으로 포장된 허풍쟁이들이 살며, 매일 같은 일을 반복하며 사는 점등인, 책상 앞에 앉아 연구에 몰두하는 지리학자와 쉬지 않고 숫자를 세고 소유에 집착하며 살아가는 상인이 있다. 왕자는 별에 사는 여섯 명의 다양한 캐릭터를 만난 뒤, 일곱 번째 별 지구에서 나를 만나 자신의 속내를 털어놓기 시작한다. 사실 왕자는 자신의 별에 장미 한 송이를 두고 왔다. 네 개의 가시가 돋은 장미는 늘 불평을 늘어놓았는데 왕자는 그 소리가 듣기 싫어 별을 떠난 것이다.

장미와 왕자의 이유 있는 별거

1900년에 태어난 생텍쥐페리는 네 살 때 아버지를 잃고 어머니, 형제자매와 함께 외가와 친가를 오가며 살았다. 귀족 신분이었지만 더부살이 신세였다. 어머니는 간호사로 일하며 다섯 명의 자녀들을 돌봤다. 열두 살 되던 해 생텍쥐페리는 삶에 있어 가장 중요한 경험을 하게 된다. 외가 근처에 있던 비행장에서 우연히 비행 체험을 하게 된 것이다.

미술학교에서 건축학을 공부했고, 입대 후 항공 정비 분야에 배치되었으나 생텍쥐페리는 비행사에 대한 꿈을 버리지 못했다. 그는 어머니를 졸라 민간 비행기술을 익혀 자격증을 받았다. 그의 어머니는 어려운 가정 형편이었음에도 생텍쥐페리가 원하는 것은 무엇이든 들어주었다.

생텍쥐페리는 외로움을 많이 탔던 모양이다. 끊임없이 어머니에게 편지를 쓰며 답장을 기다렸다. 커다란 체격에 높은 코, 친구들은 그를 피노키오, 들창코라며 놀렸지만 이에 개의치 않는 고독한 소년이었다. 그런 그에게는 큰 아픔이 있었다. 미술학교에 다닐 당시 기숙사에 함께 있던 남동생이 죽는 불행한 사건을 겪었다. 이후 그는 보들레르의 시에 빠져들었다.

밖에서 열린 창문을 통해 안을 바라보는 사람은 닫힌 창문을 통해 바라보는 사람만큼 많은 것을 보는 건 결코 아니다. 촛불에 밝혀진 창문보다 더 그윽하고, 더 신비하고, 더 풍요롭고, 더 어둡고, 더 눈부신 건 없다. 밝은 햇빛 아래서 볼 수 있는 건 유리창 뒤에서 일어나는 일보다 흥미로움이 덜하다.

보들레르의 시 〈창문들〉이다. 생텍쥐페리는 '열린 창문을 통해 안을 바라보는 사람은 닫힌 창문을 통해 안을 보는 사람보다 많은 걸 볼 수 없다'는 보들레르식 사유와 상상력에 마음을 두고 있었던 것 같다.

"진짜 중요한 건 눈에 보이지 않아."

《어린 왕자》에 등장하는 이 문장은 '겉모양보다 본질을 보려고 노력해야 한다'는 보들레르의 시 〈창문들〉과 같은 맥락에서 이해될 수 있다.

관계에는
반드시 책임이 따른다

'기요메에게' 바치는 것으로 시작하는 작품 《인간의 대지》에는 생텍쥐페리의 야간비행에 대한 경험이 고스란히 녹아 있다. 기요메는 생텍쥐페리가 비행할 때 도움을 받았던 동료 비행사로 안데스산맥에 추락했다 죽음의 벼랑 끝에서 살아 돌아왔다. 자신의 시신을 찾지 못해 보험금마저 탈 수 없게 될 가족을 생각하며 사흘 밤낮, 눈을 헤집고 추위 속을 걸었다는 기요메. 생텍쥐페리조차 수색 작업을 포기해야만 했던 겨울이었다. 그 누구도 안데스산맥에서 살아 돌아올 수 없다고 생각했지만, 그는 아내와 가족을 생각하며 산 정상을 향해 걸었고, 천만다행으로 목동에게 발견되었다. 안데스 골짜기, 눈에 묻혀 죽을 수도 있었던 기요메를 이끈 힘은 가족에 대한 무한한 사랑과 책임감이었다.

책에는 기요메의 강인한 정신력과 가족에 대한 사랑, 기요메에 대한 무한한 신뢰가 잘 드러나 있다.

"내가 한 행동은 그 어떤 동물도 따라 할 수 없었을 거야."

기적처럼 살아 돌아온 기요메가 한 말. 그는 자신이 한 행동은 인간만이 할 수 있는 가장 고귀한 일이었다고 한다. 그런 기요메의 경험과 생텍쥐페리의 사막 경험이 《어린 왕자》에도 녹아 있다.

생텍쥐페리는 민간우편 항공비행사로 일했다. 열악한 비행 여건에서 신항로 개척에 앞장선 인물이다. 1935년 프랑스에서 베트남 하노이 간 단축비행에 나섰던 그는 엔진 고장으로 리비아사막에 불시착해 생과 죽음을 넘나드는 극단의 고통을 맛봤다. 모래와 바람과 별만이 존재하는 곳, 그 사막에서 그는 삶과 죽음에 대해 사유했고 죽음의 문 앞에서 베두인 대상에 의해 닷새 만에 구출되었다.

《어린 왕자》에 등장하는 '사막여우'와 '어린 왕자', 이 둘은 생텍쥐페리의 또 다른 자아라고 볼 수 있다. 그런 '여우'와 '어린 왕자'가 말한다. 좋은 관계가 되려면 서로를 길들이며 책임을 다해야 한다고. 생텍쥐페리는 그동안 그가 맺은 관계에 있어 책임을 다하지 못하고 살아온 것일까? 그는 사막에서 그 사실을 깨달았고 '삶의 우물'을 발견했다.

"사막이 아름다운 건 우물을 간직하고 있기 때문이야."

비록 사막이 죽음과 공포를 가져온다고 해도 그 안에 오아시스가 있다는 사실을 믿는다면 희망적이라고 그는 말한다. 이 잠언시 같은 한 문장은 '진짜 중요한 건 눈에 보이지 않는다'와 '열린 창을 통해 안을 바라보는 사람보다 닫힌 창을 통해 많은 걸 볼 수 있다'는 보들레르의 시 한 행과 같은 의미로 이해될 수 있겠다.

작가의 자아라고 볼 수 있는 '어린 왕자'는 그동안 그런 삶을 살지 못했지만 사막여우를 만난 후에야 지난 삶을 후회하게 된 것이다. 뿐만 아니다. 지구에서 수많은 장미를 만났지만, 그 장미들에게는 어떤 책임도 없다는 것을 알았고, 자신의 별에 두고 온 장미가 얼마나 특별한가도 깨닫게 되었다. 자신이 물을 주었고 바람막이가 되기도 했으며, 온갖 투정과 요구를 받아주었던 장미. 그 장미의 가시가 너무 아팠고, 투정이 싫어 곁을 떠났는데, 지구의 숱한 장미를 만난 뒤에야 자신의 장미가 얼마나 소중한 존재였는지 알게 되었다.

장미의 소중함을 몰라 장미를 떠났던 그(어린 왕자). 여우는 관계를 맺은 모든 것에게 책임을 다해야 한다는 가르침을 주었다. 결국 그(어린 왕자)는 별에 두고 온 자신의 장미를 새롭게 인식했다. 그리고 장미가 있는 자신의 별로 돌아간 것이다.

장미에 대한
증오와 그리움

생텍쥐페리의 아내 콘수엘로 순신은 엘살바
도르 출신으로 이미 두 번의 결혼을 했던 미망인이었다. 생텍쥐페리는
1931년 어느 파티에서 콘수엘로를 만나 결혼한다. 귀족 가문이었던 생
텍쥐페리 가족은 콘수엘로를 며느리로 받아들이지 않았다. 열일곱의 나
이에 결혼해 2년 만에 남편을 잃었고, 재혼 후 또 1년 만에 두 번째 남편
까지 잃은 비운의 여인이었지만 화려한 미모와 예술적 감각을 자랑했다.
하지만 며느리로 인정받지 못했던 콘수엘로의 삶이 행복했을까? 게다가
세 번째 남편 생텍쥐페리의 모험비행으로 그녀는 늘 불안했을 것이다.

생텍쥐페리와 아내 콘수엘로가 별거를 시작한 시기는 생텍쥐페리가
리비아사막에 불시착해 돌아온 후다. 실종된 지 5일 만에 돌아온 남편을
기다리던 아내 콘수엘로. 세 번째 남편까지 죽게 만들었다는 주위의 시
선을 벗어날 수 없었을 것이다. 결국 그녀는 남편이 돌아오자 이혼을 요
구한다. 리비아사막에서 살아 돌아온 남편에게 이혼 요구를 한 아내. 생
텍쥐페리는 그런 아내를 이해할 수 없어 결국 미국 망명길에 올랐다.

어느 날 우연히 히치콕출판사 사장은 뉴욕의 한 레스토랑에 앉아 냅킨
에 그림을 그리고 있는 생텍쥐페리를 만나게 된다. 출판된 몇 권의 책이
인기를 끌어 생텍쥐페리는 미국 내에서도 꽤 알려진 인물이었다. 출판사
사장은 그에게 크리스마스 시즌에 맞춰 아이들을 위한 동화책을 써달라

고 부탁했다. 그렇게 나온 책이 《어린 왕자》다.

그는 자신의 내면이 투영된 '어린 왕자'라는 인물을 내세워 아내에게 고백했다. 가시만을 탓하고 향기를 맡지 못했던 지난 과거를 후회하면서 말이다. 아이들을 위한 동화책을 주문했던 출판사의 요구와는 달랐지만, 《어린 왕자》를 통해 저자는 마침내 아내와 화해하기에 이른다.

조국에 대한 사랑과 책임

미국 뉴욕 망명지에서 생텍쥐페리는 나치 치하에 있는 조국에 대한 걱정이 컸다. 아내와 다투었고, 리비아사막에 불시착해 입은 상처를 치료하기 위한 망명이었지만, 작가로서 유명해진 그를 나치들은 그냥 두지 않았다.

애국심이 남달랐던 그는 《어린 왕자》 집필 후 조국에 돌아가 공군에 재입대했다. 다쳤던 다리가 다 낫지 않은 상태였다. 나이가 많아 비행할 수 없었지만, 마지막 비행을 하게 해달라는 그의 간곡한 청을 군은 거절할 수 없었다. 그는 다섯 번의 비행만을 허락받고 독일군 정찰에 나섰다. 출판사에서 보낸 가편집 상태의 《어린 왕자》를 비행기 옆 좌석에 두고서 말이다. 그렇게 비행에 나섰던 그는 영원히 돌아오지 못했다. 이후 《어린 왕자》는 미국에서 출판되었다. 1944년 그의 나이 44세였다. 프랑스 국민들은 그의 죽음을 받아들이지 않았다. 프랑스의 자랑이었기에 언젠가는 돌아올 것이라고 믿었던 것이다.

그런데 1998년 프랑스 한 어부의 그물에 은팔찌 하나가 걸려 나왔다. 그 은팔찌에는 '생텍쥐페리와 콘수엘로 순신'이라는 이름이 새겨져 있었다. 2004년에는 탐사대에 의해 실종 당시 타고 나갔던 '612'라는 숫자가 적힌 비행기 잔해 일부가 인양되었고, 노년의 독일 병사가 생텍쥐페리의 정찰기를 격추했다는 고백을 하면서 조국을 끔찍이도 사랑했던 생텍쥐페리의 죽음이 확인됐다.

생텍쥐페리가 실종된 후 끊임없이 남편을 기다리며 편지를 썼다는 아내 콘수엘로. 그녀가 죽고 난 후에야 모든 기록과 미완성 원고, 그림, 편지 등 두 사람의 애틋한 사랑이 세상에 공개되었다.

익숙함에 대한 예의

인간은 태어나면서부터 관계를 통해 살아간다. 삶이란 다양한 관계 속에서 이루어지지만 관계 맺기가 그리 쉽지 않다. 정현종 시인은 '인간과 인간 사이에 섬이 있다'고 말한다. 아내와 남편, 부모와 자식, 형제자매는 물론 가족 간에도 남처럼 살아가는 이들의 모습이 떠오른다.

어린 왕자는 '어른들은 숫자와 뭐든 빨리빨리 사는 데 익숙해 시간을 들여 관계를 지속하는 것에는 별 관심이 없다'고 말한다. 좋은 관계를 맺으려면, 가게에서 물건을 사듯 쉽게 생각하지 말고 시간과 정성을 들여야 한다. 가까운 관계일수록 단점이 쉽게 보이는 법이다. '어린 왕자'가 말한 장미의 가시와 투정 때문에 상처를 받고 등을 지기도 한다. 생텍쥐페리 또한 그랬을 것이다. 모든 것을 내주어도 아깝지 않던 관계가 이기심이 앞서면 서로 소원해질 수밖에 없다. 가시에 찔리지 않으려고 관계를 청산하기도 한다. 뒤늦게야 그 사실을 깨달은 생텍쥐페리(어린 왕자)는 아내(장미)를 떠나서야 장미의 향기를 그리워했고, 마음의 눈으로 상대를 보지 못한 근시안적 태도를 후회했다. 장미에 대한 책임을 다하지 못한 자신의 잘못을 뒤늦게나마 깨달았으니 얼마나 다행인가.

삶이란 모든 관계망 안에서 이루어지기 마련이다. '사람과 사람 사이에 섬이 있다'고 하지만 물이 빠지고 난 뒤에야 육지였다는 사실을 우리는 깨닫게 된다. 사랑에도 기술이 있다고 하듯 좋은 관계를 지속해 나가는 데에도 기술이 필요하다. 상대에 대한 편견을 버리고 상대방을 바라보는 각도를 조금만 바꾸는 것, 상대방의 말을 경청하는 것도 필요하다.

다국적 회사 화이자의 회장은 매일 아침이면 양복주머니 한쪽에 동전 열 개씩을 넣었다. 그는 사람을 만나 상대의 말을 경청했을 때 동전 한 개를 다른 쪽 주머니에 넣고 열 개가 다 옮겨졌을 때 하루를 마감했다고 한다. 남의 말을 경청하는 일이란 시간과 정성을 들이는 일이다. 시간과 마음을 들이다 보면 좋은 관계를 유지하기 쉽다.

긍정적인 마음도 누군가와의 좋은 관계를 이어가는 데 도움이 된다. 미운 감정보다 상대의 장점 한 가지 정도를 기억한다면 더욱 좋을 것이다. 떠올리면 마음에 단물이 고이는 사람이 있는가 하면, 생각조차 하기 싫은 사람도 분명 있다. 흐뭇해지는 사람이 많이 생각날수록 잘 살아온 것이다. 마음에 미움과 분노가 가득 차 있는 사람은 매사에 부정적인 생각을 할 뿐만 아니라 인간관계에도 어려움이 많다. 그런 사람이라면 관계 맺기가 쉽지 않을 것이다.

상대를 안쓰럽게 여기는 '측은지심'이나 '역지사지' 하는 마음 또한 상대의 마음을 헤아리고 이해하는 데 빼놓을 수 없다. 좋은 관계를 유지하기 위한 이 모든 방법은 누군가를 위한 것 이전에 자기 자신을 위한 것이기도 하다.

스토리 전체를 관통하는 작가의 목소리는 '눈으로만 보지 말고 마음으로 보아야 한다'는 것이다. 겉만 보고 판단했으므로 코끼리를 먹은 보아 구렁이를 '모자'로 보았고, '사막 어딘가에 우물이 숨어 있다'는 사실을 몰랐으며, '장미의 향기를 맡지 못하고 가시만을 본' 것이다. 그걸 깨닫고 나서야 생텍쥐페리(어린 왕자)는 비로소 612호, 자신의 별에 돌아갈 수 있게 되었다.

그들은 왜 남자로 살았을까

로드리고 가르시아 감독의 〈앨버트 놉스〉

아일랜드 모리슨 호텔의 종업원 앨버트 놉스. 그는 남장 여자다. 앨버트는 깍듯하고 예의가 발라 단골고객들은 그에게 팁을 후하게 주었다. 받은 팁은 한 닢 두 닢 자신의 방 마룻바닥에 차곡차곡 넣어두었다. 그는 담배 가게를 차릴 계획이었다. 그러던 어느 날 호텔 리모델링을 하려고 온 페인트공 허버트와 한 방을 쓰게 된 앨버트. 한밤중 옷 속에 들어간 벼룩을 잡으려고 허둥지둥 옷을 벗다가 그만 허버트에게 자신의 성별을 들키고 말았다. "제발, 비밀로 해줘"라며 사정하는 앨버트. 그러나 뜻밖에도 허버트는 자신 또한 남장 여자라는 사실을 앨버트에게 밝힌다.

조지 무어의 단편소설을 각색해 만든 영화 〈앨버트 놉스〉는 남장을 하고 살 수밖에 없었던 19세기 아일랜드 여인들의 비극적 삶을 말한다. 먹고살기 위해 남장을 했던 앨버트, 남편의 폭력 때문에 집을 나와 남장을 하고 살 수밖에 없었던 허버트. 남성중심 사회에서 억압과 착취 속에 살던 당대 여성들이 겪은 삶의 질곡을 엿볼 수 있다.

아일랜드 더블린 여성들만 그리 산 것은 아닐 것이다. 전 세계 많은 여성들이 집안일과 남편 시중 들기에 필요한 수업을 당연하게 받던 시대였다. 학교는 물론이고 여성들이 선택할 수 있는 것이란 그리 많지 않았다. 자신의 재능을 제대로 발휘해보지 못한 채 죽은 여성들도 많았다. 오죽하면 앨버트와 허버트는 남장을 하고 살았을까? 그런데 앨버트와는 달리 허버트는 여성과 결혼을 했고 아내를 사랑했다고 말한다. 동성애자였던 것이다. 하지만 감히 사실을 드러낼 수 없었을 것이다.

타고난 성과 만들어진 성

19세기 초 프랑스 작가 조르주 상드는 '남장 여자'로 많은 예술가와 교류했다. '오로르 뒤팽'이라는 본명을 두고 남성 이름으로 활동하던 소설가였지만 작품보다는 쇼팽의 연인으로 더 잘 알려졌다. 그녀는 여자의 삶을 제대로 인정하지 않는 당대를 비웃듯 남장을 하고 주체적인 삶을 살았다. 바람피운 남편에게 이혼을 요구하고 법정 소송을 벌여 집에서 남편을 쫓아낸 통 큰 여자였다. 그녀는 가난한 예술가들을 집에 머물게 하고 도와주며 남성들과 자유롭게 교류했다. 남장을 하고 다닌 것 자체가 남성적 삶을 부러워했기 때문이라고 단정 지을 수도 있지만, 그녀는 "거추장스러운 여성 옷보다는 남성용 정장이 더 실용적이기 때문에 입은 것"이라고 말한다.

2001년 네덜란드에서 최초로 동성애법이 허용되기까지 동성애는 오 랫동안 인류의 화제였다. 플루타크 영웅전 '펠로피다스 편'을 보면, 고대 그리스 도시국가 테베에는 300쌍의 동성애자로 구성된 특수부대, '신성 대'가 막강한 전투력을 자랑했다. 철학자 소크라테스나 그의 제자 플라 톤 또한 동성애가 이성애보다 순수하고 자연스러운 것이라고 여겼을 만 큼, 당시에는 동성애에 대한 편견이 없었다. 그런데 로마 제국 멸망 이후 기독교 문화와 함께 동성애는 타락한 것으로 치부되었다.

13세기 이후 영국, 미국에서는 동성애자를 마녀로 규정하거나 악마시 해 사형에 처하기도 했다. 19세기에는 정신질환으로 여겨 강제 거세하거 나 감금했고, 히틀러는 동성애자 수만 명을 생매장하고 처형했다. 하지 만 21세기에 이르러 유럽을 중심으로 21개국이 동성애자를 법적으로 보 호하고 허용한다. 아시아와 중동 국가 중에서 동성애를 허용하는 나라는 아직 없다. 특히 사우디아라비아를 비롯한 이슬람 국가는 동성애자를 투 석형에 처하거나 감옥에 보내는 게 현실이다.

미국은 전역이 동성애자를 합법적으로 인정하고 있다. 다섯 살부터 동 성애 교육을 시키는 학교 방침에 반대한 한 아빠가 감옥에 가고, 동성애 자에게 빵과 꽃을 팔지 않은 가게 주인이 처벌을 받을 만큼 모든 인간은 법 앞에 평등하다는 법치국가의 이념을 따르고 있다.

드러내놓고 말하지 못했던 성적소수자들의 성정체성에 대한 문제가 다양한 매체에서 논의되고 있다. 이제 굳이 숨기거나 침묵할 필요가 없 게 되었다. 룩셈부르크 총리는 자신이 동성애자임을 밝힌 뒤 결혼식을 올려 세간의 화제가 되었고, 영국의 팝가수 엘턴 존은 자신이 동성애자였음을 밝힌 지 꽤 오래되었다. 대리모를 통해 자신의 아이까지 갖게 되었다 하니, 이제 동성애자들의 이야기는 특별한 화제에 끼지도 못할 만큼 일상 안으로 들어온 것이다.

서울시청 앞 광장에서 열린 퀴어축제에 아들과 참가한 한 어머니의 인터뷰는 매우 인상적이었다. 아들이 동성애자임을 고백했을 때 몹시 놀랐지만 아들의 고통을 생각하니 마음이 몹시 아팠다고 한다. 아들이 남자로 태어났으나 생물학적으로 여성에 가깝다는 사실을 깨닫고, 성정체성을 인정하고 받아들였다는 어머니. 그녀의 용기에 놀랐다. 여전히 우리 사회는 성적소수자에 대한 편견이 심하고, 그로부터 자유롭지 못한 게 사실이니까.

남들과 다른 삶이
나쁜 삶일까

데이비드 에버쇼프의 동명 소설 《대니쉬 걸》은 톰 후퍼 감독이 영화로 제작했다. 1920년대 덴마크 화가 에이나르 베게너 부부의 이야기다. 주인공 에이나르 베게너는 남자로 살아왔지만, 어느 날 자신이 생물학적으로 여성에 가깝다는 사실을 깨닫는다. 결혼을 해 아내가 있었지만, 남장보다는 여장에 마음이 끌리며 성정체성에 대해 고민한다. 아내의 그림 모델이 되면서 그는 본격적인 여장을 하게 되었다. 여장을 했을 때 더욱 행복감을 느낀 에이나르. 결국 성전환수술을 통해 여성이 되었고, '릴리'라는 이름까지 얻게 되었다. 그런 남편을 지켜보는 아내의 고뇌와 갈등, 정체성을 찾으려고 애쓰는 한 남자의 치열함. 사랑했던 부부가 분리되는 과정을 영화는 사실적으로 보여준다.

여자로 살기 위해 몸부림치는 남편 에이나르와 사랑하는 남편을 잃고 아파하는 아내 게르다 둘 중 누가 더 힘들었을까. 여자로서 새 삶을 얻게 된 남편, 남편을 잃은 아내. 남편 에이나르보다 아내 게르다의 슬픔이 더 크지 않았을까? 남편 에이나르는 간절히 원하던 삶을 찾게 되었지만, 아내 게르다는 사랑하는 남자를 잃게 되었으니까. 아내 게르다는 남편의 행복을 위해 자신의 고통을 감내할 수밖에 없었을 것이다.

남자, 여자로 구분되는 인간의 성정체성은 생물학적으로 타고날까, 아니면 환경에 의해 교육되는 것일까. 존 콜라핀토의 다큐멘터리 〈타고난 성 만들어진 성〉은 생후 8개월 포경수술 중 성기를 잃은 데이비드 라이머라는 소년이 자신의 성정체성을 되찾기까지의 과정을 그린다. 1965년 미국의 한 병원에서 일란성쌍둥이 중 한 명으로 태어난 데이비드 라이머는 이름이 브루스였고, 동생은 브라이언이었다. 브루스는 포경수술 도중 화상을 입어 성기가 완전히 사라지는 사고를 당한다. 한 아이의 운명이 바뀌는 사건이었다. 당시 존 홉킨스 대학의 머니 박사는 성기절제 수술과 호르몬 치료를 통해 새로운 성을 만들 수 있다는 주장을 펼치던 중이었다. 브루스의 부모는 머니 박사의 주장에 매료되었다. 결국 머니 박사의 조언에 따라 부르스에게 성기절제 수술을 받게 했다.

이후, 브루스는 이름도 브렌다로 바꾸고 여자 옷을 입고 여자로 살았다. 어쩔 수 없는 선택이었지만 여자아이로 키워진 브렌다는 열세 살 무렵이 되자 어깨가 넓어지고 목과 팔이 굵어지며 목소리가 변하는 등 생리적 변화를 겪게 되었다. 여성 호르몬인 에스트로겐 처방을 받아 여성의 몸이 되어야했지만 여성화되어가는 몸매를 감추기 위해 폭식을 하기 시작했다. 가족의 삶 또한 엉망이 되었다. 결국 아버지로부터 그간의 진실을 듣게 된 브렌다.

"다시 남자로 돌아갈래요."

브렌다가 내린 결정이었다. 브렌다는 성기 재건 수술을 받고 다시 남자 데이비드로 돌아가 남성성을 되찾았다. 남자아이를 성공적인 여성으로 만들고 싶어 한 머니 박사의 공명심 때문에 데이비드와 가족 모두 고통 속에 살아야만 했던 사건이었다.

타고나느냐, 길러지느냐에 대한 성 담론은 끊임없이 계속되고 있다. 남자는 이렇게, 여자는 이렇게 살아야 한다는 고정관념은 성적소수자들의 삶을 무력화시키고 고통의 습지로 몰아넣는 경우가 많다. 성정체성에 대한 혼란을 겪으며 살아가는 여성과 남성이 어느 한 시대에만 국한되었을 리 없다. 성이란 타고난 것일까, 만들어지는 것일까에 대한 담론 이전에 성적소수자들의 삶이 사회적 시선으로부터 자유로워져야겠다.

PART 2

대중과 문화

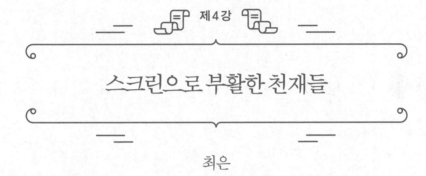

제4강

스크린으로 부활한 천재들

최은

영화는 좋은 선생이자 인생에 주어진 선물이라고 믿는 영화 평론가. 영화가 현실을 어떻게 해석하는지, 영화의 언어가 문학의 언어와 일상어를 어떻게 번역하는지 늘 흥미롭게 관찰한다. 중앙대학교에서 영화이론 전공으로 박사학위를 받았다. 《영화와 사회》《알고 누리는 영상문화》를 공동 집필했다. 현재 영상문화연구소 필름포스의 대표로 기고와 방송 그리고 강연을 통해 대중과 만나고 있다.

'작업'의 신 피카소

피카소 Surviving Picasso ∣ 1996년, 미국, 123min ∣

감독 : 제임스 아이보리

출연 : 안소니 홉킨스(피카소), 나타샤 맥켈혼(프랑수아즈), 줄리안 무어(도라), 다이안 베노라(재클린), 피터 에어(사바르테스)

19세기 후반에 태어나 20세기를 풍미했던 화가 파블로 루이스 피카소 Pablo Ruiz Picasso는 스페인 말라가 태생으로, 열 살 때부터 미술 교사인 아버지에게 데생을 배웠다. 피카소는 "나는 결코 어린아이다운 데생을 하지 않았다. 나는 12살에 이미 라파엘로처럼 그림을 그렸다"고 말한 바 있는데, 그가 열네 살 무렵 그린 〈첫 번째 영성체(1895)〉나 〈어머니의 초상 (1896)〉 같은 작품을 보면 과장이나 허풍이 아님을 알 수 있다. 피카소는 1900년 파리에 입성해 1904년에 몽마르트에 정착한 이래 파리에서 주로 활동했다. 수천 점의 회화와 조각, 4천 점이 넘는 스케치와 3만 여 점의 판화 외에도 수천 개의 도자기까지 평생 4만 5천 여 점의 작품을 남겼다.

피카소를 가장 유명하게 만든 것은 조르주 브라크^{Georges Braque}와 함께 창시한 큐비즘(입체파)이었다. 여러 방향에서 바라본 대상의 단면을 평면에 재구성한 입체적인 표현 방식은 형태를 파괴한 현대회화의 독특한 양식으로 인정받았다. 이에 대해 피카소는 "나의 그림은 건설적인 것이지, 해체적인 것이 아니다"라고 주장했다. 1956년에 제작된 앙리 조르주 클루조 감독의 영화 〈피카소의 미스테리〉에는 피카소가 직접 출연해서 자신의 예술이 왜 파괴적이면서 동시에 건설적인지, 흥미로운 방식으로 보여준다. 한편 안소니 홉킨스가 주연한 〈피카소(1996)〉는 여성의 눈으로 가까이서 본, 인간 피카소에 주목한 전기 영화다.

공산주의자 휴머니스트 피카소

"전후에 사람들이 유럽을 찾는 이유는 세 가지였다.
교황, 폼페이, 그리고 피카소."

영화에서 피카소의 비서 사바르테스(피터 에어)가 하는 말이다. 세상에서 가장 유명한 천재 화가의 삶을 다룬 영화 〈피카소〉는 1943년 독일의 파리 점령기에서부터 이야기를 시작한다. 1943년이면 1881년생인 피카소가 막 노년에 접어들던 때이자, 스페인 내전 당시 나치의 학살을 비판한 작품 〈게르니카(1937)〉 이후 휴머니스트이자 정치적으로 소신 있는 예술가로서 최고의 명성을 누리던 시기였다.

하지만 영화는 입체파의 대가나 사회주의자 정치 화가로서의 피카소 예찬과는 거리가 멀다. 피카소의 오랜 연인이었던 프랑수아즈 질로를 화자로 내세우면서 그 점을 분명히 한다. 영화 초반 프랑수아즈(나타샤 맥켈혼)는 피카소(안소니 홉킨스)를 가리켜 "하는 일 없이 레지스탕스 영웅이 된 인물"이라고 말한다. 정치적인 영웅도 세계적인 거장도 아니라면, 프랑수아즈에게 피카소는 무엇이었을까?

피카소의 '갑질'과 여성 혐오

"여자를 만들려면 먼저 목을 비틀어야 해." 도자기 만드는 법을 가르치면서 피카소가 했던 말이다. 만약 그가 21세기에 태어났다면 천재 화가, 큐비즘 창시자로서의 명성을 온전히 누릴 수 있었을까. 오늘날의 윤리적 잣대를 들이대면 그의 행위는 일탈과 기행의 연속이었다. 그중 압권은 여성을 대하는 방식이었다. 두 번째 부인이었던 재클린 로크에게 한 말처럼 영화 〈피카소〉에는 닭 모가지 비틀 듯 여성을 제압했던 그의 가학성과 괴팍함이 드러난 에피소드가 가득하다.

그런데도 그의 곁에는 수많은 여성이 있었으며 그중 상당수가 그를 떠나지 않고 받들며 살았다는 점은 그야말로 '피카소 미스터리'다. 공식적으로 인정된 관계만 헤아려봐도 그의 연인은 7~8명에 이른다.

"당신의 얼굴을 알아. 당신이 태어나기도 전에 당신을 그렸지. 피카소 그림을 닮았다는 말을 들어보지 않았나?" 피카소의 유명한 '작업 멘트'다. 그의 말대로 피카소의 '당신'들은 저마다 피카소의 그림들을 닮았다. 다만 전후관계가 바뀌었을 뿐이다. 피카소는 새로운 여인들을 만날 때마다 화풍을 바꾸었던 것으로 유명하다. 그 덕에 오늘날 우리는 우울했던 청색시대를 지나 로즈시대, 도자기에 공을 들인 그의 말년까지 피카소의 여인들을 따라가며 그의 궤적을 어렵지 않게 이해할 수 있다.

피카소의 첫사랑이었다는 페르낭드 올리비에는 그가 우울한 청색시대를 벗어나 장밋빛시대를 일구어내는 데 영감을 준 여성으로 알려져 있다. 페르낭드는 1904년 전후 몽마르트의 예술가 집단 아틀리에였던 '세탁선Bateau-Lavoir' 시절, 거의 무명이었던 피카소와 함께했다. 1912년 무렵 큐비즘 시대의 피카소 곁에는 페르낭드의 친구였던 에바 구엘이 있었다. 결핵을 앓다가 사망한 이 여인은 창백하고 아름다웠다.

피카소의 아들 파올로를 낳았던 첫 번째 '마담 피카소'는 올가 코크로바라는 러시아 귀족 태생의 발레리나였다. 이 시기 피카소는 잠시 신고전주의로 회귀하여 귀족적 품위를 지닌 초상화로 올가를 그려냈다. 올가와의 관계는 몇 년 지나지 않아 파국을 맞았으나 가톨릭 사회의 규범과 '유일한 마담 피카소'를 주장한 올가의 고집으로 올가 사후에야 완전히 끝이 났다.

피카소가 순수하게 가장 사랑했던 여인으로 알려져 있는 마리-테레즈는 피카소를 만날 당시 17세의 소녀였다. 자신이 얼마나 대단한 사람인지 증명하기 위해 피카소가 직접 마리-테레즈에게 잡지 기사를 찾아 보여준 일화로도 유명하다. 마리-테레즈를 만나던 1920년대 당시 피카소는 마티스와 활발히 교류하면서 야수파의 색감을 작품에 도입하기도 했고, 초현실주의적인 화풍을 실험하기도 했다. 마리-테레즈와 피카소 사이에는 딸 마야가 있었으며, 마리-테레즈는 피카소에게 매일 한 통 이상의 편지를 쓰고 피카소의 머리털을 날짜별로 보관했다고 전해진다. 그녀는 피카소의 손톱과 머리카락을 손질할 수 있었던 유일한 여성이었다. 피카소는 주술을 믿었는데 자신의 신체 일부가 다른 사람 손에 들어가 저주의 도구로 사용될까 늘 두려워했기 때문이다.

촉망받는 사진작가였던 도라 마르는 1937년 무렵 피카소가 〈게르니카〉를 작업할 때 사진 기록을 남기기 위해 그의 곁에 있었다. 여러 번의 수정과 개작을 거치는 동안 피카소는 그 과정을 촬영할 수 있는 특권을 오로지 도라 마르에게만 허락했다. 1943년부터 1953년까지 두 아이를 낳으며 화가이자 조수, 살림 담당과 정부 역할을 겸했던 프랑수아즈는 명망 있는 집안의 딸이었다. 부친은 그녀가 법률가가 되길 바랐기에 피카소와 함께 그림을 그리겠다는 딸을 내쫓아버렸다. 하지만 그림을 그리며 주체적으로 자신의 길을 찾아가는 듯했던 프랑수아즈도 결국 피카소에게 종속되어 젊은 날의 용기와 총명함을 잃어갔다. 그러다 피카소의 그림이 달라지는 것을 보고 그에게 다른 연인이 생겼다는 것을 알아차리게 된다. 당시 피카소는 도자기 공방에서 만난 재클린과 사랑에 빠졌고, 올가가 사망하자 1961년 재클린을 두 번째 아내로 삼는다.

피카소의 여성들은 모두 자신이 유일하다 믿었다

영화 〈피카소〉는 프랑수아즈가 피카소와 함께한 10여 년간을 집중적으로 다루었다. 공식적인 연인으로 프랑수아즈가 버티고 있을 때도 그의 주변에는 여전히 올가와 마리-테레즈, 도라 마르가 맴돌고 있었고 재클린이 끼어들었다. 어떻게 그런 일이 가능했을까? 피카소에게 여성들은 과연 어떤 존재였을까?

적어도 감독이 관찰한 바에 따르면, 피카소의 여인들은 진심으로 그를 사랑하고 존경하고 아꼈다. 그들은 피카소의 여성 편력을 모르지 않았으나, 자신이 피카소에게 '유일한' 존재라고 믿는 지점들을 최소한 하나씩은 갖고 있었다. 예컨대 올가는 죽을 때까지 '마담 피카소'는 자신뿐이라는 점을 내세웠고, 재클린은 자신만이 피카소를 주인님으로 극진히 모실 수 있었다고 생각했을 것이다. 독립적인 여성 프랑수아즈가 보기엔 어처구니없었겠지만, 실제로 재클린은 피카소를 '나리'라고 불렀다. 마리-테레즈는 자신만이 피카소의 머리카락을 소유할 수 있는 여인이고, 아무도 자신의 자리를 빼앗을 수 없다고 믿었다. 사실 그녀의 존재는 피카소 자신에게도 가장 큰 의미였을지 모르겠다. 그에게 마리-테레즈는 저명하고 부유한 화가 이전의 인간 피카소를 먼저 알고 마음을 받아준 유일한 여성이자 사심 없이 다가온 소녀였을 것이다. 하지만 평생 그 많은 여성들 틈에서도 피카소는 항상 두렵고 비루하고 외로웠을 거라고, 거장의 민낯을 들춰낸 끝에 영화는 넌지시 말한다.

Surviving Picasso : 왜 프랑수아즈 질로였을까?

그렇다면 자존심 강하고 지적인 여성 프랑수아즈는 어땠을까? 자신은 피카소의 여인들과 다르다고 처음부터 당당하게 주도권을 주장하던 여성이 프랑수아즈였다. 영화는 왜 이 시기 다섯 여인 중 프랑수아즈 질로를 서술자로 삼았을까?

피카소의 여인들이 맞아야만 했던 불행한 최후에 그 힌트가 있다. 신경쇠약과 우울증에 시달리던 올가는 끝까지 이혼을 거부하다가 1961년 외롭게 사망했고, 도라 마르는 정신분열과 신경쇠약을 앓으면서 피카소의 주선으로 정신분석학자 라캉에게 상담을 받았다. 마리-테레즈는 피카소 사후 4년, 그를 만난 지 50년이 되던 날 스스로 목을 맸고, 재클린은 피카소 사후 1986년에 권총으로 자살했다.

결핵으로 일찍 세상을 떠난 에바 구엘을 고려해도, 프랑수아즈 질로는 '위대한 피카소'의 곁을 '미치거나 죽기' 전에 스스로 떠난 유일한 여성이었다. 그녀는 피카소에게 매일 편지를 쓰지도 않았고 그를 나리라고 부르지도 않았으며 마담 피카소가 되겠다고 매달리지도 않았다. 조용히 그를 떠나되 자신의 아들과 딸을 피카소에게 보냄으로써 그들에게 '피카소'라는 역사적인 이름과 상속권을 남길 만큼 현실적인 감각도 탁월했다. '다시 돌아오라'는 피카소의 요청도 단호히 거절했다.

영화 〈피카소〉의 원제는 'Surviving Picasso'이다. 프랑수아즈 질로는 피카소를 견디며 물리적으로 살아남았다. 뿐만 아니라 그는 모든 것을 기록으로 남겼다. 프랑수아즈 질로는 1970년에 소아마비 백신을 개발한 미국 출신 의학연구자 조나스 솔크와 결혼하고 페미니스트 화가이자 작가로서 이름을 알린다. 1964년 피카소가 아직 살아 있을 때, 그와의 지난 날을 기록한 책 《피카소와의 삶Life with Picasso》을 출간하기도 했다. 피카소의 기행과 만행을 폭로하되 자신의 선택을 후회하지 않고 누구를 원망하지도 분노하지도 않는 담담한 서술이 인상적이다. 거절할 수 있고 떠날 수 있는 용기가 있으며, 스스로의 능력을 발휘할 수 있는 여성으로서의 자존감과 자긍심이 만들어낸 강직한 우아함이었다.

> "피카소가 내게 준 모든 것에 경의를 표하는 바이다. 우리 아이들과 함께했던 세월, 그가 나에게 한 모든 것에 감사한다. 무엇보다 그는 나를 강하게 만들어주었다. 피카소와의 10년을 견뎌낼 수 있을 만큼 강하게."
>
> – 프랑수아즈 질로

함께 보면 좋은 영화

| **피카소의 비밀** The Mystery of Picasso | 1956, 앙리 조르주 클루조 |
프랑스 스릴러 영화의 대가 앙리 조르주 클루조가 "천재 화가의 머릿속"을 들여다볼 수 있도록 하겠다는 야심으로 만든 일종의 기록영화. 75세 무렵의 피카소가 직접 작업하는 모습을 지켜보면서 그의 그림들이 어떤 과정과 생각으로 창작된 것들인지 자연스럽게 이해할 수 있다. 영화 평론가 앙드레 바쟁은 이 영화가 '미술영화'의 2차 혁명을 이루었다고 표현했고, 1956년 칸 국제영화제에서 특별상을 수상했다.

| **피카소 : 명작 스캔들** La Banda Picasso | 2012, 페르난도 콜로모 |
1911년 루브르 박물관에서 벌어진 다 빈치의 〈모나리자〉 도난 사건에 피카소의 친구였던 시인 기욤 아폴리네르가 용의자로 지목되고 피카소도 참고인으로 조사를 받게 된다. 첫사랑 여인 페르낭드와 사귀면서 〈아비뇽의 처녀들〉을 공개하던 시기 전후의 젊은 피카소를 만날 수 있는 작품.

| **미드나잇 인 파리** Midnight in Paris | 2011, 우디 앨런 |
1920년대 파리로 시간 여행을 하는 주인공 덕에, 당시 파리에 거주하며 현대미술의 거장으로 명성을 얻은 중년의 피카소와 그의 후원자이면서 피카소가 초상을 그리기도 했던 문인 거트루드 스타인을 만날 수 있다. 주인공은 피카소의 그림 속 여인과 사랑에 빠지기도 한다.

고흐가 남쪽으로 간 까닭은?

열정의 랩소디 Lust for Life | 1956년, 미국, 122min |

감독 : 빈센트 미넬리

출연 : 커크 더글러스(빈센트 반 고흐), 안소니 퀸(폴 고갱), 제임스 도널드(테오 반 고흐), 파멜라 브라운(크리스틴), 에버렛 슬론(가셰 박사), 나이얼 맥기니스(우체부 롤랭)

〈해바라기〉〈별이 빛나는 밤〉〈귀를 감싼 자화상〉〈아를의 밤의 카페〉〈노란 집〉…. 반 고흐^{Vincent Willem van Gogh (1853~1890)}를 상징하는 작품들의 이름이다. 하지만 나에게 반 고흐는 뒤집어져 버둥거리는 '게'의 이미지로 남아있다. 바닥에 뒤집어져 버둥거리는 모양이 어딘지 안쓰러우면서도 묘하게 생명력이 느껴지는, 그런 모습 말이다.

피카소와 고흐는 죽을 때 자신의 작품을 가장 많이 소장하고 있던 대표적인 화가다. 하지만 둘은 분명 달랐다. 피카소는 당대 최고의 명성을 누린 작가로서 작품의 가치를 스스로 높일 줄 알았던 반면, 고흐는 정반대였다. 팔지 못한 채 가지고만 있었던 것이다. 빵이나 술과 맞바꾼 소품이나 소소한 빚을 갚느라 내놓은 작품들을 빼고 나면 그의 생전에 정식으로 판매된 유화 작품은 〈아를의 붉은 포도밭(1888)〉 단 한 점이었다. 고흐는 시대와 불화하여 살아생전에 인정받지 못했고, 평생 가난했으며, 여러 여성을 만났지만 마지막엔 혼자였다. 게다가 정신적으로 불안정했으며, 단명했다. 죽은 뒤에야 전설이 되었다. 그는 '천재'라는 통념에 가장 부합하는 비운의 예술가이다.

빈센트 반 고흐는 1853년 네덜란드에서 목사의 아들로 태어났다. 삼촌들 셋은 미술품을 거래하는 화상이었고, 빈센트와 동생 테오도 화랑 '구필'에서 사회생활을 시작했다. 테오는 그 세계에서 살아남았으나 고흐는 그렇지 못했다. 16세에 헤이그에서 시작한 고흐의 화랑 일은 런던과 파리 파견을 거쳐 20대 초반에 해고로 끝이 났고, 이후 그의 경력은 실패와 좌절의 연속이었다. 영국에서는 교사로, 고향에서는 책 판매원으로 일하기도 했으며 이후 벨기에의 탄광에서 전도사로 일했으나 모두 성공과는 거리가 멀었다. 밀레의 그림에 감명을 받아 마침내 화가가 되겠다고 결심하고 본격적으로 그림을 그리기 시작한 것은 그의 나이 27세인 1880년이었다.

영화 〈열정의 랩소디〉: 반 고흐의 세 가지 열정

커크 더글라스 주연의 1956년 영화 〈열정의 랩

소디〉의 원제는 'Lust for Life' 즉, 삶의 열정이다. 어빙 스톤의 동명 전기가 원작인 이 작품은 화가가 되기 직전부터 고흐의 삶을 연대순으로 따라가되, 고흐의 실패를 출발점으로 삼는다. 제임스 아이보리의 〈피카소〉가 최고의 명성을 누리고 있는 피카소로부터 이야기를 시작했던 것과는 대조적이다. 영화가 담아낸 고흐의 열정은 세 가지 모습을 띠고 있다.

종교와 신앙

고흐의 작품 〈예배드리는 회중(1882)〉에는 졸고 있거나, 피곤에 찌든 채 턱을 괴고 망상에 빠져있거나, 우울한 얼굴로 고개를 떨군 청중들의 모습이 담겨있다. 설교나 예배가 고단한 민중의 삶에 아무 도움이 되지 않는 것처럼 느껴진다. 영화 〈열정의 랩소디〉의 초반에 고흐는 신학교의 목회자 선발 과정에 탈락하고 벨기에의 탄광에 파견되어 전도사의 삶을 시작한다. 그리고 강단에 서서 광산촌의 주민들을 향해 욕망을 버리라는 내용으로 설교한다. 그러나 고흐는 곧 자신이 전하는 메시지와 신도들의 삶의 괴리가 얼마나 큰지 실감하게 되고, 매일 새벽 그들과 함께 지하 수천 미터의 탄광으로 내려가 작업에 동참한다. 하지만 가진 옷과 먹을 것을 나누며 그들 속으로 깊이 들어가려는 고흐의 모습은 감찰을 나온 종교 지도자들의 눈에 품위 없고 경박할 뿐이었다. 결국 고흐는 부모님이 살던 곳으로 돌아온다.

그는 결국 또 다시 적응에 실패했지만, 영화는 이 시기가 고흐에게 신앙과 그림, 스스로의 인생에 대한 깊이 있는 통찰과 평생의 교훈을 남긴 것으로 묘사한다. 부모님 곁으로 돌아온 고흐는 농민들을 그린 밀레의 그림에서 어떤 성화보다 고상하고 경건한 삶의 모습을 발견하고 화가가 되기로 결심한다. 그리하여 네덜란드 뉘넨에서 그는 〈베 짜는 직조공(1884)〉과 〈감자를 먹는 사람들(1885)〉 같은 초기 걸작들을 그린다. 투박하고 지저분하지만 진실한 내면과 노동의 신성함을 담은 노동자들의 손과 얼굴에서 애정하는 대상 속으로 깊이 들어가야 한다고 믿었던 탄광 전도사 고흐의 우직한 신앙이 읽힌다.

사랑

고흐는 사랑에도 서툴렀던 사람이었다. 눈치 없고 세련되지 못한 그의 사랑 표현은 번번이 실연의 아픔과 주변 사람들의 질책을 낳았다. 영화는 남편과 사별한 지 일 년도 채 되지 않은 사촌 케이에게 고백했다가 매몰차게 거절당하는 고흐의 모습을 비중 있게 다루고 있다. 이후로 고흐는 세탁부이면서 매춘을 했던 시엔(크리스틴)을 만나 동거하는데, 그마저도 극심한 생활고로 오래가지 못한다. 윤리적으로나 종교적으로 지지받지 못할 관계를 시작하면서 그가 던진 질문은 상당히 묵직하다. "성직자들은 우리 관계를 죄라고 하겠지. 하지만 사랑하는 것이 죄일까? 사랑 없이 살 수 없는 것이 죄일까?" 시엔과의 만남은 〈슬픔(1882)〉이라는 간결하고도 강렬한 작품에 남아있다.

예술

　　　　　　깊은 슬픔이나 노동자의 고단함에 배인 신성함 같은 심오한 주제를 다뤘던 시기의 그림은 회갈색 톤을 주조로 했다. 그러나 1886년 인상파와의 만남은 그의 그림에 화려한 색채와 빛, 그리고 후기 인상파라는 이름을 가져다주었다. 점묘화법과 덧칠의 가치를 발견한 것도 바로 이 시기 파리에서 만난 인상파 친구들 덕분이었다. 1886년 5월 15일 인상파 화가들의 마지막 전시회에 참석한 고흐는 피사로, 쇠라, 폴 시냐크, 폴 고갱, 드가와 모네 등을 알게 된다. 무엇보다 한없이 호탕하고 자유로워 보였던 고갱과의 만남은 막 꿈꾸기 시작한 화가들의 공동체가 실현 가능하다는 믿음을 주었다. 고흐는 프로방스의 아를에 작업실을 꾸미고 고갱을 초청한다. 결과적으로 약 9주 동안 고갱과의 공동생활과 극단적인 불화 끝에 막을 내렸지만 이 시기 고갱과 고흐는 앞다퉈 평생의 걸작들을 내놓으며 서로에게 중요한 존재로 남게 되었다.

　평생 그린 수백 점의 그림은 인정받지 못했고 가난하고 예민한 예술가의 괴팍함을 피부처럼 안고 살았지만, 고흐가 아를에서 그린 초상화들은 그가 평소에 이웃과 친구들을 어떤 시선으로 바라보았는지 잘 보여준다. 예컨대 〈아를의 여인 – 지누 부인(1888)〉은 시골 선술집 여주인도 애정을 지닌 화가의 눈에는 책을 앞에 두고 사색 중인 지적인 여성일 수 있음을 알려온다. 고갱이 〈아를의 밤의 카페(1888)〉에 그린 지누 부인과 비교하면 이 점은 더욱 두드러져 보인다. 〈우체부 조셉 롤랭의 초상(1888)〉은 또 어떤가. 턱수염이 더부룩한 중년 남성의 초상에 배경으로 그린 화사한 꽃을 보고 있자면, 일본 회화와 판화를 향한 화가의 매혹을 감안하더라도 넘치는 애정 없이는 불가능한 채색이었다고 생각하게 된다.

익히 잘 알려져 있는 대로, 아를에서의 고갱과 고흐의 공동생활은 물론 고흐 평생의 작품 활동은 동생 테오 반 고흐의 지지와 금전적 후원이 있어서 가능한 일이었다. 수백 통의 편지를 주고받았던 테오와 고흐의 관계는 영화에서 테오에게 쓴 편지를 대신한 고흐의 내레이션과 고흐의 임종을 지키는 테오의 모습을 통해 의미 있게 관찰된다. 테오는 고흐가 죽은 지 6개월 후 그 뒤를 따라 형의 곁에 묻혔다.

실패의 여정이
예술이 되다

"나는 항상 어디론가 떠나는, 여행자 같았다."

고흐가 테오에게 쓴 편지 중 한 문장이다. 한편 고흐의 전기를 번역한 시인 최승자는 이렇게 기록한다. "사랑하지 않는 사람, 진실로 사랑하지 않는 사람은 상처받지 않고 고통받지 않는다. 아마도 사랑과 고통이라는 기름 없이 고흐의 삶은 위대한 한순간의 불꽃으로 타오르지 못했으리라. 반 고흐, 그는 천재가 아니라 오히려 둔재였으며, 그의 생애는 우뚝 솟은 고상한 정신의 최고 극점이 아니라 가장 낮고 더러운 땅에 입맞춤하며 흐르는 물로서 우리에게 남을 것이다."

그에겐 신앙이나 사랑이나 예술 모두 실패의 여정이었다. 하지만 바로 그렇기 때문에, 그가 때로는 떠밀려서 때로는 열정을 주체하지 못해서 떠난 여행의 혜택을 오늘날 우리가 누리게 된 것은 아닐까. 그의 그림과 그의 삶을 다룬 영화를 보며 길 위의 삶을 반추하는 최고의 호사 말이다. 요컨대 고흐의 가난함 때문에 우리의 영혼과 예술이 부유해졌고, 고흐의 고통으로 우리의 삶이 살 만한 것이 되었다.

다시 '뒤집어진 게'를 생각한다. 고흐 자신 뿐 아니라 그의 그림들도 늘 움직이고 있었다. 〈밀밭의 까마귀〉 〈자고새가 있는 밀밭〉에서는 새가 날아오르게 하고 밀을 기울게 한 찰나의 바람이 서늘하게 느껴지고, 카페 가스등의 일렁거림과 출렁거리는 밤의 별들, 사이프러스 나무들, 심지어 정물화인 해바라기 그림들에서조차도 중요한 건 '움직임'이다. 해바라기 그림은 결코 샛노랗게 화려하기만 한 것은 아니다. 자세히 들여다보면 그들 중 상당수가 갈색과 오렌지빛을 담고 있을 뿐 아니라, 손가락으로 살짝 건드리면 금세라도 툭 떨어질 것처럼 위태한 꽃잎들을 지녔다. 수 없이 덧발라 입체감을 만들고 결을 만들어낸 고흐의 붓터치와 화법(임파스토 기법)은 그냥 만들어진 것이 아니다.

함께 보면 좋은 영화

| **러빙 빈센트 Loving Vincent** | 2017, 도로타 코비엘라, 휴 웰치먼 |
우체부 롤랭의 아들이 고흐가 남긴 편지를 전달하기 위해 여행을 떠나 고흐의 삶과 죽음의 비밀을 마주하게 된다. 총 6만 여점의 유화로 고흐의 작품과 삶을 그려낸 유화 애니메이션.

| **반 고흐: 위대한 유산 The Van Gogh Legacy** | 2013, 핌 반 호브 |
고흐의 이름과 유산을 물려받은 테오의 아들 빈센트 빌럼 반 고흐의 시선을 따라 고흐의 일생을 다룬다. 〈러빙 빈센트〉처럼 고흐의 죽음이 타살이라는 점에 의혹을 제기한다.

| **반 고흐: 페인티드 위드 워즈 Van Gogh: Painted With Words** | 2010, 앤드류 허튼 |
고흐의 신앙과 작품 활동에 영향을 미친 작가들과 예술가들에 대한 정보들이 담백하게 담겨 있다. BBC에서 제작한 다큐멘터리이지만 베네딕트 컴버배치가 고흐를 재연했고, 어떤 극영화보다 고흐의 정서와 내면을 충실히 전달한다.

| **빈센트 Vincent & Theo** | 1991, 모리스 피알라 |
오베르에서 지낸 고흐의 말년을 집중적으로 다룬 영화. 원제가 말해주듯이, 빈센트와 테오의 삶을 병렬시킨 구성이 인상적이다.

전쟁 중에 예술을 한다는 것

르누아르 Renoir │2012년, 프랑스, 111min│

감독 : 질레 보르도 Gilles Bourdos

출연 : 미셸 부케(오귀스트 르누아르), 뱅상 로띠에르(장 르누아르), 크리스타 테레(데데), 토마스 도레 (코코 르누아르)

1841년 프랑스의 리모주에서 태어난 오귀스트 르누아르Pierre Auguste Renoir는 재단사 아버지와 봉제사 어머니 슬하의 일곱 남매 중 여섯째였다. 르누아르가 세 살 때 가족들은 파리로 이주했다. 가족들은 어려서부터 그림과 노래에 재능을 보였던 그가 음악가 대신 화가가 되기를 바랐다. 르누아르는 13세 때부터 도자기에 그림 그리는 일을 시작했는데, 도자기 장식에 새로운 기술이 도입되면서 공장이 파산하는 바람에 부채에 그림을 그리고 카페를 장식하는 일을 하게 된다.

1860년 그는 루브르에서 그림을 모사할 수 있는 허가증을 받고, 1862년에는 국립 미술학교에 입학했다. 이즈음부터 1860년대는 르누아르가 모네와 마네, 에밀 졸라나 드가, 바지유 등 사실주의 작가, 예술가들과 교류하면서 살롱전에 꾸준히 작품을 내며 미술계 진출을 시도하던 시기였다.

1874년 제1회 인상파전은 살롱전에 거듭 낙선하던 르누아르의 예술 활동에 결정적인 전기가 되어주었다. 이후 제3회 인상파전이 열리던 1877년까지 인상파전 자체는 상업적으로 실패했지만 르누아르는 '낭만적인 인상주의'라는 평가를 받으며 호응을 얻기 시작했다.

하지만 정작 르누아르는 자신이 '인상파'나 '비타협주의'의 일원으로 분류되는 것을 달가워하지 않았다. 그는 훗날 이렇게 말했다. "나는 순교자 역할을 맡을 생각은 전혀 없었고, 만일 살롱전에 내 그림들이 낙선되지 않았다면 분명히 그림을 계속 출품했을 것이다. 다른 사람들, 나보다 나은 사람들이 나보다 앞서 해놓은 것들을 내가 하고 있을 뿐이라고, 늘 그렇게 생각했고, 앞으로도 그럴 것이다." 실제로 르누아르는 1878년 살롱전에 복귀했고, 제4회 인상파전에는 출품하지 않았다.

르누아르는 살아서 자신의 작품이 루브르에 걸리는 것을 보았던 보기 드문 화가이자, 기사와 공로 훈장, 1등 훈장 등 총 세 번의 레종 도뇌르 훈장을 받은 예술가가 되었다. 평생 류머티즘과 우울증을 앓았으나 생의 마지막까지 붓을 놓지 않았고, 1919년 폐렴이 악화되어 사망했다.

또 하나의 르누아르 :
장 르누아르

오귀스트 르누아르의 세 아들 중 차남인 장 르
누아르Jean Renoir는 아버지 르누아르가 회화사에서 중요한 것 이상으로
영화사에서 중요한 인물이다. 그는 전후 유럽의 '시적 리얼리즘' 영화를
이끌었던 프랑스 영화의 거장이다. 시적인 리얼리즘이란 현실을 있는 그
대로 직시하는 '사실주의'와 '시적'인 기법의 만남으로, 당대 사회에 대한
비판적 인식과 인간에 대한 냉철한 관찰을 유려하고 예술적인 영상 표현
으로 담아낸 영화 사조를 뜻한다. 〈게임의 규칙(1939)〉이나 〈랑쥬씨의 범
죄(1936)〉 〈위대한 환상(1937)〉 같은 르누아르 작품들이 대표적인 시적인
리얼리즘 영화로 꼽힌다.

이는 여러모로 아버지 르누아르 시대의 유산, 즉 사실주의와 인상주의
의 유산을 물려받은 것이라고 볼 수 있다. 실제로 장 르누아르의 초기 걸
작 〈나나(1926)〉는 아버지 르누아르의 친구였던 에밀 졸라의 작품이 원
작이고, 사실주의 문학에 대한 헌사이기도 했다. 비록 인공적인 양식이
기는 하지만 영화라는 매체가 애초에 '빛'을 다루는 예술이라고 보았을
때, 이는 자연과 빛에 대한 인상주의의 애착과 관련하여 다양한 의미를
가질 수 있다. 뿐만 아니라 르누아르가 영화사를 차리고 제작자로서 영
화 경력을 시작할 수 있었던 것은 아버지의 작품들을 유산으로 받았던
경제적인 조건과도 관계가 있었다. 2012년 제작된 질레 보드로의 영화

〈르누아르〉는 바로 이러한 관점에서 아버지와 아들 르누아르를 관찰하고, 그 둘 사이에 일종의 매개자로서 데데(앙드레 에슐랭)에 주목한다.

영화 〈르누아르〉가 그린 '르누아르' 사람들

"배우는 직업이 아니야. 손으로 만들어 남기는 게 직업이지."

늙은 르누아르는 영화에서 작업실을 찾아온 모델 데데에게 이렇게 말한다. 이 말은 한편으로 르누아르가 자신을 예술가이기보다는 직업인으로 생각했다는 것을 보여주는 말이기도 하다. 스스로 "코르크 마개처럼 물 흐르듯이" 살아왔다는 그는 도자기에서 카페 장식으로, 루브르 모사에서 살롱전으로, 인상파에서 티치아노 또는 앵그르풍 회화로, 그리고 다시 '르누아르 화풍'과 말년의 풍부한 양감과 조각으로 끊임없이 이동하고 흘러 프랑스 예술의 맥을 이었다.

다만 영화는 그가 '자연스러운' 물의 흐름을 타기 위해서 류머티즘으로 거동이 불가한 그를 물가까지 실어 나르는 여성들(그들은 모델이었다가 애인이었다가 하녀가 되곤 했다. "이 집에선 모델이 하녀를 해. 하녀가 모델을 하거나!"라고 그들 중 하나가 데데에게 말한다)의 노동이 있었다고 말하는 것도 잊지 않는다.

영화가 그려낸 젊은 장 르누아르는 특별한 꿈을 가진 청년은 아니지만 신의를 지키고 신념과 명분을 중요하게 생각했던 젊은 군인이었다. 장이 전쟁 중 부상으로 휴가를 나왔다가 다시 입대하겠다고 하자 데데는 르누아르를 떠나기로 하는데, 그런 데데를 찾아가 장이 말한다. "르누아르는 네가 필요해." 데데가 되묻는다. "어떤 르누아르? 아버지? 아들?" 물론 둘 다였을 것이다. 각기 다른 이유로.

아버지 르누아르가 사망한 지 4년 후 아들 장은 아버지의 모델이었던 데데와 결혼을 한다. 배우가 되고 싶었던 데데와의 관계는 르누아르가 영화를 시작하는 데 결정적인 영향을 미쳤고, 후에 데데는 카트린 에슐랭이라는 이름으로 영화계에 데뷔한다. 그의 첫 작품은 장 르누아르가 시나리오를 쓰고 제작비를 댄 영화 〈카트린(1924)〉이었다. 다만 장 르누아르가 연출에 뛰어들고 영화사의 걸작들을 남기는 동안 카트린은 조용히 사라진 무성영화 배우들 중 하나가 된다.

예쁜 그림의 '그늘' 클로드 르누아르

배우였던 큰아들 피에르는 후에 동생 장의 영화에 출연했고 장은 프랑스 영화의 거장이 되었다. 하지만 영화에서 데데에게 도발적인 질문도 서슴지 않는 막내아들 코코, 즉 클로드 르누아르 Claude Renoir는 상대적으로 덜 알려졌다. 그래서 영화가 자주 코코의 시선과 행적을 뒤쫓는 것은 더욱 의미심장하다.

르누아르의 모델이었다가 하녀가 된 르누아르 집안의 여인들이 부엌에서 노래를 하며 음식을 준비하는 장면은 꽤 상징적이다. 여성들이 탐스러운 과일을 자르고 생선을 손질하는 동안 테이블 한쪽에 엎드린 코코가 피가 뚝뚝 떨어지는 사냥감들의 사체와 생선 내장과 마구잡이로 뽑혀 쌓여있는 깃털 같은 섬뜩한 이미지를 노려본다. 르누아르가 야외 작업을 위해 강가로 나갔을 때도 피크닉을 즐기는 여성들과 작업 혹은 대화에 열중하는 르누아르 부자를 등지고 코코가 향한 곳에는 썩은 짐승의 사체가 있었다. 르누아르가 풍만한 가슴의 여인들을 그리고 아름다운 장식을 남기는 동안, 코코는 잠든 모델의 가슴에 파란 물감을 흩뿌린다. 코코는, 코코를 경유한 영화의 시선은 무엇을 말하고 싶었던 것일까.

아버지의 연인이자 모델들에게 동경과 반감을 동시에 지니고 있었던 십 대 소년은 아름다움이 발현되는 순간마다 출몰하여 예사롭지 않은 눈빛을 벼리고 있었다. 아름다움과 추함이 공존하는 예술의 양면, 혹은 아름다움을 추구하는 예술의 추한 이면을 상기하고 싶었던 건 아닐까. 그렇다면, 그럼에도 그 '예술'은 충분히 가치 있는 것일까? 아마도. 물론.

20세기의 두 얼굴, 예술과 전쟁

아름다움과 추함의 시선이 교차되는 영화의 이

미지는 20세기를 바라보는 감독의 시선과도 맥이 닿아있다. "르누아르 그림에 검정은 없다. 그림은 기쁨에 넘치고 활기차야 해. 인생 자체가 우울한데 그림이라도 밝아야지. 가난, 절망, 죽음. 난 그런 거 싫다." 아버지가 아들에게 말했다. 장이 되묻는다. "전쟁은요?" "더더욱! 비극은…… 누군가 잘 그리겠지."

르누아르가 그림에 정말 검정색 물감을 사용하지 않았는지는 확신할 수 없으나 사랑하는 여인들을 그릴 때 밝고 생동감 넘치는 색상을 주로 사용했다는 것은 분명해 보인다. 영화에서 데데는 '주황빛'의 여인이다. 데데는 처음부터 주황색 옷을 입고 르누아르의 공간에 나타난다. 물컵에 주황색 물감을 묻힌 붓을 담갔다가 빼는 장면에서는 데데에 대한 장의 욕망이 드러나기도 한다.

가장 인상적인 대조는 데데가 처음 르누아르의 집에 오던 모습처럼 주황색 옷을 입고 자전거를 타고 어디론가 가는 장면이다. 이야기에서 딱히 동기를 파악할 수 있는 장면이 아님에도 영화는 이 모습을 꽤 긴 쇼트로 다루었다. 르누아르 그림처럼 햇살을 가득 담은 데데의 얼굴은 전쟁에 찢기고 흉터가 남은 어둡고 흉한 얼굴들을 만난다. 대조되는 이 이미지는 르누아르가 최고의 명성을 누렸던 시기 유럽을 휩쓸었던 전쟁의 상흔이다. 아름다운 여인의 얼굴과 상처받은 군인들의 얼굴. 예술이 꽃을 피우고 한편으로는 폭력이 난무했던 시대. 그것이 바로 르누아르의 시대였다.

전쟁 중에
예술을 한다는 것

1914년. 작은 아들은 다리가 다쳐 돌아왔고, 큰 아들도 팔이 부러졌다. 두 아들의 부상 소식에 전장으로 면회를 나섰던 아내는 돌아오는 길에 갑자기 사망해서 다시는 돌아오지 못했다. 자신은 젊은 시절 프로이센전쟁에 참여했다가 이질과 우울증으로 조기 제대한 경험이 있다. 늙고 병든 르누아르에게 전쟁이란 무엇이었을까?

아들 르누아르는 늘 불만이었다. 그림에만 관심이 있는 아버지. 세상이 흉흉할 때 한가롭게 그림이나 그리고, 티치아노 여인들의 피부에 대한 예찬이나 늘어놓는 그의 예술 타령이 답답하고 한심했을지 모르겠다. 아버지와 끝내 타협에 이르지 못하고 아들은 다시 전쟁터로 향한다.

하지만 영화는 아들 르누아르의 편에서 아버지를 비난하는 것으로 끝내지 않는다. 장이 필름을 사러 가서 만난 상인과 다투는 장면에서 우리는 전쟁의 참상을 이용해서 먹고사는 장사치를 만난다. 그는 무연고 시신을 관에 담아 유족들에게 전사자 유해로 팔아넘기는 일을 한다. 영화는 여기서 최소한 르누아르는 전쟁을 그런 식으로 소비하지는 않았다고 변명하는 것처럼 보인다. 그가 했던 일은 전쟁과 폭력 가운데서도 아름다움에 대한 감각을 잃지 않도록 하는 일이었지 않은가 하고 말이다.

전쟁 중에 예술 따위로, 또는 예술 아닌 것이라면 무엇을 할 수 있을까 아버지 세대에 집요하게 물었던 아들은 결국 "전쟁 중에 시를 쓰는(시적 리얼리즘)" 영화 예술가가 되었다.

아들 르누아르에게 아버지 르누아르가 물었다. "내가 이 나이에 자살을 한다면 어떻겠니?" 삶이 죽음보다 고통스럽지만 스스로 죽는 것조차도 부끄럽거나 사치스러운 일처럼 느껴지는 순간이 그에게도 있었다는 고백으로 읽힌다. 예술가는 그저 잘할 수 있거나 또는 유일하게 할 수 있는 일을 겨우 해낼 뿐이다. 예술은 그렇게 폭력과 고통을 넘어 코르크 마개처럼 흘러가고 흘러왔다. 그의 인내는 투명한 살갗을 지닌 여인들과 함께 20세기의 가장 뛰어난 유산으로 남았다.

함께 보면 좋은 영화

| 풀밭 위의 오찬 Le Déjeuner sur L'Herbe **| 1959, 장 르누아르 |**
아버지 르누아르를 기리며 아들 르누아르가 자신이 어린 시절 자랐던 코트다쥐르의 별장 레 콜레트에서 촬영한 영화. 제목부터 이미지와 풍자에 실린 메시지까지, 여러모로 인상주의 회화의 유산에 대한 예찬과 애착이 엿보인다.

| 동주 | 2016, 이준익 |
르누아르와 직접 관련이 있는 작품은 아니나, 전쟁 중에 예술을 한다는 것의 의미를 연결지어 생각할 수 있는 작품이다. 시를 쓰는 윤동주와 산문을 쓰는 송몽규, 예술을 하는 윤동주와 혁명을 주장하는 송몽규의 대립과 우정이 예술과 장식에 집중했던 아버지 르누아르와 전쟁과 사회문제에 관심을 둔 아들 르누아르의 관계와 닮았다.

세기말, 분열된 정신을 장식한 화가

클림트 Klimt | **2006년, 오스트리아 · 프랑스 · 독일 · 영국, 97min** |
감독 : 라울 루이즈
출연 : 존 말코비치(클림트), 베로니카 페레즈(에밀리 플뢰게), 세프론 버로우즈(레아), 니콜라이 킨스키(에곤 쉴레), 스티븐 딜런(서기관)

구스타프 클림트Gustav Klimt는 1862년 오스트리아 빈의 바움가르텐에서 태어났다. 금 세공사인 아버지 에른스트 클림트와 어머니 안나 클림트의 일곱 남매 중 둘째였다. 14세에 왕립학교인 빈 응용미술학교에 입학한 그는 일찍부터 수공예적 기술과 아카데믹한 미학 기법을 동시에 익혔다. 클림트가 화가로서 명성을 얻은 계기는 〈옛 국립극장의 객석 풍경(1888)〉을 완성한 이후였다. 클림트는 여기서 실제 인물을 객석에 사실적으로 그려 넣어 주목을 받았다. 작업을 마친 후 귀족과 사교계 인사들의 초상화 의뢰가 급증했다.

하지만 아카데미는 그를 인정하는 데 끝까지 인색했다. 교육부의 거부

로 교수직 위촉에 번번이 실패했을 뿐 아니라 1894년 빈 대학 대강당의
천장화를 의뢰받았을 때도 많은 반발을 샀다. 그의 그림 주제는 철학, 의
학, 법학이었는데 1900년에 유화 초안이 공개되고 나서 극심한 반발에
시달린 것이다. 알레고리화의 관습과 주제 의식을 따르지 않고 몽환적이
고 외설적이라는 이유로, 빈 대학교수 87명이 교육부에 반대 청원서를
제출했을 정도였다. 격분한 클림트는 돈을 내고 작품들을 찾아왔는데,
이 때문에 자신의 작품을 훔친 화가로 소문이 나기도 했다. 그중 철학 부
분은 1900년 파리 만국박람회에서 그랑프리를 차지할 정도로 실력을 인
정받았지만 현재 이 세 작품은 사진으로만 남아있다. 제2차 세계대전 중
나치 재산으로 몰수되었으나 나치가 퇴각하면서 불을 질러 소실되었기
때문이다.

　학계만 일방적으로 그를 거부했던 것은 아니다. 그는 '오스트리아 예
술가협회'의 아카데미즘에 질색해서 단체를 탈퇴하고 1897년 '빈 분리
파Secession'를 창설했다. 그가 초대 회장을 맡은 빈 분리파는 순수 미술과
응용 미술의 경계를 허무는 '총체 예술'을 꿈꾸며 예술의 국제화를 표방
했다. '각 시대에는 그 시대의 예술을, 예술에는 자유를'이라는 모토를
내건 빈 분리파는 후에 인상파와 아르누보 경향으로 나뉘어 1905년 클
림트를 중심으로 한 아르누보 그룹이 탈퇴하는 분열을 겪는다.

　라울 루이즈의 영화 〈클림트〉는 죽어가는 클림트를 쉴레가 방문하는
장면으로 시작해 그의 임종을 지키는 에곤 쉴레Egon Schiele의 모습으로 이
야기를 마무리한다. 그와 11년간 교류했던 쉴레는 침상에서 클림트를

그리며 임종을 지킨 인물로 알려져 있다.

영화 〈클림트〉로 보는
'장식주의' 화가 클림트

"당신 말은 너무 장식적이야. 그래서 추하지.

그러나 케이크는 유용하고 아름다워. 당신 말을 막아주니까."

클림트가 자신을 끊임없이 스타일을 바꾸는 장식주의자라고 비난하는 건축가 아돌프 로스의 얼굴에 케이크를 문지르며 말한다. 영화 〈클림트〉의 한 장면이다. 이 말은 "프레임(테)은 쓸모없다. 따라서 추하다. 그러나 거울은 유용하므로 가치 있고 아름답다"는 로스의 말을 클림트가 받아친 것이다. 로스와 클림트의 대화는 당시의 클림트에 대한 평가와 예술계의 분위기를 압축적으로 보여준다. 건축가 아돌프 로스는 실용적인 것이 아름답다는, 기능주의를 표방하는 대표적인 예술가였다.

영화가 이 부분에서 요들과 비코프, 아카데미 회원 간의 논쟁을 언급하는 것도 눈여겨볼 만하다. 세기말 빈은 원칙과 고전을 중요시하던 전통적인 믿음(아카데미파와 프리드리히 요들)과 시대마다 미의 개념이 변하고 본래 추한 것은 없다(프란츠 비코프와 빌헬름 폰 하르텔)는 새로운 관점, 기능적인 것이 곧 아름답다(로스)는 주장이 묘하게 공존하면서 불협화음이 극에 달한 시대였다. 고전적이라고 하기에는 향락적이고 기능적이라고 보기에는 너무 장식적인 클림트의 작품은 어느 쪽에서도 환영받기 어려웠다. 하지만 그런 점이 오히려 부유한 고객들의 취향을 자극하기도 했다. 당시 예술 작품의 주요 구매자였던 부유층은 사실 양쪽 모두에 염증을 느끼고 있었을 것이다. 한편 클림트 후원자들 중 다수가 유대인 부유층이었다는 점은 전후 클림트를 부정적으로 평가하는 데 일조했다.

영화에서 클림트는 자주 갈증을 호소하는데, 마지막에 유리병의 물을 컵에 따르다 말고 병째로 들이켠다. '실용적인' 유리잔에 물을 부어 감상하고, 잔 대신 물병을 들이켜는 기인. 빈 분리파가 추구한 순수 예술과 실용(응용) 예술에 대한 매혹이 기묘하게 혼재하는 이 장면은, 간략하게 정돈된 대사가 아닌 이미지로서 클림트의 예술을 인상적으로 표현해낸다.

세기말 분열된 세계와 '길을 잃은' 예술

클림트의 생몰 시기(1862~1918)는 오스트리아-헝가리 제국의 생몰(1867~1918)과 거의 일치한다. 특히 영화는 클림트가 사망하는 1918년에 이야기를 시작하고 끝맺는데 바로 그해 오스트리아-헝가리 제국도 최후를 맞는다. 구스타프 클림트를 이해한다는 것은 19세기를 마감하고 20세기를 여는 합스부르크 왕조와 빈의 불안과 정념을 이해하는 것이라고 정리해도 좋겠다. 적어도 라울 루이즈의 영화

〈클림트〉가 해석한 바는 그렇다. 그렇다면 영화는 이 시기 빈을 어떻게 다루었을까.

〈클림트〉가 주목하는 세기말 빈의 첫 번째 이미지는 영화와 환영의 시대이다. 〈클림트〉에는 진짜와 가짜 인물들이 끊임없이 등장한다. 조르주 멜리에스의 영화에 등장하는 레아 드 카스트로(세프론 버로우즈)를 보고 반한 클림트는 진짜 레아와 레아를 연기한 가짜 레아 사이에서 혼란스러워하고, 유리벽과 거울 반대편에는 울프 공작이 두 레아에게 지시(directing)를 하고 있다. 실제 인물보다는 환영에 가까운 오스트리아 대사관의 서기관은 이름도 알려주지 않고 자꾸 나타나 혼란스러워하는 클림트에게 묻는다. "왜 계속 진짜에 집착하지?"

1900년 전후의 오스트리아-헝가리 제국의 수도 빈은 향락적 생활이 극에 달했고 빈민층의 생활은 비참하기 이를 데 없는 위선적 사회, 매독과 정신분열의 시대였다. 또 오스트리아 출신 의사 프로이트가 창시한 정신분석학이 열린 시기이기도 하다.

영화에는 거울과 현미경이 반복해서 등장한다. 깨진 거울을 앞에 두고 사람들은 말했다. "거울이 깨졌어. 20세기가 멋지게 시작됐군." 장식과 몸치장, 외적인 아름다움의 대표적인 이미지인 거울이 깨지면서 눈으로 보는 온전한 형상이 해체되고 파괴되는 것으로 20세기가 시작되었다. 그리고 내면을 들여다보는 현미경이 등장한다. 클림트의 매독균을 관찰하는 용도로 등장하는 현미경은 육체적 사랑과 정신적 사랑의 분열을 보는 기구이자 무엇보다 내면의 아름다움과 추함에 대한 면밀한 관찰의 기호이기도 하다. 자신의 매독균이 살아 움직이는 현미경을 들여다보며 클림트가 말한다. "아름답군."

헌데 이 모든 것들을 마무리하면서 영화는 제국과 왕조의 몰락을 경험하고 있는 세기말 빈의 불안과 상실의 길목에 클림트라는 '예술'을 세워 두었다. '출구 없음'이야말로 세기말 빈과 죽기 직전 클림트가 본 환영을 설명하기에 가장 적절한 표현이다. 클림트는 말한다. "나는 출구를 찾고 있소." 클림트처럼 어두운 방안의 한가운데 선 어린 소녀 실비아가 답한다. "전 길을 잃었어요. 당신처럼요." 빛이 들어오는 세 개의 출구를 세 사람이 막고 서 있다. 클림트 평생의 동반자였던 여인 에밀리 플뢰게(베로니카 페레즈)와 환상의 여인 레아, 그리고 그를 매번 레아에게 이끌었던 서기관(스티븐 딜런)이다. 이 세 사람을 통해 영화는 세기말 예술이 처한 상황을 기존의 예술과 꾸준한 현실(에밀리), 영화와 기계적 환영(레아), 관료제도와 자본(서기관) 사이에 갇혀 길을 잃은 것으로 재현했다.

알레고리 : 〈클림트〉의 세계를 이해하는 열쇠

다소 난해하고 혼란스러운 영화 〈클림트〉와 구스타프 클림트의 예술 세계를 이해하는 핵심은 이와 같은 '알레고리(allegory, 우의)'라고 할 수 있다. 그의 알레고리화는 몽환적이고 퇴폐적이라는 이유로 아카데미로부터 배척당했다. 하지만 영화는 시대가 배제한 클림트의 알레고리 기법을 표현 전략으로 사용해 당대 클림트의 세계와 성공적으로 만난다.

서기관의 예를 조금 더 자세히 들여다보자. 클림트가 그를 처음 만난 곳은 파리의 만국박람회였다. 예술가가 국가가 '관리'하는 대상이 된 것이 예술 작품이 국가 단위로 출품되고 거래되는 만국박람회의 또 다른 의미라면, 그가 문화부 소속 3등 서기관이었다가 후에 재무부 소속의 2등 서기관이 되어 빈에 나타난 것은 예술을 관리하는 곳이 이제 문화나 순수 예술의 영역이 아니라 '재무', 즉 경제의 영역이 되었음을 의미한다. 클림트가 왕가 차원의 지원을 받지 못하고 사업가의 '후원자' 또는 부르주아 계층의 '투자' 체제에 의존했던 것도 이러한 변화와 일맥상통한다. 아울러 서기관이 끝까지 자신의 이름을 알리지 않은 것은 관료 제도의 익명성을 뜻하는 것이기도 하다.

영화 말미에 등장하는 '미스터 노'의 경우는 한층 더 흥미롭다. 그는 '오토 메서슈미트 폰 오미트(자동… 생략)'라는 예명을 갖고 있었고 한때 교수로 불렸으며, 클림트의 대학교수 임용에서나 그가 출품한 대회들에서 '노'라고 말한 사람이었다. 하지만 그는 이제 클림트에게 자신을 아무것도 아닌 사람, 즉 '미스터 노$^{Mr. No}$'라고 소개한다. 클림트와 그는 마치 말장난을 하듯이 서로 반복해서 No(아니오)라고 답한다. 미스터 노는 한때 확고했던 자신의 신념을 잃고 방황하는 인물이기도 하고, 거절과 낙심, 실패를 상징하는 '노'이기도 하며, 궁극적으로는 클림트가 당대에 경험했던 미와 예술의 부정과도 관계가 있었다. 이제 늙어 존재감이 없어진 미스터 노는 말한다. "하지만 나와 '노'가 없었다면 빈은 추한 것으로 뒤덮였을 것이오. 과도한 아름다움은 부족한 것보다 나쁘다오."

요컨대 미스터 노의 존재는 예술의 도시 빈이 새로운 예술을 외면하기 시작했던 그 시기, 장식적이고 화려한 아름다움으로 인해 부유층으로부터 각광받았던 클림트를 아카데미와 기존의 평단은 철저하게 '노'로 외면했던 현실을 대변한다. 그 외면의 배경에는 과도한 아름다움에 대한 불안과 두려움이 있었다고 스스로 고백하는 셈이다. 너무 아름다워서 오히려 추할까, 이를테면 아름다움의 범람이 추함이 될까 두려워했던 것이다. 클림트 예술의 퇴폐적인 아름다움을 기꺼이 수용하기에 세기말 빈은 너무 불안했다고 영화는 말한다.

장식 화가로 알려져 있던 구스타프 클림트는 사후 수십 년이 지난 1960년대에 오스트리아에서 첫 회고전이 열리면서 비로소 국제적인 주목을 받기 시작했다. 그리고 1986년 뉴욕 현대미술관에서 빈 모더니즘 미술을 재조명한 〈비엔나 1900전〉이 열리면서 미술사적 인정을 얻게 되었다.

함께 보면 좋은 영화

| **에곤 쉴레 : 욕망이 그린 그림** Egon Schiele: Death and the Maiden | 2016, 디터 베르너 |
영화 〈클림트〉에서 클림트의 임종을 지킨 유일한 인물이었던 에곤 쉴레의 전기 영화. 〈클림트〉가 클림트의 병상에서 시작했듯이, 병을 앓는 쉴레의 마지막 모습으로 시작하는 것이 인상적이다. 자신의 모델을 보내줄 정도로 쉴레를 아꼈던 클림트와의 관계와 빈 분리파의 활동을 엿볼 수 있다.

| **우먼 인 골드** Woman in Gold | 2015, 사이먼 커티스 |
클림트의 걸작 〈아델레 블로흐 – 바우어의 초상(우먼 인 골드)〉의 모델인 아델레 부인의 조카 마리아 알트만이 국가를 상대로 소송을 걸어 나치에 몰수되었던 그림들을 되찾는 과정을 다룬 영화. 헬렌 미렌이 실존 인물 마리아 알트만을 연기했다.

| **그랜드 부다페스트 호텔** The Grand Budapest Hotel | 2014, 웨스 앤더슨 |
제1, 2차 세계대전 사이 가상의 동유럽 국가를 배경으로 하는 영화이지만, 오스트리아 – 헝가리 제국을 모델로 한 분위기가 지배적이다. 틸다 스윈튼이 연기한 마담 D가 입고 있는 옷에는 클림트의 그림(우먼 인 골드)이 있고, 에곤 쉴레풍의 그림도 등장하는 등 디테일이 흥미롭다.

제자, 연인 그리고 조각가

까미유 끌로델 Camille Claudel ┃ 1988년, 프랑스, 150min ┃

감독 : 브뤼노 뉘탕

출연 : 이자벨 아자니(까미유 끌로델), 제라르 드 빠르디유(로댕), 로랑 그레빌(폴 끌로델)

　조각가로서 까미유 끌로델^{Camille Claudel}이 활동하던 19세기 말~20세기 초는 인상주의와 초현실주의, 입체파와 야수파를 비롯한 새로운 예술 운동이 파리를 중심으로 활발하게 진행됐다. 문학과 철학, 예술계 각 분야 인사들이 자유롭게 교류하던 시기였다. 앞장에서 다루었던 피카소와 르누아르, 조금 거슬러 올라가자면 고흐까지 모두 생존해있던 때이기도 하다. 하지만 일찍부터 뛰어난 재능을 보인 조각가였던 까미유 끌로델은 그에 대한 새로운 연구와 자료가 쏟아져 나온 1980년대 초반까지 로댕의 연인으로만 기억되어왔다.

　브뤼노 뉘탕의 영화 〈까미유 끌로델〉은 주로 여성주의적인 시각으로

전개되어 온 당시 연구들의 결정체이기도 하고 대중의 관심을 불러일으
킨 촉발점이기도 했다. 그리고 2013년 줄리에뜨 비노쉬가 주연을 맡은
동명의 영화 〈까미유 끌로델(1915)〉이 등장하게 된다.

  까미유 끌로델은 1864년 프랑스 빌뇌브 쉬르 페르의 작은 시골 마을에
서 등기소 공무원인 루이-프로스페르 클로델의 장녀로 태어났다. 일찍
부터 딸의 재능을 알아본 아버지의 지원으로 어릴 때부터 조각을 시작했
고, 열아홉 살이던 1883년에 스승 알프레드 부셰의 소개로 로댕에게 조
각을 배우게 되었다. 1884년에는 제작 조수와 모델 자격으로 로댕의 아
틀리에에 들어가고, 둘은 곧 연인이 된다. 당시 로댕은 이미 〈생각하는
사람(1880)〉 등으로 최고의 명성을 떨치고 있었고, 44세의 나이로 미혼
이었지만 로즈 뵈레라는 여성과 20여 년째 동거 중이었다. 둘 사이에는
까미유보다 두 살 어린 아들이 있었으며, 사람들은 로즈 뵈레를 '마담 로
댕'이라고 불렀다.

  로댕과 꽤 오랫동안 불안하고 불행한 관계를 유지하던 까미유는 1898
년 마침내 그와 결별하는데, 1913년 부친 사망 직후 정신병원에 수감되
었다가 다시 나오지 못하고 1943년 병원에서 생을 마감한다. 이자벨 아
자니 주연의 영화 〈까미유 끌로델〉에는 까미유가 처음 로댕을 만난 시점
부터 정신병원으로 이송될 때까지 젊은 날 까미유의 치열했던 삶이 담겨
있다.

브뤼노 뉘탕의 영화
〈까미유 끌로델〉

영화에서 로댕(제라르 드 빠르디유)과 까미유가 만나는 첫 장면은 로맨스 드라마의 관습을 재현한 듯하다. 친구인 조각가 부셰의 부탁으로 까미유와 친구의 작품을 보러온 로댕의 까칠하고 거만한 태도에 화가 난 까미유가 보란 듯이 자신의 재능을 증명해낸다. 가장 어려운 대리석 작품을 선택해서 로댕을 놀라게 하는데, 사실 로댕은 첫 대면에서부터 이미 까미유의 천재성을 알아보았다. 까미유는 가르쳐야 할 제자가 아니라 그대로 내버려 두어야 한다고 자신의 집사에게 이야기할 정도였다. 까미유가 〈지옥의 문(1880~1917)〉을 제작할 때 의도치 않게 영감을 주는 장면과 까미유의 두상을 제작하는 장면 등은, 로댕에게 까미유가 제자나 조수를 뛰어넘어 훌륭한 뮤즈이자 모델이었다는 사실을 알려준다.

연인,
까미유

로댕에게 까미유는 어떤 존재였을까. 자신을 사랑한다고 말하면서도 로즈 뵈레와의 관계를 정리하지 못하고 우물쭈물하는 로댕에게 지쳐갈 무렵, 까미유는 로댕의 아이를 임신하고 홀로 낙태를 결정한다. 이 일을 계기로 은둔 생활을 하면서 작품 활동을 계속했으나 조각가로서 까미유는 로댕의 그늘 아래서 빛을 보지 못한다. 로댕의 작품을 표절했다는 시비와 전시품 도난 사건 등이 발생하면서 경력에 타격을 입은 것도 바로 이 시기였다.

결국 까미유는 1899년 케 부르봉가에 자신의 아틀리에를 마련해서 로댕을 완전히 떠났지만 정신적으로는 더 피폐해져갔다. 열아홉에 처음 만나 청춘과 열정을 다했던 관계가 깨진 슬픔과 절망은 까미유의 작품에 그대로 새겨진다. 로댕이 인간의 존재(《생각하는 사람》)와 구원(《지옥의 문》), 영웅과 위인들(《칼레의 시민들》과 〈발자크〉)을 만드는 동안 까미유의 작품들이 사랑의 열정과 고통 같은 섬세한 정서와 개인적인 감정을 담았던 데는 로댕과의 관계가 영향을 미쳤을 것이다.

로댕은 수많은 여성들을 거쳐 로즈 뵈레와 죽기 직전 혼인하는 것으로 '정착'했지만(둘은 1917년 1월 29일 결혼했는데 로즈는 다음 달인 2월 16일에, 로댕은 같은 해 11월 17일에 사망했다), 로댕을 사랑했던 까미유는 평생 어느 곳에도 마음을 붙이지 못하고 쓸쓸하게 생을 마친 비운의 연인이 되었다.

지나치게 똑똑한 여자

로댕과 헤어진 후에도 까미유는 그에 대한 미움과 피해의식에 시달렸다. 영화에서는 몇몇 장면에서 로댕에 대한 까미

유의 분노를 보여준다. 까미유가 프랑스 문화성으로부터 의뢰받은 작품
〈중년(1893~1903)〉의 주문이 철회되는 사건이 발생하는데 까미유는 이
일이 로댕의 압력과 모략에 의한 것이라고 믿었다.

　이 작품은 중년 남성이 한 나이 든 여성에게 이끌려가는 와중에 젊은
여성이 무릎 꿇고 그를 붙잡는 모습을 담고 있다. 어둠 속에서 작품 〈중
년〉을 만지는 순간 로댕은 그것이 로즈 뵈레와 까미유 사이에서 갈팡질
팡하는 자신에 대한 비난이라는 것을 간파하고 화를 냈다. 까미유는 이
에 지지 않고 로댕에게 반격한다. 아뜰리에를 세 개나 운영하면서 사교
계 모임에나 기웃거리느라 주문을 받고도 석고 작업에는 손도 안 대는
형편없는 조각가이며, 드레퓌스파를 지원했지만 정치적인 신념이라고는
전혀 없는 기회주의자라는 혹독한 평가였다. 이는 까미유가 아니면 할
수 없는 말이기도 했다.

　영화는 로댕에게 까미유는 어쩌면 지나치게 총명하고 너무 많은 것을
알고 있는 여자였을 것이라고 말한다. 심지어 그는 아는 것을 '표현하는'
여자였다. 예나 지금이나 권력을 가진 이들에게 기억하고 기록하고 표현
하는 사람들은 두려운 존재다. 세상이 곧 그들을 들추어내고, 그들이 언
젠가는 세상을 바꾸어놓을 것이기 때문이다.

그들은 왜 까미유를
정신병원에 두었나?

아버지의 총애를 받았던 것과 달리 까미유는 어머니와 평생 불화했던 것으로 알려져 있다. 특히 1913년 3월, 아버지가 사망한 지 8일 만에 어머니가 딸을 정신병원에 보냈던 것은 두고두고 까미유에게 상처가 되었다.

정신병원에서 쓴 까미유의 수많은 편지가 그 고통을 전하고 있다. 까미유는 병원의 식사를 거부하고 규정상 예외적으로 직접 음식을 조리해 먹었는데, 그것은 독살에 대한 공포 때문이었다. 심지어 그는 어머니가 아버지를 독살했고, 자신의 어머니와 로댕이 자신을 죽이려 한다고 믿었다.

나이 차가 많은 남편을 만나 젊은 나이에 결혼한 어머니 루이즈-아나 타이즈 끌로델은 아들이었던 첫 아이를 생후 2주 만에 잃고 평생 상실감 속에서 살았다. 까미유가 태어났을 때도 아들이 아닌 것을 아쉬워했고 까미유에게 걸핏하면 "첫 아들이 죽지만 않았어도……"라고 말하곤 했는데, 그는 까미유의 교육을 지원하느라 가족이 치러야 했던 희생에 대해서도 원망과 불평을 숨기지 않았다.

퇴원해도 좋다는 의사의 통보를 무시하고 계속해서 까미유를 병원에 남겨둔 것도 어머니였다. 그런데 어머니가 사망한 1929년 6월 이후에도 까미유는 병원에서 나오지 못했다. 까미유의 보호자였던 남동생 폴 끌로델은 왜 누나를 당장 꺼내주지 않았을까? 마치 고흐와 동생 테오처럼,

폴과 까미유가 가장 친밀한 사이였다는 사실을 염두에 두자면 이 점은
더 큰 의문으로 남는다.

시대의 두려움과
비겁함이 그녀를 가두다

2013년 줄리에뜨 비노쉬 주연의 영화 〈까미유
끌로델〉은 어쩌면 이러한 질문에 답하려고 기획한 영화인 것처럼 보인
다. 폴 끌로델과 까미유, 정신병동의 몇몇 환자들과 의료진이 출연진의
거의 전부인 영화의 막바지에서, 누나를 면회하기 위해 여행 중인 폴은
정신병원 근처의 숙소에서 일기와 기도문 형식의 메모를 기록한다. 그는
까미유의 천재성을 누구보다 잘 알고 있었고 그것이 누나를 평범한 삶
에서 멀어지게 하고 '미치게' 했다는 점, 그리고 자신이 누나와 쌍둥이같
이 닮았다는 점까지도 알고 있었다. 그는 자신도 누나처럼 될까 봐 두려
워했던 것으로 보인다. 그래서 예술가로 머무는 대신 멀리 떠돌아다녀야
하는 외교 관료가 되는 길을 택했고, 가능하면 멀리 떨어져서 누나를 도
울 수 있는 방법을 찾고 싶었다고 고백한다.

가장 흥미로운 것은 폴이 그런 자신을 구원하기 위해, 즉 누나처럼 되
지 않기 위해 신에게 귀의했다는 점이다. 그러고도 그는 그 사실을 누나
에게 즉각 알리지 않았다. 오랜 시간 무신론자로 그들이 나누었던 교감
과도 관계가 있었을 것이다. 여하튼 가톨릭 신자가 된 그가 보기에 누나

의 낙태는 심각한 범죄였고, 그것은 불신앙만큼이나 용서받을 수 없는 것이었다. 요컨대 누나에 대한 폴의 감정은 애정과 미안함과 두려움과 연민, 그리고 수치와 정죄함의 복합체였다. 폴은 까미유가 사망하기 한 달 전에 마지막으로 그녀를 찾아왔으나 정작 장례식에는 참석하지 않았다고 영화는 전한다. '(까미유 끌로델은) 그 후로도 29년을 더 병원에서 보내고 1943년 10월 19일, 79세의 나이로 타계했다. 집단 매장을 시켜서 시신도 찾지 못했다.'

역사에 가정은 없다지만, 혹시 까미유 끌로델이 로댕을 만나지 않았다면 어떻게 됐을까? 만났더라도 사랑에 빠지지 않았다면? 어머니가 첫째 아들을 잃지 않았다면? 까미유가 아들로 태어났다면? 또는 그처럼 총명하지 않았다면? 총명함을 적당히 감출 줄 알았다면? 그도 아니면 자신과 꼭 닮았던 폴 끌로델의 경우처럼 종교에 의지했더라면 혹시 뭔가 달라졌을까? 살아생전, 중년 이후 죽기 전까지 30년 세월을 갇혀 지내는 동안까지도 까미유가 가장 되고 싶었던 것, 인정받고 싶었던 건 무엇이었을까. 그 시대의 두려움과 비겁함이 조각가, 모델, 제자, 연인, 그리고 '여성'으로서 까미유가 남긴 글과 작품들까지 가두거나 묻어버리지 못했다는 사실은 이 비운의 드라마에서 작지만 큰 위로다.

함께 보면 좋은 영화

| **까미유 끌로델** Camille Claudel 1915 | 2013, 브뤼노 뒤몽 |

원제가 말해주듯이, 줄리에뜨 비노쉬가 주연한 이 영화는 1915년의 까미유 끌로델로 시작한다. 이자벨 아자니의 〈까미유 끌로델〉이 1913년 정신병원에 수감되는 까미유의 모습으로 끝이 나고 1914년 전쟁 발발과 함께 다른 정신병원으로 이감되었다는 기록을 남기므로, 바로 그곳에서 시작하는 2013년의 이 영화는 속편의 역할을 하는 셈이다. 동생 폴의 방문을 기다리는 정신병동에서의 까미유의 모습과 폴의 심경, 그들의 재회가 담담하게 재현되어 있다.

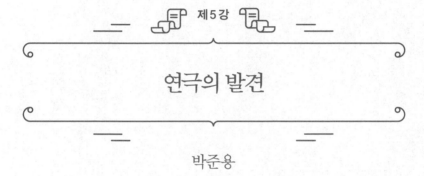

제5강

연극의 발견

박준용

고전 내러티브를 현대적 감각으로 재해석하는 배우 겸 연극 평론가. 한양대 연극영화과 박사과정을 수료하고 배우이자 공연 평론가로 라디오, TV 등 다양한 매체를 통해 영화보다 더 재미있는 연극의 매력을 알리고 있다. 강연을 할 때마다 무대에 오른 듯 열정적으로 설명해 듣다 보면 누구라도 빠져든다. 2006년에는 '한양대 최고 강사상'을 받기도 했다. 저서로는 《씨어터 홀릭》 《팝 게릴라 레이디가가(공저)》 외 다수가 있으며, 영화 〈유령〉, 연극 〈세입자들〉 〈잠 못 이루는 밤에〉 외 다수의 작품을 연출하고 출연했다.

당신과 연극 사이를 가로막는
네 개의 장벽

"연극이나 뮤지컬 자주 보세요?"

연극 관련 대중 강연을 시작할 때마다 던지는 첫 질문이다. 청소년이나 대학생, 일반 시민이나 직장인 등 강의의 대상은 다양하지만, 답은 늘 똑같다. 연례행사. 일부 공연 마니아를 제외한 대부분의 사람들은 공연예술을 어쩌다 보는 특별한 행사 정도로 여긴다. 곧장 두 번째 질문을 던진다. "그럼 연극을 왜 안 보세요?" 질문에 대한 답 역시 거의 동일하다. "비싸요" "극장에 가기 힘들어요" "내용이 어려워요" "어디서 무슨 공연을 하는지 잘 모르겠어요." 수강생들의 대답을 정리하면 바로 당신과 연극 사이를 가로막는 4대 장벽으로 압축된다.

우리와 연극 사이를 가로막고 있는 장벽은 어느 날 하늘에서 뚝 떨어진 것이 아니다. 사람들은 의식적으로든 무의식적으로든 연극을 다른 매체, 즉 '무엇'과 비교하고 있다. 무엇에 비해서 비싸고, 무엇에 비해 접근성이 떨어지고, 무엇보다는 어렵거나 재미가 없고, 무엇보다는 홍보도 하지 않는다고 불평한다. 이미 짐작했겠지만, 그 무엇은 바로 '영화'다. 영상의 시대를 살아가는 연극은 그래서 늘 억울하다.

영화와 연극은 아예 다른 예술 매체다. 제작 방식은 물론 보는 방식 등도 엄연히 다르다. 그런데 사람들은 연극에도 영화의 기준을 들이대며 영화만큼 싸고, 가깝고, 스펙터클한 볼거리와 엄청난 홍보를 해야 한다고 말한다. 이는 마치 빈센트 반 고흐의 작품이 전시된 미술관에 가서, 나는 동영상이 좋은데 왜 그림이 움직이지 않느냐고 불평하는 것과 같다. 미술관 벽면에 걸린 반 고흐의 〈별이 빛나는 밤〉과 '그림이 움직이지 않는다고 불평하는 사람' 중 누가 잘못된 것일까. 사실 연극처럼 생경한 매체를 자신에게 더 익숙한 매체, 가령 영상 매체 기준으로 이해하는 것은 어쩌면 자연스러운 일인지도 모른다. 하지만 자연스러운 게 늘 옳다고 말할 수 없듯이, 한 번쯤은 익숙한 영화의 틀에서 벗어나 낯선 연극의 입장에 서보자. 특정 예술에 대한 편견을 제거하고 보다 다양한 문화적 취향을 즐기고 이해하는 데 큰 도움이 될 수 있기 때문이다.

비싸요!
1만 원 vs. 3만 원

대학로에서 연극 한 편을 보는 데 드는 비용은 규모와 성격에 따라 다르겠지만, 대략 소극장 연극을 기준으로 3만 원 내외, 뮤지컬은 국내 창작 작품을 기준으로 5만 원 내외다. 작품의 규모가 크거나, 본고장 배우들이 무대에 오르는 내한 공연은 수십만 원을 훌쩍 뛰어넘기도 한다. 여기에 교통비와 식비 등이 추가되기도 하니 단단히 벼르지 않으면 나서기 어려운 특별한 행사가 되고 만다. 1만 원 내외로 즐길 수 있는 영화와 비교해서 말이다.

수년 전에 내한 공연을 했던 유럽의 유명 팝 가수가 저녁 콘서트 티켓을 2천만 원에 내놓아 화제가 된 적이 있다. 티켓 한 장의 가격이 2천만 원이라니 황당한 일이다. 하지만 내용을 들어보면 생각이 달라진다. 그날 저녁 콘서트는 해당 티켓을 구입한 사람과 그 사람이 초대한 몇 명만 관람할 수 있도록 허락되었다. 모든 스태프와 연주자, 가수가 오직 그 자리에 함께 한 소수의 사람들에게만 선사하는 유일무이한 콘서트였던 셈이다. 그 대가로 정한 2천만 원은 결코 '황당한' 금액이 아니었다.

연극 역시 마찬가지다. 영화는 원하는 만큼 복사본을 만들어 전 세계 상영관에서 한날한시에 개봉할 수 있지만, 연극은 제한된 시공간에서 제한된 숫자의 관객만이 참여해 감상할 수 있는 '희소성'을 기본 가치로 움직이는 매체다. 한마디로 제작에 투여되는 비용 대비 수익성을 기대하기가 쉽지 않은 태생적인 한계를 지니고 있다.

시간과 공간의 제약이라는 연극의 속성은 '현장감'이라는 아주 독특한 매력을 발산해낸다. 평소 라이브 공연을 좋아하고 즐기는 사람이면 쉽게 공감할 수 있는 대목이다. '지금 이 순간을 함께하는' 그 짜릿함은 디지털 장비에 저장된 매체가 결코 줄 수 없는 생생한 경험을 선사한다. '바로, 지금, 여기'에서 공연자와 관객이 한데 어울려 창조해내는, 극적인 체험이다. 이에 대해서는 내일부터 설명하게 될 '연극의 매체적 매력'에서 좀 더 구체적으로 살펴보자.

가기 힘들다!
멀티플렉스 vs. 대학로

한마디로 연극은 접근성이 떨어진다. 이 역시 영화와 비교되는 점인데, 멀티플렉스 극장이 지역마다 들어서면서 사람들은 보고 싶은 영화를 자신이 원하는 시간에 인근 극장에서 볼 수 있게 되었다. 반면 연극을 볼 수 있는 극장은 주로 서울의 혜화동(대학로)을 중심으로 제한된 구역에 집중되어 있다. 공연 시간도 평일 기준으로 거의 저녁 무렵, 그것도 딱 한 번 열린다. 영화가 일상의 문화라면 연극은 작심을 해야 즐길 수 있는, 특별한 예술로 여겨진다.

독일의 문화 이론가인 발터 벤야민Walter Benjamin은 《기술복제시대의 예술작품》에서 대중 매체로서의 영화와 전통적인 매체로서 연극의 근본적 차이를 복제 가능 여부로 구분하여 설명한다. 영화는 복제 매체로서 균일한 품질의 작품을 복사 제작해 동시다발적으로 상영할 수 있다. 시공간 제약으로부터 더 자유롭다는 말이다. 반면 배우와 관객이 같은 시간과 공간에서 만나야만 하는 연극은 애초부터 복제가 불가능하다.

혹자는 '공연을 녹화해 방송하면 되지 않느냐'는 질문을 던지며 연극의 복제 가능성을 언급한다. 하지만 영상으로 녹화되는 순간, 연극은 그 본질을 상실한 채 비디오 매체로 전환되고 만다. 연극은 현장에 직접 찾아 가서 시간을 함께 공유하지 않으면 안 되는 생生 매체의 성격이 뚜렷하기 때문이다.

연극이나 뮤지컬을 볼 수 있는 극장이 특정 지역에 집중되어 있는 현상은 우리만의 특이성이 아니다. 공연 문화가 활발한 거의 모든 나라가 특정 지역을 중심으로 공연 인프라가 집중해 있다. 미국의 브로드웨이와 오프브로드웨이, 영국의 웨스트앤드가 대표적이다. 이러한 집단화의 배경에는 여러 가지 요인이 있지만, 전자 상가 혹은 공구 상가와 비교해 보면 어떨까. 비슷한 가게가 서로 모여 있으면 마케팅과 판매 이점을 누릴 수 있다. 최소한의 노력으로 물적, 인적 자원의 원활한 교류 및 홍보 효과 등을 극대화해 보다 많은 소비자들의 관심을 유도하기 위한 생존 전략을 연극계도 채택하고 있는 것이다. 관객들 역시 다양한 형식과 내용의 공연을 한 지역 안에서 자유롭게 선택해 관람할 수 있어 유익하다.

어렵다!
블록버스터 vs. 소극장 연극

'윌리엄 셰익스피어'는 연극의 대명사로 불린다. 연극을 자주 보지 않는 사람이라고 해도 그 이름과 대표작 〈햄릿〉 정도는 알고 있다. 아이러니한 것은 그의 유명세와는 별개로 일반인들이 셰익스피어의 작품을 왠지 식자층의 전유물로 평가한다는 사실이다. 뭔가 깊은 의미는 있지만, 그만큼 어렵고 재미없는 어떤 것으로 여겨지곤 한다.

여기서 사람들은 또 영화와 비교한다. 그것도 대중이 즐겨 보는 블록버스터급 영화와 비교하면서 연극은 상대적으로 볼만한 장면이나 다채로운 이야기가 부족하다며 불만을 토로한다. 시공간의 무한한 확장을 통해 엄청난 볼거리를 제공하는, 이른바 스펙터클의 예술로 출발한 영화 매체와 비교한다면 연극은 시청각적인 측면에서 상대가 되지 않는다.

화려한 세트로 무대를 채워볼 수는 있겠으나 태생적으로 연극의 시각적 확장은 무대라는 공간에 한정되어 있다. 더구나 화려한 세트나 특수 효과를 구현할 수 있는 최소한의 공간마저 확보하지 못한 소극장 연극의 경우, 대개 텅 빈 공간에 몇 안 되는 배우들의 대사나 몸짓에 의존해 이야기를 풀어나가는 형식을 기본으로 한다. 지상은 물론 바닷속과 우주, 심지어는 새롭게 창조된 판타지적 공간을 넘나드는 영화의 스펙터클에 비하면 연극의 무대는 초라하기 짝이 없다.

연극의 주된 초점은 환상적이고 스펙터클한 장면을 연출하는 시각적인 볼거리보다 배우가 표현해낼 수 있는 인간의 삶과 상호 관계에 맞추어져 있다. 배우야말로 연극을 표현하는 중심에 서 있기 때문이다. 복잡미묘한 인간관계와 삶의 희로애락이 지닌 극적인 측면을 나름의 방식으로 재현하고 창조해 보여주는 것이 연극의 서사가 지닌 공통된 특징이다. 연극은 〈스타워즈〉나 〈반지의 제왕〉처럼 거대한 장관을 보여줄 수는 없다. 하지만 우리의 일상이나 내면, 혹은 꿈과 상상의 이야기를 지극히 현실적으로, 때로는 창의적 상상력을 동원해 보여줌으로써 관객과 보다 친근한 소통, 깊이 있는 만남을 꾀한다.

무대에 펼쳐지는 연극이 관객과 소통하기 위해서는 관람석에 앉은 관객이 먼저 마음을 열어야 한다. 내가 앉은 곳이 영화관이 아니라 소극장 객석이라는 사실을 받아들여야 한다. 눈앞에서 한 사람이 토해내는 절망과 희망의 목소리와 몸짓, 그것이 담고 있는 의미와 가치에 대해 한 번쯤은 낯설게 다가가 볼 수 있는 열린 마음이 전제되어야 한다. 즉, 연극은 점잔 빼고 우두커니 앉아있기보다는 배우가 실시간으로 펼쳐내는 대사와 섬세한 몸짓이 삶을 어떻게 표현하고 있는지 그 속에 깊이 들어가 관찰하고 공감해야 한다. 그러면 연극적인 매력 즉, '사람'의 매체를 충분히 즐기게 될 것이다.

뭐 하는지 모르겠다!
마케팅 vs. 클릭

홍보가 부족한 건 연극계의 빈곤한 자본이 일차적인 원인이다. 작품을 제대로 만드는 데에도 예산이 턱없이 부족하다 보니 홍보비는 대개 뒤로 밀리기 일쑤다. 연극 기획사들이 치밀하게 기획한 연극이 최근 잇따라 성공하면서 홍보 및 기획이 차지하는 비중이 과거에 비해 상당히 높아지고 있지만, 아직 대부분은 좋은 작품을 만드는 게 우선이라고 믿고 있다. 좋은 작품을 만들면 관객이 모이게 마련이라는 식의 '순진한' 발상이 연극계에는 아직 통한다. 사실 순진하지 않으면 어떻게 이 땅에서 연극을 하며 살겠다고 결심을 하겠는가. 앞으로 기획이나 홍보의 중요성이 더 강조된다 해도 기본 자본이 열악한 상황에서는 늘 우선순위 뒤로 밀리게 마련일 것이다.

영화와 다시 비교해보면 이러한 한계는 극명히 드러난다. 영화는 제작 못지않게 기획과 홍보 마케팅이 큰 축을 이룬다. 천정부지로 치솟는 영화 제작비에서, 제작보다 그 밖의 비용이 지속적으로 오르고 있는 탓이기도 하다. 특히 특정 시즌을 겨냥해 개봉하는 블록버스터 영화의 경우 총제작비의 30퍼센트를 웃도는 홍보비를 지출하기도 한다. 이른바 '치고 빠지기식' 전술이 대표적이다. 작품성이 다소 미흡한 영화라 해도 최대한의 개봉관을 확보한 후 엄청난 홍보 물량으로 부정적인 입소문이 나기 전에 목표했던 이윤을 확보하는 전략이다. 연극을 비롯한 다른 예술 매체에서는 접근조차 불가능한 영화만의 방식이기도 하다. 때로는 개봉을 앞둔 영화의 홍보를 위해 직접 광고는 물론 배우들이 각종 토크쇼나 오락 프로그램 등에 출연해 간접 홍보를 하는 등 전방위에 걸친 홍보 작전을 펼친다. 대중은 취향이나 관심을 떠나 매주 개봉하는 영화에 대한 개괄적인 정보를 쉽게 얻을 수 있다.

대량 생산, 대량 전송, 대량 소비의 시스템을 갖춘 영화나 TV 매체와 달리 소량 생산, 소량 전송, 소량 소비의 수공업적 시스템을 고수할 수밖에 없는 연극은 영화계의 홍보 전략을 구사하기가 어렵다. 관심 있는 사람이 알아서 찾아봐야 한다는 의미다.

'맛집'과 비교해보자. 오래된 전통의 맛집치고 홍보에 열을 올리는 곳은 찾기 어렵다. 심지어 접근성도 떨어져 찾아가기가 쉽지 않을뿐더러 서비스가 불친절한 곳도 적지 않다. 하지만 이런 맛집을 두고 왜 프랜차이즈 업체처럼 홍보를 하지 않느냐, 지점을 많이 내지 않느냐 불평하는 이들은 거의 없다. 손님들은 진정한 맛을 추구하는 곳을 찾아 다양한 방식의 검색과 평판 조사하기를 마다하지 않는다. 대단한 홍보 전략을 구사하지 않아도 원하는 사람들은 기필코 맛집을 찾아낸다.

연극 또한 마찬가지다. 비용 때문에 영화처럼 광고를 할 수는 없지만, 주요한 티켓 예매 사이트나 공연 관련 사이트 등을 통해 볼만한 작품에 대한 충분한 정보를 찾을 수 있다. 연극이 홍보가 부족하다는 말을 하기 전에 소외된 기초 예술에 관심을 갖고 손가락으로 몇 번의 '클릭'만 할 수 있다면 당신의 취향에 꼭 맞는 연극을 찾을 수 있다.

부유하면 죽고 가난하면 사는
연극의 비밀

이제 연극은 미술이나 무용과 같은 기초예술 영역으로 분류된다. 현대 대중문화의 총아는 스크린과 TV, 인터넷이라는 사실을 부인하기 어렵다. 하지만 이러한 매체는 고작 100여 년 남짓한 역사를 갖고 있을 뿐이다. 동서양을 막론하고 가장 많이, 오랫동안 사랑받은 대중 매체는 바로 연극이다. 영화 〈왕의 남자〉나 〈셰익스피어 인 러브〉처럼 동서양의 전통적인 공연을 소재로 한 영화에서 보듯 연극은 일부 계층만의 고상한 예술이 아니었다. 연극은 탄압받던 일부 시기를 제외하고 민중의 희로애락을 가장 친근하고 현실적으로 보여준 대중 예술 매체였다.

그러나 영화가 등장하면서 연극의 위상은 심각한 위협에 직면했다. 1895년 뤼미에르 형제가 기차가 역에 진입하는 장면을 움직이는 형상으로 구현하면서 시작된 초기 영화는 마술 같은 신기한 것 정도로 여겨졌다. 하지만 시간이 흐르면서 영화는 볼거리를 보여주는 단계에서 '서사'로 관심을 돌리며 매력을 증폭시켰다. 흥미로운 이야기와 스펙터클한 볼

거리가 한데 어우러진 연예 오락 매체로 자리 잡은 것이다.

연극계는 늘 불황

19세기 말 이래로 연극은 줄곧 위기였다. 위기를 벗어날 수 있는 가장 쉬운 방법은 무엇일까. 사진과 회화 사이의 관계를 통해 볼 수 있듯이, 강력한 후발 매체의 도전에 대한 선발 매체의 1차 응전은 후발 매체의 장점을 체득하는 것이다.

영화가 시각적 판타지로 볼거리를 제공하자 연극도 비슷한 방법으로 대응했다. 20세기 초 미국과 유럽은 머리가 둘인 사람, 난쟁이, 거인 그리고 악어, 코끼리, 낙타 등 이국적이고 신기한, 낯선 볼거리를 무대에 가득 채웠다. 물론 여기엔 여성의 성적 상품화도 빠지지 않았다. 하지만 위기 극복은 고사하고 역효과만 얻었다. 연극이 신기한 것을 데려와 무대를 채우는 사이 영화는 아예 그 나라 혹은 장소에 가서 새로운 배경과 함께 촬영하고 편집해 스크린에 펼쳤으니, 연극의 초라함만 도드라질 수밖에 없었다. 게다가 재정적인 측면에서 한정된 관객을 대상으로 제한된 시간에 공연을 해야 하는 연극은 이국 문물을 무대화하는 데 필요한 경비를 감당할 수 없었다. 연극의 참패요, 몰락이었다.

오늘날 연극 역시 유사한 맥락을 찾아볼 수 있다. 과거의 진기한 볼거리를 대신하는 현대의 전략은 스타 마케팅이다. 거인이나 낙타를 보고 더 이상 반응하지 않는 관객의 시선을 끌기 위해 인기 배우, 탤런트, 개그맨 등을 앞세우는 것이다. 실제로 이를 이용해 흥행에 성공한 작품이 꾸준하게 나오고 있으며, 최근 연극인 중에 영화계에 진출해 인기를 끄는 사례가 늘어나면서 스타 마케팅은 계속되고 있다. 하지만 흥행에는 성공할지 몰라도 공연 자체에 대한 평가는 떨어질 수밖에 없다.

스펙터클의 요소에 맞춰 스타를 내세운 경우 극장을 찾은 관객은 서사적 맥락보다는 스타의 등장에만 이목을 집중하기 때문이다. 엄밀히 말해 이런 관객은 연극을 감상했다기보단 신기한 볼거리, 즉 스타를 구경하고 돌아간 셈이다. 순수하게 작품으로 관객과 만나고자 하는 연극배우에게 스타 구경꾼을 자청한 관객은 재앙과도 같다. 작품은 사라지고 스타만 존재할 뿐이다. 물론 매체 파괴와 장르 혼합이 일상화된 '크로스오버' 시대에 역량 있는 배우는 영화, TV, 연극을 가리지 않고 출연해 사랑받는 것이 마땅하다. 문제는 연극배우로서 역량을 갖추지 않은 다수의 아이돌 그룹 출신 가수나 유명 탤런트가 불순한 의도에 이용되는 현실에 있다.

Poor Theater :
가난해야 부자가 되는 연극

연극계의 위기와 혼란은 유럽도 마찬가지다. 영화, TV 등 강력한 대중 매체와의 주도권 다툼에서 긴장과 갈등을 반복하던 유럽 연극계에 혜성같이 나타난 도발적인 연극인이 있었다. 1960년대 폴란드 출신의 연출가 그로토프스키Jerzy Grotowski다.

그는 특유의 '가난한 연극(Poor Theater)'의 개념을 내세워 연극의 위기를 타파해야 한다고 주장했다. 대체 '가난한 연극'이란 무엇일까? 그로토프스키는 '부정법'을 사용해 이를 설명했다. 이것이 없으면 연극이 성립할 수 없는 최소한의 것, 가장 본질적인 것, 즉 연극을 연극답게 만드는 필수불가결한 요소를 제외하고 모든 것을 제거해보자는 말이다.

그렇다면 연극을 만드는 데 필요한 요소는 무엇일까. 배우, 연출, 희곡, 무대, 무대 장치, 의상, 분장, 조명, 소품, 대·소도구, 음악, 음향, 기획, 홍보, 진행, 관객 등. 여기서 최소한의 요소만 남기며 하나씩 지워보자.

가장 쉬운 항목부터 제거해보자. 기획, 홍보, 진행 없이 연극을 할 수 있을까? 가능하다. 지금도 소규모 극단은 홍보 기획을 거의 하지 않고 공연을 이어나가는 경우가 적지 않다. 있으면 좋지만 없어도 할 수 있다. 그럼 대·소도구나 소품이 없다면? 할 수 있다. 연극 형식 중 하나인 '마임'은 없는 것을 있는 것처럼 보여주는 표현 형식이 주요하기에 도구 없이도 공연을 할 수 있다. 음악이나 음향은? 필요 없다. 사람의 몸으로 낼 수 있는 무한한 소리를 이용한 연극도 적지 않다. 분장? 민낯으로도 무대에 설 수 있다.

조명? 불을 끄고 연극을 할 수 있을까? 당연하다. 연극 무대에 전기 조명이 등장한 시기는 19세기 말이며 가스 조명을 쓴 시기를 계산해도 고작 200여 년을 넘지 않는다. 그렇다면 그 이전에는? 최고의 연극 중흥기인 고대 그리스 시대나 셰익스피어 시대의 연극을 포함한 대개의 대중 공연은 주로 대낮의 자연광을 이용했다.

다음은 의상이다. 옷을 벗고 할 수는 없다고? 천만의 말씀이다. 옷을 벗고도 공연할 수 있다. 현재 오프브로드웨이에서 호평을 받으며 장기 공연 중인 〈Naked Boys Singing〉이라는 뮤지컬은 남자 배우 8명이 전라로 무대에 오른다. 처음엔 어색하지만 시간이 지나면 그 자체가 일종의 의상이 되어버린다. 고로 의상은 충분조건일지는 몰라도 필요조건은 아니다. 이제 남은 요소는 배우, 무대, 희곡과 연출 그리고 관객이다.

다시 제거해보자. 무대 없이 연극을 할 수 있을까? 여기서 무대는 현대적 의미의 공연을 위해 준비된 공간을 의미한다. 고로 없어도 된다. 전통 민중 연희인 마당극을 보면 알 수 있듯 멍석만 깔아도 무대가 된다. 삶의 모든 공간이 무대가 될 수 있다. 공연장 없이도 연극은 할 수 있다.

그렇다면 희곡은? 대본이 있어야 할 것 아닌가? 천만의 말씀이다. 즉흥 연극을 기본으로 하는 르네상스 이탈리아의 '코메디아 델아르떼Commedia dell'arte'는 최소한의 이야기 골격만을 암기한 채 배우가 무대에서 즉흥적으로 연극을 한다. 구체적이고 꼼꼼하게 기록한 대사 즉, 희곡은 존재하지 않는다. 이 전통을 이어받아 즉흥성을 강조하는 일체의 연극들은 정해진 대본 없이도 공연이 가능하다는 것을 보여준다.

그럼 연출은 지울 수 있을까? 연극의 뼈대를 구상하고 이를 가시화하는 핵심적인 역할인 연출 없이 연극이 가능할까? 물론이다. 현대적 의미의 연출은 18세기 독일의 귀족 작스 마이닝겐Saxe-Meiningen이 선구자다. 이

전엔 주로 선배 배우들의 지시나 전통으로 내려온 극적 관습에 따라 정형화된 방식으로 연극을 했다. 감독 없는 영화는 불가능하지만 연출 없는 연극은 가능하다.

마지막으로 남은 요소는 배우와 관객이다. 배우 없이 연극이 성립될까. 이는 당연히 불가능하다. 영화는 배우 없이 제작할 수 있다. 예를 들어 동물과 자연을 주제로 한 다큐멘터리 같은, 특정 형식의 영화는 배우가 필수 요소는 아니다. 그러나 연극은 배우가 없으면 성립 자체가 불가능하다. 그렇다면 관객은? 마찬가지로 없어서는 안 될 요소다. 만약 관객 없이 배우 혼자 어떤 행위를 진행한다면 그것은 혼자 방 안에서 제멋대로 무엇인가를 표현하고 즐기는 정신 나간 사람과 다르지 않다. 연극에서 배우와 관객은 최소한의 필요충분조건이 된다.

한 가지 짚고 넘어가야 할 것이 있다. 배우와 관객의 관계이다. 단지 어떤 행위를 하는 사람과 그것을 보는 사람이 있다고 해서 무조건 연극이라고 할 수는 없다. 만약 광화문 사거리에서 어떤 미친 사람이 옷을 벗고 달리고 있고, 수많은 사람이 그걸 구경한다고 해서 그 행위가 퍼포먼스나 연극이 될 수는 없다. 같은 일을 벌이더라도 공연자가 자신이 어떠한 의도에서 이 같은 행위를 하고 있는 것인지 분명한 자의식(배우로서의 정체성)이 있고, 배우의 행동에 관심을 가지고 주목하는 일군의 관객이 있어야 비로소 연극이라고 할 수 있다. 두 가지 요소 중 한 축이라도 무너지는 순간 연극은 '미친 짓'이 되고 만다. 현대 공연 예술의 형식 중 하나인 퍼포먼스나 해프닝이 '미친 짓'의 경계에 있는 까닭이 여기에 있다.

배우와 관객의 존재만으로 연극의 본질을 설명하기에는 부족한 점이 많다. 영화도 배우와 관객이라는 요소가 있기 때문이다. 그러므로 '가난한 연극'이 성립하기 위해 추가되어야 하는 전제로 '같은 시공간에서의 만남'이 있다. 앞서 무대나 극장 없이도 연극은 할 수 있다고 했는데 시공간에서의 만남은 어떤 의미일까. 불특정한 그리고 임시적이더라도 배우와 관객이 만날 수 있는 어떠한 장소는 필요하다는 의미다. 영화가 필름과 스크린이라는 간접적인 방식으로 만나는 것과 달리 연극은 반드시 같은 시공간에서 살아있는 배우와 관객이 만나 함께 호흡한다. 이를 연극의 필요조건이라고 한다. 연극은 매번 공연마다 같은 배우가 등장해도 느낌을 달리하므로, 일종의 '생물生物'적인 매체로도 본다.

'가난한 연극'의 관점에서 본 연극이란 '나름의 구체적인 의도를 가지고 이를 구체적인 말이나 움직임의 방식으로 표현하는 배우와 이를 유의미한 행위로 인식하는 관객이 같은 시공간을 통해 만나는 것'으로 정의할 수 있다. 장르 해체의 시대에 이러한 정의는 무용과 같은 여타 장르들과 비슷하게, 모호하게 느껴질 수 있다. 그럼에도 불구하고 연극의 본질에 관한 성찰과 정의는 자기 인식을 명확히 하면서 장르 혼합이나 해체의 작업을 주체적으로 바라볼 수 있도록 만든다. 미술가가 미술의 입장에서 무용이나 음악 그리고 연극적 속성을 빌려와 자신만의 작품을 만들어내듯이 연극 역시 분명한 자의식을 바탕으로 작업할 때 장르 혼합으로 인한 혼란의 위기를 벗어날 수 있다.

키워드로 읽는 연극의 매력 1

공감·사건·사고

자본의 욕망이 지배하는 현대사회에서 연극은 생존을 담보하기 어려운 '미친' 짓이다. 시각적 판타지의 홍수와 값싼 파도가 넘실대는 영상물 속에서도 연극 추종자들이 끊이지 않는 이유는 연극의 치명적인 매력 때문이다. 생계를 보장하는 최소한의 이윤조차 예측하기 어려운 연극에 인생을 거는 배우나 제작진, 연극 예찬을 부르짖으며 서슴없이 지갑을 여는 연극 마니아들의 외침에는 가난한 연극의 중독적 매력이 빠지지 않는다. 다른 문화, 예술 매체에는 없는 연극만의 매력은 무엇일까.

공감으로 일상의
혁명을 부르는 예술

연극은 미술이나 음악, 무용 심지어 영화와 비교해봐도 인간의 가장 구체적인 경험과 행위를 소재로 형상화한다는 점에서 인생의 모습과 가장 가까운 예술이다. 가장 근거리에서 카메라의 시선을 통해 삶을 포착해내는 영상 매체가 더 친근하지 않냐고 반문할 수도 있다. 하지만 카메라의 시선이 지닌 강점이자 한계는 인간의 시선을 벗어나 기계적 시선에 머물러 있다는 것이다.

영화문법의 기본 단위로 언급되는 '샷shot'은 여타 예술이 표현할 수 없는 영화만의 미적인 특징이다. 카메라의 시선과 대상 사이의 거리를 통칭하는 다양한 샷 가운데 가장 영화적인 것이 무엇인지를 물으면 영화계 종사자들은 대부분 'ELSExtreme Long Shot'와 'ECSExtreme Close-up Shot'라고 대답한다.

전자는 거대한 자연 경관을 배경으로 사람은 개미만큼 작게 보여주거나, 우주에서 바라본 지구와 같은 극단적인 거리의 시선을 통해 인생의 부질없고 헛됨을 주로 표현한다. 또 특정한 삶의 문제를 원거리에서 낯설게 바라보게 하는 심미적 효과를 자아낸다. 반대로 후자는 시선을 대상에 집요하게 밀착시켜 삶의 미세한 측면을 편집증적인 치밀함으로 묘사해 공포나 충격을 증폭시키기도 한다. 앨프리드 히치콕 감독의 작품 〈사이코〉의 '샤워 장면'이 대표적인 사례다. 희생자의 피가 흘러나가는 욕조의 배수구는 ECS로 잡아 '디졸브(Dissolve, 두 장면을 겹쳐 한 화면이 사라지면서 다른 화면이 점차 나타나는 장면 전환 기법)'시키면서 희생자의 동공으로 바꾸는 식이다.

현실적으로 보면 ELS, ECS 모두 비일상적이다. ELS는 사방이 건물이나 벽으로 막힌 도시의 삶에 익숙한 현대인들에게는 경험하기 어려운 시선이다. 산에 올라 정상에서 주위를 멀리 조망해본다든가, 초고층 건물의 꼭대기 즈음에 살지 않는 한 이러한 심미감을 익숙하게 느끼기란 쉽지 않다.

반대인 ECS도 마찬가지다. 만약 옆에 있는 사람을 그러한 시선으로 본다고 가정해보자. 영화처럼 근접해서 상대를 바라보면 눈은 아웃포커스, 즉 초점이 사라져버린다. 우리가 키스할 때 눈을 감는 까닭은 상대를 음미한다기보다 생리적으로 그렇게 가까이 있는 사람을 볼 수 없기 때문이기도 하다. 그러므로 일상성의 환상을 만들어내는 영화적 시선은 실제로는 비일상적이며 비일상성이 영화만의 독특한 미학을 만들어낸다고 볼 수 있다.

연극은 보는 그대로의 생 매체의 속성을 유지할 수밖에 없다. 카메라와 같은 기계적 시선의 조작 없이, 평상시 대상을 바라보는 시선의 거리감은 관객의 시선으로 고스란히 이어진다. 일상적 시선으로 관객은 무대 위에서 발생하는 사건을 마치 현실에서 목격하는 실제 사건처럼 실제적이고 가깝게 받아들인다. 예를 들어 영화에서 누군가 억울하게 두들겨 맞을 때 느끼는 긴박감과 안타까움은 연극에서 내가 보는 '바로, 지금, 여기'에서 한 인간이 두들겨 맞고 있는 실제 사건의 긴박감이나 안타까움에 비할 바가 못 된다. 연극적 허구라는 사실을 알고 있음에도 불구하고 생 매체로서 무대 위 배우들이 재현하는 현실적 실체감은 허구적 인식을 뛰어넘는 박진감으로 다가온다.

연극에 등장하는 인물의 고통과 절망, 희망과 기쁨의 복합적인 감정은 보다 깊이 관객에게 전달된다. 연극의 역사를 살펴보면 부정한 방식으로 권력을 장악했던 집단은 언제나 그들을 비판하는 연극을 탄압하는 데 온 힘을 쏟았다. 제한된 시공간에서 한정된 수의 관객만이 보는 연극을 왜 공권력까지 동원해 억압했을까. 연극의 관객 친화적인 영향력이 영화와 비교할 수 없을 정도로 강력하다는 점을 감안해본다면 기득권 집단의 공권력 발동은 당연한 것이기도 했다. 일제 식민지 지배 시기나 군사독재 정권 당시 권력의 이름으로 수많은 연극을 탄압했던 이유는 연극이 지닌 강력한 영향력을 무시할 수 없었기 때문이었다. 남미에서도 군사독재 정권하에 신음하던 시기 민중들이 연극을 본 후 폭동을 일으켰던 사례가 적지 않다.

사고에 놀라고,
사건에 울고

연극 이론가 데이비드 콜David Cole은 이벤트적인 속성이 연극의 주요한 매력이라고 꼽았다. 이벤트는 삶의 깜짝쇼와 같은 가벼운 의미가 아닌 생의 전환점을 이루는 거대한 충격과 같은 '사건'을 의미한다.

사건은 늘 예기치 않게 터진다. 일어날 수도, 일어나지 않을 수도 있다. 연극을 포함한 현장 공연 매체에서 '사건'은 두 가지 양상으로 나타난다.

나쁜 의미에서는 일종의 사고다. 우발적인 상황의 출현으로 준비한 프로그램을 원활하게 진행하지 못하거나, 무대가 무너지는 최악의 상황이 발생할 수도 있다. 흥미로운 점은 상당수 관객들이 이런 돌발 상황의 발생을 내심 기대한다는 점이다. 모든 상황이 정돈된 균일한 품질을 제공하는 영상 매체와 달리 연극, 뮤지컬, 무용, 콘서트 등 라이브를 생명으로 하는 매체는 아무리 철저하게 준비를 해도 늘 예기치 않은 상황, 즉 사고의 가능성이 존재한다. 배우가 미끄러져 넘어지고, 소품이 부서지고, 옷이 벗겨져 배우가 낭패를 겪고, 심지어 무대에 관객이 난입하여 공연이 중단되는 등 사고는 출연진과 제작진 모두에게 악몽의 순간일 수밖에 없다. 하지만 잠재된 사고 가능성을 갖고 열리는 공연의 긴장감이 적잖은 관객들에게 일종의 악취미 같은 즐거움을 더한다는 점 또한 부정하기 어렵다.

하지만 연극의 현재성에 있어 중요한 지점은 '사고'의 부정적 측면보다는 긍정적인 의미에서의 '사건'을 기대하는 데 있다. 고대 그리스 시대에 배우란 사건이 지닌 이중적 의미처럼 일종의 신으로 숭상받거나 최악의 경우 인간 이하의 멸시를 받기도 했다. 한자어 배우俳優에서 광대 배俳자는 '人'과 '非'가 결합해 나온 글자다. 한마디로 사람이 아니라는 말이다. 세상에 사람이 아닌 존재는 '신' 혹은 '짐승'이라는 극단으로 대비된다.

긍정적 의미에서의 사건은 무엇일까. 사람으로서 배우가 '신'이 되는 순간이다. 연극을 한마디로 정리하면 실제 그것이 아닌 어떤 것을 다른 어떤 것으로 형상시켜 보여주는 것이라고 정의할 수 있다. 배우 아무개 씨는 실제 삶에서 결코 햄릿이 아니지만 무대 위에서는 햄릿이 된다. 문제는 이렇게 '햄릿이 됨'이라는 것이 연기의 미숙함이나 집중력의 결여와 같은 표면적인 이유와 인물에 대한 이해 부족 등의 이유로 햄릿 흉내내기 수준에 머물고 말 때다.

연기의 피상성은 특히 TV에서 일반화되었다. 연습을 할 시간조차 주어지지 않고, 심지어 현장에서 쪽 대본을 받는 경우 배우는 등장인물에 대한 내면적 이해가 부족해 연기에 몰입하기 어렵다. TV 드라마의 연출자조차 배우에게 연기 몰입을 요구하기 어려운 것이 현실이다. 시청자들도 예외는 아니다. TV 매체는 산만한 시청 환경이 특징이다. 이야기의 흐름만 따라가며 즐기는 경향이 있어 배우의 치밀한 연기력을 상대적으로 원하지 않게 된다. 서사적 즐거움이 먼저라는 말이다. TV 드라마 연출자가 드라마의 작품성에 매달리기보다 영화감독으로의 변신을 모색하는 이유가 여기에 있다.

이에 비해 영화는 촬영에 들어가기 최소한 2~3개월 전에 시나리오가 나온다. 물론 영화 역시 현장에서 대본이 수정되는 경우가 비일비재하지만 최소한 주요 배역의 캐릭터, 상황 파악을 할 시간이 TV 드라마보다는 여유롭다. 촬영 현장에서도 마찬가지다.

끊임없이 시간에 쫓기는 TV 매체와 달리 영화배우는 카메라 앞에서 자신과 감독이 생각한 캐릭터를 보다 다양한 방식으로 표현해볼 수 있다. 테이크 넘버Take Number로 표시되는 반복 촬영은 불량화면NG: No Good 탓이 아닌 더 나은 장면과 연기력을 이끌어내려는 시도이기도 하다. 영화를 영상 예술로 부르는 것은 제작 및 상영 환경의 차이에서도 비롯된다.

하지만 TV에 비해 영화가 상대적으로 작품성을 높일 수 있는 여유를 누릴 수 있다고 하더라도 참여하는 배우나 감독을 비롯한 스태프들이 원하는 바를 충분히 담아내기는 어렵다. 제작 기간이나 비용이 한정되어 있어 창의적인 시도는 적정한 수준에서 타협해야 한다.

영상 매체의 꽃은 후반 작업이라는 말이 있듯이, 촬영 기간에 다소 미흡했던 연기나 장면은 감독의 편집이나 각종 특수 효과 등을 포함한 후반 작업을 거쳐 상당 부분 상쇄할 수 있다. 연극을 '배우의 예술'로 보는 데 비해 영화를 비롯한 영상 매체를 '감독의 예술'이라고 하는 이유가 여기에 있다.

반면 연극은 어떠한가. 대본인 희곡은 이미 나와 있다. 현대극의 경우 짧게는 수년, 혹은 수십 년 전에 나온다. 그리스 비극은 2천5백여 년 전에 나온 고전이다. 세월의 고증을 거쳐 끊임없이 논의되고 재해석되며 방대한 양의 자료와 경험이 축적되어 있다. 대본 자체만으로도 인간의 사고와 감정의 정수를 꿰뚫고 있다. 희곡을 공연으로 올리기 위해 짧게는 2~3개월, 길게는 1년여에 걸쳐 연습을 한다. 무대에 오른 공연은 연습 기간만큼의 긴 시간 동안 거듭 이어진다.

〈햄릿〉의 명대사인 "죽느냐 사느냐 이것이 문제로다"라는 대사를 예로 생각해보자. 촬영 1시간 전에 받아 연습하고 행하는 연기와 두 달 혹은 6개월 넘는 기간 동안 반복해서 곱씹어본 후 무대에 오르는 연기는 차원이 다를 것이다. 전자는 피상적인 흉내를 넘어서기 쉽지 않지만, 후자는 '죽느냐'와 '사느냐' 사이에 존재하는 우주적 차원의 고뇌와 갈등 그리고 자신에게 어떤 문제를 파생시키는가에 대한 실존적인 고민에 깊이 천착하는 경지에 이른다. 놀라운 사실은 몇 개월의 연습과 공연을 마친 후에도 배우들은 대부분 자신의 연기에 부족함과 아쉬움을 호소한다. 한 번만 더 무대에 오르면 또 다른 어떤 것이 나올 것 같다면서 말이다. 완전한 예술을 향한 욕심은 끝이 없다.

연습의 길이와 강도가 공연의 '사건'과 비례하는 상관관계가 깊다고 할 수는 없다. 하지만 지독한 숙련의 과정을 거치던 어느 날, 배우는 문제적 인간 햄릿의 갈등과 고통의 깊은 심연과 맞닥뜨리면서, 배우 아무개 씨가 아니라 햄릿이 되어버리는 순간을 맞이하게 된다. 바로 이때가 무대 위에서 사건이 터지는 순간이다. 20세기 초 러시아 연출가 예브게니 바흐탄고프Yevgeny Vakhtangov는 이를 신과의 만남이라고 설명했다. 허공을 떠돌며 자신의 고뇌를 표현해줄 누군가를 찾던 햄릿의 영혼이 몸과 마음의 준비가 된 배우를 만나 '접신'함으로써 한순간 배우가 햄릿이 되어버린 것이라고 했다. 관객은 세계적 사건 즉, 유래를 찾아볼 수 없는 유일무이한 최고의 순간을 목격하게 된다. 연극의 지독한 중독적 매력은 결코 영화가 도달할 수 없는 사건의 가능성을 향해 열려 있다.

키워드로 읽는 연극의 매력 2

분위기 · 소통 · 선택

인간의 삶이 '바로, 지금, 여기'에서 발생하는 '현재'의 연속적인 흐름으로 이루어져 있듯 연극도 철저하게 현재적인 예술이라는 특징이 있다. 인간은 기술의 진보를 통해 사진이나 동영상 등의 형태로 현재를 기록하며 흘러가는 찰나를 포착하려 애쓴다. 그러고는 어느 광고 문구처럼 '기록은 기억을 지배한다'고 선언해버린다. 하지만 기술을 통한 기록은 순간의 단편적인 채록에 지나지 않는다. 시공간 차원 속에 이루어지는 생생한 삶의 체험을 기계적인 여과를 거쳐 지극히 평면적인 기록물로 대체해버린다. 향후 기술이 진보하여 인간의 오감을 완전히 대체할 수 있는 시대를 가정한 영화 〈매트릭스〉와 같은 상황이 도래하지 않는 한, 기술은 결코 인간의 직접적인 체험을 넘어설 수 없다.

음모의
여운을 마시다

　　　　　　　　체험의 강렬함은 '현존성'의 예술인 연극의 가장
치명적인 매력이다. 이른바 '분위기Atmosphere'는 이러한 특성을 잘 설명하
는 단어다. 〈햄릿〉의 한 장면을 상상해보자. 흔히 셰익스피어의 작품은
영화화하기 어렵다고 정평이 나 있다. 많은 영화감독들이 햄릿을 소재로
다양한 형식의 영화를 만들었지만, 원작이 지닌 매력을 공연 이상으로
구현해냈다는 평을 듣는 작품은 찾아보기 어렵다. 무슨 까닭일까. 셰익
스피어는 극작가로서 연극이 지닌 시공간성의 특징을 염두에 두고 작품
을 구성했기 때문이다.

　〈햄릿〉에서 실존적 고뇌를 드러내는 명대사 "사느냐 죽느냐, 그것이
문제로다!"를 독백하는 장면 이전에는 음모와 술수, 허위와 과장이 판치
는 궁중의 시끌벅적한 분위기가 연출된다. 아버지의 미심쩍은 죽음의 이
유를 캐기 위해 미친 척하고 있는 햄릿의 정신 상태를 떠보기 위해, 악행
으로 왕위를 차지한 숙부 클로디어스는 햄릿의 소꿉친구를 이용한 계략
을 꾸민다. 사악한 숙부의 음모는 그와 귀족들이 퇴장하면서 함께 사라
지지만 그 음모의 여운은 여전히 무대와 객석을 넘나들며 허공에 맴돈
다. 그 빈 공간, 그러나 결코 비어있지 않은 침묵의 공간으로 고뇌하는
햄릿이 들어온다. 그리고 "사느냐 죽느냐, 그것이 문제로다"를 말한다.
그가 서 있는 비열한 음모와 계략으로 가득한 궁정에서의 치욕을 무릅쓰

고 살아야 하는가, 아니면 여기에 목숨을 걸고 대항하다가 죽는 길을 선택할 것인가의 고뇌가 앞 장면의 '분위기' 안에서 표현되는 것이다.

만약 영화로 이 장면을 표현한다면 음모 장면의 다음 장면Shot으로 햄릿을 찍어 편집하고 전환하는 방식을 사용할 것이다. 연극에서 느낄 수 있었던 보이지 않는 음모로 가득한 빈 공간의 여운은 사라지게 된다. 카메라는 살아있는 공간의 침묵이 지닌 미세한 떨림, 곧 '분위기'를 관객에게 결코 전달할 수 없다. 굳이 이 빈 공간을 찍어 앞의 장면 사이에 편집해 넣는다면 관객들은 '왜 아무것도 없는 장면이 들어갔지' 하며 그저 어리둥절할 것이다. 셰익스피어 작품의 영화화가 힘든 이유 중 하나가 바로 여기에 있다.

소통과
교감의 마력

연극은 직접성의 예술이다. 영화는 스크린에서 전개되는 상황과 관객과의 상호 관계를 염두에 두지 않는다. 관객이 떠들어도, 중간에 나가도, 잠을 자거나 심지어 스크린을 향해 야유를 퍼붓고 팝콘을 집어 던져도 묵묵히 진행된다. 하지만 연극은 불가능하다. 혹자는 연극이 시작될 때 객석의 불이 꺼지고 무대에는 조명이 비추기 때문에, 혹은 극이 진행되는 동안 관객을 의식하지 않는 것처럼 보이고 관객도 무대 위의 사건에 개입할 수 없다는 암묵적인 약속이 있지 않느냐고 반문하기도 한다. 그러나 그렇게 보이는 것 뿐이다.

불이 꺼진 객석의 관객은 어둠 속에 안정감을 느낄지 모르지만 무대 위의 배우들은 실상 대부분의 관객을 인지할 수 있다. 어떤 배우는 차라리 객석에 아무것도 보이지 않았으면 좋겠다고 토로한다. 관객 한 명 한 명의 반응과 움직임이 너무나 분명하게 느껴져 연기에 몰입하기 어렵다고 말이다. 관객의 대화는 그다지 중요하지 않다. 흔히 사람들이 의사소통을 할 때 단어로서의 '말'이 차지하는 비중은 30퍼센트를 채 넘지 못한다. 소리의 고저장단, 리듬과 템포, 표정과 몸짓 등 비언어적인 영역이 더 많은 비율을 차지한다.

비록 관객들은 공연 내내 침묵하고 있을지 모르지만 이는 '말'로만 침묵할 뿐, 그 외의 방식으로 끊임없이 배우의 행위Action에 대해 반응Reaction 한다. 이러한 반응을 단순히 '아주 긍정적' '대체로 긍정적' '보통' '대체로 부정적' '아주 부정적'의 범주로 구분해보자. 예를 들어 내가 수업시간 전에 한 학생에게 친근감의 표시로 "안녕하세요?"라는 '액션'을 보냈다고 치자. 이에 대해 밝은 미소를 머금고 "네, 교수님. 식사는 하셨나요?"라고 말을 건넨다면 아주 긍정적으로 반응하는 것이다. 가장 부정적인 반응은 아마 인사에 대꾸도 없이 일어나 자리를 박차고 나가버리는 행위일 것이다. 나는 이런 반응으로 인해 한참 동안 기분이 나쁠 것이고, 강의 내내 어떠한 형태로든 영향을 받을 것이다.

연극에서 배우와 관객의 관계도 마찬가지다. 배우의 '액션'에 대한 적극적이고 긍정적인 관객의 '반응', 즉 때맞춰 웃기, 박수 치기, 한숨 쉬기, 감탄하기 등은 무대 위 배우가 극적 맥락과 연기에 더욱 몰입하게 하는 매우 구체적인 자극이 된다. 반면 싸늘함, 잡담이나 외면, 하품과 졸음, 중간에 들어오고 나가는 것, 휴대폰 소음 등은 정반대의 자극이 되어 배우의 집중도를 흐트러뜨리고 연기를 위축시키는 최악의 결과를 가져온다.

객석이 가득 차 있어도 부정적 반응으로 최악의 공연이 되는 경우가 있다. 반면 출연진 수만큼 적은 관객으로도 긍정적 반응이 상호작용을 일으켜 신나고 즐거운 공연이 되는 신비로운 경험을 하기도 한다. 여기서 중요한 것은 관객이 일부러 과도하게 긍정적인 반응을 해야 한다는 것이 아니라 열린 마음을 갖고 각 장면에 적절히 반응해 함께 작품을 만들어가자는 것이다. 오히려 미소를 자아내는 장면에서 박장대소하는 식의 지나치게 과장된 반응은 배우에게 부정적인 느낌으로 전달될 수 있다. '사건'으로서의 연극은 배우와 관객의 유기적인 상호관계를 자양분으로 피어나는 찬란한 꽃이라 할 수 있다.

관객이 왕이다 : 입맛대로 골라보소서

영화는 감독의 예술이라 했다. 영화는 감독의 주관적인 시선을 대변하는 카메라에 포착된 장면들을 편집해 관객에게 일방적으로 보여준다. 관객은 자신의 의사와 상관없이 감독이 보여주고자 하는 것만을 봐야 하는 수동적인 위치에 있다. 때로는 이런 수동성을 알아서 시각적 이미지로 만들어 보여주는 편안함과 친절함으로 느낄 수도 있다. 하지만 영화의 일방향 전달 방식을 소통의 폭력성으로 느끼기도 한다.

연극은 무대 위에 펼쳐진 언어적, 비언어적인 요소를 아울러 관객 스스로 편집하고 그 의미를 판단하게 하는 능동적인 감상과 소통의 가능성이 열려 있다. 때로는 연극도 의도에 따라 조명이나 무대 장치 등을 이용해 관객의 집중력을 조절한다. 하지만 완벽한 통제는 사실상 불가능하다. 서로 다른 시공간의 장면을 한 무대에서 연출하기 위해 같은 무대에 두 무리의 연기자들이 번갈아 가면서 '연기'와 '정지 동작'을 반복한다고 가정해보자. 조명은 연기하는 영역만을 비추어 관객의 시선을 제한하려 하겠지만, 이런 상황에서도 조명이 꺼진 공간에서 힘들게 '정지 동작' 상태에 머물러 있는 배우들을 살펴보는 짓궂은 관객의 시선을 막을 수는 없다. 주연인 왕이 연기하는 장면에서 부동자세로 서 있는 단역 배우를 노려보는 짓궂은 관객이 늘 있는 것처럼 말이다. 이처럼 연극의 주도권은 연출이나 배우가 아닌 관객에게 있다.

관극觀劇의 주체적 능동성은 영상 매체는 흉내 낼 수 없다. 영화는 카메라의 속성에 따라 장면의 크기를 임의로 재단할 수밖에 없다. 보다 세밀한 시선으로 대상의 관심을 집중시키는 효과는 있겠지만 아이러니하게도 카메라 밖에 위치한 일체의 배경이나 반응은 배제된다. 두 사람이 서로 논쟁하는 장면에서 카메라가 말하는 사람만 촬영한다면, 말을 듣고 있는 상대편의 반응은 보고 싶어도 볼 수 없다. TV나 영화 매체의 연기가 전인적인 연기보다 순발력을 요하는 이유이기도 하다. 하지만 연극의 관객은 같은 상황에서 말하는 당사자는 물론 그의 말에 반응하는 상대방의 표정이나 몸짓의 미묘한 변화, 그리고 그 상황을 함께 하는 주변인들의 반응에 이르기까지 엄청난 양의 언어와 비언어적인 정보를 한꺼번에 흡수하게 된다.

잡아놓은 물고기를 먹기보다 직접 바다에 나가 낚시하는 즐거움을 만끽하려는 적극적 의사를 지닌 관객은, 연극을 영화나 TV가 결코 동시에 포착할 수 없는 총체적인 만남과 소통 그리고 관계를 포획해 즐길 수 있는 황금어장으로 여긴다. 연극에는 골라먹는 재미가 있다.

연극의 기원에서 만난
인간의 본성

연극은 불사조 같은 장르의 예술이다. 연극은 인류 역사 중 지극히 제한된 시기를 제외하면 정치, 경제, 사회, 문화, 종교에 이르는 거의 모든 영역에서 직간접적으로 억압받아왔다. 지금도 마찬가지다. 전문 연극배우나 제작진이 연극만으로 벌어들이는 평균 연봉은(월급이 아니다!) 600만 원을 넘지 않는다. 이런 현실은 가정을 책임져야 하는 중년 연극인들에게 '이 일을 계속 해야 하는가'를 끊임없이 되묻게 한다. 배고픈 연극계의 현실은 비단 우리의 문제만은 아니다.

독일을 비롯한 유럽 국가는 물론 미국도 일부 상업 뮤지컬이나 인기 배우들이 출연하는 몇몇 인기 연극을 제외하면 나머지 순수 연극은 입장 수입만으로 생존을 담보할 수 없는 처지에 놓여있다. 선진국에서는 연극, 무용, 미술 등 이른바 수공업적 제작 시스템을 넘어설 수 없는 기초 예술 영역에 민간 재단이나 기업 기부금 제도를 활성화하거나 국가에서의 직접 지원 체계를 구축해, 자본주의 시장 논리에 의해 도태되지 않도록 힘쓰고 있다.

반면 우리나라의 문화 지원 재정은 지극히 열악할 뿐만 아니라 그나마도 기존의 몇몇 주요 극단들이 인맥 등을 이용하여 싹쓸이해가는 구조를 벗어나지 못하고 있다. 결국 젊은 창작 집단들의 생존 기반을 저해해 장기적인 안목에서 볼 때 한국 연극의 미래를 어둡게 하는 주요한 원인이 되고 있다. 하지만 재미있는 사실은 이렇게 힘겨운 세월을 지나오면서도 연극은 결코 사라진 적 없는, 질긴 생명력을 자랑한다. 연극의 강력한 생명력은 어디서 오는 것일까.

제의祭儀설 :
신 혹은 상사의 비위 맞추기

먼저 제사의식, 제의설이다. 연극은 물론 무용이나 음악, 미술, 그리고 문학에 이르는 다양한 예술의 공통된 기원설로 가장 폭넓은 지지를 얻고 있는 이론이다. 문명 발달의 초기, 인류의 세상이 돌아가는 이치에 대한 이해는 초보적인 수준이었다.

문제는 인간의 호기심에 있었다. 사람들은 예상치 못한 일을 겪으면 왜 나에게 이런 일이 생겼는지에 대해 의문을 품는다. 극적인 일이라면 의문은 더욱 강렬해진다. '왜 내게? 왜 하필 이런 때에, 이런 일이 발생하는가?' 수만 년 전 인류에게는 더 심각했을 것이다. 천재지변은 고사하고 흔한 가뭄과 홍수도 치명적인 위협일 수밖에 없었다. 사냥을 할 때 예기치 않은 맹수의 습격이나 우발적인 부상 역시 한 가족과 부족의 존재를 위태롭게 하는 심각한 요인이었다. 그들은 고민했다. 대체 왜 이런 일이 내게, 우리 가족과 부족에 생기는 것일까? 가장 손쉬우면서도 분명한 해결책은 '신'의 탓으로 돌리는 것이었다.

동서양을 막론하고 초기 인류는 변화무쌍한 자연현상이 끊임없이 변화하는 신의 마음 때문이라고 생각했다. 자연현상이 인간에 유리하거나 불리하게 작용하는 건 신을 얼마나 즐겁게 하느냐에 달려 있다고 여긴 것이다. 어떻게 해야 신의 심기를 거스르지 않고, 그의 마음에 흡족한 부족이 되어 평안한 삶을 살아갈 수 있을까.

자신보다 강한 지위나 힘을 가진 사람 앞에서 무의식적으로 보이는 태도는 보통 두 가지로 극명하게 나뉜다. 모방과 웃음이다. 몰래카메라에 포착된 사람들의 첫 번째 모습은 '모방'이었다. 자신보다 강한 사람의 모습을 흉내 내려 한다는 것이다. 어떤 실험에서 부하직원이 상사를 대면할 때의 행동을 관찰했는데, 상사의 행동을 따라 하는 걸 볼 수 있었다. 똑같이 할 수는 없었지만 상사가 팔짱을 끼면 자신은 손깍지를 끼고, 상사가 담배를 피우면 자신은 같은 손가락으로 볼펜을 만지작거리거나 돌리는 식이다.

초기 인류는 신의 마음을 얻고자 신의 모습을 모방하여 흉내 내는 방식을 사용하기 시작했다. 태양신의 마음에 들고자 태양의 모습으로 치장한 가면을 뒤집어쓴 뒤, 그들의 숙적인 바람 신 부족을 형상화한 대상과 싸워 승리하는 장면을 연기한다. 이는 아직도 아프리카 등지에 남아 있는 원시 부족들의 제의식에서 흔히 볼 수 있는 연극적 표현이다.

인간의 생사여탈권을 쥐고 있는 위대한 신께 드리던 제의에는 서로 다른 두 가지 이질적인 속성이 한데 어우러져 있다. 웃음과 공포다. 현실적 사례를 들어보자. 군대는 위계질서가 원초적으로 구현되는 대표적 집단이다. 상명하복의 위계질서가 강한 한국 사회의 축소판으로서 군대에서 하급자는 상급자에게 잘 보이기 위해 두 가지 전술을 쓴다. 첫 번째는 두려움을 드러내는 것이다. 실제로 힘이나 능력으로나 그다지 위협적이지 않지만, 하급자는 상급자 앞에서 마치 그가 엄청난 힘과 영향력을 행사할 수 있는 두려운 존재라도 되는 것처럼 과장되게 '군기'를 과시한다. 진심이든 아니든 자신 앞에서 바짝 긴장한 하급자를 보며 상급자는 자신이 대단한 존재라도 된 양 즐거운 착각에 빠진다. 군대에서의 상하 관계가 다소 과장된 모습이라면 직장이나 학교 또는 가정 등 사회적 관계 안에서의 '생존 전술'은 좀 더 세련된 모습으로 나타날 뿐이다.

초기 인류가 제의를 통해 만났던 신과의 관계에서도 마찬가지였다. 거대한 자연이나 신의 위력 앞에서 사람들은 극심한 공포를 느낄 수밖에 없었다. 공포는 신 앞에 죽어 마땅한 자신들을 대신해 바치는 피비린내 나는 제물로 상징되는 엄숙한 제의 의식으로 표현되었다. 신 앞에서 두려움을 느끼고 이를 통해 신의 마음을 흡족하게 하려는 노력에서 '비극'이 탄생했다.

두 번째 전술은 '웃음'을 유발하는 것이다. 어린아이들이 부모에게 잘못을 범했을 때 순간을 모면하기 위해 난데없는 재롱을 떠는 광경을 본 사람이라면 충분히 이해할 수 있다. 권력을 쥐고 있는 사람 앞에서 그의 마음에 들기 위해 재롱을 떠는 것은 비단 아이들만이 아니다. 표현 방식은 다를지 몰라도 다소 간의 광대 짓을 통해 권력자들을 즐겁게 하려는 노력은 사회에서 흔히 볼 수 있는 생존 전술이다.

나는 대학교수들이 제자들과 식사하는 장면에서 그러한 희극성을 발견하곤 한다. 서열 순서에 따라 자리에 앉아 담소를 나누는 가운데 최고 위치의 한 교수가 철이 지나도 한참은 지난 농담을 한마디 던진다. 수평적인 관계에서라면 면박을 받거나 왕따도 감내해야 할 썰렁한 농담이 권력의 최고봉에 위치한 사람의 입을 통해 터져 나오는 순간 좌중은 과장스러운 박장대소로 화답한다. '웃음'이 상대방의 마음을 얻는 강력한 수단이라는 사실은 예나 지금이나 마찬가지다. 엄중한 긴장감 속에 진행하는 제사 의식 후 거의 광란에 가까운 뒤풀이 축제가 이어지는 것도 같은 맥락으로 이해할 수 있다. 여기서 '희극'이 탄생하는 것이다.

이야기설 :
학교 전설의 시작

흥미로운 이야기를 누군가에게 전하고 또 듣고 싶어 하는 것은 인간의 본성이다. 특히 나름대로 극적인 순간을 직접 체험하거나 목격한 사람은 누구나 다른 사람에게 그 이야기를 전하고 싶은 본능적인 충동을 느끼기 마련이다. 초기 인류는 자연현상의 원인을 과학적 사고로 가늠할 수 없었기에 극적인 상상력을 발휘해 삶을 해석했다. 동시에 빈번한 사냥이나 타 부족과의 전쟁, 크고 작은 재난 등 사소한 변화에도 생명의 위협을 느끼는 상황과 직면할 수 있었기 때문에 극적인 이야기 소재는 무궁무진했을 것이다.

이야기가 전달되면서 과장되는 건 예나 지금이나 별반 다르지 않다. 예를 들어보자. 어느 대학생이 길을 가다 골목에서 담배를 피우는 중학생 두 명을 보았다. 그는 인생 선배의 입장에서 학생들을 타이르려 했으나 아이들은 반항적인 태도로 일관할 뿐이었다. 결국 중학생들과의 초라하기 그지없는 싸움이 벌어지고 대학생의 눈에는 시퍼렇게 멍 자국만 남았다. 강의 시간에 들어온 그를 보고 친구들이 놀라서 묻는다. 자초지종을 그대로 말할 수는 없는 노릇이라 결국 중학생은 덩치 큰 고등학생이 되고 두 명은 서너 명으로 늘어나, 싸움은 처절한 난투극으로 발전한다. 보잘것없는 이야기가 '전설'이 되는 과정은 거의 비슷한 수순을 따른다.

이 과정에서 중요한 또 하나의 단계는 '구전'이다. 입에서 입으로 전해지는 과정이 거듭될수록 사람들이 흥미로워하는 요소들, 즉 극적인 싸움이나 운명적인 사랑과 같은 부분이 좀 더 치밀하게 포장되고 원래 없던 인물이나 사건이 부가적인 플롯 형태로 삽입되기도 한다. 결국 초기 연극의 주요한 소재였던 각 민족의 보잘것없는 신화, 전설, 영웅담은 오랜 세월 동안 수많은 화자를 통해 구전되면서 완전히 새롭게 변신해 살아있는 이야기로 완성된다. 인간의 참을 수 없는 이야기의 욕망이 바로 연극의 기원이라는 것이 바로 '이야기설'이다.

유희遊戱설 :
본능적으로 놀다

연극을 일컫는 다양한 표현 중에 'play'가 있다. 연극은 일종의 놀이, 곧 인간의 놀고 싶은 욕망에서 기원했다는 설이다. 어린이들을 보면 알 수 있다. 아이들은 가상의 집을 짓고 엄마와 아빠 또는 적과 아군의 역할을 맡는다. 그러고는 한참 동안 그 인물이 된 것처럼 연기에 몰입한다. 그러나 앞서 살펴본 '제의설'에 포함된 모방과 '유희설'의 모방은 그 대상과 목적에서 근본적인 차이가 있다.

아이들의 놀이 속에 나타난 흉내 내기는, 보는 이들의 시선보다는 오로지 놀이 그 자체의 즐거움에 초점이 맞춰져 있다. 바로 유희의 본능이다. 이론에 따르면 인간은 누구나 아이들처럼 자유로운 표현 욕망이 있고 연극을 비롯한 표현 예술 매체는 이를 예술적으로 승화시킨 것에 불과하다.

어떤 이들은 성격에 따라 달라진다고 반문할 수 있다. 가령 내성적인 사람들에게도 외적인 표현 본능을 일반화할 수 없다는 주장이다. 그러나 집에 불이 났거나, 갑자기 물에 빠지게 되었을 때를 생각해보자. 내성적인 성격이라고 해서 살려달라는 비명이나 고함조차 내성적으로 외칠까. 긴박한 상황이라면 누구나 성격과 상관없이 살고자 하는 욕구를 거침없는 소리와 움직임으로 표현하기 마련이다. 현대인들의 문제는 어린 시절 부터 교육이나 문화화의 과정을 거치면서 자유로운 내외적 표현에 억압 이나 상처 등을 경험해 표현 본능이 퇴화하고 있다는 데 있다. 최근 들어 '연극 치료'는 억압된 표현 욕구를 자연스럽게 표출하도록 도와 몸과 마음을 자유롭게 하는 효과로 관심을 얻고 있다.

제의설, 이야기설, 유희설 등의 이론은 있지만 그중 어느 것도 연극이 정확히 어떻게 시작되었는지에 대해 설명하지 못한다. 하지만 여러 이론이 공통적으로 주장하는 건 연극이 인간의 본성에서 비롯되었다는 점이다. 영상 매체가 아무리 비약적으로 발전하고 공연의 여건이나 상황이 점점 더 열악해진다 해도, 결코 연극은 사라지지 않을 거라는 배짱을 부릴 수 있는 까닭이 바로 여기에 있다. 연극은 인간의 본성이 바뀌지 않는 한 영원하다.

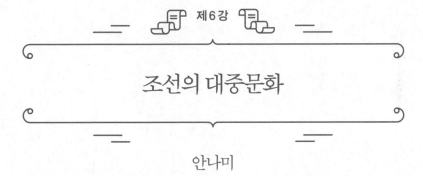

제6강

조선의 대중문화

안나미

수학과 과학을 좋아하는 한문학자. 10여 년 방송작가 경력을 접고 성균관대에서 다시 공부를 시작해 한문학 박사를 마친 후 성균관대 초빙교수로 학생들을 가르치고 있다. 조선시대 과학, 수학, 천문학 등에 관련된 고서를 번역한다.
저서로《별자리와 우리 천문학의 역사》가 있고, 기상청과 함께 조선시대 천문기록인《성변측후단자 강희 3년, 강희 7년, 순치 18년》, 세종대왕기념사업회와 함께 조선시대 수학서인《주서관견》등을 번역했다.

임진왜란, 한류의 시작

해외여행에서 만난 외국인에게 한국인임을 밝히면 돌아오는 질문이 한결같다. 전쟁이 두렵지 않느냐는 것이다. 살면서 한 번도 의식해본 적 없다고 답하면 그들은 고개를 갸우뚱한다.

5천 년 역사를 되돌아보면 지정학적 위치 탓인지 크고 작은 전쟁의 상흔이 곳곳에 남아있다. 우리 역사에서 가장 큰 전쟁을 꼽으라면 단연코 임진왜란이다. 흔히 조선과 일본 간에 벌어진 전쟁으로 생각하지만, 중국까지 포함한 동아시아 삼국의 대전란이었다.

7년에 걸쳐 전쟁을 치르는 동안 조선은 명나라와 긴밀하게 협력을 해야 했기에 과거와 달리 사신들의 왕래가 빈번해졌다. 조선과 명나라 간의 외교는 유려한 문장을 자랑하는 문인들이 맡았던 터라, 외교 일선에서 전쟁 관련 협력은 물론 양국 문인들의 문화적 교류도 활발했다.

전쟁통에 피어난
문화의 꽃

조선시대 문인들은 명나라의 학풍과 문화에 관심이 깊어 명에서 출간된 새로운 서적을 대거 수입했다. 임진왜란으로 국토가 황폐해지고 백성들의 삶은 고단해졌지만 명나라의 문화를 실시간으로 받아들이며 조선의 문화가 변화를 꿈꾸기 시작했다. 그런데 뜻밖에도 명나라에서 조선 문학에 대한 관심이 높아지고 있었다.

> "방금 예조 낭관 권척權偶이 와서 말하기를 '차관의 요구사항 중에 가장 긴요한 것은 우리나라의 시문이다. 그 뜻은 구탄口呾이 교제한 남방의 문사들이 많으므로 장차 그곳에 보내려고 하기 때문에 이처럼 간절히 구하는 것이다' 하였다. 또 말하기를 '그 시문은 인본이거나 사본이거나 간에 많이 얻어 가져갔으면 한다' 하였다."

위는 《조선왕조실록》 광해군 6년(1614) 9월의 기록이다. 명나라 사신들이 가장 간절하게 요구하는 것이 바로 조선의 시문이라는 의미다. 명나라 사신이 조선 문인의 글을 요청하는 것이 그렇게 특별한 일인가 싶겠지만, 더 과거에는 은銀이나 값나가는 물건을 무리하게 요구해 사회문제가 되기도 했다. 그런데 시간이 지나 조선의 문학에 관심을 가지기 시작한 것이니 큰 변화라고 할 수 있다.

조선 문인의 글을 요구한 구탄은 명나라 공안파 문단의 핵심 멤버였다. 구탄은 자신뿐만 아니라 남쪽의 문인 친구들에게도 보여주려고 글을 요구했다. 당시 중국의 남쪽은 문화의 중심지였다. 상업이 발달한 지역으로 소비가 활발하고 출판과 문화가 번창하고 있었다.

이런 명나라의 문화가 임진왜란을 통해 조선에 수입되었고, 역으로 조선의 문화도 명나라에 수출되었다. 이때 조선 문인들을 직접 만난 명나라 사람들도 있었지만, 조선에 한 번도 와본 적 없는 사람들까지 조선 문화에 관심을 보이며 일부에서는 이미 잘 알고 있기까지 했다. 심지어 사신으로 방문한 조선 문인에게 글을 몇 편 달라고 졸라 중국에서 출판을 하기도 하고, 조선에서 나온 시집을 중국에서 다시 출판하기도 하며 조선 문화에 깊이 빠져 있었던 것이다.

조선의 인기는 요즘의 한류와 비교해도 차이가 없어 보인다. 당시 중국에서 인기 있었던 조선의 문인들은 누가 있었을까? 요즘의 K-pop 가수나 한류 배우에 버금가는 조선 문인들을 알아보자.

조선의 한류 스타, 이정귀

"일찍부터 풍문을 듣고 족하를 흠모해온 이들도 적지 않았습니다. 그래서 책상에 놓인 시편을 보여주었더니 서로 돌아가며 한번 읽어보며 아쉬운 대로 족하와의 만남을 대신할 만했습니다."

"학사 왕휘汪輝가 공의 시를 얻어 간행하였는데, 서승 섭세현葉世賢이 사명을 받들고 전남으로 갈 때에 그 판본을 가지고 '강남에 이를 널리 배포하여 향리의 영예로 삼겠다'라고 하였다."

"공이 일찍이 양 어사의 비문을 지어준 적이 있는데, 그가 크게 기뻐하며 무리들 속에서 과시하며 말하길 '조선의 이 상서가 지어준 글이다'라고 하였다. 그런가 하면 공이 연경으로 갈 적에 진강의 수장 구탄이 공의 도착 소식을 듣고는 길옆에 나와 기다리면서 채색 비단을 늘이고 장막을 설치하여 영접하기도 하였고, 또 어사 웅화는 자기 집에 공을 초청하여 연회를 베풀면서 그지없이 공경스럽게 예우하기도 하였다."

풍문으로 흠모하며 시 한 편 받은 것을 자랑하고, 중국 문화의 중심지 강남 일대에 책을 출판해 배포하겠다고 판본을 가지고 가거나, 길에 나와 기다리며 온갖 환영 인사를 하고, 만나면 부채에 시 한 편을 받겠다며 장사진을 이루었다. 이것은 어느 한류 스타의 중국 방문 모습이 아니다.

바로 조선 중기 4대 문장가 중 한 명인 이정귀李廷龜의 이야기다. 임진왜란 당시 외교 업무로 네 번이나 북경에 갔던 그는 문장이 뛰어나 중국에서 명성이 자자했다. 그는 조선 문인 최초로 중국에서 문집을 출판하기도 했다.

1620년 이정귀가 네 번째로 북경에 가게 되자, 명나라 문인 왕휘가 이정귀의 문집을 보고 싶어 했다. 조선에서는 생전에 문집을 내는 경우가 드물었기 때문에 문집이 없다고 하자, 왕휘는 아무것이라도 좋으니 글을 보고 싶다고 했다. 북경 가는 길에 지은 시 100여 편을 보여주니 왕휘는 바로 서문을 쓰고 북경에서 출판했다.

1626년에는 이정귀가 북경에 갔다가 병이 들어 귀국하지 못하고 6개월 동안 체류하게 되었는데 이 소식을 듣고 그를 만나러 먼 곳에서 숙소로 찾아오기도 했다. 시를 한 편 받겠다고 며칠 동안 기다리기도 하고, 명나라 문인들이 그에게 음식을 보내주기도 했다. 시 한 편 받기 위해 줄을 서고 숙소 앞에서 기다리는 모습을 상상하면 아이돌 얼굴이라도 한번 보겠다고 먼발치에서 기다리거나, 사인을 받겠다고 줄을 서서 열광하는 모습과 다를 바 없다.

이정귀는 구국의 문장가로 불렸다. 당시 노인魯認이라는 사람이 배를 타고 가다가 중국에 표류했는데, 돌아와서는 강남의 선비들이 이정귀의 글을 많이 외우고 있다고 전해주었다. 중국의 선비가 그의 글을 베껴서 간직하는가 하면 산속의 승려가 그의 시를 외우고 있을 만큼 중국에서 그의 문학적 위상은 굉장히 높았다.

안에서나 밖에서나
스타는 빛나는 법

　　　　　　　　두 번째 한류 스타는 허균^{許筠}이다. 허균도 명나라에 세 번이나 갔을 뿐 아니라, 명나라 사람이 조선에 오면 그를 만나기 위해 찾아다니는 등 열정이 뜨거웠다. 게다가 누이 허난설헌^{許蘭雪軒}의 시를 중국 문인들에게 소개하는 바람에 허난설헌도 중국에서 유명해졌다. 남매가 동시에 중국에서 명성을 얻게 된 경우다. 임진왜란 당시 명나라에서 파견한 장수와 군인 대부분이 중국 강남 출신으로 문학에 관심이 컸는데, 그들이 조선 문인과 접촉하면서 조선 문학을 명에 소개하는 데 중요한 역할을 했다.

　특히 1597년에 조선에 파병된 명나라 오명제^{吳明濟}는 조선의 한시를 수집해서 1599년에 《조선시선^{朝鮮詩選}》을 출판하고 중국에 돌아가 중국인들에게 소개했다. 이 작업에 허균이 참여했다. 이로 인해서 명나라에 조선의 문학이 소개되었는데, 특히 허난설헌의 시가 문인들 사이에 널리 알려지게 되었다. 명의 문인들은 허난설헌의 시를 많이 애송했고 시집 《경번집^{景樊集}》을 출판하기도 했다. 당시 명에서는 여류 문인들이 왕성하게 활동하고 있었기 때문에 조선의 여류 문인에 대해서도 관심이 컸던 것이다.

　조선에서 가장 유명한 명나라 문인은 주지번^{朱之蕃}이었다. 당시 조선에서 주지번 영접 업무를 맡은 사람이 허균이었다. 주지번이 조선에 와서 허균에게 신라 때부터 지금까지의 시 중에서 좋은 것을 뽑아달라고 요청하기도 했다. 또 조선의 시에 대한 정보와 문인들의 이력을 물으면서 조선 문단의 상황을 파악하기도 했다.

임진왜란의 병화가 휩쓸던 시기에 아이러니하게도 조선에서는 '목릉성세穆陵盛世'라고 하여 글 잘 쓰는 문인들이 대거 등장한다. 이정귀, 허균, 유몽인柳夢寅, 이수광李睟光, 신흠申欽, 이안눌李安訥, 차천로車天輅 등 일일이 열거하기 힘들 정도다. 목릉은 선조의 능호인데 선조 때 유독 문장이 크게 융성해서 생긴 말이다.

명나라의 새로운 문화가 조선에 물밀듯이 들어왔지만, 한편으로는 조선의 문학이 선진국인 명나라 문단에 바람을 일으키며 때아닌 한류 문학 열풍을 일으켰다. 조선의 문학이 중국의 문학을 추종하기만 했다면 절대 있을 수 없는 현상이었다. 당시 허균은 이런 말을 했다.

"지금 내가 시를 쓰는 목적은 이백李白과 두보杜甫가 되기 위해서가 아니라, 바로 진정한 '나'를 찾는 데 있다. 나는 내 시가 당나라 시와 비슷해지고 송나라 시와 비슷해지는 것을 염려한다. 도리어 남들이 나의 시를 '허자許子의 시'라고 말하게 하고 싶다."

조선시대 인어 이야기

유몽인의 《어우야담》

　몇 년 전 인기를 끌었던 드라마가 있다. 국내는 물론 해외에서도 많은 사랑을 받은 드라마 〈푸른 바다의 전설〉이다. 배우 전지현이 인어를 연기했던 로맨스 판타지 드라마로, 국내 드라마에 한 번도 나온 적 없던 독특한 소재가 인기에 한몫을 더했다.

　이 드라마는 조선시대에 쓰인 우리나라 최초의 야담집 《어우야담於于野談》 속에 나오는 인어를 모티프로 하였다. 조선시대의 인어라니, 과연 어떤 모습일까?

조선의 엘리트 이야기꾼, 유몽인

　김담령金聃齡이 흡곡현의 현령이 되어 해변에 있는 어부의 집에서 묵은 적이 있었다. 어부에게 무슨 고기를 잡았느냐고 물으니 다음과 같이 대답했다.

"어떤 백성이 낚시를 하다 인어 6마리를 잡았는데, 그중 둘은 창에 찔려 죽었고, 나머지 넷은 살아 있습니다."

김담령이 나가서 보니 모두 네 살짜리 아이 같았는데, 얼굴이 아름답고 고왔으며, 콧마루가 우뚝 솟아 있었고, 귓바퀴가 또렷했으며, 수염은 누렇고, 검은 머리털은 이마까지 덮었다. 흑백의 눈은 빛났고, 눈동자는 노란색이었다. 몸은 옅은 붉은색이거나 혹은 온통 흰색이기도 하였다. 등 위에 옅은 흑색 문양이 있었으며, 사람과 같이 남녀의 생식기가 달렸고, 손바닥과 발바닥의 한가운데 주름살 무늬가 있는 것, 무릎을 꺼안고 앉는 것까지 모두 사람과 다름이 없었다. 사람과 마주하자 흰 눈물을 비처럼 흘렸다. 김담령이 가련하게 여겨 어부에게 놓아주자고 청하니 어부가 아까워하며 말했다.

"인어에게서 기름을 취하면 품질이 좋아 오래되어도 상하지 않습니다. 날이 갈수록 부패하여 냄새를 풍기는 고래기름과는 비교도 할 수 없지요."

김담령이 인어를 빼앗아 바다로 돌려보내니, 마치 거북이가 유영하는 것처럼 헤엄쳐갔다. 김담령이 이를 무척 기이하게 여기니, 어부가 말했다.

"큰 인어는 사람 크기만 한데, 이들은 작은 새끼일 뿐이지요."

인어의 모습을 구체적으로 표현한 것을 보니 마치 실제 인어를 만난 것 같은 느낌이 들 정도다. 이 이야기는 《어우야담》 권5의 〈물편〉에 실려 있다. 우리나라에서 인어에 대한 이야기가 이 책에 처음 나온 것처럼 느껴져 생소하지만, 《해동역사海東繹史》에도 인어 이야기가 등장하고, 바닷가 지역에 전해오는 전설에도 인어가 등장한다.

《어우야담》은 유몽인(1559~1623)이 지은 야담집이다. 유몽인의 호 '어우於于'에서 이름을 땄고, 언제 지었는지는 정확하게 알 수 없다. 유몽인은 당시 민간에 떠도는 이야기를 수집하여 조선의 야담집을 만들었다. 야사부터 민간에 떠도는 이야기에 이르기까지 다양한 내용을 담고 있는데 꿈과 귀신, 성性에 관한 이야기도 다루고 있다.

조선시대 문인들의 글에는 귀신이나 신비로운 이야기가 별로 없다. 그런 허탄하고 기괴한 일은 기록하지 않는 것이 사대부 문인들의 글쓰기 전통이다. 사실이 아닌 것으로 혹세무민하는 것을 경계하기 때문이다. 그래서 한국 한문학에는 소설과 같은 서사 장르가 발달하지 않았다.

그렇다면 유몽인은 어떤 사람이기에 이런 이야기를 모아서 글을 썼을까? 유몽인은 1598년 증광문과增廣文科에 응시해 삼장三場에 모두 장원을 하였다. 노수신과 유성룡 등이 '동국 백년 다시 볼 수 없는 뛰어난 문장'이라고 극찬을 할 정도였다. 삼 장원을 했다는 것은 지금으로 치면 사법고시·외무고시·행정고시 같은 중요 국가고시를 동시에 수석으로 합격한 것과 같다. 그는 학문과 문장에 뛰어났으며 임진왜란 당시 외교 업무에서도 탁월한 실력을 보여 선조의 총애를 받았다. 명나라 황제로부터 '기기^{奇氣}'를 가지고 있다고 인정받을 만큼 조선과 중국에서 모두 문장으로 칭송할 정도였다.

이렇게 잘나가는 유몽인이 굳이 민간의 이야기에 집중하게 된 데에는 여러 가지 이유가 있었을 것이다. 먼저 그는 나이 30대에 전란의 현장 속에서 지냈으며 조선 팔도를 두루 다니며 백성들의 실정을 파악했다. 또한 뛰어난 외교 능력으로 명나라에 세 번이나 사신으로 갔는데, 그로 인해 명의 선진 문물과 문화에 관심을 갖게 되었다. 수레나 벽돌을 조선에 들여오자는 주장을 하는가 하면, 당시 명나라의 출판 산업이 활성화되어 독서 인구가 증가해 대중 소설이 많이 출판되는 것을 보면서 대중문화에 관심을 가지기도 했다.

당시 명나라에서는 사회적 영향력이 큰 문인들이 민간에 구전되는 우스갯이야기(笑話, 소화)를 수집하여 책을 내는 것이 유행했다. 명나라의 소설은 바로 조선에서 출판되기도 했다. 명에서 들어온 소화집 《절영삼소絶纓三笑》 등을 통해 조선에서도 통속문학에 대한 관심이 일어났다. 그렇지만 소화집은 음담패설이 많고, 《금병매金瓶梅》나 《수호지水滸誌》 같은 명나라 유명 소설에는 허망하고 터무니없는 말이 많아서 조선 문인들의 반응이 좋지는 않았다.

그러나 당대 최고의 문장가로 꼽히는 유몽인은 이런 것에 구애받지 않았다. 그는 전통적인 글쓰기를 거부하고 《어우야담》을 집필했다. 임진왜란이라는 대전란을 겪고 난 후 정치적 혼란과 당쟁, 그리고 백성들이 겪

어야 하는 고통을 보면서 현실을 풍자하고 싶었을 것이다. 《어우야담》에
실린 이야기에는 유몽인이 살던 시대의 내용이 많이 등장한다. 전쟁과
관련된 일화나 사건이 많이 소개되고, 명나라 사신과 군인의 이야기도
적지 않다. 그중 명나라 사신의 이야기 한 편을 보자.

중국 사신이 우리나라에 오다가 평양 길가에서 키가 크고 수염이 허
리까지 내려온 사내를 보았다. 말을 나누어보고 싶었으나 통하지 않
았다. 그래서 손을 들어 손가락을 둥글게 만들어 보이자 사내도 손
을 들어 손가락을 네모지게 만들어 보였다. 사신이 또 손가락 세 개
를 구부려 보이자 사내는 손가락 다섯 개를 구부렸다. 사신이 옷을
들어 보이자 사내는 자신의 입을 가리켰다. 사신은 감탄하며 서울에
도착해 이렇게 말했다.

"내가 중국에 있을 때 귀국이 예의의 나라라고 들었는데, 참으로 빈
말이 아니었소. 내가 평양에서 길가에 있는 남자를 보고 의사를 나
누었소. 내가 손가락을 둥글게 만들어 하늘이 둥글다는 것을 말하니
남자는 손가락을 네모지게 만들어 땅이 네모지다고 응대했소.

또 내가 세 손가락을 구부려 삼강三綱을 뜻하니 남자는 다섯 손가락
을 구부려 오상五常을 대답했소. 내가 옷을 들어 옛날에는 옷을 드리
우고 있어도 천하가 잘 다스려짐을 말하니, 남자는 입을 가리키며 말
세에는 구설口舌로 천하를 다스린다고 말했소. 길가의 평민조차도 이
러니 학식 있는 사대부야 더 말할 게 있겠소?"

조정에서 그 남자를 서울로 올라오게 하고 재물을 후하게 내리고 물으니 남자는 이렇게 대답했다. "중국 사신이 동그란 절편을 드시고 싶다기에 저는 네모난 인절미가 먹고 싶다고 했고, 사신이 하루 세 끼를 드시겠다고 해서 저는 하루 다섯 끼를 먹고 싶다고 했지요. 사신이 옷 입는 일이 근심이라기에 저는 먹는 것이 근심이라고 했을 뿐입니다."

단순한 행동으로 심오한 사상을 표현하려 했던 중국 사신에게 떡 좋아하는 조선 남자의 단순명쾌한 대답이 뭔가 통쾌하게 느껴진다. 유몽인은 이 이야기 뒤에 중국 사신이 겉모습만 보고 실수한 것이 아니라 우리나라가 예의의 나라라는 명성에 겁을 먹은 것이라고 논평했다.

백성들의 이야기로 마음을 얻다

자신의 문장에 대단한 자부심을 가지고 있었던 유몽인은 《어우야담》을 쓰면서 민간에 떠도는 비루한 사실을 기록하고 문장이 저속하다며 당대에 비난을 받기도 했다. 하지만 그는 그런 비난을 두려워하지 않고 기존의 글쓰기 방식에서 벗어나 새로운 문학의 영역을 개척했다. 민간의 살아 숨 쉬는 이야기를 통해 힘들어하는 백성들을 위로하고 싶어 했다.

유몽인은 인조반정 때 역적으로 몰려 1623년 아들과 함께 처형당했으나 1794년 정조가 유몽인의 문장과 절개를 높이 평가해 마침내 신원伸寃이 되었다. 당색에 휘둘리지 않고 중립을 지켰고, 광해군 때에는 인목대비 폐비론이 일자 사직을 하고 은둔했으며 인조 정권의 러브콜도 거절했지만 죽음을 면할 수는 없었다.

조선 중기 대중문학의 물꼬를 튼 우리나라 최초의 야담집《어우야담》. 현실을 살아가는 사람들의 이야기가 지닌 진실성은 쉽게 퇴색하지 않는다. 상상력 뛰어난 작가의 화려한 이야기보다 바닷가에서 삶을 일구며 살아온 사람들이 만난 아름다운 인어 이야기가 더 마음을 울릴지도 모른다. 어쩌면 조선시대 어부의 손에서 풀려나 바다로 떠났던 인어를 지금 다시 만나볼 수 있을지도 모른다.

조선의 백과사전
이수광의 《지봉유설》

한문 번역을 하다 보면 해석하기 어려운 문장을 종종 만난다. 문장을 정확하게 해석하기 위해서는 당연히 사전을 찾아야 한다. 전문가들이 보는 열두 권짜리 사전에서 단어를 찾으면 그 뜻이 수십 가지로 설명되어 있고, 용례가 또 몇 페이지에 걸쳐 나온다. 그 많은 내용 중에서 내가 필요한 것을 찾아내야 한다.

만약 사전이 없다면 어떻게 해야 할까? 앞이 깜깜해질 것이다. 하지만 요즘은 사전뿐만 아니라 인터넷 세상에서 수많은 정보를 찾을 수 있다. 기본적인 정보를 다룬 종류별 사전에서부터 뉴스, 직접 체험한 사람들의 블로그, 전문 학술정보에 이르기까지 다양한 정보가 줄줄이 나온다. 수많은 정보를 차곡차곡 모아놓고 그것을 쉽게 찾아볼 수 있도록 해주는 시스템이 없다면, 사람들은 머릿속에 방대한 정보를 모두 저장해놓아야 한다. 물론 저장한 것이 오래 유지된다고 장담할 수도 없다.

재래식 지식의
축적과 확산

　　　　　　　　조선시대에는 어떤 정보 시스템이 있었을까? 어
느 날 물고기 한 마리를 얻었는데 먹을 수 있는 건지, 이름은 무엇인지
알고 싶다면 어떻게 해야 할까?

> 쏘가리는 지금의 금린어錦鱗魚이다. 《본초本草》에 보면, '배 속에 있는
> 조그만 벌레를 없애면 그 맛이 더욱 좋다'고 했다. 《양생기요養生紀
> 要》에 말하기를, '이것은 허한 것을 돕고 위胃를 힘 있게 해준다. 등 위
> 에는 등마루 뼈가 열두 개 있는데, 뼈에는 독이 있어 사람을 죽인다.
> 모름지기 이것을 모두 없애야 한다'고 했다.
> 세상에 전하기를, 이것은 천자가 좋아하는 것이어서 천자어天子魚라
> 고 부르기도 한다고 했다. 상고하건대 '鱖'의 음은 '궤'이다. 세상에서
> 이것을 입성入聲으로 읽어 '궐'이라고 하는 것은 잘못이다.

민물에서 나는 물고기 쏘가리에 대한 설명이다. 쏘가리를 금린어, 천
자어라고도 부르는 것을 알 수 있고 독을 없애고 먹는 방법, 한자 이름
읽는 법까지 설명해놓았다. 쏘가리에 대한 정보를 두루 싣고 있어 매우
유용하다. 이 글을 쓴 사람은 다방면의 전문가여야만 할 것 같다. 그렇지
만 잘 살펴보면 《본초》와 《양생기요》의 정보를 인용하고, 세간에 전하는

말도 덧붙인 것이다. 사실은 정보를 수집하고 정리하는 능력이 탁월한 사람이라는 것을 알 수 있다.

이 내용은 이수광李睟光이 지은 《지봉유설芝峯類說》의 〈금충부禽蟲部〉에 나온다. 금충부는 새와 네 발 달린 짐승, 물고기와 조개, 곤충과 벌레를 다룬다. 많은 대상을 다루지는 않지만 다양한 책을 인용하여 정보를 축적해놓았다. 어떤 것은 그에 얽힌 전설 같은 것도 다루어 흥미롭다. 동물도감, 식물도감, 지리도감을 한데 묶어놓은 것 같다.

《지봉유설》은 우리나라 최초의 백과사전이다. 백과사전이라고 정확하게 이야기하기에는 조금 어긋나는 부분도 있지만, 백과사전식 서술 형태를 유지하고 있으니 초기 수준의 백과사전이라고 보면 되겠다. 《지봉유설》에서 '지봉芝峯'은 책의 저자 이수광의 호이고 '유설類說'은 종류별로 설명해놓는다는 뜻이므로 '지봉 이수광이 지은 백과사전식 책'이라고 해석할 수 있다.

이수광은 1614년에 이 책을 썼고, 그가 세상을 떠난 후에 아들 이성구李聖求와 이민구李敏求가 1634년에 책으로 출판하였다. 《지봉유설》에는 25개 부문을 전체 3,435조목으로 다루고 있다. 참고서적으로 인용한 것과 보고 들은 것은 반드시 그 출처를 밝히고, 자신의 의견도 붙여놓았다.

잊히지 않게
기록하라

이 책을 지은 목적을 이수광은 "우리나라에 박학한 선비가 많지만 전기傳記가 별로 없고 문헌에 찾을 만한 것이 적어 애석하고, 세상에 전하여야 할 사적事蹟들이 거의 다 사라져버려 한두 가지씩을 대강 기록하여 잊지 않도록 대비하려는 것"이라고 말했다. 대신 신비하고 괴이한 일은 일체 기록하지 않았다고 했다.

책은 왜 인류 문명 발달의 중요한 요소일까? 책은 지식의 축적을 가능케 하기 때문이다. 이수광도 중요한 지식 정보를 기록해두지 않아 시간이 흐르면 잊히는 것을 염려했다. 당시 중국은 박학과 잡학에 대한 관심이 크게 일어났고 출판도 발달했다. 다양한 지식 정보를 책으로 출판하여 지식이 축적되고 확산되는 현상이 나타났다. 이수광은 명나라 외교 전문가로 세 번이나 북경에 다녀오면서 출판문화의 확산과 지식 축적을 유심히 관찰했을 것이다.

그는 1611년에 140일 동안이나 북경에서 장기 체류하면서 서양에서 들어온 과학 기술 서적 등을 보고, 북경에 와 있던 유구국의 사신과 섬라국 사신도 만나며 명나라와 외교 관계를 맺고 있는 세계 여러 나라에 대해서도 인식했다. 당시 서양에 대해 가장 많은 정보를 축적한 조선 문인이 이수광이었을 것으로 추정된다.

《지봉유설》은 당시 명나라의 서적과 조선의 다양한 자료를 참고하여 각 분야의 정보를 폭넓게 소개했다. 특히 동남아시아와 서양에 대한 정보를 빠르게 입수했다. 1603년에는 북경에 있던 서양 선교사 마테오리치가 만든 세계지도 〈곤여만국전도坤輿萬國全圖〉가 조선에 들어왔는데, 이수광은 이에 대한 정보도 다루고 있다.

이 세계지도는 세상의 중심이 중국이 아니라는 것을 알려주고, 중국 중심에서 벗어나 보다 넓은 세계를 인식할 수 있게 해주었다. 중국 중심의 세계관에서 벗어나게 되면서 조선의 주체성을 더 확고히 할 수 있었다. 세계의 중심이 중국이 아니라는 지도를 처음 본 기분은 어땠을까. 마치 우주 공간에서 바라본 지구가 창백한 푸른 점에 불과하다는 것을 깨달은 기분과 비슷하지 않을까.

이수광은 누구보다 앞서 세계를 인식하고 있었다. 명나라의 문물과 제도에 대한 관심은 조선의 경제와 군사 발전, 민생 안정으로 이어졌다. 그의 세계 인식은 《지봉유설》에서 서양의 문물과 문화를 소개하는 것으로 결실을 맺는다.

> 영결리국永結利國은 육지에서 서쪽 끝으로 멀리 떨어진 바다에 있다. 낮이 굉장히 길어서 겨우 2경更이 지나면 곧 날이 밝는다. 그 풍속은 오직 보릿가루를 먹으며, 가죽으로 된 갑옷을 입고, 배로 집을 삼는다. 배는 사중四重으로 만들어서 쇳조각으로 안팎을 둘러쌌으며, 배 위에 수십 개의 돛대를 세우고 선미船尾에 바람 내는 기계를 설치했다.

(…) 일본에서 표류하여 우리나라의 흥양興陽 경계에 도착하였다. 그 배가 지극히 높고 커서 층루의 큰 집과 같았다. 우리나라 군사가 쳐서 깨뜨리지 못하고 물러가게 하였는데, 뒤에 일본 사신에게 물어서 그것이 영결리의 사람인 것을 알았다.

여기에서 나오는 영결리국은 지금의 영국이다. 책은 영국의 위치와 풍속과 특징을 설명했는데, 특히 선박의 규모와 기능을 구체적으로 기록했다. 또 이수광이 직접 본 영국의 선박과 사람에 대해서도 설명했다. 이수광은 유럽 여러 나라의 정보를 다루면서 중국 중심의 사고에서 벗어나려는 모습을 보였다. 또 조선의 학술과 문화가 중국과 견줄 만하다는 자부심을 드러내기도 했다. 명나라에서 유행하는 유서類書의 영향을 받았지만 이를 비판적이고 주체적으로 받아들였다.

이수광은 빠르고 다양하게 정보를 수집하고 그것을 정확하고 신중하게 정리하는 태도를 보였다. 《지봉유설》의 소식을 듣고 달려가 본 김현성이 서문에 남긴 글은 마치 지금 스마트폰을 들고 검색하는 우리의 모습을 그린 것 같다.

"이것을 읽는 사람으로 하여금 총명을 개발하고 지혜를 더욱 진보하게 하니, 귀머거리에게 세 개의 귀가 생기고, 장님이 네 개의 눈을 얻는 것과 같아 탄복하지 않을 수 없다."

조선 최고의 식객
허균의 《도문대작》

"나의 외가는 강릉이다. 그곳에는 방풍이 많이 나는데, 2월이면 그
곳 사람들이 해가 뜨기 전에 이슬을 맞으며 처음 돋아난 싹을 딴다.
곱게 찧은 쌀로 죽을 끓이는데, 반쯤 익었을 때 방풍 싹을 넣는다. 다
끓으면 차가운 사기그릇에 담아 뜨뜻할 때 먹는데 달콤한 향기가 입
에 가득하여 3일 동안은 가시지 않는다. 세간에서 먹을 수 있는 상품
上品의 진미이다. 나는 뒤에 요산堯山에 있을 때 시험 삼아 한번 끓여
먹어보았더니 강릉에서 먹던 맛과 비교하면 어림도 없었다."

강릉 지역에서 나는 방풍의 새싹으로 죽을 끓인 것이니 이 음식이 무
엇인지 힌트가 나온 셈이다. 이 음식의 이름은 방풍죽防風粥이다. 이름조
차 생소한 방풍죽은 흔히 먹는 죽은 아닌 것 같다. 죽 전문점이 많은 요
즘에도 생소한 이름이다. 이 죽은 조선시대 허균許筠이 좋아했던 음식이
다. 그가 지은 우리나라 최초의 음식 품평서인 《도문대작屠門大嚼》에 나오

는 첫 번째 음식이기도 하다.

푸줏간 앞에서
입맛을 다시다

《도문대작》에는 방풍죽을 시작으로 과일, 해산물, 서울에서 먹는 사시사철의 계절 음식과 밀병蜜餠에 이르기까지 다양한 음식이 실려 있다. 일반 요리서나 음식 소개서가 아니라 허균이 조선 팔도를 두루 다니며 직접 먹어보고 어느 고장의 음식이 제일 맛있는지 특산지 중심으로 소개하고 품평한 것이 특징이다. 읽다 보면 절로 군침이 돈다.

요즘이야 누구나 음식에 관심이 많으니 이런 음식 품평서가 새로울 것도 없어 보이지만, 조선시대에 음식을 품평한다는 건 흔치 않은 일이었다. 허균이 최초의 음식 품평서를 쓴 것만 보아도 알 수 있다.

그렇다면 허균은 어떤 상황에서 이 책을 썼을까? 허균은 과거 시험에서 조카사위를 부정 합격시켰다는 이유로 1611년 43세의 나이에 전라도 함열(지금의 익산)로 유배를 가게 되었다. 바로 그 낯선 바닷가에서 자신의 처지를 돌아보며 《도문대작》을 썼다. 그는 유배 기간 동안 쌀겨조차 제대로 먹지 못하고 상한 생선이나 감자 같은 것을 먹었는데, 그것마저도 제때 먹지 못해 굶주린 배로 밤을 지새운 적이 많았다고 고백했다.

그러다 보니 지난날 산해진미를 질리도록, 먹기 싫을 때까지 먹던 때를 생각하며 다시 한번 맛보고 싶은 마음이 간절하다고 기록했다. 그래서 책 이름을 '푸줏간 앞에서 입맛을 다시다'라는 의미의 '도문대작屠門大嚼'이라 고 지은 것이다.

먹어봤던 맛있는 음식을 머릿속으로 떠올리기만 한 것이 아니라 본격 적으로 글로 쓰기 시작한 허균은 《도문대작》을 지은 이유를 세 가지로 밝 힌다. 첫째, 허균의 집안은 명문가이다. 전국에서 맛있는 음식을 예물로 바치는 사람들이 많아서 어릴 때부터 온갖 진귀한 음식을 고루 먹을 수 있었다. 둘째, 잘사는 집에 장가들어서 산해진미를 다 맛볼 수 있었다. 셋째, 임진왜란 때 북쪽으로 피난 갔다가 강릉으로 돌아오면서 기이한 해산물을 골고루 맛보았고, 벼슬길에 나서면서 남북으로 다니며 전국의 별미를 모두 먹어볼 수 있었다.

권세 있는 아버지 덕분에, 부잣집 사위가 되어서, 임진왜란으로 피난 을 가다가, 벼슬길로 전국을 다니다가 조선 팔도의 맛있는 음식을 다 먹 어본 허균. 과연 음식 품평서를 쓰지 않을 수 없을 안목을 갖추었을 것이 다. 그 대단한 정보를 혼자만 간직하는 것도 아까운 일이긴 하다.

> "청어는 네 종류가 있다. 북도에서 나는 것은 크고 배가 희고, 경상도 에서 잡히는 것은 등이 검고 배가 붉다. 호남에서 잡히는 것은 조금 작고, 해주에서는 2월에 잡히는데 매우 맛이 좋다. 옛날에는 매우 흔 했으나 고려 말에는 쌀 한 되에 40마리밖에 주지 않았으므로, 목로

(牧老, 이색李穡을 가리킴)가 시를 지어 그를 한탄하였으니 즉, 난리가 나

고 나라가 황폐해져서 모든 물건이 부족하기 때문에 청어도 귀해진

것을 탄식한 것이다. 명종 이전만 해도 쌀 한 말에 50마리였는데 지

금은 전혀 잡히지 않으니 괴이하다."

　　허균은 조선 팔도에서 청어의 맛을 보고는 함경도, 경상도, 호남, 황해

도 해주 넷으로 나누어 특징을 설명했다. 청어 설명만 보아도 북쪽부터

남쪽까지, 동에서 서에 이르기까지 두루 다니면서 먹어보았다는 것을

짐작할 수 있다. 그는 가장 맛있는 청어로 해주에서 잡히는 것을 꼽았다.

2월에 잡힌다는 해주의 청어는 어떤 맛일지 맛보고 싶은 생각이 든다.

그런데 허균이 살았던 시대에도 청어가 잘 잡히지 않았나 보다. 최근 국

내 연안에서 청어가 한 동안 잘 잡히지 않아 꽁치로 과메기를 만들게 되

었다고 하는데, 청어의 품귀 현상은 하루 이틀 일이 아니었던 듯싶다.

조선의
맛을 알리다

　　　　　　　　《도문대작》은 다양한 종류의 산해진미를 다루고

있는데, 그중에는 중국에서 전래된 음식이나 중국 요리법, 중국인과 입

맛을 비교하는 대목도 있다. 임진왜란 때 중국인들이 조선에 자주 왔고

허균이 개인적으로 그들과 깊이 사귀었기 때문에 입맛도 설명할 수 있었

을 것으로 추정된다. 그중에는 임진왜란 당시 명나라 군대에서 전해진 음식에 대한 기록도 있다.

허균은 황화채黃花菜라는 나물을 소개하면서, 의주 사람이 중국인에게 배운 음식으로 매우 맛있다고 설명했다. 황화채는 원추리 꽃으로 만드는 요리인데, 원추리 잎만 먹을 뿐 꽃은 먹지 않던 조선에는 없는 음식이었다. 1593년 명나라 군대의 막부에서 학문을 토론하기 위해 참석했던 이정귀가 명나라 문인 왕군영에게 식사 초대를 받고 처음 맛본 음식이다. 이정귀는 왕군영에게서 황화채의 요리법과 효능을 배워《임진피병록壬辰避兵錄》에 기록했는데, 이는 황화채에 대한 국내 최초의 기록이다.

당시 많은 명군이 조선에 주둔하고 있었던 터라 자연스레 그는 명나라의 유행에도 관심이 깊었다. 명나라는 상업 경제가 발전하면서 소비 풍조가 성행했다. 특히 미식에 대한 욕망을 자극해 음식 문화도 발달하고 음식 관련 서적이 대거 출판되었다.

문인들이 음식 관련 책을 쓰는 것도 유행했다. 당시 중국에 관심을 가지고 자주 접촉했던 문인들은 이런 현상을 인지하고 있었을 것이다. 허균 역시 조선에도 중국 못지않게 다양하고 맛있는 음식이 많다는 사실을 알리고 싶어 했다.

허균이《도문대작》을 쓴 이유는 자신의 미식에 대한 관심과 명나라의 음식 문화에 대한 이해를 해설하는 데만 있는 게 아니었다. 저술 의도에 '식욕과 성욕은 인간의 본성이다'라고 분명히 전제하는 것만 봐도 알 수 있다. 성리학 사상을 바탕으로 하는 조선 사회에서 인간은 식욕과 성욕을 자제하고 예를 따라야 했다. 그래서 음식의 맛을 추구하는 것은 그릇된 행동이었다. 공자도 '단사표음單食瓢飮', 곧 도시락밥과 표주박 한 그릇의 물이면 충분하다고 생각했고, 그런 공자님의 말씀을 따르던 때가 조선시대였다.

맛을 통해
긍정하고 탐구하다

인간의 욕망 중에 가장 큰 것이 음식에 대한 욕망 아닐까? 사회적인 분위기가 음식을 탐하지 못하게 할지라도 인간은 맛있는 음식을 순순히 포기하지 않을 것이다. 미식에 대한 관심을 드러내놓고 표현하지는 못하더라도 개인적으로는 즐겼을 것이다.

허균은 절제와 금욕을 강요하는 조선시대에 살았다. 봉건 도덕과 허위의 억압으로부터 벗어나 인간의 본성을 긍정하고 개성의 표출을 주장했던 그는 시대의 속박에서 벗어나려는 욕구를 여러 방법으로 표현했다. 그중에서도 특히 식욕의 긍정을 통해 억압과 규율에 저항하려고 했던 것은 아닐까.

1569년(선조 2년)에 태어나 임진왜란과 당파의 소용돌이 속에서 살다가 1618년(광해군 10년)에 역모로 무고를 당하고 재판도 받지 못한 채 억울한 죽임을 당한 허균. 그는 《도문대작》을 통해 미식 그 자체에 탐닉하기보다 음식을 통해 인간의 본성을 긍정하고 개성을 존중하며 개인의 자유를 발현하려 했다.

2018년은 허균이 세상을 떠난 지 400년이 되는 해이다. 허균에게 맛이란 무엇이었을까? 무덤 속 허균을 깨워 물어볼 수는 없지만, 400년 전 맛에 대한 의미는 어떤 것이었을지 좋아하는 음식 한 그릇을 놓고 생각해볼 수 있지 않을까.

선비, 꽃을 즐기다

조선의 선비가 북경에 사신으로 갔다. 북경에는 이 선비와 친하게 지내는 명나라 관리 웅화熊化가 기다리고 있었다. 두 사람은 오랜 시간 국경을 넘어 우정을 쌓아온 사이였다. 웅화는 조선의 선비를 자신의 집에 초대하여 식사를 대접하고는 차를 마시면서 황제에게 받은 귀한 물건을 보여주었다.

"이것이 바로 황제께서 옆에 두고 직접 감상하시던 매화입니다. 귀한 것이니 잘 보십시오."

선비는 매화를 살펴보았다. 흰색에 붉은 기운이 비치는 보기 드문 홍매였다. 게다가 홑겹이라 매화의 기품이 더욱 고상했다.

"이렇게 기품 있는 매화는 처음 봅니다. 조선에서는 볼 수 없는 매화로군요. 이렇게 귀한 매화를 제가 조선에 가지고 가서 두고두고 보고 싶습니다."

선비의 말에 웅화는 매화의 사연에 대해 설명했다.

"이 매화는 제가 황제의 명령으로 시를 지어 바치고 상으로 하사받은 귀한 것입니다. 황제께서 옆에 두고 직접 감상하던 것이라 더욱 귀한 것이지요. 또한 홍매는 중국에서도 단엽單葉이 무척 드뭅니다."

웅화의 설명을 들은 선비는 잠시 고민하다가 다음과 같이 제안했다. "그렇게 귀한 매화를 제가 함부로 달라고 하는 것은 도리가 아니군요. 하지만 제가 조선에 돌아가서도 이 매화를 보지 못하면 오래 그리워하다가 병이 날 것 같습니다. 지금 우리 둘이 바둑 내기를 해서 이기면 제가 매화를 가지고 가기로 하고, 지면 포기하겠습니다. 어떻습니까?" 웅화는 선비의 제안을 받아들여 바둑 내기를 했다. 결과는 선비의 승리였다. 웅화는 황제에게 하사받은 매화를 선비에게 주면서 두 사람의 우정을 영원히 기리기로 하였다.

이 이야기의 주인공은 조선의 월사月沙 이정귀와 명나라의 웅화다. 두 사람은 외교 관계로 인연을 맺은 후 오랜 기간 우정을 이어갔다. 1616년에 이정귀가 광해군의 어머니인 공빈 김씨를 왕후로 추존하는 공성왕후의 면복을 주청하러 북경에 갔다가 웅화와 만나 매화를 얻어왔다.

흰 매화는 홑겹이 흔했으나 붉은 매화는 홑겹이 매우 귀하다고 한다. 이정귀가 얻어온 이 매화는 홍매라고는 하지만 꽃잎이 붉은 색이라기보다는 흰색에 붉은 기운이 은은하게 돌아 더욱 귀한 매화였다. 이 매화는 중국에서도 귀한 품종이며 당시 중국의 신종神宗 황제가 직접 감상하던 매화라서 가치가 매우 높았다.

꽃과 함께 오다

이정귀가 매화를 조선으로 가지고 와서 심자 소문을 들은 조선의 선비들이 이 꽃을 서로 얻으려 할 정도였다. 이정귀의 호인 월사를 붙여 '월사매月沙梅'라는 이름이 붙었다. 북경 황실의 정원인 곤명원에서 자라 악록선인鄂錄仙人이라는 이름으로도 불렸다고 한다.

중종 때 간행된 지리서《신증동국여지승람新增東國輿地勝覽》은 다음과 같이 소개했다. "이정귀의 집은 연화방에 있다. 사당 앞에 단엽홍매單葉紅梅가 있는데, 곧 중국인이 공에게 선사한 것이다. 우리나라에서 홍매화가 단엽인 것은 이 한 그루뿐이다."

현재 월사매는 이정귀의 사당과 창덕궁 안에서 자라고 있다. 이처럼 명나라로 사신을 다녀온 조선 선비들이 꽃을 얻어오는 일이 적지 않았다.《어우야담》을 지은 유몽인도 명나라에서 난초를 선물 받았는데 먼 길을 가는 도중 분명히 죽이게 될 것이니 가져갈 수 없다며 사양했지만, 명나라 사람은 몇 번이나 가져가라고 권했다.

또 1602년에 고부천高傅川이 명나라에 갔다가 희종熹宗 황제에게서 홍매화를 하사받아 키웠다는 기록이 전한다. 고부천이 들여온 매화는 현재 전남대학교 교정에서 자라고 있다. 당시 외교 업무로 명나라를 방문한 조선 선비에게 으레 꽃을 선물하는 것이 유행이었던 것으로 보인다.

지금처럼 비행기를 타고 다니는 길도 아니고 최소 한 달 이상 걸리는 여정에 꽃을 가지고 와서 키우는 것은 쉬운 일이 아니다. 더구나 중국과 조선의 토양이 달라 중국의 꽃을 조선에서 잘 키우는 것도 힘들다. 그래서 유몽인은 난초를 극구 거절하며 가져가지 않겠다고 하지 않았을까.

때는 바야흐로 가을이 이미 저물어	是時秋已暮
서리 맞은 국화가 많이도 피었어라	霜蘂紛芳華
짙은 황색에다 보드라운 백색으로	濃黃與嫩白
곱디고운 꽃잎들이 서로 기우뚱	粲粲相欹斜
우리나라에선 보지 못한 것이요	吾邦未曾見
중국에서 또한 많지 않은 품종이지	中土亦無多
그중 하나는 이름이 은작약이고	一名銀芍藥
그중 하나는 이름이 첩설라인데	一名疊雪羅
빛깔이 모두 눈보다도 더 하얗고	色皆白勝雪
환하기는 마치 흰 비단을 자른 듯	皎如剪霜紗
그중 하나는 이름이 금기린인데	一曰錦麒麟
황금빛 꽃잎이 또렷또렷 분명하고	的的黃金葩
그중 하나는 이름이 장원홍인데	一曰壯元紅
밝게 빛나 자색 안개 피어나는 듯	焯灼蒸紫霞
게다가 또 미인홍이란 게 있는데	又有美人紅
마치 술 취한 미인의 얼굴과 같지	怳若嬌顏酡
금뉴와 은대라는 품종도	金鈕與銀臺

그 자품이 모두 보통 것과 다르니	姿品皆殊科
아무리 보아도 전혀 싫증이 안 나	相看殊不厭
해가 기울 때까지 마주하고 있었네	對之至日斜

이 시는 이정귀가 1604년에 북경으로 사신을 갔다가 돌아오는 길에 사하沙河를 지나다가 유국동劉國棟이라는 중국인의 집에서 본 국화에 관한 감상을 쓴 것이다. 조선에서는 보지 못한 것이요, 중국에서도 귀한 품종이라 놀라면서 이름과 특징을 줄줄이 설명하고 있다.

이 시에서 나열하고 있는 국화의 이름은 은작약, 첩설라, 금기린, 장원홍, 미인홍, 금뉴, 은대이다. 이름이 무척 생소하다. 조선 문인들 중에서는 이 이름을 언급한 사람이 없는데, 김정희의 시 〈추일만흥秋日晚興〉에서 장원홍이 한 번 등장할 뿐이다.

아는 만큼 보인다, 오래 보아야 사랑스럽다

이정귀는 어떻게 지나는 길에 본 국화의 품종을 바로 알 수 있었을까? 아마도 국화에 대한 사전 정보가 충분했기 때문에 꽃을 보면서 바로 품종을 구분하고 특징을 파악했을 것이다. 또 유몽인이 가는 길에 죽일 게 분명하니 난초를 가져갈 수 없다고 거부하는 것에 비해 이정귀는 분명히 꽃을 피울 수 있다는 자신감을 보이고 있다. 국화의 품종을 한눈에 알아보는 감식안을 갖춘 것은 물론이요, 국화의 재배 방법까지도 잘 알고 있었기 때문에 가능했을 것이다.

당시 명나라에서는 꽃을 키우는 취미가 유행했고, 식물도감에 해당하는 책이 많이 출판되었다. 국화의 도감이라고 할 수 있는《국보國譜》도 조선에 널리 소개되었다. 하지만 이 시기의 조선에서는 한중 교류의 일선에 있었던 몇몇 문인들이 관심을 가지고 있었을 뿐이다.

성리학 사상을 바탕으로 하는 조선시대 양반들에게 꽃이란 인격 수양과 덕성 함양의 수단일 뿐이었다. 그래서 선비의 정신을 상징하는 매화, 난초, 국화, 연꽃 등이 주로 사랑받았다. 꽃이 가지는 상징성에만 중점을 두고, 꽃 자체의 아름다움을 즐기지 못하게 한 것이다. 그러나 조선 후기에 들어 꽃을 키우는 것이 유행하면서 꽃 자체의 아름다움을 즐기는 문화가 생기기 시작했고 취미로 즐길 수 있는 계기가 마련되었다. 꽃을 꽃 자체로 대할 수 있는 문화가 이때 시작된 셈이다. 덕분에 우리는 꽃에 씌워진 성리학의 단단하고 무거운 껍데기를 벗기고 봄·여름·가을·겨울을 보내면서 꽃마다 지닌 개성과 아름다움을 마음껏 즐길 수 있게 되었다.

PART 3

경제와 세계

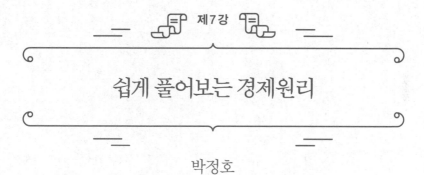

쉽게 풀어보는 경제원리

박정호

연세대학교 경제학과를 졸업하고 동 대학원에서 경제학을, KAIST 대학원에서 경영학을 공부했다. 현재 명지대학교 특임교수로 있다. KDI(한국개발연구원)에 전문연구원으로 재직한 바 있으며, 현재 한국인적자원개발학회 부회장, 인공지능법학회 상임이사, 세종시 지역산업발전위원 등으로 활동하고 있다. 문득 디자인을 통한 혁신 창출에 관심이 생겨 홍익대 대학원에서 산업디자인을 공부하기도 했고, 한국디자인단체총연합회 사무총장, 광주디자인비엔날레 큐레이터 등을 역임했다. 현재 MBC 라디오 〈이진우의 손에 잡히는 경제〉, SBS CNBC 〈임윤선의 블루베리〉 등에 고정 패널로 출연 중이다. EBS 〈TESAT 경제강의〉 등 다양한 매체와 주요 공공기관, 기업에서 보통 사람들을 위한 교양 경제 강의를 한다. 지은 책으로 《아주 경제적인 하루》 《경제학을 입다 먹다 짓다》 《한국사에 숨겨진 경제학자들》 등이 있다.

첫사랑이 기억에 오래 남는 이유

한계이론

　모든 사람은 행복을 추구하며 살아간다. 경제 언어로 바꿔 말하자면 모든 경제주체는 자신의 만족을 극대화하기 위해 노력한다. 그런데 우리가 자신의 행복이나 만족을 높이려는 방식이 극단적인 선택이 아니라 단계적이며 점진적인 선택이라는 사실에 주목해야 한다. 예를 들어, 저녁을 맛있게 먹는 방법이 굶거나 폭식을 하는 등 극단적인 선택만 있는 건 아니다. 밥을 한 숟가락 더 먹을지, 반찬을 더 먹을지, 어떤 반찬을 한 번 더 먹을지 결정하는 과정에서 맛있는 저녁식사라는 목표를 달성한다. 경제학에서는 이러한 접근 방식을 '한계적marginal'이라고 표현한다.

합리적 결정의 근거, 한계적 접근 방법

　　　　　'한계'란 특정 경제 행위를 한 단위 추가하는 것

을 의미한다. 따라서 '한계비용Marginal Cost ; MC'은 특정 경제 행위를 한 단위씩 더해서 늘어나는 비용을 의미하며, '한계수익Marginal Revenue ; MR'은 특정 경제 행위를 한 단위 더해서 추가되는 수익을 의미한다. 한계비용과 한계수익의 개념은 개인 차원에서는 자신의 만족을 극대화할 방법을 제시할 뿐만 아니라, 기업 차원에서는 가장 저렴한 비용으로 물건을 생산하는 방법 또는 이윤을 극대화할 방법을 제시한다. 따라서 우리가 합리적인 결정을 내릴 수 있는지는 한계적 접근법에 따른 '한계분석의 원리Principles of Marginal Analysis'를 얼마만큼 정확히 숙지하고 있는지에 달려 있다.

커피숍을 예로 들면, 커피 한 잔을 추가로 판매하는 행위를 한계행위라 할 수 있다. 여기에서 한계수익은 커피 한 잔을 판매해서 벌어들이는 수입에 해당하는 커피 한 잔 가격을 의미하며, 한계비용은 커피 한 잔을 만들기 위해 추가로 투여된 전기료, 수도료, 인건비 등을 의미한다. 만약 커피 한 잔을 만드는 데 투여한 비용인 한계비용이 커피 한 잔을 팔았을 때 얻게 되는 수익인 한계수익보다 적다면 커피를 한 잔이라도 더 파는 것이 이익이다. 반대로 커피 한 잔을 만드는 데 투여된 비용인 한계비용이 이를 판매해서 얻게 되는 한계수익보다 많다면 한계비용과 한계수익의 차액만큼 손해를 보게 된다.

이러한 상황에서 한계비용이 한계수익보다 적다면 커피숍 주인은 계속해서 커피를 판매할 것이다. 그러다 한계비용이 한계수익보다 많아지면 바로 판매를 중단해야 한다. 그래야 손해를 막을 수 있기 때문이다. 따라서 한계수익과 한계비용이 같아지는 수준까지 커피를 생산한다면 커피숍 주인은 가장 높은 이윤을 달성할 수 있다.

백화점의 매장 크기를 결정할 때에도 한계분석의 원리는 유용하다. 한계비용과 한계수익이 같아지는 수준에서 매장 면적을 결정하면 이윤의 극대화를 달성할 수 있다. 여기에서는 매장을 한 평씩 넓히는 것을 한계행위라 할 수 있다. 매장 면적을 한 평 넓히면 매장이 그만큼 눈에 잘 띄어 더 많은 손님이 해당 매장으로 유입되고 매출은 늘어날 것이다. 따라서 매장 한 평을 넓혀서 고객이 추가로 매장으로 유입되고 이로 인해 증가한 매출액이 한계수익에 해당한다. 하지만 매장을 무작정 넓힐 수는 없다. 매장을 넓히려면 증가한 매장 평수만큼 임대료가 상승한다. 따라서 매장 크기를 한 평 늘리는 과정에서 추가로 지급하는 임대료가 한계비용에 해당한다.

합리적인 가게 주인이라면 한계비용과 한계수익을 비교해야 한다. 매장 크기가 작을 때는 매장을 한 평 넓혀서 유발되는 비용보다 고객의 눈에 잘 띄어 매상이 올라가는 효과가 더 클 수 있다. 이런 상황에서는 매장을 한 평씩 넓히는 것이 보다 높은 이윤을 달성하는 방법이다. 하지만 매장이 일정 수준 이상으로 커지면 고객을 추가로 유인해서 얻는 매출증대 효과는 줄어들고, 오히려 추가로 부담해야 하는 임대료만 높아질 수 있다. 이렇게 되면 매장 크기를 줄여야 한다. 따라서 가장 높은 이윤을 가져다주는 매장 크기는 한계수익과 한계비용이 같아지는 수준에서 결정된다.

한계이론은 소비자 입장에서도 유용하다. 가장 큰 만족을 달성할 수 있는 소비활동을 알려주기 때문이다. 패스트푸드점에서 콜라와 핫도그를 먹을 때 얻을 수 있는 만족감을 수치로 표현할 수 있다고 가정해보자. 둘 중 어떤 것을 선택해야 가장 높은 만족감을 얻을 수 있을까? 핫도그 하나를 먹을 때보다 콜라 한 잔을 마실 때 만족감이 높으면 콜라를 마셔야 한다. 반대의 경우에는 핫도그를 먹어야 한다. 하지만 이 과정에서 우리는 한 가지 요인을 더 고려해야 한다. 바로 콜라와 핫도그의 가격이다. 만약 콜라가 핫도그보다 가격이 높으면 콜라를 마시는 것이 핫도그를 먹을 때보다 더 큰 만족감을 주었다고 말하긴 어렵다. 콜라가 핫도그보다 더 큰 만족을 주었더라도 더 큰 비용을 지불했다면 오히려 핫도그를 구매하는 것이 비용 대비 더 큰 만족감을 얻는 방법이기 때문이다.

첫사랑과
경제적 의사결정의
상관관계

일반적으로 한계효용은 특정 제품의 소비량이 늘어남에 따라 점차 체감한다. 콜라를 많이 마시면 처음 느꼈던 청량감은 점점 사라지고 결국 더부룩한 포만감만 느끼게 되는 시점이 오는데, 이는 소비량이 늘어남에 따라 한계효용이 점차 줄어들기 때문이다. 콜라 한 잔을 더 마시는 한계행위를 할 때마다 누리게 되는 효용이 점차 줄어드는 것이다. 경제학은 이와 같이 특정 제품이 추가로 소비됨에 따라 한계효용이 점차 감소하는 현상을 '한계효용 체감의 법칙Law of Diminishing Marginal Utility'이라 부른다.

첫사랑에 남다른 의미를 부여하고 첫사랑의 애틋함을 간직하는 이유도 한계효용 체감의 법칙과 연관이 있다. 인생에서 처음으로 이성에게 사랑의 감정을 느꼈을 때, 그 감정은 가장 강렬하게 기억된다. 이후 몇 차례 연애를 경험하면, 점점 사랑하는 사람에 대한 간절함이나 애틋함도 무뎌진다.

하지만 모든 제품이 한계효용 체감의 법칙을 따르는 것은 아니다. 어떤 제품은 소비자의 소비량이 증가함에 따라 한계효용이 체증하는 경우도 있다. 이러한 현상은 소비자들이 해당 제품의 사용량을 늘릴수록 해당 제품에 점차 익숙해져서 효용이 높아지는 상황에서 쉽게 목격된다.

스키는 한계효용이 체증하는 대표적인 사례다. 스키를 처음 배울 때는 즐거움보다 넘어지거나 속도에 대한 두려움이 훨씬 크다. 왜 스키가 재밌는지 공감하지 못하는 사람들도 많다. 하지만 스키를 타면서 스릴 있고 재미를 느끼는 순간에 이르면 두려움보다는 즐거움이 더 커진다.

블로그도 좋은 사례다. 블로그 운영 초기에는 상대적으로 재미가 적을 것이다. 블로그를 운영한다는 사실을 아무도 모를 뿐만 아니라 원활히 운영하기 위한 다양한 기능들도 익숙지 않기 때문이다. 하지만 조금씩 이용 횟수가 늘고 사용량이 증가하면서 해당 블로그는 점점 남다른 공간으로 변모한다. 비록 타인의 방문이 거의 없는 공간이라 하더라도 자신의 기록들을 담은 다양한 사진과 글들을 차곡차곡 모아둔 이곳은 이제 쉽게 버릴 수 있는 공간이 아니다. 물론 이 과정에서 친구와 지인들의 방문율이 높아졌다면 블로그 운영이 주는 의미는 남다르다. 해당 블로그에 투여한 시간과 비용이 많아지면 많아질수록, 즉 해당 제품의 소비량을 늘리면 늘릴수록 그로 인한 한계효용은 더욱 높아지는 것이다.

앞서 설명한 일련의 사례들을 통해 일상생활을 되돌아보면 자신이 내리는 경제적 의사결정이 대부분 '어떻게 하면 나의 이익을 극대화할 수 있을까?' 하는 고민에서 출발하는 경우가 많다. 그리고 이러한 고민을 실천할 때 단계적이고, 점진적인 방식인 한계적 접근을 활용한다. 이러한 차원에서 한계이론은 어쩌면 우리가 가장 행복한 삶을 살아가는 원리를 설명하는 이론이 아닐까 싶다.

이유 없는 선택은 없다

기회비용과 매몰비용

삶은 선택의 연속이다. 때로는 하나를 선택하기 위해 다른 한쪽을 포기할 때도 있다. TV를 시청하려면 운동이나 독서를 포기해야 하며, 대학원에 진학하려면 취업을 잠시 미루거나 포기해야 한다. 경제학자들은 일찍부터 합리적인 선택을 위해서는 포기 잘하는 방법부터 찾아야 한다는 사실에 주목했다. 이런 과정에서 만고불변의 진리처럼 믿어온 의사결정의 가장 기본적인 원칙에 대한 새로운 시각이 바로 '기회비용'이다.

포기한 것 중
가장 가치가 큰 것과
이미 써버린 것

경제학용어사전에서는 기회비용을 '포기한 대안 중에서 가장 가치가 큰 것'이라고 설명하고 있다. 즉 여러 개의 선택대안이 있을 때 그중 어느 하나를 선택하면 나머지를 포기하는데, 그 포기한 여러 가지 중에서 가장 가치가 큰 것을 기회비용이라고 한다.

우리는 의사결정을 할 때 기회비용이 가장 작아지는 방식으로 효율적인 의사결정을 할 수 있다. 오후 시간을 어떻게 사용할 것인지 고민하는 학생이 있다고 하자. 이 학생의 대안은 ①공부하기 ②남자(혹은 여자)친구와 데이트하기 ③게임하기 등 세 가지다. 이때 공부를 해서 얻는 가치란 A 학점의 성적이 될 것이고, 남자(혹은 여자)친구와 데이트를 해서 얻는 가치는 이성과 만남에서 얻는 즐거움이 될 것이다. 게임을 해서 얻는 가치는 재미일 것이다. 세 가지 대안의 가치를 수치로 표현할 때 그 값이 각각 100·90·80이라면, 공부를 선택하지 않을 경우 기회비용은 각각 100으로 가장 크다. 따라서 공부를 하는 것이 합리적인 선택이 된다.

경제활동 과정에서도 기회비용은 가장 중요하게 고려해야 하는 요인이다. 노동력을 활용한 경우에는 임금을, 자본을 이용한 경우에는 이자를, 그리고 토지를 사용한 경우에는 임대료 혹은 지대를 지불해야 한다. 여기서 한 가지 궁금증이 생긴다. '생산요소를 사용한 대가를 얼마만큼 지불해야 하는가' 하는 것이다. 이 순간에도 중요하게 고려해야 할 기준 중 하나가 기회비용이다.

노동이나 자본을 공급하는 사람들은 기회비용을 부담해야 한다. 노동의 경우에는 여가를 포기해야 하고, 자본의 경우에는 현재의 소비를 포기해야 한다. 따라서 기회비용은 무언가의 가격을 결정하는 데 고려해야 할 중요한 요인이다. 구체적으로 말하자면 기회비용이란 특정 재화나 서비스를 두 가지 이상의 용도에 사용할 수 있을 때 발생하며, 포기한 것 중 가장 가치 있는 것이 기회비용에 해당하기 때문에 기회비용은 가격 측정의 중요한 고려 요인이다.

특정인을 근로자로 계속 고용하려는 사람이 있다고 가정하자. 그런데 해당 근로자는 다른 직장에서 이미 현재 연봉의 1.5배를 약속받고 이직을 권유받은 상태다. 이 경우 이 사람이 지금 다니는 회사를 계속 다니면 이직으로 인한 연봉상승분을 포기해야 한다. 따라서 이 사람을 현재 회사에서 계속 근무하게 하려면 기회비용 이상의 임금을 지급해야만 한다.

기회비용이 의사결정에서 반드시 고려해야 할 요소라면, 절대로 고려해서는 안 되는 것이 있다. 바로 매몰비용이다. 매몰비용이란 이미 발생해 회수할 수 없는 비용을 말한다. 이미 지불해 돌이킬 수 없는 일련의 비용은 미래의 비용이나 편익에 아무런 영향을 미치지 못하는 비용이다. 따라서 경제적 판단이 필요할 때, 이전에 투입된 비용이 합리적으로 지출됐든 비합리적으로 지출됐든 간에 고려할 대상은 아니다.

공연을 보러 갔는데 기대와는 달리 재미없고 지루하다고 느끼면서도 입장료가 아까워서 공연을 계속 봐야 한다고 우기는 사람들이 있다. 그러나 이는 합리적인 의사결정이 아니다. 매몰비용을 무시하고 판단한 결정이 아니기 때문이다. 공연을 끝까지 보든 중간에 그만 보고 나오든 입장료는 이미 지불한 상태다. 따라서 지루함을 참아내며 곤욕을 참기보다 얼른 나와서 재미있는 일을 찾는 것이 만족도는 훨씬 높아진다.

가족과 함께 주말 계획을 세울 때도 매몰비용을 고려해 잘못된 의사결정을 하는 경우를 볼 수 있다. 등산을 좋아하는 가족이 주말에 비가 온다는 일기예보 때문에 등산을 취소하고 썩 내키지 않은 콘서트를 예매했다고 하자. 이 가족은 주말에 날씨가 화창해서 등산하기 딱 좋은 상황이 된다고 하더라도 콘서트 티켓이 환불되지 않는다는 이유로 콘서트장으로 직행할 가능성이 높다. 이 역시 매몰비용을 고려한 잘못된 의사결정이다. 만약 돌이킬 수 없는 비용인 콘서트 티켓의 가격을 배제하고 가족끼리 주말에 즐겁게 보낼 방법을 논의했다면 이 가족은 자신들이 좋아하는 등산을 선택했을 것이다.

매몰비용은 의사결정 과정에서 철저하게 배제해야 할 개념이지만, 기업현장에서는 매몰비용을 심각하게 고려해 잘못된 의사결정을 하는 경우가 종종 있다. 콩코드 여객기 개발 사업이 대표적인 사례 중 하나다.

1969년 프랑스는 초음속 여객기 개발 계획을 발표했다. 많은 국민과 학자가 "천문학적인 비용이 들어가는 콩코드 여객기 개발은 경제성이 없다"며 우려의 목소리를 높였다. 하지만 당시 프랑스 정부는 이미 지급된 금액이 적지 않아 개발 중단을 주저했고, 결국 1976년 콩코드 여객기가 완성됐다. 하지만 기체 결함과 만성적자에 허덕이다가 2000년대 초반 결국 사업은 중단됐다. 이때부터 매몰비용을 고려한 잘못된 의사결정의 오류를 '콩코드 오류'라 부르게 됐다.

기회비용과
매몰비용에 대한
새로운 해석

그동안 수많은 개인 혹은 기업 차원에서 내려진 의사결정은 경제학에서 제시한 기회비용과 매몰비용의 개념을 활용해 이루어졌다. 하지만 최근에는 기회비용과 매몰비용에 대해 새로운 접근과 해석이 나오고 있다.

만고불변의 진리처럼 믿어온 의사결정의 기본 원칙인 기회비용을 고려해 결정하면, 오히려 혁신을 가로막는 폐해가 유발될 수 있다는 지적이 제기되고 있다. 이를 처음 주목한 학자는 1972년 노벨경제학상을 받은 케네스 애로Kenneth Joseph Arrow 교수다. 애로 교수는 이미 업계에서 확실히 자리매김한 기업과 신규기업 중 누가 더 혁신적인 기술 도입에 적극적일지 비교하는 연구를 수행했다. 당시 애로 교수는 독점기업보다는 신규기업이 혁신에 적극적인 태도를 보인다는 연구 결과를 발표했다.

그의 연구 결과에 따르면, 독점적 지위를 누리는 기존 기업은 막대한 수익을 가져다주는 현재의 기술을 포기하고 새로운 기술을 도입할 때 치러야 할 기회비용이 크다. 따라서 독점기업이 신기술을 도입하려면 현재의 기술로 벌어들이는 수익을 초과할 만큼의 수익을 낼 수 있다는 확신이 있어야 한다.

독점기업이 이런 성과를 쉽게 달성하기는 어렵지만 신규기업은 다르다. 신규기업은 신기술을 도입해도 포기해야 할 기존 설비투자나 인력

규모가 크지 않다. 즉 기존의 독점기업에 비해 신기술을 도입할 때 유발되는 기회비용이 작다. 따라서 신규기업이 기존의 독점기업보다 더 혁신적이고 개혁적인 태도를 취하게 된다.

독점기업이 잘못된 의사결정을 한 사례로 흔히 등장하는 회사가 코닥이다. 코닥은 1975년 세계 최초로 디지털카메라를 개발하는 데 성공했지만, 기존 필름 시장을 버리지 못해 쇠퇴의 길로 접어들었다. 당시 코닥 경영진이 신기술인 디지털카메라를 쉽게 받아들일 수 없었던 가장 큰 이유는 신기술 도입으로 인해 포기해야 할 필름 시장에서의 기회비용이 너무 컸기 때문이었다.

빌 게이츠도 자신의 저서에서 스마트폰 출현을 일찍부터 예언했지만 현재 마이크로소프트사는 스마트폰 시장에서 고전을 면치 못하고 있다. 이 회사가 스마트폰 시장에 빠르게 대처하지 못한 가장 큰 이유는 핵심 인력과 기술진을 모바일 쪽으로 옮겼을 때 발생할 기회비용이 컸기 때문이다.

기회비용에 근거한 의사결정이 경영 현장에 가져다줄 폐해는 더 있다. 기회비용은 시장가치에 따라 계산된다. 따라서 의사결정과 관련된 사안들의 시장가치가 바뀔 경우 한순간에 결정이 뒤바뀔 수 있다. 계산 주체 내지 범위를 어디까지 설정하느냐에 따라서도 달라질 수 있다.

예를 들어, 특정 부서를 기준으로 기회비용을 산출할 때 고려해야 할 요인과 회사 전체를 기준으로 기회비용을 산출할 때 고려해야 할 요인은 전혀 다를 수 있다. 피터 드러커 교수는 자신의 저서에서 "제2차 세계대전 이후 미국 기업 중 이익을 거둔 기업은 하나도 없다"고 평가한 바 있다. 드러커 교수의 이런 극단적인 발언은 기업에 투여된 주주들의 자본을 기회비용 관점에서 보다 넓은 범주까지 포괄해 비교한 결론일 것이다.

이와는 반대로 의사결정 과정에서 철저히 배제됐던 매몰비용에 주목해야 한다는 의견도 제기되고 있다. 가장 먼저 매몰비용을 주목한 사람은 클레이튼 크리스텐슨Clayton M. Christensen 하버드 대학교 교수다. 크리스텐슨 교수는 "매몰비용을 배제한 의사결정은 새로운 변화와 시도를 주저하게 만드는 요인으로 작용한다"고 언급한 바 있다.

복사기를 생산하기 위한 업체가 시장 상황을 잘못 판단해 막대한 설비투자를 감행했으며, 설비투자는 돌이킬 수 없는 상황이라고 가정해보자. 이때 복사기 판매가격이 복사기를 생산하는 데 투여되는 추가적인 가변비용보다 크기만 하면 생산을 하는 게 합리적인 선택이다. 예를 들어 복사기 한 대를 추가로 생산하기 위해 100만 원의 비용이 발생하더라도 복사기 판매금액이 100만 원보다 클 경우 그 차액만큼 설비투자로 인한 손실을 줄일 수 있다. 물론 이 같은 의사결정은 앞서 언급한 바와 같이 매몰비용인 설비투자금액을 배제하고 얻어진 결론이라 할 수 있다.

지금도 수많은 경제학자들은 기회비용과 매몰비용 개념뿐만 아니라 우리의 합리적 의사결정을 돕기 위해 기존 개념을 재정립하거나 새로운 이론과 개념을 제시하려 노력하고 있다. 우리가 어떤 분야에서 무슨 일을 하던 간에 경제학이라는 학문에 주목해야 할 이유가 여기에 있다.

전쟁, 금융의 발달을 재촉하다

집안의 대소사에 필요한 소액은 물론 사업자금을 융통하지 못해 전전 긍긍하는 상황은 살면서 누구나 한 번쯤 겪게 마련이다. 이런 예상치 못한 일을 겪으면 반드시 급전이 필요하다. 돈을 빌리고 빌려주는 금융의 가치는 급전이 필요한 상황을 들여다보면 쉽게 이해된다.

역사를 되돌아보면 금융은 절실하게 돈이 필요한 사람들로 인해 발달했다. 특히 사건·사고에 대응하지 못하게 될 경우 그동안 쌓아온 업적은 차치하고 심각하게는 자신과 가족의 생명까지 위협을 받게 될 수도 있는 사람들에 의해서 말이다.

금융은 인간의 불행을 막기 위해 존재한다. 역사상 가장 불행한 사건은 바로 전쟁이다. 칼과 방패를 들고 싸웠던 과거와 달리 과학기술의 발전으로 20세기 이후 전쟁은 막대한 자금이 필요했다. 부의 중심에 선 왕이라 해도 자신의 전 재산을 털어도 군자금을 충당하기 어려울 때가 있었다. 전쟁에 필요한 자금 융통을 모색하는 과정에서 오늘날의 금융체계가 성립됐고 금융상품이 개발됐다.

화폐를 발행하고, 금리를 결정할 권한을 가진 중앙은행의 탄생도 이와 무관하지 않다. 고대의 왕들은 화폐를 발행하는 권한을 자신의 손아귀에 쥐기 위해 금속으로 화폐를 주조했다. 철과 구리 등 화폐의 원료가 된 금속광산은 왕의 소유자산이었기 때문에 화폐 발행을 통제하기 수월했다. 또 금속은 무기의 재료로도 쓸 수 있기 때문에 권력을 유지하는 데 필요한 자산이기도 했다. 뿐만 아니라 전쟁이 터져 자금이 필요할 때에도 신규 화폐 발행을 명령할 수 있었다.

전쟁을 위한 십시일반, 채권

현대사회에서 거대(또는 공적)자금조달을 위한 일반적인 방법은 주식과 채권이다. 채권 역시 전쟁으로 인해 나온 금융상품이다. 채권은 정부, 지방자치단체, 회사 등 자금이 필요한 기관이 불특정 다수를 대상으로 자금을 조달할 때 투자자에게 발급하는 유가증권이다. 즉 채권은 돈을 빌릴 때 자신이 빌린 액수와 사용기간, 그리고 이자와 함께 언제 돌려줄 것인지를 표시한 일종의 차용증서다.

채권의 탄생은 자금을 공급·조달해야 하는 측에서 보면 일종의 혁명이었다. 은행대출 이외에도 불특정 다수에게 필요한 자금을 빌릴 또 하나의 방법이기 때문이다. 국가가 이러한 채권 발행에 관심을 갖게 된 배경을 거슬러 올라가 보면 전쟁과 맞닿아 있다. 전쟁을 치르는 중에는 막대한 군비조달이 필요했다. 세금을 거두는 방법이 있지만 세금은 일상적인 국가운영에 필요한 자금을 조달하는 수단이다. 일단 국가에 세금을 내고 나면 돌려받을 수 없는 것이 원칙이다. 전쟁에 필요한 비용을 조달하기 위해 막대한 세금을 부과할 경우 국민에게 전쟁을 치르는 명분을 설득하기 어려웠다.

하지만 채권은 다르다. 채권을 발행해 군자금을 조달하면 일시적으로 자금을 쉽게 조달할 수 있을 뿐만 아니라 국가에 돈을 빌려준 사람도 수익을 거둘 수 있기 때문에 호응을 얻기 쉬웠다. 국가는 전쟁에서 승리하면 전리품을 얻을 수 있어 채권을 쉽게 갚을 수 있었다. 여러 국가가 전쟁을 치르며 채권 발행에 관심을 두었던 이유가 여기에 있다.

14~15세기 이탈리아 피렌체, 피사, 시에나 등에서는 전쟁을 치르기 위해 채권을 발행한 기록이 있다. 이들은 자국 시민만으로는 군대를 구성할 수 없어 용병을 고용하기 위해 채권을 발행했다.

19세기 초 세계 금융시장에서 막강한 권력을 행사했던 로스차일드 가문 역시 워털루 전투에서 상당한 부를 쌓았다. 전쟁이 터지자 로스차일드 가문에서는 프랑크푸르트·파리·런던·빈·나폴리로 이어지는 치밀한 정보망을 구축하고 자금을 축적했다. 전쟁 결과가 선포되기 하루 전에 '영국군이 졌다'는 가짜 정보를 흘려 국채를 샀던 사람들이 팔아치우자 로스차일드 가문은 시장에 나온 영국 국채를 모두 사들여 20배나 되는 이득을 챙겼다는 사실은 금융사에서 유명한 일화로 남아 있다.

채권은 남북전쟁의 승리를 결정짓는 요인으로 작용하기도 했다. 전쟁이 터지자 남부군은 군자금을 조달하기 위해 유럽인을 대상으로 남부의 특산품인 면화를 담보로 채권을 발행했다. 유럽에서는 미국에서 전쟁이 터지면 면화가격이 상승할 것으로 예상하고 이 채권에 적극적으로 투자하려고 했다. 하지만 예상은 빗나갔다. 북부군이 남부군의 면화 생산과 수출의 요충지를 점령해버린 것이다. 투자자들은 남부에서 발행한 채권의 이자는 물론이고 대신 받기로 한 면화조차도 제대로 받기 어려운 상황이 되었다. 결국 채권을 팔아 군자금을 마련하려는 계획이 수포로 돌아갔고, 전쟁은 남부군의 패배로 끝났다.

과학자들의
취업난이 부른
금융산업의 발전

현대 금융산업에서는 수학적 방법론이 널리 쓰인다. 금융에 정밀한 수학적·공학적 개념을 적용하게 된 배경에도 전쟁의 그늘이 드리워져 있다. 20세기 중반 미국 정부는 물리학자와 수학자들을 육성하고 이들에게 다양한 연구를 맡겼다. 군사적인 이유에서였다.

제2차 세계대전 동안 미국 정부에 고용된 물리학자와 수학자들은 군수물자관리·암호해독·레이더와 원자폭탄개발 등 다양한 분야에 참여해 성과를 거두었다. 미국 정부는 종전 후에도 군사 및 우주기술개발을 위해 거액을 투입해 연구를 수행했다. 소련이 1957년 세계 최초로 인공

위성을 발사하자 미국은 일명 '스푸트니크 쇼크'를 앓으며 자존심에 큰 상처를 입었다. 그러자 미국 정부는 예산을 대폭 늘려 대학과 연구소를 지원했고 물리학자와 수학자들은 쉽게 일자리를 구할 수 있었다.

그러나 호시절은 1970년에 들어오면서 막을 내렸다. 1973년 제4차 중동전쟁이 터지면서 페르시아만의 산유국들이 가격 인상과 원유 감산에 돌입했다. 오일쇼크가 터졌고, 1975년 군대를 철수하기까지 10여 년간 계속된 베트남전쟁 때문에 미국은 극심한 재정적자에 시달렸다. 여기에 미소 냉전체제가 종식되자 미국 정부는 대학과 연구소의 연구개발R&D 지출을 줄였다. 더 이상 많은 숫자의 물리학자와 수학자가 필요하지 않게 된 것이다.

1950~1960년대 박사학위를 딴 많은 물리학자와 수학자들은 일자리를 찾아 떠돌아다니는 신세가 됐다. 이들은 대학이든 연구소든 일자리가 있는 곳이라면 단기 임시직이라도 일을 할 수밖에 없었다. 그나마 일자리를 얻으면 다행이었다. 학계에서 급료가 낮고 고용이 불안정한 자리도 차지하지 못한 이들은 다른 분야로 눈길을 돌려야 했다.

그들을 받아준 곳이 바로 뉴욕의 월스트리트, 즉 금융권이다. 오일쇼크로 석유가격이 폭등하고 금리가 치솟자 인플레이션에 대한 두려움으로 금값이 삽시간에 온스oz 당 800달러를 넘었다. 금융시장은 앞날을 예측하기 어려운 상황으로 바뀌었다. 가장 안정적이던 채권마저 하루아침에 위험천만한 금융자산으로 전락해버렸다. 금리와 주가변동예측이 중요한 과제가 됐다. 이렇게 되자 위험요소의 관리와 분산이 금융계의 새로운 화두로 떠올랐다.

문제의 해답은 물리학자와 수학자가 제시했다. 물리학은 시간에 따른 사물의 변화를 관찰하는 방식, 즉 동학動學 혹은 역학力學에 관한 학문이다. 물리학자들은 물리학적 방법론을 금융시장에 적용해 주가의 움직임을 파악하고 예측하는 데 적용했다. 수학자들도 마찬가지였다. 금융상품의 수익률을 계산하고, 투자과정에서 발생할 위험성을 계산해냈다. 정교한 투자기법이 절실했던 금융회사들의 수요와 넘쳐나는 물리학·수학자의 공급이 맞물리면서 금융산업은 수학적·공학적으로 정밀하게 진화하게 된 것이다.

21세기에도 지구 어디에선가 전쟁은 계속되고 있다. 각 나라들은 전쟁에서 승리하기 위해 금융 수단을 정교하게 활용하고 있다. 본격적인 전투에 앞서 상대국가의 국력을 약화시키기 위해 해외 송금을 차단시키는 등 금융 제재부터 단행하는 것은 이제 기본적인 매뉴얼이 됐다.

금융산업은 야누스의 두 얼굴을 갖고 있다. 현대인의 삶을 윤택하게 하는 수단이라는 온순한 얼굴과 탐욕과 독식을 위해 전쟁을 불사하며 공학자들을 동원하는 악마적인 얼굴이다. 인간의 욕망이 살아 있는 한 어떤 형태로든 금융산업은 지속적으로 발전할 것이다.

물류, 도시를 만들다

'사농공상土農工商'은 중국 춘추시대 이후로 동아시아에 오랜 기간 자리 잡았던 신분제도 중 하나다. 조선시대에는 성리학을 강조하며 농본억말農本抑末과 같이 상업을 억제하는 정책을 펼쳤으니 이 시기에 경제학 혹은 경제학자다운 면모를 찾기 어려운 건 당연지사다. 그러나 여기에 반기를 든 사람이 있었다. 바로 박제가朴齊家다.

조선시대 후기 실학자이자 북학파인 그는 요즈음으로 치면 외교관이자 통역관으로 인정받았겠지만, 18세기 조선에서는 조정 사신의 수행원으로 청나라를 드나들던 말단 관료에 불과했다.

조선시대를 대표하는 경제학자 혹은 경제적 식견을 가진 인물로 그를 감히 꼽는 이유는 조선 정조 때 쓴 저서《북학의北學議》에서 찾을 수 있다. 《북학의》의 〈내편內編〉에는 부강한 청나라의 원동력을 자세하게 소개했고, 조선이 가난한 원인을 정리해두었다. 청나라를 네 차례 드나들었던 박제가가 눈여겨본 것은 수레와 선진물류체계였다. 청나라 경제를 부강하게 만든 주요 요인으로 수레를 주목한 것이었다.

수레는 하늘을 본받아 만들어서 지상을 운행하는 도구다. 수레를 이
용해 온갖 물건을 싣기 때문에 이보다 더 이로운 도구가 없다. 유독
우리나라만이 수레를 이용하지 않는데 그 까닭은 무엇일까. 내가 그
까닭을 물으면 곧잘 "산천이 험준하기 때문이다"라고 대꾸한다. (…)
짐을 싣는 상자는 두 바퀴 사이에 놓인다. 짐 상자에 실리는 물건의
크기는 바퀴의 폭에 따라 제한을 받는다. 반드시 나무널판을 상자
위에 가로로 다시 얹어 그 위에 짐을 더 싣고 바퀴가 널판 아래에 놓
이게 한다. (…)
우리나라는 동서의 길이가 천 리이고 남북의 길이는 그 세 곱절로
서울이 그 중앙에 위치한다. 사방의 산물이 서울로 몰려들어와 쌓이
는데 각지로부터 거리가 횡으로 500리를 넘지 않고 종으로 천리를
넘지 않는다. (…)
육지로 통행해 장사하는 사람은 아무리 먼 곳이라도 오륙 일이면 넉
넉하게 목적지에 도달하고 가까운 곳이라면 이삼 일 걸린다. 잘 달
리는 사람을 대기시켜 놓았던 유연처럼 한다면 사방 물가의 고하는
수일 안에 고르게 조정할 수 있을 것이다. (…)
영동에서는 꿀이 많이 나지만 소금이 없고, 관서에서는 철이 생산되
지만 감귤이 없으며, 함경도에서는 삼이 잘 되고 면포가 귀하다. (…)
자기가 사는 지역에서 많이 나는 물건으로 다른 데서 산출되는 필요

한 물건을 교환해 풍족하게 살려는 백성이 많으나 힘에 미치지 않아 그렇게 하지 못한다.

— 《북학의》 〈내편〉, '수레' 중에서

수레가
길을 만든다

당시 조선의 일반적인 교통수단은 도보였다. 말을 타고 다니기도 쉽지 않았다. 일반적으로 말이 소보다 많이 먹어 유지비용이 막대했기 때문에 양반이나 돼야 말을 타고 다녔다. 하지만 노비가 말을 끌고 가면서 이동하다 보니 속도는 노비의 걸음걸이에 맞춰질 수밖에 없었다. 상거래를 맡았던 보부상도 봇짐을 지고 다니며 물건을 판매하는 형식의 거래만 가능했다. 상거래 속도와 규모를 따져볼 때 조선에서는 상공업이 발달하기 어려웠다.

하지만 청나라는 달랐다. 거리에서 흔히 볼 수 있는 마차는 상거래의 규모를 확대할 운송수단이었다. 보부상의 등짐과는 비교할 수 없을 정도의 상품을 싣고 원거리를 이동하며 장사를 할 수 있었기 때문이다.

조선에서 수레를 활용하기 어려웠던 이유는 지리적인 여건 탓도 있었다. 전 국토의 70퍼센트가 산지였고, 도성인 한양도 사대문을 벗어나면 무악재 등 험준한 고개를 넘어야 했다. 한양에서도 말 한 필이 겨우 지나갈 정도로 좁은 길이 허다했다. 마차가 여유롭게 다닐 수 있는 도로가 없었던 것이다. 도로시설 등 원활한 물류환경을 갖추지 못했던 조선은 대규모 상거래 활동이 불가능했다. 시설이 미비해 상거래가 발달하지 못한 탓에 조선시대에는 시장을 갖춘 도시가 형성되기 어려웠다. 수레예찬론을 펼친 박제가는 수레가 다니면 길이 자연스럽게 만들어진다면서 청나라를 벤치마킹해 표준화해야 한다고 주장하기도 했다. 거리를 이동하는 시간을 단축하면 물가조절도 가능하다는 것을 그는 알고 있었다. 물류와 통상이 부국강병의 지름길이라는 것을 청나라의 선진문물을 통해 깨달은 것이다.

물류가 발달하면 새로운 거점도시가 형성되게 마련이다. 도시의 탄생은 생산의 변화에서 시작된다. 자급자족하던 원시시대에는 모여 살 필요가 없었다. 모여 살 경우 도난의 위험성이 커질 뿐 아니라 전염병 등 위생적으로도 문제가 많았다.

지금의 터키 중남부지역에 고대 아나톨리아 도시 카탈 후유크Çatal Hüyük가 발견되면서 기원전 7000년 중반에도 신분과 출신지역에 따라 각각 다른 경제활동이 있었음이 확인되었다. 양탄자를 짜고 토기와 공예품을 제조하는 기술과 물자를 운반한 흔적이 발견된 것으로 보아 인근의 메소포타미아 문명과 교류한 것으로 짐작된다. 그들은 이미 직업의 전문화, 분업화로 생산활동에만 전념하며 생산력을 증대시켰다. 또한 잉여생산물을 인근 도시와 교환하면 더욱 풍요로워진다는 사실을 알게 되었다. 교환경제하에서는 서로 이웃해있으면 물물교환이 수월해 거래비용이 낮아진다는 사실을 깨달은 것이다.

교역이 가능하면
어디든 도시가 된다

특정 지역에 도시를 형성한 사람들은 그 형태를 획일화할 필요는 없다는 사실을 깨달았다. 기후, 지정학적 위치, 토양 등의 차이로 생산품이 달랐기 때문이다. 각각의 도시들은 농산물, 수산물, 축산물 등 생산품이 달랐다. 도시마다 생산활동 측면에서 서로 다른 비교우위 품목이 생기자 도시는 다양한 형태로 진화·발전하기 시작했다.

4대 문명발상지는 대부분 평야와 강을 인접한 지역에 있다는 공통점이 있지만, 교환경제로 만들어진 도시는 새로운 자연조건 하에서 조성됐다. 사막 한가운데, 고산지대 등 척박한 곳이지만 다른 도시와의 교역으로 부족한 물품을 거래할 요건이 갖춰지면 어디든 도시가 형성됐다.

기원전 3000년경 페니키아인들은 염료를 생산할 수 있는 지역에 도시를 형성하고 교역을 하며 살았다. 도시국가로 유명한 아테네의 경제활동의 핵심도 교역이었다. 아테네는 가내수공품과 올리브 제품을 생산했고, 필요한 물품은 교역을 통해 조달했다. 이 밖에 베니스, 제노바 등 고대도시 중에는 교역 없이 형성되기 어려운 경우가 많았다. 도시 간 교역은 다양한 지역에 도시가 출범할 수 있게 만든 주요 원동력이 됐다.

초창기 교역 중심의 도시가 언제 어디서 시작됐는지를 명확히 확인할 근거는 아직까지 밝혀지지 않았다. 하지만 도시 간의 교역 규모가 확대되면서 교역 혹은 중개무역의 기능만으로도 존재하는 도시가 등장했다. 원거리 교역이 발달하면서 상인들의 휴식을 위한 장소가 필요했고, 이와 함께 형성된 도시들이 생겨난 것이 그 예다. 그리고 이들 교역 도시는 숙박뿐 아니라 보험, 대출, 투자 등 새로운 서비스를 수행하는 형태로 발전하기 시작했다. 직접적인 생산에 기반하지 않고도 도시가 형성될 수 있는 환경이 갖춰졌다.

미국의 발전사를 살펴보면 도시 형성의 과정을 다시 확인할 수 있다. 청교도가 미국에 도착한 후 처음 도시가 형성된 곳은 보스턴, 뉴욕 등 동부 해안가와 오대호 연안이었다. 이후 옥수수, 밀, 면화 등 특정 농산물 생산이 유리한 내륙지역에 도시가 형성됐고, 동부 해안도시와 교역을 통해 필요한 물품을 조달하기 시작했다. 서부 해안지역까지 개발되자 미국 중앙에는 교역 도시들이 형성되기 시작했다.

물류에서 소비로, 도시의 이동

역사적인 사례로 미루어볼 때, 도시의 형성과 발달과정에서 물류와 교역은 경제활동의 핵심 역할을 했다. 미래의 도시 형성도 물류가 핵심 요소가 될 것이다.

　최근 인터넷의 발달로 물류산업도 크게 바뀌었다. 상점에 들러 구매할 상품을 직접 눈으로 확인하고 비용을 지불하던 오프라인 상거래 방식은 클릭 한 번으로 문 앞까지 배달이 되는 온라인 방식으로 진화했다.

　2015년 7월 이후 시가총액 기준 세계 최고의 물류기업이 오프라인 중심인 월마트에서 온라인 중심인 아마존으로 바뀐 것은 어찌 보면 예견된 사건이었다. 이러한 거래 행태의 변화는 도시의 흥망성쇠에도 영향을 주었다. 주요 항구도시는 창고와 운송기능을 제외한 현장 거래가 대폭 축소됐고, 전통시장과 지방의 오일장은 예전과 같이 비중 있는 역할을 수행하지 못하고 있다.

　인류는 생산과 물류보다는 소비가 원활한 곳에 거주지를 선택하기 시작했다. UN 경제사회국DESA이 발표한 〈2012년 유엔도시보고서〉에 따르면, 현재 전 세계인구의 절반 이상이 도시에 살고 있으며, 매달 500만 명에 가까운 인구가 도시로 이주하고 있다. 머지않아 도시는 인류의 보편적인 거주지가 될 것으로 예상된다. 이제 특정 지역을 발전시키려면 기업을 유치할 것이 아니라 다양한 가게와 상점 등을 유치하는 것이 더욱 효과적인 수단이 될 것이다.

나도 모르는 사이에
나의 선택에 개입하는, 넛지 효과

마트나 백화점 등 유통 채널이 발전하면서 소비자에게 노출되는 제품의 종류는 증가하고 있다. 미국의 경우 1949년 식료품점에서 구매할 수 있는 물품은 약 3천700종에 불과했지만, 오늘날에는 약 4만 5천 종으로 12배가 넘는다. 이러한 증가율은 전체 늘어난 물품 수에 비하면 제한된 상승폭에 불과하다. 넘쳐나는 제품 중에서 그나마 선별해서 매장에 올려놓고 있기 때문이다. 이 과정에서 자연스럽게 판매자들은 소비자들에게 몇 개의 물건을 제시해야 할지 고민하게 된다.

유통업체는 가능한 한 많은 상품을 한눈에 볼 수 있도록 매장에 배치하면 소비자들이 선호하는 상품이 있을 가능성이 커져 소비자들의 만족도가 자연스럽게 높아진다고 생각하는 경향이 있다. 하지만 결과는 다르다.

선택지가 많다고
만족감도 높아질까?

행동경제학에서는 이를 '선택의 역설Paradox of Choice'이론으로 설명한다. '선택의 역설'이란 선택의 폭이 넓어지면 오히려 만족도가 떨어지는 현상을 말한다. 선택의 폭이 넓어지면 소비자들이 자신이 선호하는 선택지가 많아져, 만족도가 더 높아질 것이라고 생각하기 쉽다. 하지만 선택할 대상이 많아지면 소비자들은 오히려 적합한 것을 고르는 데 어려움을 겪는다. 최종적으로 선택한 것이 최적의 선택이 아닐 가능성도 높아진다. 선택지가 많을 경우 설사 자신이 고른 물건이 최적의 선택이었다 하더라도, 수많은 선택지 중에서 나에게 더 적합한 대안은 따로 있지 않았을까 하는 생각에 불안해질 수 있다. 선택지를 늘리는 것이 반드시 고객의 만족감을 높이는 일이 아니라는 말이다.

미국 스와스모어 대학교 심리학과 배리 슈워츠Barry Schwartz 교수는 흥미로운 실험을 했다. 슈워츠 교수는 실험 참가자들을 두 그룹으로 나눠 쇼핑센터의 잼을 구매하게 했다. 이때 한 그룹에는 6종의 잼을 보여주었고, 또 다른 그룹에는 24종의 잼을 보여주었다. 실험 결과 24종의 잼이 진열돼 있을 때 방문자 수가 가장 많았지만, 구매자 수는 6종의 잼이 진열됐을 때가 더 많았다. 슈워츠 교수는 너무 많은 선택지가 소비자들의 최종선택을 주저하게 만들고 결국 사람들을 쫓아내는 효과만 가져왔다고 설명했다.

하지만 무작정 선택지를 줄이거나 최적의 대안만을 제시하는 것도 정답은 아니다. 사람들은 하나의 대안만 주는 것도 좋아하지 않는다. 이를 '단일대안회피Single-Option Aversion' 성향이라고 한다. 사람들은 대안이 하나만 있으면 다른 대안을 찾아 서로 비교하고 차이를 분명하게 확인한 후에 최종적으로 선택하는 방법을 선호한다. 하나의 딸기잼만 보여주면 뭔가 더 찾아보고 결정해야 할 것 같아 결국 구매를 거부하고 다른 매장의 딸기잼을 찾아보려 한다는 것이다.

소비자들은 너무 적은 선택지도 싫어하고, 그렇다고 너무 많은 선택지도 좋아하지 않는다. 즉, 선택지 수를 늘리고 줄이는 것으로는 소비자들을 설득하기 쉽지 않다.

눈치 채지 못하게
슬쩍 개입하는 기술

그렇다면 소비자들을 설득하는 유의미한 전략은 무엇일까? 최근 주목받고 있는 이론이 바로 '넛지Nudge' 효과다. 넛지는 미국 시카고 대학교 경영대학원의 행동경제학자이자 노벨경제학상을 받은 리처드 탈러Richard H. Thaler 교수와 하버드 대학교 로스쿨 캐스 선스타인Cass R. Sunstein 교수가 제시한 개념이다. 넛지는 '팔꿈치로 슬쩍 찌른다'라는 뜻으로, 사람들의 선택을 일정 방향으로 유도하기 위해 직접적이고 강제적인 메시지를 사용하는 것이 아니라 눈치채지 못할 정도로 간접적이고 은유적인 방식으로 개입하는 전략을 말한다.

남자 화장실의 소변기 위에 '화장실을 깨끗이 사용하세요'라는 문구를 붙여놓아도 사용자들에게는 은밀한 장소에서 훈계받는 느낌을 주기 때문에 화장실 문화 개선이라는 목적을 달성하기 쉽지 않다. 대신 재미있으면서도 사소한 시도로 큰 효과를 보는 방법이 있다. 소변기 내부 중앙에 파리 모양의 스티커를 붙여놓아 사용자가 소변을 보면서 소변기 중앙에 붙은 파리를 겨냥하고 싶은 흥미를 유발시키는 것이다. 실제 네덜란드 암스테르담의 스히폴 국제공항에서 이 방식이 최초로 시도됐는데 파리 스티커를 붙이기 전보다 소변기 밖으로 튀는 소변의 양이 80퍼센트나 줄었다.

넛지 효과가 알려지면서 기업들은 무분별한 마케팅 효과에 의구심을 가졌다. 가장 저렴한 마케팅 방법인 불특정 다수에게 광고성 메일을 보내는 것은 스팸메일을 양산할 뿐 판매에는 별다른 효과가 없다. 또 불특정다수에게 전화를 걸어 설득하는 텔레마케팅 방식도 판매 증진 대신 불쾌함만 커지게 만들 뿐이다. 고객이 알지 못하는 사이에 스스로 설득되도록 하는 방식인 넛지 효과는 기존의 마케팅 방법론의 한계를 극복할 방법으로 주목받았다.

현재 글로벌 혁신기업들은 넛지 형식의 마케팅 방식을 찾아내고 있다. 넷플릭스는 수백 개가 넘는 영화 중 어떤 영화를 봐야 할지 고민하는 고객들을 위해 영화를 추천해주는 시스템을 도입했다. 고객이 초기에 설정한 선호도와 이후 서비스를 이용하는 과정에서 추가로 선택한 영화 등을 조합해 좋아하는 배우와 감독, 영화 장르와 스토리를 바탕으로 맞춤식 영화를 추천해준 것이다. 실제로 고객이 넷플릭스에서 소비하는 영화 중 60퍼센트 이상이 추천 시스템을 통해 제시한 영화라고 한다.

아마존도 고객 추천 시스템으로 유의미한 성과를 거둔 기업이다. 아마존은 자체 계정으로 로그인해도 되지만 페이스북 계정을 연동해서 사용해도 된다. 하지만 각각의 계정으로 접속할 때 차이점이 있다. 페이스북 계정으로 로그인하면 페이스북에 담긴 개인정보와 지인들의 정보를 바탕으로 적합한 상품을 추천해준다. 친구에게 줄 생일선물을 고를 때도 페이스북 계정으로 로그인하면 아마존은 내 페이스북 친구들의 위시리스트를 확인해 그들이 무엇을 원하는지를 알려준다. 구매자는 내 친구의 위시리스트 목록에 있는 상품 중에서 적절한 것을 고르기만 하면 된다. 예전처럼 개별적인 취향과 전혀 상관없는 내용으로 가득 찬 스팸메일을 지속적으로 보내는 행위는 해당 회사에 반감만 갖게 한다. 하지만 친구의 생일을 빌미로 보낸 추천 메일은 새로운 감성으로 다가온다.

사람들은 기꺼이 비용을 지불한다

가격 정책도 넛지 효과를 활용해 다양한 전략을 사용하고 있다. 그중 하나가 'PWYW Pay What You Want' 전략 즉, 고객 스스로 원하는 만큼 지불하는 방식이다. 가격은 일반적으로 제품이나 서비스를 공급하는 회사가 결정한다. 하지만 PWYW 전략은 고객 각자가 자신이 지불하고 싶은 금액을 내는 구조다. 이는 가격을 기업이 일방적으로 정하고 소비자에게 강요하는 방식에서 벗어나 소비자 스스로 가격을 정할 기회를 주어 더 많이 소비하고 더 많이 지출하도록 유도하는 전략이다.

자신이 구매한 물건의 가격을 스스로 결정하고 지불한다면 과연 누가 돈을 내겠느냐고 의문을 제시할 수도 있다. 실제 물건을 공짜로 이용하는 사람도 적지 않다. 하지만 예상과 달리 많은 사람이 기꺼이 일정 수준 이상의 금액을 지불하고 있다. 심지어 회사에서 책정한 희망가격보다 더 비싼 가격을 지불하는 고객도 많았다.

독일 프랑크푸르트 대학교에 다니던 김주용 연구원은 PWYW 전략과 연관된 흥미로운 사례를 학계에 발표한 바 있다. 그가 주목한 곳은 프랑크푸르트 시내의 뷔페였다. 원래 이 뷔페의 이용료는 식당에서 제시한 7.99유로였다. 이 뷔페에서 PWYW 전략을 도입하자 평균 이용료는 6.44유로로 이전의 이용료보다 낮아졌다. 대신 이용자는 늘어 매출이 32퍼센트나 증가했다. 원하는 만큼 지불할 수 있는 식당이 생겼다는 사실이 또 하나의 홍보 효과로 작용해 이용객이 증가한 것이다.

해당 연구팀은 프랑크푸르트 뷔페 사례가 다른 분야에도 적용되는지 확인하기 해 극장과 음료가게에 PWYW 전략을 적용해보았다. 실험 결과, 극장에서는 입장료가 6.81유로에서 평균 4.87유로로 낮아졌지만, 음료가게에서는 오히려 가격이 1.75유로에서 1.94유로로 상승했다.

넛지 효과가 스스로 인지하지 못한 상태에서 강요당하는 구조를 만든 다는 부정적인 이미지도 있다. 하지만 넛지 효과를 긍정적인 측면으로 활용하기 위한 시도들은 다수 존재한다. 미국 미네소타주에서는 체납고 지서에 '주민의 90퍼센트 이상이 이미 납부했다'는 문구를 넣었더니 법 적 처벌을 명시할 때보다 납세율이 더 높아졌다. 체납요금을 납부하라는 강요 전화나 직접 방문 없이도 다른 사람들의 행태를 소개해서 자연스럽 게 납부를 유도한 것이다.

미국 퇴직연금제도도 또 다른 성공사례다. 미국 정부와 의회는 근로 자가 퇴직연금 운용상품을 고르지 않으면 자동으로 최적의 상품을 선택 해 운용하는 디폴트옵션을 도입했다. 이어 2009년에는 근로자가 거부의 사를 밝히지 않는 한 자동으로 가입시키는 자동가입제까지 시행했다. 그 결과 자산 규모는 지난 10년간 2배 가까이 증가했다고 한다.

강도가 칼을 사용하면 사람을 위협하는 무기가 되지만, 의사가 사용하 면 생명을 살리는 도구가 될 수 있다. 이처럼 경제이론이나 개념도 어떻 게 슬기롭게 활용하느냐가 관건이다.

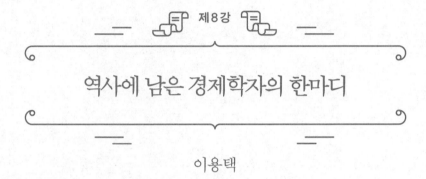

제8강

역사에 남은 경제학자의 한마디

이용택

서울경제신문 백상경제연구원장. 고려대 신문방송학과를 졸업하고 서울경제신문 기자로 산업부
·국제부·증권부·생활산업부 등에서 취재했다. 산업부·증권부·금융부·부동산부·사회부·생
활산업부 등에서 부장을 거쳐 부국장, 논설위원, 서울경제TV 보도제작본부 보도국장을 지냈다.
저서로는《재벌과 가벌(공저)》 등이 있다.

화폐가치 : 악화가 양화를 구축하다

토머스 그레셤 Thomas Gresham, 1519~1579

3경 5천조. 하나, 둘, 셋 하나씩 세어 모두 셀 수 있을지조차 가늠할 수 없는 천문학적 숫자다. 일상에선 좀처럼 접하기 힘들다. 하지만 아프리카 짐바브웨에서는 미화 1달러를 바꾸기 위해서는 이런 엄청난 돈이 필요했다. 불과 몇 년 전 얘기다.

짐바브웨 중앙은행은 2015년 초 인플레이션을 억제하고 경제를 안정시키기 위해 그해 6월 15일부터 9월 30일까지 짐바브웨 달러ᶻ$ 통용을 금지했다. 대신 시중은행과 우체국에 17경 5천조 짐바브웨 달러를 가져오면 미화 5달러로 교환해주겠다고 했다. 3경 5천조 짐바브웨 달러가 미화 1달러에 거래되는 셈이다.

2008년과 2009년에는 화폐단위에서 0을 10~12개나 없애는 디노미네이션(Denomination, 화폐단위 절하)도 단행했지만 살인적인 물가 급등을 막지 못했다. 물가상승률이 2억 퍼센트에 달했다. 100억 짐바브웨 달러를 내고 살 수 있는 달걀은 고작 3개 정도였다. 그러니 우유와 식빵 등 생필품을 사려면 가방과 손수레에 돈을 가득 싣고 다녀야만 했다.

결국 짐바브웨는 궁여지책으로 미화를 공식적인 거래 수단으로 채택한다. 하지만 국민의 고통과 불편은 여전했다. 그중 하나는 거스름돈 대란이었다. 휴짓조각이나 다름없는 화폐가치로 인해 1달러에 못 미치는 물건을 구입한 사람들이 거스름돈을 받지 못해 하염없이 기다리는 일이 다반사였다. 미국 동전이 무겁고 운송비용이 많이 들어 현지로 건너가지 못한 탓이다. 어떤 가게는 이를 해결하기 위해 구매액이 1달러가 안 되면 사탕이나 펜, 성냥으로 거슬러주거나 신용전표를 발행하기도 했다.

하지만 공식화폐가 된 미화도 부족해 은행에서 달러를 인출하려면 거액의 수수료를 내야 했다. 지난 2017년 초에는 100달러를 인출하기 위해서는 20달러의 수수료를 내야 했지만 최근에는 80달러까지 올랐다. 모두 돈을 마구 찍어낸 후유증이다. 이로 인해 자국화폐는 휴짓조각이나 다름없는 존재로 전락하면서 결국 화폐를 잃어버리는 비극을 낳았다.

찍어낼수록 커지는 불량화폐의 폐단

화폐, 즉 돈을 더 찍어 경제위기나 재정난을 해소하려는 욕심은 비단 짐바브웨뿐 아니라 동서고금을 막론한다. 어쩌면 인류가 화폐를 만든 그 날부터 생겨났을지 모른다.

더 찍어내고 싶어도 발행하기 쉽지 않은 금화나 은화가 화폐로 유통되던 시대는 어땠을까. 당시 금화나 은화가 지니는 명목가치는 실질가치와 거의 일치했다. 100원짜리 금화나 은화에는 100원어치의 금이나 은이 함유된 셈이었다. 미국 달러나 영국 파운드 등 각국 화폐가 무게의 단위에서 유래한 것이 많은 것도 이와 무관치 않다.＊

그래도 수많은 제왕은 돈을 더 찍어내고 싶어 했다. 16세기 영국의 헨리 8세가 대표적인 인물이다. 그는 재위기간 엄청난 예산을 소비했다. 영국을 통치한 39년 중 무려 20년 동안 전쟁을 벌였다. 뿐만 아니라 정치적 안정을 꾀하고자 종교개혁을 단행했으며, 결혼도 무려 6번이나 했던 군주로 유명하다. 지속적인 전쟁과 종교개혁, 6번의 결혼은 엄청난 돈이 필요해 부모로부터 받은 막대한 유산을 다 쓰고도 모자랐다.

재정을 충당하기 위해 그가 고안해 낸 것이 바로 은 함량을 줄인 화폐 발행이었다. 당시 92.5퍼센트에 달했던 기존 은화의 은 함량을 33퍼센트까지 낮췄다. 은 함량을 줄인 새 화폐가 기존 은화와 같은 가치로 거래된다면 발행자 입장에서는 그만큼 이득을 보게 된다. 예를 들어 500원짜리 화폐를 찍어내는 데 들어가는 제조비용이 300원이라면 200원의 이득을 얻을 수 있다. 같은 은으로 화폐도 더 발행할 수 있다.

그러나 새 은화 발행은 헨리 8세의 의도대로 흐르지 않았다. 국민은 은

＊ 파운드pound는 고대 로마의 중량 단위인 '폰두스pondus'가 그 기원이고 1파운드는 0.454킬로그램이다. 달러는 16세기 체코슬로바키아의 요아힘스탈에서 주조한 은화였던 '탈러'에서 유래한 말로 당시 1달러의 무게는 27.5그램이었다. 멕시코의 페소peso도 라틴어의 '중량'을 뜻하는 '펜숨pensum'이 어원이고 조선시대의 화폐 단위였던 관(貫, 3.75kg), 냥(兩, 37.5g)도 마찬가지다.

화의 양이 많은 기존 화폐는 집에 숨겨놓고 함량을 줄인 새 화폐만 사용했다. 헨리 8세 사망 이후 즉위한 엘리자베스 1세가 은 부족 현상에 시달린 이유다. 만약 금화와 은화를 액면가가 같은 1만 원짜리로 만들면 금화 대신 은화만 사용하게 되는 것과 같은 이치다. 시중에서 금화는 찾아보기 힘들게 된다. 금화는 은화보다 값어치가 높은 귀한 재물인 탓이다.

이에 엘리자베스 1세는 원인을 찾기 위해 당시 재정고문관이었던 토머스 그레셤에게 조사를 지시했다. "악화가 양화를 구축한다Bad money drives out good money"는 유명한 '그레셤 법칙'이 탄생하게 된 배경이다. 쉽게 풀면 '나쁜 돈이 좋은 돈을 몰아낸다'는 뜻이다. 불량주화인 은 함량이 낮은 새 화폐가 양화(기존 화폐)를 몰아냈다는 게 그의 결론이었다.

여기에 재미있는 사실 한 가지가 있다. 이 법칙의 저작권자는 토머스 그레셤이 아니라 지동설을 주창한 폴란드 천문학자 코페르니쿠스다. 그레셤이 엘리자베스 1세에게 보낸 편지에서 비슷한 얘기를 했지만 코페르니쿠스는 그보다 훨씬 앞서 펴낸《화폐론》에서 동유럽의 무질서한 화폐제도를 설명하면서 "저질주화가 유통되면 금세공업자들은 양질의 옛 주화에서 금과 은을 녹여내 무지한 대중에게 팔 것이다. 새 열등주화는 옛 양화들을 몰아내기 위해 도입된다"고 주장했다. 그래서 동유럽권에서는 '그레셤 법칙'이라 하지 않고 '코페르니쿠스의 법칙'이라 부른다. 그런데도 그레셤 법칙으로 일반화한 까닭은 스코틀랜드 출신 경제학자 헨리 매클라우드Henry D. Macleod가《정치경제학 요론Economia Politica》에서 양화 몰아내기 현상의 최초 발견자가 그레셤이라고 주장한 것이 그대로 굳어졌기

때문이다. 훗날 매클라우드가 그레셤 법칙의 주창자로 코페르니쿠스와
함께 이보다 200년 전인 14세기에 가장 먼저 이 주장을 편 프랑스 사제
니콜 오렘Nicole Oresme을 추가한 것도 그래서다. 심지어 그레셤은 경제학자
가 아니다. 젊은 시절부터 왕실 자금관리를 맡았던 금융업자이면서 무역
업자다. 그레셤 사후 300년 가까운 세월이 흐른 뒤 매클라우드가 그를 언
급하면서 이름이 퍼져 지금까지 경제사에 한 획을 긋고 있다.

동서고금,
세상만사에 적용되는
짝퉁의 반란

　　　　　　　　　　　그레셤 법칙의 '양화 몰아내기'는 조선시대에도
나타난다. 1866년(고종 3년) 흥선대원군은 경복궁 중건에 필요한 막대한
경비와 거액의 군사비를 조달하기 위해 새로운 화폐 '당백전'을 발행했
다. 무게는 기존 화폐인 상평통보의 5배였지만 액면가는 100배에 달했
다. 더욱이 불과 6개월 사이에 1천600만 냥을 발행했다. 이는 당시 상평
통보의 총 유통량 1천만 냥을 크게 웃도는 엄청난 규모였다.

　이처럼 단기간에 다량의 당백전이 시중에 나돌자 물가는 급등하고 당
백전의 실질가치는 급락한다. 급기야 백성들은 화폐로서 신뢰를 잃은 당
백전을 상평통보와 교환하기를 꺼렸고 상평통보를 집에 숨기기 시작했
다. 악화 당백전이 양화인 상평통보를 시중에서 몰아낸 셈이다. 결국 발
행된 지 2년 만에 당백전은 사용이 금지됐다. 당시 당백전의 '당'을 세계

발음해 '땡전'이라고 불렀다고 하며 "땡전 한 푼 없다"는 말도 여기서 유래됐다고 한다. 흥선대원군의 의도와 달리 가치가 볼품없이 떨어진 당백전의 모습을 보여주는 듯하다.

400여 년이 흘렀지만 그레셤 법칙은 여러 분야에서 여전히 쓰이고 있다. '짝퉁'이 범람하면서 유통질서가 무너지고 기존 제품의 가격붕괴, 최악의 경우 도산까지 이르게 되는 과정은 말 그대로 악화가 양화를 구축하는 현상이다. 채용비리로 부적격자가 합격하고 합격자가 탈락하거나 부정 시험지 유출로 당락자가 바뀌는 것도 마찬가지다. 조선업처럼 구조조정 지연에 따른 좀비기업 양산으로 건실한 기업마저 부실화되고 궁극적으로 산업 침체가 야기되는 것도 그레셤 법칙으로 설명할 수 있다.

5만 원권을 비자금 등 범죄 자금으로 활용하는 행위에도 이 논리를 적용할 수 있다. 범죄 행위라는 악화가 5만 원권이라는 양화를 몰아내고 있다고 볼 수 있기 때문이다. 앞서 언급한 짐바브웨 역시 무분별한 화폐 발행으로 자국화폐(양화)를 몰아낸 나쁜 사례다.

정치권으로 눈을 돌리면 이 법칙이 더욱 난무한다. 내가 아닌 경쟁자는 모두 악화라며 이를 몰아내려 한다. 이로 인해 오히려 악화가 양화를 구축하는 현상이 빈번하다. 좋은 정책도 정권이 바뀌면 폐기되는 사례가 다반사인 것도 별반 다를 바 없다. 당장은 어느 것이 악화이고 어느 것이 양화인지 구분하기 어렵다. 하지만 확실한 것은 악화가 양화를 구축하게 되면 그 피해는 전적으로 국민이 지게 된다는 사실이다.

시장 : 보이지 않는 손

애덤 스미스 Adam Smith, 1723~1790

1980년 12월 영화배우 출신의 로널드 레이건이 미국 대선에서 승리하던 날, 수도 워싱턴 D.C.에서 벌어진 거대한 축하 리셉션에 참석한 수많은 지지자는 한 사람의 얼굴이 새겨진 넥타이를 매고 '레이건'을 연호했다. 그들이 맨 넥타이에 새겨진 얼굴은 18세기 영국의 경제학자인 애덤 스미스였다. 물고 물리던 대선경쟁이 막 끝나고 같은 넥타이를 준비했다는 것 자체가 신기했지만, 20세기에 왜 18세기 인물인 애덤 스미스였는지 궁금증을 자아냈다.

'작은 정부' '규제타파' '친 시장정책' 등을 기치로 내건 레이건 정부의 경제정책인 '레이거노믹스'는 이렇게 시작됐다. 넥타이는 레이거노믹스의 기반이 애덤 스미스에 있음을 상징적으로 보여준 퍼포먼스였다.

국가의 시장지배 실패가
애덤 스미스를
부활시키다

레이건의 비서실 차장 중 한 명이었던 브루스 채프먼은 2004년 레이건 추도식에서 애덤 스미스의 흉상이 새겨진 넥타이가 워싱턴에서 일하는 모든 남성 보수당원들의 가슴을 장식하던 때를 회고했다. 그는 "선택의 폭은 넓었다. 녹색, 밤색, 빨간색과 흰색, 파란색 넥타이가 있었다. 심지어 여성을 위한 스카프도 있었다. 만약 레이건이 대통령직을 3번까지 수행할 수 있었다면 애덤 스미스 모자와 애덤 스미스 비옷까지 등장했을 것이다"라고 말했다.

레이건은 대통령 재임(1981~1989) 동안 대대적인 감세와 경기부양정책으로 베트남전쟁의 실패와 오일쇼크로 인한 두 자릿수 인플레이션에 허덕이던 미국을 되살려내는 데 성공했다. 대규모 국가부채와 부유층 위주의 감세정책으로 빈부격차를 더욱 커지게 했다는 비난도 받았지만 레이건이 재임한 1980년대는 미국이 정치·경제·문화 등 많은 분야에서 자신감을 회복한 시기였다. 레이건은 미국 정치학자들이 뽑는 위대한 대통령 순위에서 10위 안에 들 정도로 여전히 인기가 높다. 도널드 트럼프 대통령이 대대적인 감세를 추진하면서 '레이건 벤치마킹'에 나섰다는 평가가 나올 정도다.

그러면 레이건은 왜 옛 경제학자인 애덤 스미스를 선택했을까. 그 이전까지는 공산주의의 발흥으로 카를 마르크스가 제시한 경제 모델의 가능성이 드러났고, 1930년대 대공황으로 실업자가 넘쳐나면서 정부의 적극적인 시장개입을 주장한 존 메이너드 케인스가 대세였다. 애덤 스미스는 뒷전으로 밀려나 있었다. 하지만 1980년대 냉전종식과 함께 동유럽 전역에서 공산주의가 쇠퇴하고 국가의 시장지배가 부작용을 드러내면서 애덤 스미스가 부활했다. 그 주역이 바로 레이건 대통령과 영국의 '철의 여인' 마거릿 대처 총리다. 그들은 규제철폐와 시장자율의 중요성을 입증하기 위해 애덤 스미스의 이론을 전면에 내세웠다. 이들이 속한 보수당 이념과도 딱 맞아떨어졌다.

레이건은 대통령직 수락연설에서 "정부는 문제 해결의 방법이 아니라 문제 그 자체"라며 정부가 성장의 주역이 아니라 지나친 간섭과 조직의 비대화로 시장의 비효율만 키웠다고 지적했다. 레이거노믹스의 핵심을 압축적으로 보여주는 말인 동시에 200여 년 전 애덤 스미스가 강조한 '보이지 않는 손'(시장기능)의 중요성이 다시 빛을 보는 순간이었다. 레이건은 특히 대학교 때 고전경제학을 공부한 이후 애덤 스미스를 영웅처럼 숭배한 스미스 신봉자였다.

과도한 복지지출과 잦은 노사분규 등 '영국병'을 고친 대처 역시 마찬가지였다. '대처리즘'으로 통용되는 그녀의 사회·경제 정책기조가 바로 애덤 스미스 사상이다. 1979년 총선에서 감세정책과 자력갱생, 법질서 회복을 내세우며 승리한 대처는 1980년 인터뷰에서 자유시장과 자유경제를 옹호하며 "대안은 없다"고 잘라 말할 정도로 애덤 스미스 사상을 추종했다. 1979년 처음 집권한 후 1983년, 1987년의 총선에서 잇달아 승리하며 20세기 들어 처음으로 총선 3연패의 기염을 토했던 대처는 자신의 저서 《국가경영Statecraft》에서 애덤 스미스의 보이지 않는 손을 '자유 그 자체의 활기찬 폭발'이라고 설명했다.

'보이지 않는 손'이 개인과 국가의 이익을 증진시킨다

이들이 내세운 애덤 스미스 사상이 보수당의 경제이념을 뒷받침하는 논리가 되어버렸지만 애덤 스미스는 순수한 학자였다. 스코틀랜드 출신인 그는 애초 글래스고 대학교에서 도덕철학을 공부했다. 같은 대학교에서 논리학과 도덕철학 교수를 역임하며 그의 또 다른 명저인 《도덕감정론The Theory of Moral Sentiments》을 먼저 출간한다. 당시 그가 철학자들 가운데 선두적인 위상을 갖추게 된 것도 이 책 덕분이다. 1759년 출간된 이 책은 출간 즉시 큰 인기를 끌었고 유럽 각지의 학생들이 애덤 스미스의 강의를 들으려고 글래스고 대학교에 입학할 정도였다.

경제학이론 전반을 설명한 최초의 경제서적 가운데 하나인 《국부론The Wealth of Nations》 집필은 박한 교수월급에서 벗어나기 위해 부호의 가정교사로 들어가 프랑스로 삶의 터전을 옮기면서 시작된다. 그곳 생활에서의 무료함을 달래기 위해 정치경제에 관한 논문을 집필했는데 이것이 바로 《국부론》이다. 정식명칭은 《국가 부의 성질과 원인에 관한 고찰An Inquiry into the Nature and Causes of the Wealth of Nations》이다. 평생 독신으로 지낸 애덤 스미스는 무려 10여 년에 걸쳐 1천 페이지가 넘는 논문을 완성했다. 《국부론》이 발간된 해는 1776년, 공교롭게도 미국이 독립한 해다.

당시 《도덕감정론》만큼 많이 팔리지 않았다. 하지만 《국부론》은 경제학 분야 서적 중 최초의 베스트셀러로 떠올랐고, 초판이 출간된 지 6개월 만에 책이 모두 팔렸을 정도로 지식인들 사이에서 엄청난 파장을 불러일으켰다. 당대에 저술된 다른 책들보다 명확하고 알기 쉬운 내용을 담고 있었을 뿐 아니라 현재까지도 사람들의 관심을 사로잡는 이론과 사상을 펼쳐보였기 때문이다. 대표적인 이론이 유명한 '보이지 않는 손'이다. 그는 이 책을 통해 선구적 경제이론을 제시함으로써 경제학이 이론적 체계를 갖춘 학문으로 발전하는 데 초석을 마련했다. 애덤 스미스를 '경제학의 시조'이자 '경제학의 아버지'로 부르는 이유다.

> 우리가 저녁식사를 기대할 수 있는 것은 푸줏간 주인이나 양조업자나 제빵업자의 자비심 때문이 아니라 그들이 자기 이익을 중시하기 때문이다. 우리는 그들의 인도주의가 아니라 그들의 이기심에 호소한다. 그리고 그들에게 우리의 필요를 말하는 게 아니라 그들이 얻게 될 이득을 말한다.

애덤 스미스는 푸줏간 주인이나 양조업자나 모두 자신의 이익을 위해 일한다고 봤다. 하지만 그 행동을 사회의 이익과 잘 조화되는 방향으로 유도하는 것이 바로 '보이지 않는 손', 즉 시장기능이라는 것이다.

애덤 스미스의 기본 생각은 이렇다. 기업가는 제품디자인을 개선하거나 비용을 절감해서 강력하게 고객을 유인한다. 이런 움직임은 단기적으로 혁신을 일으킨 기업가의 이익을 증대시킨다. 그러나 경쟁자들도 연이어 동일한 혁신을 채택해서 결과적으로 최초 혁신가의 이익을 떨어뜨리고 소비자가 모든 이익을 취한다는 것이다.

예를 들어 어떤 신발생산자가 불편한 가죽구두에 구두끈을 달아 신고 벗기 편리한 제품을 최초로 고안했다고 하자. 소비자들은 당시 혁신적인 구두끈이 달린 구두를 앞 다퉈 신고 싶어 했을 것이다. 구두의 공급은 수요를 따라가지 못해 구두의 가격은 상승하고 혁신을 일으킨 생산자의 이윤도 증가한다. 그러나 이윤은 오래가지 못한다. 이 소식을 들은 다른 신발생산자들도 부랴부랴 구두에 끈을 달기 시작한다. 구두끈이 달린 구두의 공급이 증가하면 가격은 다시 하락하고, 결국 생산자들의 이윤은 구두끈 혁신 이전의 수준으로 돌아간다. 반면 소비자들은 전과 같은 가격으로 구두끈이 달린 편리한 구두를 신을 수 있는 이득을 얻는다.

애덤 스미스는 "노동자는 공공의 이익을 도모할 의도도 없고 자기가 공익에 얼마나 기여하고 있는지도 모른다. 그는 오직 자신의 이익만을 생각할 뿐이지만 보이지 않는 손에 이끌려 자신이 전혀 의도하지 않았던 목적을 증진시키게 된다"고 말했다. 아울러 "공익을 위해 무역에 영향력을 행사한 사람들이 실제로 도움이 되는 경우를 본 적이 없다"고 썼다. 이 말에는 국가가 개입하지 말고 사람들이 각자의 본능과 욕구에 따라 행동하도록 해야 사회에 더 큰 이익이 돌아간다는 의미가 내포되어 있다.

경제학자 이전에 철학자로서의 시장 고찰

우리는 '보이지 않는 손'이 오히려 사회에 비효율을 가져오는 사례도 자주 접한다. 부동산 시장의 예를 들어보자. 어떤 부모가 자녀를 좋은 고등학교에 보내기로 했다고 하자. 그런 학교는 일반적으로 주택가격이 높은 지역에 위치한다. 부모는 주택에 대한 추가비용을 벌기 위해 더 긴 시간 동안 일하고 때론 큰 위험을 수반하는 직업을 택하기도 한다. 부모들의 교육열은 좋은 학교에 들어갈 수 있는 학생 수(공급)를 변화시키지 못하고 주택가격만 상승시킨다. 시장에 맡겼더니 오히려 사회적 비효율과 불평등만 초래한 것이다.

이 같은 사례를 들며 애덤 스미스의 생각은 틀렸다고 하는 이들도 많다. 그러나 이는 애덤 스미스의 주장을 오해한 것이다. 애덤 스미스는 정부의 모든 활동을 반대하기는커녕 자연적 자유의 사회에서 정부가 해야 할 세 가지 일을 특별히 강조했다. 그 하나는 다른 사회의 폭력과 침략으로부터 사회를 지키는 것이고, 둘째는 모든 시민을 위해 정확한 사법행정을 수행해야 한다는 것이다. 셋째는 개인이나 소규모 집단이 이윤을 얻어 비용을 보상받기 어려운 성격을 가진 공공기관과 공공사업을 설립하고 유지하는 것이 정부가 해야 할 일이라는 주장이다.

《국부론》이 개인의 이익추구라는 세속적인 가치체계 논리를 제시하자 사람들이 탐욕을 합리화하는 수단으로 활용하기도 했지만 그 의미가 전혀 다르다. 그가 강조한 이익을 추구하는 이기심은 자신만 살고 다른 사람을 해치는 몹쓸 심보가 아니라 더 나은 삶, 더 풍요로운 생활을 누리기를 원하는 마음이다. 애덤 스미스는 경제학자 이전에 철학자였다.

금융시장에서 정부 규제를 철폐하기 위한 주장의 근거를 애덤 스미스의 '보이지 않는 손'에 의한 자유방임주의에서 찾으려는 시도도 잘못된 것이다. 그는 단 한 번도 자신이 주장한 '보이지 않는 손'을 금융시장에 적용하고자 한 적이 없다. '보이지 않는 손'에 의한 경제적 효율성 달성이 완전경쟁적인 경우에만 유효해 독과점 구조에 따른 '시장 실패'가 발생하기도 하지만 당시에는 거대기업이 거의 없었던 점을 먼저 고려하는 게 옳지 않을까 싶다.

《국부론》은 엄격한 의미에서 독창적인 책은 아니었다. 다른 사람들이 각각의 이슈를 밝힌 데 반해 애덤 스미스는 이를 토대로 전체의 모습을 밝혀냈다. 10여 년에 걸쳐 완성한 것도 그렇지만 색인 분량만도 무려 63쪽에 달한다.

그는 말년에 영예와 존경을 모두 받았다. 당시 총리였던 윌리엄 피트 William Pitt the Younger는 천문학자인 아서 에딩턴, 노예제도 폐지를 주장한 정치인 윌리엄 윌버포스, 총리와 재무장관을 겸임했던 윌리엄 그렌빌 등과 회합자리를 마련했다. 애덤 스미스 역시 그 자리에 초대받았다.

그가 방으로 들어오자 모든 사람이 자리에서 일어났다. "신사분들, 앉으십시오"라고 애덤 스미스가 말하자 피트 총리는, "아닙니다. 선생님이 먼저 앉으실 때까지 우리는 서 있겠습니다. 우리는 모두 당신의 제자입니다"라고 답했다. 《국부론》이 출간된 지 240여 년이 지났지만, 이 책은 모든 경제서적의 바이블이고 애덤 스미스는 여전히 모든 경제학자의 스승이다.

버블 : 비이성적 과열

앨런 그린스펀 Alan Greenspan, 1926~

"나는 천체의 운동을 계산할 수 있어도 사람의 광기는 계산할 수 없다."

누구나 다 아는 물리학자 겸 천문학자인 아이작 뉴턴. 만유인력의 법칙으로 유명한 그는 처절한 재테크 실패자였다. 오죽했으면 사람의 광기는 계산할 수 없다고 푸념까지 했을까. 당시 그는 세상을 휘몰아친 주식투자 광풍에 휩쓸려 쪽박을 차는 아픔을 겪었다.

1720년 4월 그는 영국 남해회사The South Sea Company 주식을 매각해 수익률 100퍼센트에 달하는 7천 파운드의 이익을 실현하는 행운을 누렸지만 그것도 잠시였다. 그해 봄과 여름 더 많은 주식을 거의 최고점에서 매입해 2만 파운드의 손실을 입었다. 그는 자산을 포함해 재정파탄을 겪는 수많은 사람의 비합리적인 행태에 마음이 상해 남은 생애 내내 남해라는 이름을 듣는 것조차 힘들어했다고 한다.

소설가 마크 트웨인도 재테크 투자에서는 뉴턴 못지않았다. 주가상승에 현혹돼 몰빵투자(집중투자)를 했다가 거덜 난 적이 한두 번이 아니다. "10월은 주식투자에 극히 위험한 달이다. 또 7월과 1월, 9월, 4월, 11월, 5월, 3월, 6월, 12월, 8월, 2월도 위험하다"는 명언도 그래서 나왔다.

경제는 심리라고 말한다. 인간심리에 대한 이해 없이 경제정책을 펼칠 경우 효과를 볼 수 없다는 뜻이다. 이러한 심리를 단적으로 표현하는 말은 '탐욕greed'과 '두려움fear'이다. 주식시장에서 이를 쉽게 확인할 수 있다. 탐욕이 넘쳐나면 주가가 급등해 거품이 형성되고, 두려움이 커지면 주가는 폭락한다. 주식시장은 오로지 탐욕과 두려움에 의해 움직인다는 말까지 있다. 역사적으로 살펴봐도 거품이 형성됐던 수많은 사건에는 사람들의 탐욕이 넘쳐났다. 남해회사에 투자해 큰 손실을 봤던 뉴턴이나 마크 트웨인도 마찬가지다.

탐욕은
비극을 낳는다

경제사에서 최초의 자본주의적 거품을 형성했던 사건으로 불리는 17세기 네덜란드의 튤립 버블도 일확천금을 꿈꾸는 탐욕에서 비롯됐다. 튤립 버블은 영국의 남해회사 버블, 프랑스의 미시시피회사 버블과 함께 '고전경제사 3대 버블'으로 분류된다.

그 시작은 플랑드르의 식물학자인 샤를 드 레클루제Charles de l'Écluse

(1526~1609)가 1593년 튤립을 터키에서 네덜란드로 가져오면서부터다. 꽃의 색깔이 각각이고 무늬도 다양한 튤립은 재배하기도 어려워 부의 상징으로 떠올랐다. 이를 먼저 확보할 방법은 알뿌리 투자였고, 투기 대상은 튤립의 알뿌리였다. 일반적인 거래는 전문가와 생산자 중심으로 형성되는 것이 정상이지만, 귀족과 부유층은 물론 서민들까지 투기에 나서면서 튤립 알뿌리의 가격이 급등했다. 거품이 절정에 달했을 때는 하루에 몇천 퍼센트가 폭등하기도 했다. 당시 가장 비쌌던 튤립 '영원한 황제'의 알뿌리 가격은 2천500길더였다. 이 금액이면 살진 돼지 8마리와 튼실한 황소 4마리, 양 12마리, 밀 24톤, 와인 2통, 맥주 600리터를 비롯해 치즈, 버터, 은 술잔, 옷감, 침대 세트까지 살 수 있었다. 무슨 색으로 변할지 모르는 알뿌리를 그 가격에 거래했다니 지금으로서는 너무 허무맹랑한 이야기다.

하지만 탐욕은 언제나 비극을 낳는 법이다. 튤립 광풍도 비싼 알뿌리를 양파인 줄 알고 그냥 먹어버린 사건으로 한순간에 꺼졌다. 알뿌리 주인은 거액을 보상하라며 소송을 제기했지만, 법원은 "알뿌리는 알뿌리일 뿐"이라며 재산가치를 인정하지 않았다. 이후 거품은 순식간에 꺼졌으며 최고치 대비 수천분의 일 수준으로 폭락했다. 가격이 절정에 치솟은 지 불과 4개월 만이다.

1990년대 말, 2000년대 초에도 사람들의 탐욕이 넘쳐흐르면서 '닷컴 버블'이라는 거대한 거품이 만들어졌다. 증권투자자들은 닷컴이 세계경제의 새로운 희망이라고 믿었다. 회사 이름 끝자리에 기술을 뜻하는 테크놀로지의 약자인 '테크'나 '닷컴'이라는 단어만 붙으면 투자자들은 열광했다. 기업들도 어떤 식으로든 인터넷 기업의 냄새가 나게 했다. 그래야 투자자들이 몰렸기 때문이다. 미국 증시는 특히 한국을 비롯한 아시아권의 국제통화기금IMF 구제금융 위기에도 아랑곳없이 닷컴기업의 주가를 중심으로 하늘 높은 줄 모르고 치솟았다. 당시 주식투자자들은 불나방처럼 월가로 몰려들었고 《다우 3만 6천Dow 36,000》이라는 책까지 나왔다. 당시 1만 선 부근에 머물던 다우지수가 당장 3만은 되어야 바람직하다는 것이 책 내용의 골자다. 저자는 "지금이야말로 주식에 투자해 돈을 벌어야 할 때"라며 투자자들을 부추겼다. 20여 년이 지난 지금도 다우지수가 2만 5천 선에 불과한 것을 고려하면 닷컴 버블이 어느 정도였는지 쉽게 가늠할 수 있다.

이런 과속에 곳곳에서 파열음이 울리기 시작했지만 투자자들은 아랑곳하지 않았고 주가도 상당기간 이에 맞춰 춤을 췄다. 지금도 인구에 회자되는 '비이성적 과열irrational exuberance'이라는 역사적인 명언이 여기서 나온다. 주인공은 당시 미국 연방준비제도이사회FRB 의장이었던 앨런 그린스펀이다. 1987년 레이건 대통령이 폴 볼커 의장 후임으로 그린스펀을 의장에 지명한 이후 그는 정권교체와 관계없이 무려 18년 6개월이나 '경제대통령'직을 수행한다.

현재 진행형의
탐욕과 거품

그린스펀은 1996년 12월 5일 이성을 벗어난 투자를 비판하면서 "주식시장이 비이성적 과열에 빠졌다"고 경고했다. 금융시장은 예민하게 반응했고 불나방처럼 주식시장으로 달려들던 투자자들의 탐욕도 두려움으로 바뀌기 시작했다. 튤립 버블처럼 닷컴 버블도 꺼지기 시작하면서 황금의 땅으로 믿었던 닷컴 엘도라도는 한순간에 킬링필드로 돌변했다. 이후 미국 주식시장은 80퍼센트나 폭락했고, 최저점에서 다시 회복하기까지 10여 년의 시간이 소요됐다.

비이성적 과열이라는 명언을 남긴 그린스펀에 대해서는 찬사와 비난이 상존한다. 그는 미국의 최장 호황을 이끌면서 당시 '미국 경제의 조타수' '세계의 경제대통령' '경제 마에스트로' '통화정책의 신의 손'이라는 찬사를 받았다. "만약 그린스펀이 없다면 우리는 그린스펀을 발명해야 했다"는 말까지 나왔다.

그는 비이성적 과열이라는 말뿐 아니라 '전염성이 강한 탐욕infectious greed' '소프트 패치(soft patch, 경기회복 혹은 성장국면에서 겪게 되는 일시적인 경기후퇴)' 등 지금도 널리 쓰이는 통찰력 깊은 경제 단어를 창안했다.

하지만 2006년 벤 버냉키에게 FRB 의장직을 물려주고 나서 글로벌 금융위기의 빌미를 제공했다는 오욕을 뒤집어쓰게 된다. 장기간의 저금리

정책으로 2007년 서브프라임모기지(비우량 주택담보) 사태와 2008년 글로벌 금융위기가 촉발했다는 것이다. 그러자 그 멋진 찬사들도 '미스터 버블'이라는 혹평으로 탈바꿈했다.

그는 2001년 이후 저금리정책을 지속하며 탐욕을 키웠다. 2000년대 초반 닷컴 버블 붕괴, 9·11테러, 아프가니스탄·이라크 전쟁 등으로 미국 경기가 악화되자 이를 부양하기 위한 정책이었다. 금리가 낮아지고 집값이 상승하자 미국인들은 대출을 받아 부동산 투기라는 탐욕에 몰두했고 레버리지(자금차입)를 통한 복잡한 파생상품은 이를 더욱 부추겼다. 이를 파는 투자은행 전문가들은 천문학적인 연봉을 즐겼다. 하지만 튤립 버블처럼 이번 파티도 오래가지 못했다. 2007년 집값이 폭락하면서 서브프라임모기지 사태가 터지고 미국인들은 수백만 채의 집을 압류 당했다.

이 사태는 부동산뿐 아니라 미국의 대형금융사와 증권회사의 파산으로 이어졌고, 세계적인 신용경색까지 몰고 와 2008년 글로벌 금융위기까지 이어졌다. 비판자들은 그런 고삐 풀린 탐욕에 대한 규제를 그린스펀이 외면했다고 지적한다. 그 역시 퇴임 후 82세의 노구를 이끌고 청문회에 나와 "40년 이상 믿어온 경제이론에 허점이 있었다"며 시장숭배에 대한 실패를 참회했다.

탐욕과 거품, 그 뒤에 자리 잡는 두려움과 패닉. 세계경제사는 수많은 경고 속에서도 이런 과정을 반복하며 부침을 거듭하고 있다. 지금도 이는 여전히 '현재 진행형'이다. 우리나라에서 불고 있는 강남발 부동산 급등과 비트코인 광풍도 그 범주에서 크게 벗어나지 않는다. 이미 뒤늦게 뛰어들었다가 손실을 보고 자살한 대학생마저 생겨났다. 이것이 블록체인 발전과정에서 나타나는 일시적인 부작용일지, 뉴턴의 말처럼 계산할 수 없는 광기에 휩싸인 탐욕일지 아직 판단하기 어렵다. 다만 탐욕과 광기에 의해 떠받쳐진 비이성적 과열이라면 그 끝은 처참할 수밖에 없다.

균형 : 차가운 머리, 뜨거운 가슴

앨프리드 마셜 Alfred Marshall, 1842~1924

실험실의 햄스터 한 마리가 다른 햄스터에게 말했다. "나는 저 학자를 길들였어. 내가 이 버튼을 누를 때마다 저자가 나에게 먹이를 가져다주지." 베르나르 베르베르의 소설 《신》에 나오는 내용이다. 학자가 길들이는 햄스터의 생각이 엉뚱하기만 하다.

에디 와이너와 아널드 브라운이 쓴 《퓨처 싱크》에 나오는 내용도 일반적인 생각을 뛰어넘는다. 외계인 두 명이 지구를 찾아와 지구 지배자를 관찰한 후 작성한 보고서 내용이다. 그 골자는 이렇다. "지구는 다리가 네 개 달린 자동차가 지배한다. 다리가 둘 달린 인간은 그들의 노예다. 인간은 밤낮으로 일하고 자동차는 주차장이라는 곳에서 어울려 논다."

인간이 아닌 그들의 시각에서 바라본다면 과연 틀렸다고 말할 수 있을까. 학자가 먹이를 가져다주고 인간은 밤낮으로 일하는데 다른 시각에선 인간이 햄스터나 자동차의 노예로 비칠 수도 있을 터다.

차가운 머리와
뜨거운 가슴이
절실한 이유

　　　　　　어떤 사안에 대해 어떤 시각으로 바라보느냐에 따라 정반대의 논리가 성립되고 해법도 달라지는 게 사회·경제 분야 곳곳에 수없이 존재한다. 상속세 문제를 보자. 각각 100억 원이 넘는 재산을 가진 두 사람이 있다. 한 사람은 살아 있는 동안 재산을 모두 탕진했고, 다른 한 사람은 이를 기업에 투자해 200억 원으로 불린 뒤 자식에게 재산을 물려준다. 이 사회는 어떤 사람을 선택해야 할까. 단순히 이 조건만 본다면 대부분 후자의 손을 들어줄 것이다. 하지만 재산 형성 과정의 노력과 재산을 다 탕진한 내용은 무시하고 단지 자식에게 200억 원을 상속하는 문제만 놓고 보면 부의 대물림이라며 고율의 상속세 부과를 주장하게 된다.

　하버드 대학교 경제학과 교수이자 경제학자인 그레고리 맨큐가 상속세 폐지를 주장하는 논리다. 사는 동안 재산을 모두 소비한 사람은 단 한 푼의 상속세를 내지 않는 데 반해 피땀 흘려 재산을 모아 후손에게 물려주는 사람에게 높은 세금을 매기는 것은 불공평하다는 것이다. 이를 근거로 상속세는 절약하는 사람을 박해하는 제도라는 논리도 편다.

　2008년 노벨경제학상을 받은 폴 크루그먼은 상속세 폐지 등 맨큐의 감세안에 반대한다. 그는 "감세는 국가재정을 어렵게 하고 모든 사람에게 혜택이 돌아갈 것 같지만 실제로는 부자의 배만 불리는 '평균의 환상'에 불과할 뿐"이라고 비판했다.

근로시간 문제 역시 상반된 논리가 존재한다. 우리나라 국민이 경제협력개발기구OECD 35개 회원국 가운데 멕시코에 이어 두 번째로 노동시간이 긴 만큼 이를 줄여야 한다는 게 노동계의 주장이다. 하지만 경영자는 시간당 노동생산성이 OECD 국가 중 28위로 최하위 수준이라고 반박하고 있다. 최저임금인상 논란도 마찬가지다. 저임금 근로자는 삶을 유지하기 위한 수준의 임금인상을 요구하지만 경영자들은 경영악화를 이유로 맞서고 있다. 어느 한쪽만의 시각으로서는 쉽사리 풀 수 없는 난제다. 신고전학파의 창시자인 앨프리드 마셜이 1세기 전 설파한 명언인 "차가운 머리와 뜨거운 가슴"이 절실히 필요한 이유다.

> "내 빈약한 능력과 제한된 힘으로 최선의 노력을 다해 차가운 머리,
> 그러나 뜨거운 가슴을 가진 졸업생들을 세상에 더 많이 내보내는 게
> 내 가장 소중한 야망입니다."

마셜이 케임브리지 대학교 석좌교수 취임연설에 남긴 이 말은 경제학자들에겐 마음에 새겨야 할 금과옥조로 남았다.

마셜은 산업혁명을 주도했던 영국은 물론 세계경제사에 큰 획을 그은 경제학자다. 어린 시절부터 수학에 뛰어난 재능을 보인 마셜은 성직자가 되길 원했던 부모님의 뜻을 어기고 케임브리지 대학교 세인트존스 칼리

지 수학과에 들어간다. 대학에서 수학을 전공한 그는 졸업한 뒤에 분자 물리학을 공부할 생각이었으나 우연한 기회에 존 스튜어트 밀의 《정치경 제학 원리Principles of Political Economy》를 읽고 경제학에 흥미를 느꼈다. 그 뒤 로 틈틈이 가난한 사람들이 사는 곳을 돌아다니며 모두가 잘사는 사회를 만들려면 어떻게 해야 하는지 고민했고, 빈민 문제를 해결하기 위해 경 제학을 공부해야겠다고 마음먹었다. 마셜이 수학을 경제학에 접목시켜 현대경제학의 이론을 정립하는 동시에 철학·윤리적으로도 접근하게 된 배경이 아닐까 싶다.

우리가 경제학 시간에 제일 먼저 배우는 y축에 가격, x축에 수량이 놓 인 수요·공급곡선을 처음 도입한 사람도 바로 마셜이다. 두 곡선이 균 형에서 교차하는 모양이 가윗날 같다고 해 '마셜의 가위'라고도 한다. 이 를 기반으로 그는 경제학 분야에 꼭 필요한 핵심 개념을 많이 제시했다. 구매자들이 가격변화에 얼마나 민감하게 반응하는지를 의미하는 '수요 의 가격탄력성', 구매자들이 어떤 상품에 대해 최대한 지불해도 좋다고 생각하는 가격과 실제로 그들이 지불한 가격(시장가격)과의 차이를 말하 는 '소비자 잉여', 반대로 생산자가 어떤 상품을 판매하고 실제로 받은 가격(시장가격)과 생산자가 이쯤이면 팔아도 좋다고 생각했던 가격과의 차이를 말하는 '생산자 잉여' 등이 대표적이다. 마셜은 이러한 개념을 적 용해 정부의 과세 및 복지 정책 등의 효과를 측정했다. 이는 지금까지도 정부정책의 효과를 논할 때 중요한 접근법으로 사용된다.

1924년 마셜이 사망했을 때, 그의 이론과 다른 길을 갔던 제자 케인스는 "지난 100년을 통틀어 세계에서 가장 위대한 경제학자"라고 칭했다. 그는 신고전학파 경제학의 기초를 세웠으며 케인스, 아서 세실 피구, 조 앤 바이얼릿 로빈슨 등 쟁쟁한 제자들을 키워 케임브리지 학파의 창시자 가 됐다. 지금도 그는 경제학에서 최고 권위를 자랑하는 케임브리지 대학교의 전설적인 존재로 존경받고 있다.

수학과 철학의 두 날개로 삶을 개선하다

마셜이 남긴 '차가운 머리, 뜨거운 가슴'에 기반을 둔 경제정책 선택은 보다 현명한 결과를 이끌어 낼 수 있다. 어떤 정책이든 차가운 머리나 뜨거운 가슴 중 하나로만 풀어나가다 보면 부작용이 생길 수밖에 없기 때문이다. 그런 사례는 이미 수없이 많다.

이승만 대통령은 휴전 후에도 극심한 인플레이션이 계속되자 헌병을 동원해 조폐공사 인쇄기를 봉인해버렸다. 돈을 찍어내는 것을 막으면 물가를 잡을 수 있다는 단순한 생각이었다. 하지만 돈을 찍지 못하게 하면 경제에 마비 현상이 오고 사회 혼란이 발생한다. 한국은행 총재가 뒤늦게 이 사실을 알고 대통령을 설득하면서 인쇄기 봉인은 곧 해제됐지만 '뜨거운 가슴'만 있고 '차가운 머리'가 없었던 해프닝이었다.

최저임금 인상 등 착한정책의 부작용도 마찬가지다. 저임금 근로자의 삶의 질 개선을 위해 최저임금을 대폭 인상하고 있지만 오히려 일자리를 잃는 역효과가 나타나고 있다. 아파트 경비원들이 줄줄이 해고되고 그나마 저임금이라도 받았던 비정규직 일자리 수도 줄어들고 있다.

서울 강남을 잡기 위한 부동산정책 역시 궤를 같이한다. 강남 집값을 잡기 위해 다주택자 양도세중과, 대출제한, 재건축 초과이익 환수제 부활 등 강력한 규제책을 쏟아내고 있지만 강남 집값은 오히려 오르고 지방 집값은 침체일로를 겪는 역효과를 내고 있다. 돈 많은 부자들이 지방 보유주택을 처분하는 대신 미래가치가 높은 서울 강남권의 똘똘한 한 채에 집중하고 있기 때문이다.

1876년 《자본론》을 발간해 러시아혁명과 중국 공산당 창당의 기반을 제공했던 마르크스도 당시 산업혁명으로 비참하게 살던 노동자들의 삶을 개선하려 했지만 결과는 참담했다.

수학자이며 경제학자인 마셜이 제시한 경제학이론은 모두 수학적 증명을 근거로 했지만, 그는 철저히 '인간'을 앞세운 철학적인 접근으로 이론을 설명하려 했다. 그가 근거한 복잡한 수학 방정식을 찾아내느라 애를 먹은 후대의 경제학자들은 "다 알면서도 안 가르쳐줘 우리만 고생시킨다"며 푸념했다고 한다.

경제 문제를 수학적 논리로 접근했지만 경제학을 빈민구제의 학문으로 보고 부자들이 가난한 노동자들에게 자선을 베풀어야 한다고 강조했던 마셜의 '차가운 머리, 뜨거운 가슴'은 시대와 분야를 막론하고 가슴에 새겨야 할 가르침이다.

혁신 : 창조적 파괴

조지프 슘페터 Joseph Alois Schumpeter, 1883~1950

경쟁자, 또는 맞수로 번역되는 '라이벌 rival'의 어원은 '강 river'이다. 강은 라틴어로 리부스 rivus, 강을 같이 쓰는 이웃을 리발리스 rivalis라고 했다. 강은 농경시대에 가장 중요한 자원이었다. 홍수가 났을 때 사람들은 힘을 합쳐 둑을 쌓기도 하지만 가뭄이 들었을 땐 서로 물을 끌어 써야 하기 때문에 치열하게 경쟁을 벌인다. 넉넉할 땐 이웃사촌이지만 부족할 땐 원수가 되기도 한다. 강에서 라이벌이란 단어가 나온 이유다.

경쟁은 천재들을 자극한다

라이벌은 어느 시대에나 있게 마련이다. 역사의 한 획을 그은 거장들 역시 마찬가지다. 천부적 재능의 소유자 피카소에게도 질투심을 유발하는 예술가가 있었다. 그가 드러내놓고 질투하며 경쟁한 대상은 자신과 더불어 20세기 모던아트의 양대 산맥으로 불리는 앙리 마티스다. 피카소는 자신보다 나이가 12살이나 많고 먼저 성공한 마티스를 넘어서기 위해 몸부림쳤다. 마티스가 죽은 뒤 피카소는 넉살 좋게도 "나는 그의 유산을 물려받았다"고 말할 정도였다. 피카소 생애 최고의 역작으로 꼽히는 〈아비뇽의 처녀들〉도 마티스가 그린 〈인생의 행복〉의 영향을 받았다. 두 그림을 자세히 살펴보면 그림 속 여인의 자세가 비슷하다. 하지만 마티스의 부드러운 곡선을 거칠고 각진 형태로 재창조하면서 〈아비뇽의 처녀들〉이 〈인생의 행복〉보다 더 유명해진다.

이 두 거장이 바라본 삶의 색깔은 크게 다르다. 특히 말년에는 더욱 차별됐다. 마티스는 병마로 힘들어하면서도 삶의 환희를 화폭에 담으려고 노력했다. 〈인생의 행복〉도 그런 작품이다. 반면 피카소는 고독감과 죽음에 대한 공포 등과 싸우며 이를 작품으로 옮겼다.

이들보다 앞선 르네상스 시대를 살았던 레오나르도 다빈치와 미켈란젤로의 경쟁은 더 치열했다. 같은 장소에서 그림 대결까지 펼치기도 했다. 피렌체공화국의 종신통령으로 당선된 피에로 소데리니는 1503년 두 거장에게 동시에 시의회당 내 벽면에 피렌체 역사에서 기억할만한 전투 장면을 그려 줄 것을 주문했다. 당시 다빈치는 52세, 미켈란젤로는 28세였다. 시민들은 이 두 천재가 어떤 그림을 그려낼지 기대에 부풀었고 이는 두 천재의 경쟁을 자극했다. 어쩔 수 없이 이들은 서로 등을 맞대고 그림 전쟁을 벌여야만 했다. 다빈치의 〈앙기아리 전투〉와 미켈란젤로의

〈카시나 전투〉라는 작품이 탄생한 배경이다.

서로를 극도로 혐오했다고 알려진 이들의 예술관도 대조적이다. 미켈란젤로와의 벽화 경쟁에서 수많은 전쟁을 경험한 다빈치는 역동적인 상황을 묘사해 전쟁의 공포를 전달하려 한 반면, 미켈란젤로는 잔인한 전쟁 장면보다 무장하기 전에 강가에서 목욕하는 병사의 모습을 그렸다.

피카소와 마티스, 다빈치와 미켈란젤로. 이 거장들은 서로 질시하며 힘든 경쟁을 벌였지만 그 경쟁은 시너지를 내며 미술사에 찬란한 기록을 남겼다.

케인스
vs.
슘페터

경제사에서도 경제학자들은 서로 경쟁하며 이론을 발전·심화시켰다. 케인스와 슘페터도 그런 경우다. 공교롭게도 이들은 마르크스가 떠난 해인 1883년에 태어나 평생 숙적으로 남았다. 의도적으로 서로 무시했다는 얘기까지 전해진다.

그래서일까, 두 사람이 걸어온 길도 완전히 달랐다. 케인스는 초기 신고전학파의 창시자인 마셜의 충실한 후계자 역할을 하다가 "자유방임의 자본주의는 끝났다"며 이단아의 길을 걷기 시작한다. 일명 케인스 혁명이다.

그는 미국으로부터 불어닥친 대공황 해법으로 재정 및 통화정책을 통한 단기부양책을 강조했다. 시장에 모든 것을 맡겨두는 것이 아니라 정부가 시장에 적극적으로 개입하는 '큰 정부' 모델을 주장했다. 불황기에 정부가 지출을 늘리면 소비와 투자가 되살아나 경제회복을 촉진할 수 있다는 논리다.

당시 주류에 벗어난 이 논리는 프랭클린 루스벨트 대통령에 의해 채택되면서 일대 반전을 이룬다. 루스벨트 대통령이 노동자 등 잊힌 사람들을 위한 새로운 정책인 '뉴딜정책'의 이론적 기초로 삼으면서 케인스 이론은 케인스학파로까지 발전하며 경제사에 고전학파와 어깨를 겨루는 양대 산맥으로 부상한다. 케인스 이론은 특히 경제가 위기일 때마다 빛을 발했다. 자본주의에서 정부 개입을 정당화한 데다 금융시장 규제의 옹호자인 까닭이었다. 그래서 위기가 닥칠 때마다 정부 정책자들의 선택은 언제나 케인스였다.

반면 슘페터는 "자본주의에서 불황은 찬물 샤워와 같다"며 불황도 경기순환의 한 사이클로 봤다. 그래서 시장에 대한 정부 개입을 반대한다. 즉 경기가 호황을 누리는 것은 단순히 수요가 증가해서가 아니라 공급 측면에서 혁신이 이뤄졌기 때문이며, 얼마간의 호황 다음에는 불황이 찾아올 수밖에 없는 만큼 정부는 뒤로 빠져있으라는 논리다. 불황 역시 기업가들의 혁신을 부추겨 새로운 균형점을 찾아간다는 게 그의 생각이었다. 정부의 역할은 기업가들의 혁신을 방해하는 요소를 제거하는 데 주력해야 한다는 것이다.

이윤도 기업가의 혁신 결과로 규정했다. 기업가를 노동자의 노동력을 착취하는 피도 눈물도 없는 존재로 묘사했던 마르크스와 상반된 주장이다. 즉 이윤은 혁신적인 기업가의 '창조적 파괴행위'로 인한 생산요소의 새로운 결합에서 파생되며 창조적 파괴행위를 성공적으로 이끈 기업가의 정당한 노력의 대가가 이윤이라는 것이다. 이후 다른 기업가에 의해 이것이 모방되면서 자연스럽게 이윤이 소멸되고 새로운 혁신기업가의 출현으로 다시 이윤이 생성된다는 논리다. 이것이 슘페터가 새로운 개념으로 제시한 '창조적 파괴'다.

그는 케인스가 제시한 공공지출 확대, 이자율 조정 등의 금융정책, 통화량 확대 등은 시중의 자본을 혁신이 아닌 주식과 부동산 버블로 유도할 수 있는 만큼 조심해야 한다고 경고하기도 했다.

하지만 그의 이런 주장은 당대 스타로 떠오른 케인스 이론에 의해 철저히 묻혔다. 케인스 해법은 바로 효과를 볼 수 있는 대안이지만 슘페터의 창조적 파괴는 시장의 혁신에 맡겨두는 만큼 효과를 내기까지 적지 않은 시간이 필요한 탓이다. 정부 역할도 많지 않아 당장 효과를 원하는 정부 정책자들이 슘페터를 외면한 것은 어쩌면 당연했는지도 모른다.

그러나 인터넷 혁명과 기술혁신에 기초한 4차 산업혁명이 화두로 떠오르면서 슘페터 이론은 부활했다. 현대경영학의 창시자로 평가받는 피터 드러커는 "케인스보다 탁월한 경제학의 거성은 슘페터"라며 슘페터의 손을 들어줬다. 슘페터는 다시 평가받고 재조명돼야 할 인물이라는 게 그의 주장이다.

21세기에 화려하게
부활한 슘페터의 혁신

드러커의 말처럼 슘페터 이론은 갈수록 빛을 더 하고 있다. 21세기는 '슘페터의 세기'라는 말까지 나온다. 특히 인공지능, 사물인터넷, 빅데이터 등 첨단 정보통신기술이 경제·사회전반에 융합되어 혁신적인 변화가 일어나는 4차 산업혁명 시대를 맞아 더욱 주목을 받고 있다. 슘페터는 "제아무리 우편마차 숫자를 늘린다고 한들 결코 기차가 되지는 않는다"며 창조적 파괴를 통한 혁신을 강조했다. 마차를 기차나 비행기로 바꾸는 창조적 사고와 패러다임의 전환이 필요하다는 것이다. 한 세기 전의 이 혜안은 21세기 급변하는 기업들의 경쟁세계에도 딱 들어맞는다.

신기술이 낡은 기술을 잠식하며 이미 수없이 많은 곳에서 전통적인 산업별 칸막이가 무너지고 있다. 마차가 기차에 밀려났듯 필름과 카메라는 디지털카메라와 휴대폰에 의해 산업기반을 잃었다. 낡은 기술로 기반을 잃은 대표적인 기업은 코닥이다. 일반인이 쓰기 쉬운 필름을 개발하면서 코닥은 한때 필름 시장의 80퍼센트나 장악한 다국적기업이 됐지만 디지털카메라를 무시하는 바람에 매출과 직원 수를 8분의 1로 줄여야만 했다. 'Being kodaked(코닥이 되다)'라는 말이 '옛것만 고집하다 망하다'라는 뜻의 신조어가 됐을 정도다.

한때 세계 1위 휴대폰 단말기 제조업체였던 노키아도 창조적 파괴의 희생자다. 스마트폰이 새로운 조류로 떠오를 때 피처폰만 고집하다 애플과 삼성에 밀리면서 속절없이 추락했다. 세계 최대의 장난감 유통업체 토이저러스의 파산도 마찬가지다. 아마존 등 온라인 유통 강자가 시장을 잠식하면서 오프라인 유통업체 토이저러스의 고객을 빼앗아갔다. 여기에 게임과 동영상 등이 스마트폰으로 들어가면서 굳이 장난감을 사야 한다는 욕구가 줄어들었다.

반대로 애플, 페이스북, 구글 등은 신기술로 기존 산업을 대체하며 성장한 대표 케이스다. 애플의 창업자 스티브 잡스는 생전에 '창조적 파괴자'로 통했다. 그의 혁신 아이디어는 기존 시장질서는 물론 삶의 문화까지 바꿔놓았다고 평가받는다. 앞으로 테슬라의 전기자동차, 구글의 무인자동차 등도 세계 자동차산업에 혁신경쟁을 몰고 오면서 판도를 뒤바꿔놓을 가능성이 높다.

《권력이동》과《제3의 물결》등의 저서로 유명한 미래학자 앨빈 토플러는《부의 미래》에서 "법은 시속 1마일로 달리고 정치 조직은 3마일로 달리는데 기업은 100마일로 달려 속도의 충돌을 일으킨다"고 말한다. 법과 정치 조직이 기업의 변화 속도를 따라가지 못한다는 얘기다. 창조적 파괴를 통한 혁신을 이뤄나가는 게 기업가라는 슘페터의 주장과 궤를 같이한다. 케인스에게 눌려 힘을 쓰지 못한 슘페터가 사후에 기술혁신과 더불어 화려하게 부활하며 그 가치를 더하는 모습이다.

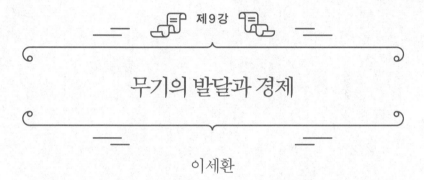

무기의 발달과 경제

이세환

'밀덕(밀리터리 마니아)'을 위한 친절한 군사전문기자. 인하대 수자원공학 석사학위를 받았으며, 현재 월간 《군사세계》 취재부장으로 무기와 군대에 관한 취재보도를 하고 있다. 콘텐츠진흥원 게임기획 부문 군사학 강사로 활동 중이며, 국방TV 〈전쟁과 음악사이〉와 〈토크멘터리 전쟁사〉에 무기와 전쟁사 전문가로 출연 중이다.

전쟁이 무기 기술의 혁명을 가져오다

기원전 230년, 진나라는 한나라를 침략하면서 전국시대를 끝낼 통일 전쟁을 시작했다. 진나라는 노궁이라 불리는 강력한 석궁으로 전투를 치렀다. 진나라의 핵심무기인 노궁은 활시위를 60센티미터까지 당길 수 있었는데, 유럽식 석궁보다 사정거리와 파괴력이 5배나 강했다. 노궁은 기관부를 구성하는 부품에 철을 사용했으며 철심화살을 사용했다. 이는 진나라의 풍부한 철광석 매장량 덕분에 가능했다.

철기문명은 기원전 2000년경부터 시작했지만, 철은 무기재료로 쓰기에는 불순물이 많고 강도도 약했다. 그런데 진나라가 바로 혁신의 모태였다. 중국대륙의 통일을 노리던 진나라는 '주조'방식으로 대량 생산을 도모했다.

당시 새로운 철공기술인 주조는 거푸집에 쇳물을 부어 찍어내는 방식으로 화살촉과 대를 깎아 만드는 전통적인 생산 방식과는 비교할 수 없을 정도로 효율적이고 강도도 셌다. 더욱이 노궁을 비롯한 각종 무기의 부품을 규격화했고, 여분의 부품을 충분히 준비해 매우 신속하게 수리할 체계를 갖췄다.

노궁에서 발사된 철심화살은 400미터에 이르는 거리도 번개처럼 날아가 꽂힐 만큼 강해 적에게는 공포의 대상이었다. 진나라 청동무기는 구리와 주석을 적절한 비율로 섞고, 크롬으로 도금하는 기술로 철제무기를 갖춘 군대와 대등하게 싸울 수 있었다. 하지만 철광석 매장량이 풍부했기 때문에 기원전 200년경부터 철이 무기의 주재료가 됐다.

진나라는 한나라를 시작으로 조나라와 위나라, 그리고 강력한 라이벌 초나라를 무너뜨렸으며, 기원전 221년에는 연나라와 제나라까지 정복했다. 진나라 왕은 6국을 상대로 전쟁을 일으킨 지 17년 만인 39세에 통일대업을 이룩한다. 그가 바로 진시황제다. 진시황제의 통일대업은 '전쟁이 무기 기술의 혁명을 가져온다'는 사실을 단적으로 보여주는 사례다.

무적의 페르시아군을 이긴 그리스 보병 호플리테스

인류의 첫 무기류는 '냉병기'였다. 냉병기란 말 그대로 차가운 무기를 뜻하며, 화약이나 불을 쓰지 않는 무기로 적을 타격하는 장치를 일컫는다. 냉병기는 청동기시대에 제대로 모습을 갖추었다. 청동이 무기에 안성맞춤인 재료였기 때문이다. 다른 재료에 비해 상대적으로 불순물이 적었고 제련이나 주조가 수월했다. 다만, 가격이 비싸 청동무기를 사용한 집단은 주로 지배층이었다. 대표적인 예가 중장갑과 방패로 무장한 그리스 보병 '호플리테스hoplites'다. 호플리테스는 땅과 노예를 소유한 자유시민으로 중산층 이상의 집단이었다. 사회지도층인 이들은 세금을 납부하는 대신 병역으로 자신들의 의무를 다했다. 이들은 값비싼 무기와 장비를 구입했으며 어떠한 대가도 받지 않고 국가에 헌신했다.

당시 투구와 흉갑, 정강이받이를 착용하고 방패까지 완전무장하면 호플리테스가 착용한 방어구의 무게는 30킬로그램이 훌쩍 넘었다. 고대 그리스에서 체력증진을 위해 올림픽을 한 이유가 따로 있었던 것이다. 무엇보다 30킬로그램이 넘는 청동을 구입한다는 사실은 사회지도층의 경제적 역량을 보여주는 단적인 예였다.

기원전 490년, 그리스군은 마라톤 평원에서 페르시아군과 대치했다. 당시 국력의 규모를 보면 그리스의 도시국가는 제국의 절정기를 구가하던 페르시아에 상대가 되지 않았다. 그러나 그리스에는 호플리테스가 있었다. 페르시아군의 칼과 창은 청동제 장비와 무기로 단단히 전신을 두른 호플리테스에게 무용지물에 가까웠다. 게다가 페르시아군의 갑옷은 직물이었다. 호플리테스는 활의 사정거리인 200미터 전부터 페르시아군을 향해 돌진했고 백병전 끝에 완승했다. 9천600명의 그리스군 중 전사자는 단 192명뿐이었지만, 페르시아군은 1만 5천 명의 보병 중 무려 6천

400명이 전사했고 살아남은 병사들도 전투가 불가능했다. 전멸에 가까운 피해였다.

마라톤 전투의 승리로 페르시아의 제1차 그리스 원정은 좌절됐고, 이후 페르시아는 10년간 그리스 침공을 보류했다. 양측은 같은 청동제 냉병기를 사용했으나(당시 철병기도 있었으나 청동병기가 대세였다) 전투방식과 무기의 차이가 승패를 갈랐다. 이후 그리스는 중장보병 위주로 백병전부대를 편성하게 된다. 중장보병의 전술 개념은 이후 로마 보병군단의 모태가 되기도 했다.

제련기술이 발전하자 무기의 재료는 무겁고 값비싼 청동 대신 철이 사용됐다. 15세기에 이르러 등장한 청동화포는 열병기의 시작을 알렸지만, 재료의 약점을 극복하지 못한 채 사라졌다.

성공과 실패 양날의 검
'불을 뿜는 도마뱀'
우르반

'불을 뿜는 도마뱀'이란 명칭이 붙은 대포 '우르반Urban'은 헝가리 출신의 대포 주조자 이름에서 따왔다. 1452년 우르반은 비잔티움 제국의 콘스탄티누스 황제를 찾아가 거대한 대포 제작을 제의했다. 그러나 이 무렵 비잔티움 제국은 극심한 재정난에 시달렸다. 성소피아 성당의 벽면을 장식한 금박을 떼어내 콘스탄티노플을 지키는 용병들에게 지급해야 할 정도였다. 콘스탄티누스 황제는 대포가 비싸다는 이유로 우르반의 제의를 거절했다. 그러자 우르반은 반대편인 오스만 제국의 마호메트 2세에게 접근했다. 지중해무역을 장악하던 오스만 제국은 당시 지구상에서 가장 부유한 나라였다.

청동으로 된 우르반 대포는 포신의 길이만 8.2미터, 무게는 19톤이 넘는 거대한 괴물이었다. 바위를 둥글게 깎아 만든 500킬로그램의 포탄을 최대 1.6킬로미터까지 날릴 수 있었다. 대포를 운반하려면 사륜마차 30대와 황소 60마리, 그리고 200명의 병사가 필요했다.

1453년 마호메트 2세는 이 거대한 대포를 손에 넣고 콘스탄티노플의 테오도시우스 성벽을 공격했다. 50일이 넘게 5천여 발의 포탄을 쏟아부은 이 전투로 테오도시우스 성은 함락되고 찬란했던 비잔티움 제국은 그렇게 오스만 제국으로 넘어갔다.

오스만 제국은 우르반이 제국의 힘을 더욱 강하게 해줄 거라고 믿었다. 하지만 우르반은 장점보다 단점이 많았다. 포탄을 한 번 발사하면 열 때문에 청동 포신의 부피가 늘어나 연이어 포탄을 발사할 수 없었다. 열을 식히는 데만 12시간이나 걸렸다. 하지만 이보다 더 큰 문제는 포탄제작이었다. 거대한 바위를 완벽한 구의 형태로 만들어야 했기 때문에 일류 건축가들까지 동원됐고 제작비용도 어마어마했다. 게다가 500킬로그램이나 되는 포탄을 날리는 데 필요한 화약의 양도 엄청났다. 콘스탄티노플 공략을 위해 쓴 화약값이 당시 웬만한 이탈리아 도시국가의 1년 예산과 맞먹을 정도의 비용이었다. 하지만 15세기 세계최강국인 오스만 제국은 개의치 않고 더 큰 대포를 개발하는 데 집중했는데 결국 이것이 오스만 제국의 쇠퇴를 앞당기는 결과를 가져왔다.

관건은 발사 속도, 주철대포의 등장

비잔틴 제국이 무너진 후 유럽은 기동성이 뛰어나고 발사 속도가 빠른 야포field gun를 발전시키는 데 주력했다. 1450년 프랑스와 영국이 맞붙은 포르미니 전투Battle of Formigny에서 프랑스군이 대포를 앞세워 영국군을 궤멸시키자 대포는 중요한 전략무기가 됐다.

가장 주목할 만한 혁신은 포탄이었다. 우르반 대포에 쓰는 바위포탄이 아닌 철제포탄이 등장했다. 우르반 대포에 쓰인 포탄은 제작이 까다롭고 많은 비용이 들어 가난한 중세 유럽국가에서는 매장량이 풍부한 철을 포탄의 재료로 골랐다. 게다가 철제포탄은 돌보다 훨씬 단단해 대포의 크기를 줄일 수 있었다. 철제포탄이 등장하자 대포는 공성병기 최강의 무기가 됐고 높낮이를 조절할 수 있는 대포가 등장하자 운용방식도 유연해졌다.

1571년 유럽의 신성동맹과 오스만 제국은 지중해에서 맞붙게 됐다. 이 전투가 바로 '레판토 해전Battle of Lepanto'이다. 양쪽 모두 배에 대포가 있었지만 운용은 완전히 달랐다. 오스만 함대는 궁수와 백병전에 의존했으

며, 함포용 청동대포는 우르반보다 작아졌지만 발사 후 열을 식히는 데
여전히 많은 시간이 필요했다. 사정거리도 200미터 정도라 해전에서는
결정적인 무기로 쓸 수가 없었다. 반면 신성동맹 함대는 '베르소Verso'라
는 대포를 사용했다. 베르소는 포탄을 쏜 후 빠르게 재장전할 수 있었고
우르반보다 2배나 더 멀리 날아갔다.

전투 결과는 신성동맹의 대승이었다. 오스만은 해상전력 대부분을 잃
었고 이후 지중해의 패권마저 유럽에 넘겨주었다. 반면 유럽은 함선과
항해술, 함포를 더욱 발전시키며 지중해를 벗어나 대서양으로 뻗어 나
갔다.

레판토 해전 이후 대항해시대의 중요한 항로인 대서양의 패권을 놓고
스페인과 영국이 맞붙었다. 영국의 사략선privateer에 시달렸던 스페인의
국왕 펠리페 1세는 무적함대Armada Invencible를 네덜란드로 보냈다. 네덜란
드에 주둔한 스페인군과 합세해 영국 본토를 치기 위해서였다. 당시 난
파된 스페인함대에서 인양된 대포는 '컬버린(Culverin, 이탈리아제 청동대
포)'이 대부분이었다. 이는 스페인이 대포의 혁신에 관심이 없었다는 의
미기도 하다.

그러나 영국은 달랐다. 비싼 청동대포 대신 주철대포를 제작한 것이
다. 주철대포는 자체로 폭발할 수 있어 포병들의 목숨을 앗아가기도 했
지만 가난한 영국은 선택의 여지가 없었다. 영국은 주철대포를 제작하는
데 사활을 걸었고, 마침내 전장식 주철대포 '팔코넷Falconet'을 개발했다.

또한 주철대포와 더불어 화약도 새롭게 개발했다.

팔코넷과 세계최고 품질의 화약을 개발한 영국은 '칼레 해전Naval Battle of Calais'에서 스페인의 무적함대에 결정타를 날릴 수 있었다. 대항해시대 유럽의 해상 패권이 스페인에서 영국으로 넘어가는 순간이었다. 이후 팔코넷은 표준 화포로 자리 잡았고, 영국, 독일, 프랑스, 네덜란드가 주철대포 경쟁에서 건곤일척의 싸움을 벌였다. 이때부터 유럽의 대포가 전세계 전장을 지배하게 된다.

전쟁의 판도를 바꾼
개인화기의 출현과 진화

15세기 후반 이탈리아전쟁(1494~1559)을 계기로 냉병기 발전은 정점에 이른다. 유럽 최고의 기사단을 보유한 프랑스는 1525년 스페인과 합스부르크왕가를 비롯한 신성로마제국을 상대로 파비아Pavia에서 운명을 건 전투를 치른다. 당시 프랑스는 유럽 최고의 용병인 '스위스 용병'과 최강의 중기병 '장다름Gendarme'이 있었다. 반면 신성로마제국에는 스위스 용병의 숙적이자 라이벌인 독일 용병 '란츠크네히트Landsknecht'와 최강의 보병인 스페인의 '테르시오Tercio가 있었다. 테르시오는 스페인군의 독특한 보병 대형을 말하는데, 장창병과 화승총 사수, 그리고 검과 작은 방패를 든 병사로 이루어졌다. 여기서 스페인의 화승총 사수들을 눈여겨봐야 한다.

전장의 주역이 된
무기를 든 병사들

지금은 스페인의 땅인 이베리아반도는 8세기부터 한동안 이슬람의 지배하에 있었다. 이베리아반도의 무슬림인 무어인들은 15세기 말 그리스도교도의 저항과 레콩키스타Reconquista(국토회복운동)로 인해 북아프리카로 쫓겨났다. 이때 스페인이 사용한 무기가 신식무기인 화승총이다.

화승총은 열병기의 시작을 알리는 신호탄이었다. 재장전에 오랜 시간이 걸렸지만, 석궁이나 활과는 비교할 수 없을 정도로 강력했다. 화승총의 파괴력에 매료된 스페인은 세계 최초로 화승총을 장비한 정규군을 창설했다. 바로 국가 단위로 이루어진 최초의 대규모 부대였다.

유럽 최강군대의 접전이 펼쳐진 파비아 전투는 객관적인 전력상 프랑스가 유리했다. 하지만 스위스 용병부대와 중기병 장다름이 차례로 란츠크네히트와 테르시오에게 패하고 만다. 특히 당시 유럽 최강전력 장다름은 테르시오의 화승총 사수들에게 일제사격을 당하고 썰물처럼 쓸려나갔다. 개인화기인 화승총이 전장의 주역으로 등장하는 순간이자 동시에 로마군단 이래 1천 년 이상 전장을 지배한 기병이 또다시 보병에게 전장의 주도권을 넘겨주는 순간이었다. 아울러 스페인이 제국의 길로 나아가는 첫걸음을 내딛는 계기가 되기도 했다. 파비아 전투 이후 유럽 각국들은 앞다투어 화승총을 도입했고, 보병에서 화승총병의 비율을 늘렸다.

서양이 개인화기 발전을 주도하게 된 것이다.

화승총은 바다 건너 일본에도 전해졌다. 일본 다네가시마에 표류한 포르투갈 상인에게 다네가시마 영주가 지금의 가치로 약 20억 원에 달하는 은을 지불하고 화승총 두 자루를 구입한 것이다. 화승총의 복제에 성공한 일본 전역에 화승총이 퍼지기 시작했다. 일본에서는 이를 '철포'라 불렀는데, 당시 오다 노부나가는 적극적으로 철포를 받아들여 전술적으로 대규모 철포부대를 운영한 대표적인 봉건영주 다이묘였다.

노부나가는 1575년 전국시대의 판세를 바꿔놓은 나가시노 전투에서 철포부대의 대활약으로 승리를 거둔다. 철포는 이후 일본군의 결정적인 무기가 됐고, 우리에게는 임진왜란이라는 뼈아픈 역사 속 가공할 무기로 남게 된다.

화약,
신무기 혹은 애물단지

화약은 7세기 문헌에 등장했지만 정확한 출현은 가늠하기 어렵다. 대략 중국 수양제 시대부터 본격적으로 세상에 알려졌으며, 송나라 때부터 화약을 군사무기로 쓰기 시작했다.

1044년 북송시대 왕조가 편찬한 《무경총요武經總要》에는 '화창'이라는 무기가 등장한다. 화창은 나무창대 끝에 대나무로 만든 화약통을 붙여

도화선에 불을 붙이면 적을 향해 화염이 분사되는 무기였다. 역사학자들은 화창을 총의 효시라고 평가한다.

화창은 원나라 때 '동화창銅火槍'으로 발전됐다. '동화창'은 소총 형태의 화총으로 대나무 화약통을 청동으로 바꾼 형태로 길이가 약 44센티미터, 총구의 지름은 3센티미터였다. 장대 모양의 받침대를 뒤에 끼워놓고 발사했는데, 원활한 조작을 위해선 2명 이상이 필요했다. 보통 쇠구슬이나 여러 발의 짧은 화살을 넣어 발사했으며, 사정거리는 약 180미터였다. 하지만 실제 유효사거리는 50미터에도 미치지 못했다.

사실 동화창의 진가는 다른 곳에 있었다. 여몽연합군의 일본원정 당시 총에 대해 생소했던 일본군들에게 동화창의 발사폭음은 공포를 불러일으키기에 충분했다. 살상보다는 심리적 충격 효과가 더 큰 무기였던 것이다.

하지만 유럽은 달랐다. 화약을 이용한 개인화기는 15세기 초 유럽에서 등장한 이후 계속 주목받는 무기였다. 초기 화승총은 훗날 널리 보급된 화승총과는 달랐다. 총을 어깨에 붙이는 대신 어깨 위에 올려놓거나 겨드랑이에 끼는 방식이었다. 게다가 심지로 점화하는 방식도 원시적이었다. 별다른 기관부 없이 총을 들지 않은 손에 심지를 들고 직접 점화해야 하니 불편하기 짝이 없었다. 하지만 강철의 출현으로 갑옷이 더욱 견고해져 활과 석궁이 효과적인 무기가 되지 못하자 화승총은 원거리무기로 효과적인 대안이 됐다. 파비아 전투는 이를 증명한 사건이다.

화승총은 획기적인 무기였지만 제약조건이 많았다. 탄환을 총구에 넣는 전장식 muzzle loading 총인 탓에 장전과정이 복잡했다. 거의 1분이 걸렸다. 더 큰 문제는 도화선이었다. 전투가 시작되면 도화선에 불을 붙여놔야 하는데 비가 오면 유명무실했다. 게다가 한번 젖은 화승은 바짝 말려도 쓸모없는 애물단지였다.

화승총으로 시작한 개인화기는 끊임없이 진화를 거듭했으며, 17세기 중반에는 도화선에서 부싯돌로 바꾼 머스킷 musket이 개발되면서 유럽에 보급됐다. 하지만 장전속도는 여전히 느렸고 우천시 제약이 따랐다.

산업혁명으로
문제를 해결하다

18세기 후반 영국에서 시작된 산업혁명은 전쟁산업에도 적용됐다. 새로운 분업체계로 무기는 대량생산과 규격화, 표준화가 가능해졌다. 농업도 4윤작법(4년을 주기로 보리와 클로버, 밀, 순무를 순서대로 돌려 짓는 농작법)을 도입해 생산량이 폭발적으로 늘었고 대규모 군량을 상비군에 지원할 수 있었다.

제철공업의 발달은 획기적이었다. 주철 생산량은 급속히 증가했으며 질 좋은 철로 전쟁물자를 대량으로 생산할 수 있었다. 이로써 17세기와는 비교할 수 없을 정도로 강하고 규격화된 머스킷이 전 유럽에 보급됐고, 머스킷은 나폴레옹시대에 이르기까지 유럽의 주력 소총으로 당당한 위치를 차지했다. 19세기 초에는 부싯돌과 화약접시가 없는 뇌관식 라이플이 등장해 날씨와 상관없이 안정적으로 사격할 수 있게 되었다.

총신과 탄환도 점점 발전됐다. 정밀가공기계가 발명되자 총신 안쪽에 나선형 홈을 파 탄환을 더 멀리 안정적으로 쏠 수 있었으며, 탄환도 원추형인 '미니에탄Minié ball'으로 바뀌었다. 결과는 놀라웠다. 200미터 이상 떨어진 거리에서 사람 크기의 목표물을 맞힐 수 있었다. 총구에 직접 탄환을 넣어야 했지만, 손놀림이 빠른 병사라면 1분에 3발까지 장전하고 사격할 수 있었다.

이제 장전법만 해결하면 됐다. 당시의 장전법은 총을 세운 후 화약과 탄환을 총구 안쪽까지 넣는 전장식 장전법이었다. 그러다 보니 서서 탄환을 장전해야 했고 서서 싸우는 전열보병전술을 구사할 수밖에 없었다. 일렬로 늘어선 채 교대로 서로에게 총질을 해대는 전열보병전술은 지금의 시각에서 본다면 자살행위나 마찬가지였다. 그러나 1836년 요한 니콜라우스 폰 드라이제Johann Nikolaus von Dreyse가 최초의 후장식breech loading 볼트액션 소총을 개발하면서 드디어 엎드려서 총을 장전할 수 있게 됐다. 그의 이름에서 딴 드라이제 소총은 전쟁의 승패에 엄청난 차이를 가져왔다.

1866년 오스트리아 – 프로이센 전쟁에서 프로이센군은 전장식 소총으로 맞선 오스트리아군을 향해 땅바닥에 납작 엎드린 채 분당 5발씩 쏘면서 집중사격해 궤멸시켰다. 이후 유럽의 열강들은 경쟁적으로 후장식 소총을 채용했고 공업기술을 육성하는 데 힘썼다. 이후 탄환도 오랫동안 보관할 수 있는 금속제 탄피, 즉 카트리지로 발전하면서 인류는 자연적·행동적 제약 없이 언제 어디서든 총을 쏠 수 있게 되었다. 전장에서 사상자 수가 기하급수적으로 늘어난 시기도 이때부터였다. 기술의 혁신과 발전이 전쟁을 승리로 이끌었지만, 그만큼 많은 피를 요구했다.

제1차 세계대전 승리의 주역, 전차

제1차 세계대전과
'악마의 삼 형제'

20세기 초 유럽은 그야말로 혼돈의 시대였다. 19세기 중반 전기·화학·철강 등 중화학공업이 발전하고 정치적으로는 민족주의 열풍이 불었다. 역사적으로는 600년간 강대국의 자리를 지켰던 오스만 제국의 급격한 몰락으로 발칸반도에는 힘의 공백이 생겼다. 이 틈을 오스트리아–헝가리 제국이 비집고 들어왔다.

근세에 이르러 게르만족과 슬라브족은 날카로운 대립을 이어왔는데, 발칸반도와 폴란드 일대에 범슬라브 제국을 꿈꾸던 러시아는 오스트리아를 결코 좌시할 수 없었다. 뒤늦게 식민지 쟁탈전에 뛰어든 독일은 이미 영국과 프랑스 등에 의해 유럽대륙이 조각난 사실을 치욕으로 받아들이며 새로운 돌파구를 모색하고 있었다. 그러자 '유럽대륙의 정세에는 관여하지 않는다'던 영국이 프랑스와 손을 잡고 독일에 대항하게 된다. 사실 프랑스는 역사적으로 영국과 철천지원수였다. 하지만 프로이센-프랑스 전쟁의 굴욕을 갚고자 영국과 동맹을 맺게 된다. 흥미로운 사실은 당시 왕정국가를 유지하던 유럽의 국가들이 복잡한 혈연관계로 얽혀 있었다는 점이다. 특히 독일의 빌헬름 2세와 영국의 조지 5세, 그리고 러시아의 니콜라이 황제는 가까운 친척이었다. 그럼에도 이들은 전쟁 채비에 나섰고, 과거와는 차원이 다른 무기가 등장하기 시작했다. 제1차 세계대전에서는 전술의 발전을 훨씬 앞지른 기술의 발전이 참혹한 재앙을 불러오고 있었다.

제1차 세계대전 초반, 독일군의 파리 진격이 좌절됐다. 그러자 독일군은 그 자리에 주저앉아 참호를 구축했다. 참호 앞에는 철조망을 길게 설치했고, 참호마다 기관총 진지를 구축해 연합군의 공격에 단단히 대비하고 있었다.

참호-철조망-기관총으로 진지를 구축한 이른바 '악마의 삼 형제' 조합은 현대전술에서는 매우 당연하지만 이때만 해도 놀라운 발상이었다. 실제로 연합군 연대 하나가 전멸하는 데 채 10분이 걸리지 않을 정도였다. 독일군에 호된 교훈을 얻은 연합군이 같은 방법으로 참호를 구축하자 양측의 피해는 더욱 커졌다. 악마의 삼 형제는 '참호전 Trench Warfare'이라는 희한한 전쟁을 만들어냈고 대량살상의 시발점이 되었다.

영국과 프랑스를
승리로 이끈
전차의 출현

제1차 세계대전이 지옥의 참호전으로 전개되자 참전국들은 적의 참호를 돌파하기 위한 묘책을 찾아야만 했다. 영국의 공병장교 어니스트 스윈턴Ernest Dunlop Swinton은 농업용 트랙터에서 힌트를 얻어 무한궤도를 이용한 장갑차량으로 참호를 돌파하자는 아이디어를 내놓는다. 하지만 영국 육군성의 반응은 냉담했다.

이를 현실화한 주역은 당시 해군성 장관 윈스턴 처칠이었다. 롤스로이스 자동차에 기관총을 얹은 경비용 장갑차를 사용하던 해군항공대가 프로젝트를 시작했고 뒤늦게 영국 육군이 합세했다. 가뜩이나 해군과 라이벌관계였던 영국 육군은 "육상무기를 해군이 주도하게 놔둘 수 없다"고 강하게 항의하며 적극적으로 참가했다.

1916년 2월, 최초의 전차가 개발됐고 1916년 8월에 59대가 실전에 배치됐다. 그러나 전장에 도착한 전차 중 독일군 진지로 돌격한 전차는 단 9대뿐이었다. 고장으로 멈춰선 전차가 태반이었고 구덩이에 빠진 것도 여러 대였다. 하지만 효과는 대단했다. 속도는 느렸지만 기관총의 공격을 견디며 참호진지를 돌파하는 전차를 처음 본 독일군은 충격과 공포에 휩싸였다. 그러나 초반의 혼란을 수습한 독일군은 야포를 직사로 쏘는 전법으로 영국군 전차를 격파할 수 있었다.

최초의 전차인 영국의 Mk 시리즈는 Mk1부터 Mk8까지 개발됐다. 그

중 가장 많이 제작된 것은 Mk4였다. 기존 모델은 기어변속과 방향전환에 서너 명이 필요했지만, Mk4는 조종수 단 한 명이면 충분했다.

전차는 영국에 이어 프랑스에서도 개발됐다. 제1차 세계대전 막바지에 프랑스가 개발한 르노 FT-17은 혁신적인 전차였다. 전차의 속도는 더욱 빨라졌고 차체의 회전 없이 포탑만 돌려 적을 공격할 수 있었다. 게다가 정비가 수월하고 생산성까지 뛰어났다. FT-17은 수많은 국가의 전차 개발에 영감을 주었고 훗날 전차의 기본형이 됐다. 영국과 프랑스의 전차는 독일이 제1차 세계대전에서 패하는 데 결정적인 원인을 제공했다.

독일의 반격, 독일 전차부대 신화의 시작

전쟁에 패한 독일도 전차를 개발하기 시작했다. 하지만 베르사유조약으로 무기제조와 개발이 제한된 탓에 전차 개발과 훈련에는 어려움이 따랐다. 이를 극복하기 위해 독일은 소련과 비밀리에 군사협력을 맺었다. 그리고 훈련 인원을 소련에 파견하고 신형 전차 생산에 착수했다. 독일군 전차부대 지휘관들은 군용차량에 캔버스를 덧대 전차 모양을 만들어 훈련하기도 했다.

특히 독일군은 주변국과는 차원이 다른 전술을 개발했다. 당시에는 지휘관 전차에만 무전기를 설치하고 각 보병부대에 전차를 분산배치하는 것이 상식이었다. 그러나 독일은 전차를 사단 규모로 집단 운용했으며, 모든 전차에 무전기를 설치해 전차부대가 공군과 교신하며 적을 입체적으로 공격할 수 있도록 군통신체계의 혁신을 도모했다. 아울러 보병이 적의 방어선을 돌파하면 대규모 전차부대를 빠른 속도로 투입시켜 적이 진지를 재편성할 기회를 주지 않고 격멸하는 신개념의 전술을 완성시켰다. 이것이 바로 '전격전 Blitzkrieg'이다.

제2차 세계대전이 발발하자 전격전은 유럽을 공포로 몰아넣었다. 독일군의 전격전 앞에 유럽 최강 프랑스도 불과 40일 만에 항복하고 만다. 전격전으로 독일은 제1차 세계대전 패배를 완벽하게 복수했을 뿐만 아니라 독일 전차부대의 신화를 알렸다. 이후 지상전의 왕좌는 보병이 아닌 전차에 넘어가게 된다.

산업과 숫자로 보는 제2차 세계대전

전쟁은 경영이다. 역사상 보급에 실패한 군대가 전쟁에 승리한 사례는 찾기 어렵다. 우수한 인력과 무기, 장비 못지않게 군대의 운영관리가 중요한 이유다. 게다가 기술과 산업발전의 수준이 전쟁의 승패를 좌우하는 20세기 전쟁은 국가의 역량을 총동원해도 승리를 장담하기 어려울 정도로 가혹해졌다.

1940년 6월 프랑스가 독일의 수중으로 넘어가자 영국은 모든 중장비를 프랑스에 버린 채 간신히 빠져나왔다. 독일에 대항해 외로이 싸우던 영국은 1941년 일본이 진주만을 기습하면서 미국이 전쟁에 가담하자 겨우 숨통이 트였다. 미국과 캐나다를 통해 전쟁물자를 들여올 수 있었기 때문이다. 그러나 매달 400만 톤의 물자를 미국과 캐나다로부터 수입하려던 영국의 계획은 독일 U보트의 방해로 곤혹을 치르게 된다. 이른바 '늑대떼 전술'로 불리는 독일의 잠수함 집단 운용방식으로 영국은 개전 20개월 만에 900대의 함선을 잃는다. 반면 독일의 손실은 U보트 29척이

전부였다.

영국의 첨단기술과
미국의 생산력이 만들어낸
승자의 시너지

영국은 일본보다 독일부터 막아야 한다고 미국을 설득했다. 당시 미국은 일본의 공격을 받던 상황이었다. 하지만 영국이 독일에 패하면 태평양과 대서양에서 일본과 독일을 동시에 상대해야 했기 때문에 미국은 독일을 먼저 상대하기로 결정했다.

미국은 50척의 구축함을 영국에 지원해주는 조건으로 전 세계의 비행장 8곳을 영국에게 넘겨받았다. 뿐만 아니라 카리브해 연안과 아프리카, 인도, 아시아, 호주 등 영국과 식민지 간의 특혜무역도 해제했다. 영국은 미국에게 지원받은 50척의 구축함으로 U보트를 상대했고 미국과 캐나다의 수송선까지 영국을 지원했다.

그러나 1943년 초까지 U보트의 공격으로 3천 척이 넘는 수송선이 격침당했다. 미국이 참전했지만 상황은 여전히 불리하게 돌아갔다. 그러자 영국은 첨단기술력을 모두 미국에 전수해 생산력과 기술력을 극대화했다. 당시 미국은 거대한 생산기지에 불과했다. 그러나 원자탄 기초기술, 제트엔진 및 로켓기술, 엔진용 공기압축기술, 잠수함의 위치를 파악하는 음파탐지기술, 성형폭약기술, 진공관기술 등 첨단기술이 전수되자 엄청난 생산력과 맞물리며 시너지 효과가 발생했다.

때맞춰 미국의 산업체제는 전시체제로 개편돼 영국의 첨단과학기술
을 탑재한 미국의 신형무기들이 쏟아져나왔다. 장거리 정찰기와 항공모
함에 첨단엔진과 100배 가량 탐지 성능을 높인 레이더를 탑재하자 U보
트의 입지는 갈수록 줄어들었다. 1943년 중반부터 대서양에서 독일군이
더 이상 버티기 어려울 지경에 이르자, 1944년 연합군은 유럽 본토를 되
찾기 위한 사상 최대의 상륙작전을 벌이게 된다.

D-DAY 당일까지 연합군은 15만 병력과 8천 대의 차량을 노르망디
해안에 상륙시킬 계획이었다. 해군은 2천 척의 함선을 동원했고, 상륙주
정 4천 척은 상륙 당일 5만 6천 명의 병력을 해안과 모함 사이로 왕복 수
송했다.

병사 1인당 보급품의 양도 어마어마했다. 소총수를 기준으로 최전방
의 병사에게 1인당 하루 96발의 탄약과 3킬로그램의 식량, 10리터의 물
이 지급됐다. 군복과 장비도 2주마다 교체됐는데 이를 한 달 기준으로 보
면 1인당 1톤이고 비용은 200달러 정도였다. 요즈음 화폐가치로 환산하
면 군인 1명당 급여를 제외하고 약 2천720달러의 비용이 매월 소요됐다.

보병 1개 소대가 전진하려면 의무병, 취사병, 행정병 등 평균 18명
의 지원인력도 필요했다. 징병제인 탓에 월급도 경비에 포함해야 했다.
1944년 미 보병 일병을 기준으로 계산해보면 해외근무의 경우 연봉이
약 600달러고 기혼자는 그 3배를 받았다.

종합적으로 미군은 상륙작전을 위해 약 1천800만 톤의 물자를 영국으

로 수송했다. 이는 대서양에서 독일군의 U보트를 완전히 제압했기에 가능한 일이었다. 상륙에 성공한 연합군은 프랑스로 물자를 수송해야 했는데, 당시 항구는 대부분 독일군이 점령하고 있었다. 그러자 미국은 노르망디 앞바다에 약 6천 톤에 달하는 콘크리트 블록으로 방파제를 만들고 안쪽에 조립식 부두를 만들었다. 배 75척이 정박할 수 있었고, 1분당 보급트럭 1대가 출고할 수 있는 시설이었다.

미국이기에 가능했던 이 대규모 작전은 제2차 세계대전의 판도를 완전히 뒤바꿔놓았다. 사상 최대의 작전인 노르망디 상륙작전에 등장한 숫자는 전후 미국이 세계의 중심이 될 것을 강하게 암시하고 있었다.

그렇다면 노르망디 상륙작전 당시 독일군의 방어는 어땠을까? 1944년 독일은 연합군이 프랑스 해안으로 기습상륙할 것으로 예측했다. 실제 상륙작전이 기정사실로 되자 독일군은 이른바 '대서양 방벽Atlantikwall'이라는 요새를 건설해 연합군의 상륙에 대비했다. 약 4천 킬로미터에 달하는 방벽의 책임자는 '사막의 여우'라는 별명으로 유명한 롬멜 장군이었다.

롬멜은 방어선이 너무 길면 보급이 제한되고 지키기 어렵다고 판단해 방어력을 집중해야 하는 지점을 선택했다. 롬멜은 해안을 따라 약 12킬로미터마다 150밀리미터 중포를 설치하고, 중포 사이에 88밀리미터 대전차포를 대각선으로 배치했다. 그리고 강화된 철근콘크리트로 포진지를 긴 띠처럼 만들었다. 이 띠를 독일군은 '진주목걸이'라 불렀다. 롬멜은 당시 전차 제작에 쓰려던 120만 톤의 강철로 벙커도 제작했다. 120만

톤의 강철은 당시 최강의 전차라 불리던 '티거 1$^{Tiger\ 1}$' 전차 2천 대를 만들 수 있는 분량이었다.

롬멜은 연합군이 상륙하는 순간이 최적의 공격 타이밍이라고 생각해 노르망디 해안 전역에 만조 때 바다에 살짝 잠기도록 한 부비트랩 4천 827개와 1만 개의 장애물을 설치했다. 정찰기로 장애물을 확인한 연합군은 이를 '악마의 정원'이라고 불렀다. 연합군이 간조 때 상륙작전을 시행한 것도 악마의 정원 때문이었다.

과신과 과욕이 부른 최후

제2차 세계대전에서 독일과 일본의 전쟁 수행능력은 근본적으로 차이가 있었다. 먼저 19세기 중반 독일을 살펴보자. 빌헬름 1세를 도와 프로이센 – 오스트리아 전쟁과 프로이센 – 프랑스 전쟁을 승리로 이끌고 독일제국을 건국한 비스마르크는 통일 독일이 뒤늦게 식민지 쟁탈전에 뛰어드는 데에 회의적이었다. 알토란같은 땅은 대부분 영국과 프랑스가 차지하고 난 후였기 때문이다. 그러자 비스마르크는 독일이 식민지를 빌미로 전쟁을 일으키는 것은 자살행위며 과학기술 개발에 집중해야 한다고 생각했다.

이후 독일은 과학과 공업을 발전시켜 19세기 후반 영국을 앞서게 된다. 1930년대까지 노벨과학상을 받은 독일 출신의 과학자가 30퍼센트나 됐으니 비스마르크의 결단이 옳았다는 것을 보여준다.

독일은 제1차 세계대전의 패배 요인이 석유 부족이라 판단했고, 이를 해결하고자 석탄에서 석유를 추출하는 기술을 개발했다. 1927년 11월에는 미국의 록펠러가 설립한 스탠더드 오일사와 합자해 석유 대체품을 생산하기 시작했다. 이는 히틀러가 제2차 세계대전을 일으키는 결정적인 요인이었다. 이 석유 대체품으로 전차부대에 필요한 석유의 75퍼센트를 대체할 수 있었다. 물론 석유 대체품만으로는 필요한 공급량이 부족했기 때문에 히틀러는 전쟁 내내 체코와 러시아 남부 코카서스의 유전지대에 광적인 집착을 보였다.

반면 일본은 독일과는 사정이 달랐다. 아시아에서 가장 먼저 산업화에 성공한 일본은 가쓰라-태프트 밀약을 통해 조선을 차지했고, 미국은 필리핀을 식민지로 삼았다.

미국은 일본의 든든한 스폰서였다. 일본은 석유를 전량 미국에서 수입했으며 정밀기계와 부품도 미국에 절대적으로 의존했다. 놀랍게도 태평양전쟁 당시까지 일본의 주력산업은 비단과 면직물가공이었고, 재봉틀 같은 기계류를 식민지 시장에 판매하는 정도가 고작이었다. 그러나 1937년 일본이 중일전쟁에 승리하자 미국은 고강도 경제제재로 일본을 압박했다. 오늘날의 북한이 당시의 일본인 셈이다. 여기서 일본은 미국과 전쟁을 결심한다. 당시 일본의 상황 판단은 이랬다.

현재 일본의 국가 존립에 필수적인 석유와 고무, 목재 등을 가져올 곳은 남방자원지대, 즉 인도네시아를 비롯한 동남아지역이 유일하다. 그런데 남방자원지대로 가는 길목에 미국의 식민지인 필리핀이 있다. 필리핀을 점령하지 않고는 자원 획득이 불가능하다. 다행히 필리핀은 미국 본토에서 멀리 떨어져 있다. 따라서 태평양 진주만의 미 해군을 기습공격으로 박살 낸 후 재빨리 필리핀과 인도네시아를 비롯한 남방자원지대를 확보한다. 미국이 태평양 함대를 재건하려면 적어도 2년이 걸릴 것이다. 그 사이에 일본은 절대방어권을 설정해 단단히 방어태세를 갖춘다. 그리고 이어지는 해전에서 승리한다면 미국과 협상할 수 있다.

초반에는 일본의 생각이 적중했다. 오히려 예상보다 작전이 너무 일찍 끝나 어리둥절할 정도였다. 그러나 일본은 능력을 과신했고 태평양전쟁 발발 6개월 만에 미드웨이에서 카운터펀치를 얻어맞는다. 자원은 남방자원지대에서 구할 수 있었지만, 기술만큼은 미국에 대적할 수 없었다. 일본에서 제작한 기계의 성능은 조악했으며 동맹국인 독일에서 수입하기도 막막했다. 심지어 일본제 진공관은 무선통신이 어려울 정도였다. 미국은 비록 영국의 도움을 받았지만 1944년까지 2천 마력의 전투기를 만드는 기술이 있었다. 반면 일본은 1천200마력이 한계였다. 기술이나 산업의 규모가 미국의 상대가 되지 못했던 것이다.

전쟁의 성적표와
남겨진 고통

독일과 일본의 전쟁 수행능력 차이는 연합군 항
공전력을 격추한 수치에서 잘 나타난다. 1943년 중반부터 연합군은 독
일 본토를 폭격했는데, 독일은 약 35개월 동안 약 2만 2천 기의 연합군
항공기를 격추시켰다. 반면 일본은 본토가 폭격당하는 10개월 동안 450
기의 미군기를 격추시키는 데 그쳤다. 이는 49대 1의 비율이다. 또한 독
일은 연합군의 항공 폭격에 대응하기 위해 연간 2만 문에 가까운 대공포
를 생산·배치시켰고, 일본은 약 850문을 생산해냈다. 23.5:1의 차이가
난다.

이 수치를 미군의 입장에서 살펴보자. 미국은 1942년부터 독일과 일본
을 상대로 싸웠다. 전쟁이 끝날 때까지 미군은 유럽전선에서 3만 8천418
기, 태평양전선에서 1만 4천533기의 항공기를 잃었다. 더욱이 미국은 전
시체제하에서 국가 역량의 80퍼센트를 유럽전선에 쏟았고, 나머지 20퍼
센트로 일본을 상대했다.

제2차 세계대전에 참전한 주요국가의 GDP를 비교해보면 다음과 같
다. 이해하기 쉽게 일본을 1로 두고 환산했다.

연도별 주요 참전국 GDP 비교

국가 ＼ 연도	1938	1939	1940	1941	1942	1943	1944	1945
일본	1	1	1	1	1	1	1	1
독일	1.5	1.9	3.2	4.4	4.4	3.3	2.7	1.5
영국	2.9	2.8	2.8	2.9	2.9	3.0	3.0	3.5
미국	3.6	3.6	3.8	4.3	4.8	5.5	6.0	7.2

　연합군에 맞서 싸웠던 독일은 1942년을 기점으로 GDP가 하락했다. 이 시기는 미국산업이 전시체제로 완전 개편된 시점이자 연합군이 반격에 성공한 시기다. 특히 일본과 영국, 독일은 식민지배와 강제병합지역의 GDP도 포함됐다는 점을 주목해야 한다. 식민지가 거의 없다시피 한 미국과 단순 비교는 어렵지만, 미국의 가공할 생산능력을 한눈에 알아볼 수 있다. 영국의 판단이 옳았던 것이다.

　1940년의 기준으로 미국은 영국과 독일, 일본의 철강 생산량을 모두 합친 것보다 2배나 많은 철강을 생산했다. 압도적인 생산력을 바탕으로 미국은 전쟁기간 동안 약 8만 7천 척의 선박과 10만 대의 탱크, 32만 5천 대의 비행기, 240만 대의 차량, 25만 문의 대포, 2천만 정의 총기, 410억 발의 탄약을 생산할 수 있었다. 특히 일본과 싸움에서 111척의 항공모함을 뽑아냈는데, 1943년 이후에는 9일에 1척 꼴로 항공모함을 건조했다. 반면 전쟁이 시작되기 전부터 일본이 상선을 개조하면서까지 사력을 다해 생산해낸 항공모함은 총 27척이다.

제2차 세계대전 이전까지만 해도 전쟁 중 민간인들은 굶주림이 최대의 적이었다. 하지만 과학과 산업이 발달하면서 전쟁이 국민총력전으로 바뀌자 이른바 민간인에 대한 '전략폭격'이 등장했다. 승리를 위해서는 전술목표가 아닐지라도 적의 생산시설을 마비시켜야 했다. 그 결과 수많은 민간인이 전쟁의 참화 속에 사라졌다. 제1차 세계대전 때만 해도 민간인 사상자는 거의 없었다. 하지만 제2차 세계대전 민간인 사망자는 소련 1천320만 명, 중국 1천150만 명, 폴란드 240만 명, 독일 200만 명, 일본 58만 명, 프랑스 26만 명, 영국 7만 명 등 숫자를 가늠하기 어려울 정도다.

역사를 돌아보면 전쟁의 원동력은 과학과 산업발달이었으며 점점 더 잔혹하게 진화하고 있다. 전쟁에서 나타난 숫자들이 이를 말하고 있다.

현실로 다가온 미래무기

불과 30년 전만 하더라도 SF영화에 등장하는 무기는 현실성이 없었다. 그러나 급속한 기술 발전으로 영화에 등장했던 각종 무기나 장비는 점점 현실화되고 있다. 우리가 영화에서 보았던 무기들이 얼마나 현실로 다가왔는지 살펴보자.

상상하는 대로
현실이 된다

SF영화에 등장하는 대표적인 무기는 광선무기다. 빨간색 빔이 표적을 파괴하는 장면을 떠올리면 되는데 '에너지 기반 무기directed energy weapon'라고 부른다. 현재 사용하는 총이나 대포, 미사일은 화약의 폭발 등으로 얻은 에너지로 탄두를 날려 목표를 파괴하는 전형적인 '운동 에너지 무기'다. 반면 에너지 기반 무기는 에너지 자체가 타격 수단이 돼 목표물을 파괴한다. 이렇게 화약이나 폭발성 물질 없이 전기전자 에너지로 공격하는 무기를 에너지 기반 무기라 한다.

에너지 기반 무기의 대표적인 사례는 레이저이다. 직진성이 강한 레이저는 끊어짐 없이 선과 같은 형태로 발사된다. 또한 레이저가 닿는 부분에 열을 가하는 형식이기 때문에 표적이 움직이면 표적을 따라 레이저 발사기를 움직여야하는 특징을 가진다.

미국 공군은 레이저를 대륙간탄도미사일 InterContinental Ballistic Missile ; ICBM 요격무기로 사용하려 했다. 이 시스템은 항공기탑재레이저 Air Bone Laser ; ABL라 불리는데 적의 탄도탄 발사 단계에서 작동한다. 적의 탄도탄이 발사되면 대형항공기에서 발사되는 2~3밀리와트급 레이저를 약 5초간 ICBM의 한 지점에 쏜다. ABL로 ICBM을 완전히 파괴할 수는 없지만 내부의 유도장치 등에 과부하를 걸어 ICBM이 제 역할을 할 수 없게 한다. 그러나 이에 대한 대처법은 의외로 간단하다. 탄도탄 몸체를 회전시키며 발사하면 레이저는 무용지물이 된다. 현재 실용 가능한 레이저무기는 매우 작은 무인표적기를 격추할 수 있는 정도다.

또 다른 에너지 기반 무기는 '블래스터 Blaster'라 부르는 플라스마 또는 입자빔을 쏘는 무기다. 스타워즈에 등장하는 광선총처럼 쏘는 무기라 생각하면 되는데, 에너지를 응축해 발사하려면 엄청난 에너지가 필요하기 때문에 현재의 기술로는 구현하기 어렵다. 실제 러시아에서 스텔스전투기인 PAK-FA에 전기플라스마 기능을 탑재하려는 움직임이 있었다. 그러나 전투기에 플라스마전기장을 둘러싸려면 원자력발전소 수준의 전기

에너지를 생성해야 했기 때문에 개발을 포기했다. 현재 플라스마 현상은 네온사인이나 모니터, 의료용 피부치료기 등에 활용되고 있다.

최근에는 '레일건 Rail gun'이라는 획기적인 에너지 기반 무기가 실전배치를 앞두고 있다. 이 무기는 전자기력으로 전도성 탄을 발사하는 방식인데, 미국의 경우 약 20킬로그램의 전도성 탄을 마하 6의 속도로 약 185킬로미터까지 날릴 수 있다. 엄청난 속도 때문에 상대방은 레일건에서 발사된 탄을 요격할 수도 없다. 특히 전투함에 탑재하면 공격력은 대함미사일과 비교할 수 없을 만큼 위력적이다. 그러나 아직은 난관이 크다. 무엇보다도 전력 소모량이 문제다. ICBM을 파괴하려면 12볼트 자동차배터리 1만 4천 개 분량의 전력이 필요하다. 비용만 해도 50억 달러에 해당한다. 이 정도 전력을 생산할 발전장치를 만들려면 600억 달러의 비용도 추가로 필요하다. 게다가 거대한 발전기만큼의 전력 생산시설을 전투함에 설치해야 한다. 그럼에도 미국을 비롯한 선진국에서 레일건 개발에 예산을 퍼붓고 있으며, 우리나라도 2011년도부터 레일건을 개발하고 있다.

현대 전쟁의 또다른 복병, 로봇

무인무기는 현재 각국에서 활발히 개발 중이며 이미 실전에 상당수가 배치됐다. 가장 일반적인 무인무기는 미국의 로봇제조회사인 '아이로봇'에서 개발한 지상용 로봇병기 '팩봇PackBot'이다.

대표적인 로봇병기는 폭발물 처리용Explosive Ordnance Disposal ; EOD 로봇과 수색용 로봇이다. 폭발물 처리용 로봇은 폭발물이나 부비트랩을 원거리에서 리모트컨트롤로 조작해 해체하며, 수색용 로봇은 건물 내부로 들어가 적을 수색하고 상황에 따라 산탄총으로 적을 제거한다. 팩봇은 무한궤도로 건물 계단도 오르내릴 수 있으며, 비교적 가벼워 병사 1명이 등에 메고 다닐 수도 있다. 로봇병기의 활약으로 아프가니스탄과 이라크에서 수많은 미군의 생명을 살릴 수 있었다.

로봇병기는 폭발물 처리나 수색뿐만 아니라 수송이나 의료 등 비전투 부문에도 활용된다. 처음에는 바퀴가 달린 수송용 로봇을 개발했으나 장애물을 넘거나 산악 등 험지를 돌파하기가 어려워 네 발로 걸어 다니는 견마형 수송로봇이 개발됐다. 최근 개발한 로봇은 40킬로그램의 짐을 실을 수 있다.

부상병을 운송하는 로봇도 등장했다. 'BEAR Battlefield Extraction-Assist Robot'라고 불리는 인간형 로봇은 270킬로그램 이상의 물건을 들어 올릴 수 있고, 부상자를 안고 계단을 오를 수도 있다. 또한 눈과 귀의 센서로 부상자를 찾아낼 수도 있다. 몸체에 비상약품과 의료기구 등이 있어 경미한 부상자들은 BEAR에 탑재된 도구를 사용해 스스로 응급조치를 할 수도 있다. 비슷하게 일본에서는 주로 노인치료에 사용하기 위한 '리만'이라는 로봇도 개발했다.

무인로봇은 아직까지 스스로 판단해서 임무를 수행할 수는 없다. 아마 2020년 즈음 인공지능을 갖춘 로봇이 등장하면 다양한 분야에 로봇이 사용될 것이다. 다만 한 가지 우려되는 점은 인간과의 갈등이다.

알렉스 프로야스 감독의 영화 〈아이, 로봇〉은 인공지능 로봇이 인간과 갈등을 빚는다는 내용을 담고 있다. 영화에서 인공지능 로봇은 '인간에게 해를 입혀서는 안 되며, 위험에 처한 인간을 모른 척해서는 안 된다' '인간의 명령에 복종해야 한다' '이 원칙에 어긋나지 않는 한 로봇은 자신을 지켜야 한다'라는 '로봇 3원칙' 때문에 혼란을 겪고 결국 인간을 공격한다. 영화의 메시지는 예사롭지 않다. 지금은 인간이 기계를 다루지만 앞으로 스스로 판단할 수 있는 인공지능이 등장하면 기계가 인간을 공격할 수도 있다. 스스로 판단해 공격하는 무기들은 도덕적인 문제를 배제한 상태에서 임무를 수행하기 때문에 두려울 수밖에 없다. 전쟁이란 적을 파괴하는 행위지만, 사람의 판단이 배제되고 기계가 그 일을 대신한다면 인류에게 커다란 재앙으로 다가올 수도 있다.

현실이 된
매트릭스

우리는 매일 가상현실 속에 살고 있다. 은행에 가지 않아도 사이버 공간에서 거의 모든 은행 업무를 처리할 수 있으며, 백화점에 가지 않아도 원하는 상품을 살 수 있다. 심지어 외국에 가지 않아도 물건을 구매해 집에서 받아볼 수 있다. 가상공간이 이미 우리에게 또 다른 세계를 만들어주었다.

하지만 사이버 공간에 돈이 몰리자 각종 사이버 범죄가 등장했다. 국가 인프라가 대부분 사이버 공간과 연결되다 보니 사이버 공간은 국가안보에 가장 중요한 핵심지역이 됐다. 이 때문에 많은 나라에서 사이버 안보문제를 국가의 핵심 안보영역에 포함시켰다. 특히 미국과 중국은 사이버 공간을 둘러싸고 치열하게 경쟁하고 있으며, 미국은 중국이나 북한을 포함한 해커집단이 자국의 인프라를 공격하려 한다고 판단해 사이버 안보를 정부의 최우선 과세로 삼고 있다. 이에 미국은 18만 명의 사이버 부대 인력을 보유하고 있으며, 중국은 약 8만 명, 북한도 정찰총국 산하 121부대에 약 3천 명의 전문가를 두고 있다. 특히 북한은 세계 3위권의 해킹 실력이라고 알려져 있다.

뿐만이 아니다. 기록한 데이터의 이름, 용량이나 기록장소 등이 표시되지 않거나 검색엔진에서 액세스할 수 없는 불법사이트인 '딥 웹deep web'이 점점 늘고 있다. 딥 웹은 사이버 범죄활동을 은폐하고 조장하는 데 사용할 수 있으며, 디지털기기와 정보들을 해킹하거나 공격할 수 있다. 이는 우리에게도 낯설지 않다. 지난 몇 년간 '디도스DDoS' 공격으로 방송사나 금융사는 물론 정부 기관까지 피해를 본 적이 있다.

디도스 방어를 전문으로 하는 보안업체 넷스카우트 아버NETSCOUT Arbor 에서 발표한 '전 세계 인프라보안보고서'에 따르면 1분당 500~1천 달러의 피해를 본 규모의 디도스 공격이 지난 5년간 매년 60퍼센트나 증가했다고 한다. 2017년에는 미국 내 기업의 10퍼센트가 디도스 공격 때문에 최소 10만 달러 이상의 피해를 보기도 했다. 이는 2016년 대비 5배나 높아진 수치다. 공격 동기는 온라인게임 관련 사례가 50.5퍼센트, 사이버 범죄자들의 능력 과시가 49.1퍼센트, 협박 시도가 44.4퍼센트, 정치이념과 관련된 사례 34.5퍼센트였다. 이를 막기 위해 미국 정부는 2017년에 190억 달러의 사이버 보안지출을 제안했는데, 이는 전년 대비 35퍼센트나 증가한 규모였다.

　사이버 공격은 역사상 그 어느 때보다 빠르게 증가하는 범죄로, 규모와 정교함, 그리고 비용 측면에서 기하급수적으로 늘고 있다. 더욱이 '비트코인'이란 가상화폐의 등장은 상황을 더욱 악화시켰다. 중앙정부의 통제가 쉽지 않은 가상화폐는 범죄에 악용될 가능성이 크기 때문이다. 이제 사이버 범죄자들은 가상화폐거래소를 주 타깃으로 삼기 시작했다. 2018년 1월에는 일본 가상화폐거래소 '코인체크'가 약 580억 엔 규모의 가상화폐를 해킹으로 도난당했고 투자자 26만 명이 피해를 봤다. 많은 사이버 보안전문가들은 가상화폐 해킹이 시작에 불과하다고 경고하고 있다. 전문가들은 딥 웹에 직접 침투할 방법을 모색하면서 사이버 공간에서 범죄자들과 싸울 가상의 전사들을 키우고 있다. 매트릭스가 현실이 된 것이다.

PART 4

철학과 지혜

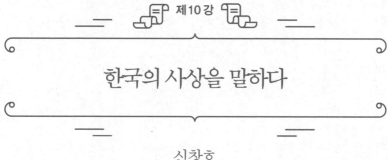

제10강

한국의 사상을 말하다

신창호

동서양 고전을 시대정신에 맞게 현대적 의미로 독해하여 고전 해석의 지평을 확장해 나가는 인문학자이자 교육학자. 최근에는 성리학의 배움 철학인 《학學》, 주자의 시선을 정확하게 반영한 《사서四書》 재인식 등에 관심을 갖고 고전 연구와 해석에 집중하고 있다. 한국학중앙연구원에서 석사(철학)를 마치고 고려대에서 박사(교육철학)를 취득한 후 경희대를 거쳐 현재 고려대 교육학과 교수로 있다. 저서로 《정조책문》 《정약용의 고해》 외 다수가 있고, 역서로 《진시황 평전》 《공자 평전》 《노자 평전》 외 다수가 있으며, 한글 세대의 시대정신을 담은 한글 사서 시리즈 《한글 논어》 《한글 맹자》 《한글 대학·중용》을 완간했다.

한국인의 사상적 DNA, 풍류

인간의 삶은 다채롭다. 다양한 색깔의 근간은 일과 놀이다. 일과 놀이의 이중주를 가운데 두고 온갖 연주와 합창이 개입한다. 아주 오래전부터 한국인은 삶에서 일과 놀이를 포괄적으로 지칭하는 전통적 언어를 사용했다. '풍류^{風流}'라는 고상한 개념이다. 풍류는 고대 한국인의 문화와 정신을 상징하는 언표^{言表}로 현대어에도 종종 등장한다.

풍류는 '바람 풍^風' '흐를 류^流'로 이루어진 한자어다. '바람이 불어 흘러 지나가다'라는 낭만 가득한 유희를 담고 있다. 조선 후기의 방랑객 김삿갓이 인간의 희로애락을 노래하고, 수많은 선비가 자연을 벗 삼아 즐기며 살아간 것처럼 풍류는 아름다운 삶의 양식으로 전해졌다.

풍류를 잘못 이해하면, 풍류객이 먹고 놀기만 하는 건달의 이미지로 비칠 수도 있다. 그러나 삶의 저변에 에너지를 축적하게 만드는 놀이의 본질을 심도 있게 거론하면, 풍류는 인간 사회가 내뱉는 사상의 기저를 보여준다.

일과 놀이는 하나

과학기술 문명의 발달에 힘입어 인간이 놀 수 있는 마당은 그야말로 무한 확장됐다. 심지어는 인공지능 기술을 응용한 로봇과 대화하며 놀 수 있는 시대가 되었으니 말이다. 20세기 초반 네덜란드 출신의 역사문화학자 요한 하위징아Johan Huizinga는 저서《호모 루덴스》에서 놀이와 유희에 재미있는 의미를 부여했다. 놀이는 단순히 문화의 한 요소가 아니다. 문화 그 자체가 놀이의 성격을 지닌다.

우리는 인간을 '호모 사피엔스Homo Sapiens', 즉 생각하는 존재로 부르는 데 익숙하다. 이성을 숭배하고, 이를 바탕으로 한 낙관적 사고가 삶의 전부인 양 추종하는 때도 있었다. 그러다 이성만을 믿을 순 없다는 시대정신이 다가왔다. 감성적 성향의 요청이자 삶을 창조하려는 새로운 의지였다. 이제 인간은 냉정한 이성의 세계에 빠져 존재하기보다 활발하게 감성을 움직이며 삶을 만드는 '호모 파베르Homo Faber'로 지칭된다. 그런데 인간에게는 원초적으로 존재하는 기능이 있다. 사유나 창조 이상으로 중요한 활동 기능이다. 우리는 '놀이'하는 일, 즉 '놀이하는 인간Homo Ludens'으로 사회 구현에 기여한다.

인간은 전통적으로 일과 놀이를 구분해왔다. 일은 집중과 몰입 속에 이루어지는 인간의 정신활동을 지칭한다. 놀이는 일을 끝내고 누리는 여가활동 정도로 여겼다. 일과 놀이는 서로 반대되는 활동으로 이해됐다.

그러나 진지하게 생각해보자. 일하는 가운데 즐거움이 배어 있고, 놀이 가운데 다가올 일을 구상하고 있다면 일과 놀이를 어떻게 구분할 수 있는가! 이런 관점에서 일과 놀이는 동일한 의미의 세계에서 만나 함께 춤을 춘다.

우리는 한국인의 원초적 정신세계에서 일과 놀이가 하나의 의미로 녹아드는 근원을 찾아볼 수 있다. 풍류 사상이다. 풍류에 관한 언급은《삼국사기》제4권 진흥왕 37년의 기사에 등장한다. 당나라 유학파 출신이면서도 골품제라는 계급사회에 한계를 느낀 최치원이 〈난랑비鸞郞碑〉 서문에서 밝힌 내용이다. 내용은 대강 이러하다.

"우리나라에 현묘한 도가 있다. 풍류라고 한다. 풍류는 세 가지 사유를 통해 인간의 삶을 고민한다. 첫째, 집에 들어오면 부모에게 효도하고 사회에서는 나라에 충성하는 일이다. 이는 공자가 창시한 유교의 사유를 담고 있다. 둘째, 어떤 일을 하건 자연스럽게 종사해 이것저것 억지로 시키지 않아도 행하는 일이다. 이는 노자를 중심으로 하는 도가의 생각을 고려했다. 셋째, 악행을 저지르지 않고 선행을 실천하는 일이다. 이는 부처의 교화를 실천하려는 불교의 사유다."

현玄,
존재하나 잡을 수 없는 것

　　　　　　풍류를 이해하는 관건은 첫 문장에 강력하게 제시된 '현묘玄妙'라는 표현에 있다. 왜 그 많은 언어적 수사 가운데 '현묘'라는 말로 표현했을까? 현묘는 무엇을 의미하는가? 현묘라는 말을 이해하기 위해 노자의 《도덕경道德經》을 빌릴 필요가 있다. 《도덕경》 1장에는 이런 말이 있다.

도가도 비상도 명가명 비상명	道可道 非常道 名可名 非常名
무명 천지지시 유명 만물지모	無名 天地之始 有名 萬物之母
고상무 욕이관기묘 상유 욕이관기요	故常無 欲以觀其妙 常有 欲以觀其徼
차양자 동출이이명 동위지현	此兩者 同出而異名 同謂之玄
현지우현 중묘지문	玄之又玄 衆妙之門

"길을 길이라고 말하면 늘 그러한 길이 아니고, 이름을 이름이라 말하면 늘 그러한 이름이 아니다. 이름이 없는 것은 천지의 시초이고, 이름이 있는 것은 만물의 근원이다. 그러므로 언제나 하고자 함이 없는 데서 묘한 이치를 보고, 언제나 하고자 하는 데서 두루 미치는 현상을 본다. 이 두 가지는 원래 같은 존재였다. 세상에 나와 달리 불리게 되었다. 원래 같은 존재를 가물거리는 현玄이라 한다. 가물거리

고 또 가물거리면서 이 세상의 묘妙한 사태를 발생하게 만드는 문으로 작용한다."

노자는 하고자 함이 없는 것과 하고자 하는 것, 즉 욕심이 없는 무욕無慾과 욕심이 있는 유욕有慾을 동일한 차원에서 이해했다. 어째서 무욕과 유욕이 같은가? 분명히 정반대의 양상인데! 이렇게 이해하기 힘든, 가물거리는 상황을 '현玄'이라 했다.

현이라는 상황을 이해하기 위해 천자문의 앞부분을 동원하면 유용하다. '하늘 천天, 땅 지地, 검을 현玄, 누를 황黃' '하늘은 가물거리고 땅은 누렇다'는 천지현황의 세계! 여기에서 현은 '하늘은 가물거린다'고 했을 때 그 '가물거리다'의 의미다. 그런데 많은 사람들이 '가물거리다'를 '검다'로 이해했다. 그래서 현을 눈앞에 보이는 검은 세계로만 생각했다. 이런 사유는 언제부터인가 풍류를 정확하게 이해하지 못하도록 사유의 질을 저하시켰다.

사실 현에 담긴 맥락은 그렇게 단순하지 않다. 봄날에 피어나는 아지랑이를 생각해보자. 몇 발자국 앞에서 가물거린다. 가까이 가면 저 멀리 물러나고 손에 잡히지 않는다. 그러면서도 분명히 존재한다. 독도 앞바다에 출렁이는 푸른 물결을 보자. 눈이 시릴 정도로 파랗고 때로는 무서울 정도로 검푸르다. 가까이 다가가 그 물을 손으로 떠보자. 투명한 무색이다. 오리무중의 특성을 가지고 드러나는 세계가 현의 상황이다.

다시 상상해보자. 검푸른 바다다. 그 푸른색이 바닷물 자체인 줄 알았는데, 다가가 보니 무색이다. 어떤 경우든 바닷물 자체는 그대로다. 혹시 무지개를 잡으러 산과 들판을 누빈 적이 있는가? 지평선 끝까지 가보라. 무지개를 잡을 수 있는지. 여기서는 잡을 수 없다. 그러나 무지개는 여전히 산과 들을 가로지르며 저기 걸려 있다. 그게 바로 현의 세계다. 알 수 없는 영역이지만 구체적으로 자신의 색깔을 띠고 나타나는 신비와 오묘 그 자체다. 조금만 깊이 생각해보자. 세상 모든 일이 그러하다. 희한하다.

묘妙, 보이는 세계와 보이지 않는 세계

현의 지속 상황을 이성적으로 파악하는 데는 한계가 있다. 하나로 정확하게 규정할 수 없는 세계이기 때문이다. 그걸 다른 방식으로 표현한 게 묘妙의 상태다. 묘는 보이는 세계와 보이지 않는 세계가 동시에 운동한다. 하얀 종이에 인장印章을 찍어보자. 양각과 음각, 오목한 모양과 볼록한 형태로 구성된 인장에서 어느 것이 보이는 세계이고 어느 것이 보이지 않는 세계인가? 어느 것이 인주를 묻혀 인장의 정체성을 담보하는가? 양각인가 음각인가, 오목인가 볼록인가. 결론은 둘 다이다. 그 둘의 동시 존재가 인장의 생명력이다. 양각이나 음각 가운데 하나만 고려해 인식하면 인장의 모습은 구현해낼 수 없다. 달리 말하면, 현묘의 세계를 이해할 수 없다. 서로 다른 차원을 동시에 봐야 한다.

현묘의 길은 세계상을 형용한 사상적 술어다. 풍류는 그것을 상징한다. 풍風! 바람은 동양의 전통에서 교화敎化를 의미했다.《논어》에서 그러했듯이 군자는 바람에, 소인은 풀에 비유한다. 김수영의 시 〈풀〉에도 묘사되어 있듯 바람이 불면 풀은 쓰러진다. 군자라는 바람을 타고 서민인 풀은 교화를 받는다.

최치원은 유교, 불교, 도교를 모두 끌어안으며 교화를 풍류로 표현했다. 그게 한국인의 DNA로 남아 있다. 흔히 말하는 유교, 불교, 도교의 세 사유가 포괄적으로 녹아들어 우리 몸에 달라붙었다. 그리고 한국이라는 동일한 사회에 다양한 측면으로 드러났다. 현묘 자체가 그러하다. 저 바다는 출렁이며 존재할 뿐이다. 때로는 검푸르게 보이기도 하고, 하얗게 파도로 부서지기도 하고, 잔잔하게 아무 색깔을 드러내지 않을 때도 있다. 달빛에 반짝이기도 한다. 풍류가 담고 있는 유교, 불교, 도교는 모두 인간의 삶에 관계하는 사유의 틀이다. 사유는 발휘의 차원에서 다른 양상을 표출한다.

바람 따라 떠도는 삶, 바람이 머무는 자리

이 현묘의 세계에서 진리는 무엇인가? 유교인가, 불교인가, 도교인가? 무엇이 삶의 기준이 되는 사고일까? 풍류에서는 사유의 실체를 어느 하나로 고정시키지 않는다. 펼쳐지는 상황에 따라 현묘한 세계만이 실체일 뿐이다. 그래서 '바람 따라 떠도는 삶'! 내 삶을 형성하는 일과 놀이의 조합이 진실을 지시하는 것은 아닐까.

20세기 프랑스 사상의 거장인 자크 데리다^{Jacques Derrida}가 차연(差延, Différance)을 얘기했듯이 끊임없이 미끄러져 들어가며 삶의 흔적을 지우는 동시에 뚜렷이 남기는, 그런 불가결정적 인간의 행위는 아닐까. 여기에 상황 논리가 개입한다. 바람이 부는 방향에 따라 깃발이 펄럭이듯 바람의 흐름은 현묘 자체의 상황성이다. 빌딩 입구에 버티고 있는 회전문이 지도리를 축으로 돌아가듯 인간이 어떻게 운전하느냐에 따라 회전의 속성은 달라진다.

유불도로 상징되는 세 가지 오목과 볼록한 차원, 그 여러 가지 상태는 늘 동시에 맞닿아 녹아든다. 실제 인식과 표출은 인간에게 부는 바람, 인간이 만들어나가는 바람에 의해 결정된다. 오늘도 일과 놀이의 사이 세계를 넘나드는 내 인생의 풍류! 바람이 머무는 자리는 어디인가?

화쟁의 세계에서 마음을 묻다

원효는 한국 불교에서 가장 위대한 인물로 숭앙받는다. 원효는 독창적 이론을 창출했을 뿐만 아니라 전 세계 불교계에 큰 영향을 미친 대학자다. 한국 사상계의 자랑이자 자부심이다. 그는 해골바가지 물을 마시고 난 후 출세가 보장되는 당나라 유학을 포기했다. 깨달음의 길에서 그가 부른 노래는 오늘도 우리의 심금을 울린다. 원효가 〈오도송悟道頌〉에서 뿜어낸 삶의 절규는 이렇다.

심생즉종종법생	心生則種種法生
심멸즉촉루불이	心滅則髑髏不二
삼계유심 만법유식	三界唯心 萬法唯識
심외무법 호용별구	心外無法 胡用別求

마음을 일으키면 온갖 현상이 일어나고

마음을 가라앉히면 해골바가지 물과 맑은 우물물이 둘이 아니라네.

세상의 모든 일은 마음에서 일어나고 모든 이치는 인식에서 나올 뿐

마음 밖에 현상이 없는데 어디서 따로 구하겠는가?

이런 용기는 어디에서 용솟음쳤을까. 불교가 지닌 내공인가. 원효가 침잠했던 불교의 세계는 정말 난해하다. 그 형이상학을 어떻게 이해해야 할까? 접근하기가 쉽지 않다. 삶과 죽음에 관한 무차별의 세계, '색즉시공 공즉시색色卽是空 空卽是色'이라는 색과 공의 동시성, 찰라를 순간에 삼켜 버리는 시공간의 무한 확장 등 이론의 위력은 상상을 초월한다. 불교의 세계도 결국은 인간 삶에 관한 담론일 텐데 도대체 무엇을 말하려고 이 토록 심오하고 광대무변한 세계를 지키는가.

인간은 누구나 부처가 될 수 있다

불교의 최고 화두는 '괴로움苦'이다. 우주의 모든 존재는 고통의 덩어리다. 석가모니가 체험한 괴로움, 고통의 세계는 생로병사生老病死라는 우주적 존재의 전체 과정이었다. 왜 인간은 고통스럽게 살아야 하는가. 벗어날 길은 없는가. 해답은 의외로 간단했다. 삶에서 발생하는 집착에서 벗어나 해탈의 길을 여는 일! 석가모니가 평생을 수도한 과정은 해탈에서 열반을 향해가는 발걸음일 뿐이었다. 깨달음의

좌충우돌을 통해 괴로움의 집에서 걸어 나와 자유의 세계를 즐기는 일
이었다.

불교의 네 가지 진리 구조인 '고집멸도^{苦集滅道}'의 4성제^{四聖諦}와 여덟 가
지 바른 길인 '8정도^{八正道}'는 수행의 알파요 오메가다. 윤회와 화해의 길
도 마찬가지다. 원효는 화쟁법^{和諍法}과 무애심^{無礙心}을 비롯한 다양한 실천
을 통해 깨달음의 차원을 고심했다.

이때 깨달음은 인간 심연의 자각으로 내면적 각성이다. 인간은 누구
나 부처가 될 가능성을 지니고 있다. 그래서 자아의 각성을 통해 고통에
서 벗어나 해탈할 수 있다. 해탈은 자비심^{慈悲心}을 통해 가능하다. 부처를
대자대비^{大慈大悲}의 존재로 규정하는 이유가 여기에 있다. 자비를 쉽게 표
현하면 '사랑과 연민'이다. 사랑은 이기적 욕망에서 벗어날 때 가능하고,
연민은 타인에 대한 관용과 배려에서 싹튼다. 불교의 자비는 철저히 자
기를 버리는 무아^{無我}의 경지에서 삶을 꿈꾼다.

원효는 깨달음의 여정을 화쟁^{和諍}으로 대처했다. 화쟁이란 온갖 '쟁론
을 화합하는 작업'이다. 원효는 당시 불교계에서 유행하던 사조들, 즉 유
^有와 무^無의 대립, 진^眞과 속^俗의 차별을 화합시키려고 노력했다. 원효는
학문적으로 유식^{唯識}과 중관^{中觀}, 출세간^{出世間}과 세간^{世間}이라는 대립과 차
별이 불교의 본질을 벗어났다는 인식을 갖고 있었다.

긍정하되 얻음이 없고
부정하되 잃음도 없다

　　　　　　　근원적으로 문제를 해결하기 위해 원효는 의상과 함께 두 번째로 당나라 유학을 시도했다. 도중에 너무나 목이 말라 해골바가지에 고인 물을 마신 후 깨달음을 얻었다. 그리고 〈오도송〉을 부르며 당당하게 유학의 기회를 걷어찼다. 이때 '모든 것은 마음이 만들어낸 것'이라는 '일체유심조一切唯心造'를 설파했다. 한마음, 일심一心이야말로 화쟁 논리의 종착지다. 원효는 그 유명한 '대승기신론大乘起信論'을 해설하면서 불후의 이론을 남긴다.

　　"일심법一心法에 두 가지 문이 있다. 무엇이 둘인가? 하나는 심진여문心眞如門이고, 다른 하나는 심생멸문心生滅門이다. 이 두 가지 문이 각각 일체의 법상을 총괄하고 있다. 이는 무엇을 뜻하는가? 두 문이 서로 여의치 않는다는 의미다. 진여문은 모든 현상에 두루 통하는 바탕이다. 그 바탕 이외에 다른 현상은 존재할 수 없다. 모든 현상은 이 바탕에 포괄된다. 이는 먼지가 질그릇의 바탕이고, 그 바탕 이외에 다른 질그릇은 없으며, 질그릇이 모두 먼지에 의해 포섭되는 것과 같다. 생멸문은 이 진여가 선과 악의 원인이기 때문에 서로 고리가 되어 화합하고 모든 현상을 만들어내는 일이다. 사실 모든 현상을 만들어내지만 이 현상들이 항상 참된 성질을 무너뜨리지는 않기 때문에 생멸문도 진여를 포괄한다. 먼지의 성질이 모여 질그릇을 이루지만 항상 먼지의 바탕을 잃지 않기 때문에 질그릇의 문이 먼지를 포괄하는 것처럼, 생멸문도 이와 같다. 진여와 생멸의 두 문이 서로 융통하여 한계가 구분되지 않으므로 모든 현상을 통섭하는 것이다. 그러므로 두 문은 서로 여의치 않는다."

존재하는 모든 것은 맑음과 흐림, 참과 거짓, 긴 것과 짧은 것 등 두 갈래로 나누어진 것처럼 보인다. 그러나 우리 주변의 사물과 일생을 한번 잘 생각해보자. 근원을 탐구해보면, 모든 사물의 본성은 둘이 아니다. 방편적으로 두 부류의 문을 세워 설명하기는 했으나 별개의 것이 아니다. 실제는 '하나의 마음'인데, 우리의 오감이 그렇게 나누어 분별한다. 둘이 아니라는 사실을 깨닫는 즉시 사물은 알차고 헛되지 않아 저절로 모든 것을 훤히 알게 된다. 이것이 '마음'이다.

다시 비유해보자. 기와집을 지을 때 사용하는 기와는 흙으로 만들어졌다. 차나 커피를 마실 때 사용하는 잔도 모두 흙으로 빚은 것이다. 흙과 기와, 흙과 도자기는 하나인가, 둘인가? 인간이 만들어내는 마음의 문, 그 생멸의 과정에는 온갖 양상과 기능이 끼어든다. 그러나 마음은 언제나 하나다. 마음은 생멸이나 진여, 유와 무, 단절과 지속의 이분법으로 이해할 수 없다. 지금 당신의 마음을 꿰뚫어보라! 하나로 통일되어 있는가? 둘로 나누어져 흩어져 있는가? 마음은 유나 무, 즉 있거나 없는 것이 아닌 그냥 공空이다. 텅 비어 있다. 하나의 마음으로, 일심으로 존재하면서 자기를 이룬다.

원효의 논리는 이렇다. "열기만 하면 끝없는 뜻이 전개되고, 합하여 닫으면 하나로 혼융된다. 열고 합하는 일은 저절로 그러하여 어떤 장애도 없다. 때문에 여는 일이 번거로운 것도 아니고, 합하는 일로 좁아지는 것도 아니다. 열고 합함에 따라 증감하는 것이 아니다. 긍정하되 얻음이 없고 부정하되 잃음도 없다." 이것이 다름 아닌 화쟁의 논리다.

우리 삶은 열고 합할 때 어떻게 바뀌는가. 욕망과 이익에 따라 열고 합해지지는 않는가. 현실의 삶 자체는 왜 수시로 통탕거리고 갈등을 유발할까. 왜 복지부동의 자세로 평화를 가장하는가. 원효의 화쟁은 스스로 논쟁에 뛰어들고, 어떤 주장이든 그것을 넘어 초월하려는 논리를 창출한다. 모든 주장을 일심으로 귀착한다. 화쟁은 공통분모를 지닌다. 한마음을 쥐어 잡는 데서 최고의 진리태眞理態를 발현한다. 내 한마음을 쥐어 잡는 모습을 그려본 적이 있는가. 내 마음은 어디를 향해있는가. 나는 어디로 가는가.

답은 안에 있다

원효가 지향하는 삶의 최종 논리는 정말 간단하다. 그가 원용한 《화엄경》의 세계를 보면, 그 삶의 지향은 이미 우리 일상에 녹아 있다. 가장 큰 것에도 아주 작은 양상이 존재한다. 이를 정확하게 이해한 사람이 그 뜻이 어떠한지 처음으로 자신의 마음을 펼쳐냈다.

가장 큰 것은 바깥으로 경계가 없다. 바깥의 경계가 있다면 가장 큰 것일 수 없기 때문이다. 가장 작은 것 또한 마찬가지다. 안으로 경계가 없다. 안의 경계인 내부가 별도로 있다면 가장 작은 것일 수 없기 때문이다. 바깥 경계가 없는 헤아릴 수 없는 크기를 태허太虛라 하고, 안으로 경계가 없는 헤아릴 수 없는 크기를 인허隣虛라 한다. 인허는 내부의 경계가 없기 때문에 외부의 경계 또한 없다. 내부와 외부의 경계는 서로가 서로를 기다리며 상대한다.

따라서 가장 작은 것은 가장 큰 것과 균등한 차원에서 만난다. 태허는 외부의 경계가 없으므로 내부 또한 없다. 그러기에 가장 큰 것은 가장 작은 것과 같다. 가장 큰 것에 가장 작은 양상이 녹아 있다. 이처럼 세상의 존재 가운데 큰 것과 작은 것이 동일함을 알면, 모든 큰 것과 작은 것에 걸림이 없다. 이게 바로 사유를 초월하는 해탈이다.

원효는 다시 설명을 부연한다. 수미산이 아무리 크다 하더라도 외부의 경계가 없는 것보다는 작다. 겨자씨가 아무리 작다 하더라도 내부가 없는 것보다는 크다. 태허에 외부의 경계가 없기에 겨자씨에 들어가 남김이 없으니 가장 작은 것과 동일하다. 인허에 내부가 없기에 수미산을 머금고도 남으니 가장 큰 것과 동일하다. 이러한 사유의 논리가 '상즉상입相卽相入'이다.

우리는 대부분 일심이 아니라 분별심으로 가득한 나날을 살아간다.

왜? 왜라고 물을 필요도 없다. 우리는 그 이유를 잘 알고 있다. 이러한 마음 수양의 문제를 해소하기 위해 원효는 다섯 가지 행동 강령을 제시한다. '베풀라, 윤리를 지켜라, 참고 용서하라, 부지런히 힘쓰라, 마음을 가라앉히고 고요히 삶의 깊이를 성찰하라.'

여기서 그치지 않는다. 한발 더 나아가 아홉 가지 마음자리, 이른바 '심주心住'를 고민한다. 이는 마음을 내면적으로 안정시켜 산란함을 막고, 평등하게 안주하며, 평안케 하고, 대상에서 멀리하고 안으로 가까이 머물며, 조절하고 순하게 하고, 산란함을 고요하게 하며, 산란함을 극복하여 고요하게 하고, 삼매경에 빠져 한 가지 길에만 머물며, 한결같은 마음을 유지하는 작업이다.

마음 수양의 비결, 돈오점수

아시아의 동쪽 끝, 이른바 극동 아시아에 자리 잡은 한국은 참으로 독특한 사유를 지녔다. 불교도 그렇고, 유교도 그렇고, 기독교도 그렇다. 한 사상이 추구하던 원래의 모습을 넘어 한반도의 특성을 온몸으로 불살라 담금질해내듯 비빔밥이나 섞어찌개처럼 새로운 옷으로 단장한 사유를 창출해냈다.

마음에서
부처를 구하라

불교의 선禪 사상도 마찬가지다. 신라의 학승들은 당시 공부한 화엄학華嚴學을 바탕으로 당나라에 유학해 선을 배워온 경우가 많았다. 그렇다고 중국의 선불교가 한국 불교의 선 사상으로 바로 자리 잡은 것은 아니다. 선문禪門을 개창한 후 불전佛殿에 《화엄경》의 주불主佛인 비로자나불(모든 부처의 진신, 즉 진리의 모습. 사람의 육안으로는 볼수 없는 광명의 부처-편집자 주)을 본존불로 안치하는 데서 그 증거를 찾을수 있다. 이는 한국의 선불교가 중국 불교의 선을 수용하면서도 화엄종을 결합해 발전시켜나가는 모습으로 보인다. 이처럼 신라 불교의 선은수용 초기부터 한국적 토양을 바탕으로 했고, 그 경향이 고려시대 지눌知訥에 의해 한국적 선의 결실을 맺는 계기가 되었다.

보조 지눌은 한국 불교의 '선' 철학을 완성해 한국 사상에 빛나는 업적을 남겼다. 난세에 영웅이 난다고 했던가. 사상의 발흥도 유사하다. 중국의 경우, 춘추전국이라는 난세에 제자백가가 출현해 다양한 사상의 꽃을피웠다. 지눌의 선도 고려시대라는 난세에 진흙탕에서 피어오른 화려한연꽃이다.

고려시대는 동아시아의 정세 자체가 아주 오묘하면서도 어려운 시절이었다. 칭기즈칸으로 상징되는 몽골족이 세계를 제패하던 시대에 고려는 나름대로 활로를 모색하며, 불교에 기반해 혼란으로 점철된 삶을 추슬러야 했다. 그 중심을 가로지르는 지점에 지눌이 존재한다.

인생의 참모습과 삶을 위해 지눌은 심사숙고 끝에 언약을 한다. 이 언약은 그의 《권수정혜결사문勸修定慧結社文》에 담겨 있다. 지눌은 불교의 근본정신을 줄기차게 외치며 삶의 고통을 향해 포문을 열었다.

"한마음, 즉 일심을 어둡게 하여 끝없는 번뇌를 일으키는 것은 중생이다. 일심을 깨쳐 끝없는 묘용을 일으키는 것은 모두가 부처다. 어둡고 깨닫는 차원에서 보면, 이 둘의 특성은 분명히 다르다. 하지만 모두가 한마음에서 말미암은 것이므로 마음을 떠나 부처를 구하는 것은 옳지 않다."

이 언약이 던지는 결론은 간단하다. 마음에서 부처를 구하라. 단, 한마음을 깨치는 작업을 통해 실천하라. 이를 위한 구체적 행동은 출세와 이익을 추구하는 현실을 떠나는 데서 시작됐다. 명리名利를 버리고 산림에 운둔해 습정習定과 균혜均慧에 힘썼다.

습정은 선정禪定을 닦는 작업으로, 쉽게 말해 참선 수행이다. 균혜는 참선의 과정에서 지혜도 균등하게 터득한다는 의미다. 이는 참선 수행과 동시에 지혜도 균등하게 한다는 선 사상의 기본을 밝힌 것이다. 이 지점에서 오해하지 말아야 할 사안이 있다. 상당수의 사람들이 공부를 통해 지혜는 연마하지 않고 가만히 앉아 참선 수행만 하면 모든 것이 해결된다고 믿지만 오산이다. 참선 수행만으로 온전한 깨달음에 도달하기보다 지혜를 함께 갈고닦아 나가는 균형 감각이 중요하다.

마음 밖에서는 결코 부처를 이룰 수 없다

참선의 과정에서 무게중심은 마음을 닦는 작업

이다. 지눌은 그 비결을 《수심결修心訣》로 보완한다. 먼저 욕계欲界와 색계色界, 무색계無色界 이 삼계의 유혹을 개괄적으로 면하기 위한 고민을 하라. 그러기 위해서는 부처를 구해야 한다. 부처를 구하려면 어떻게 해야 하는가.

부처는 곧 마음이다. 마음 밖에 부처가 따로 있는 것이 아니다. 이를 철저하게 깨달아야 한다. 욕망을 추구하는 우리의 몸뚱이는 생멸한다. 그러나 참으로 일관하는 마음은 끊기거나 변하지 않는다. 길이길이 슬기롭다. 자신의 마음을 보라. 마음 이외에 부처가 있고 본성 이외에 법이 있다고 생각하면, 오랜 시간 온갖 고초를 겪더라도 깨달음은 오지 않는다.

마음 밖에서 결코 부처를 이룰 수 없다. 과거, 현재, 미래 할 것 없이 깨달음의 길을 닦을 때 절대 밖에서 구하지 말라. 심성은 본래 물듦이 없다. 스스로 두루 이루어가기 때문에 망령된 인연을 떨치면 그게 바로 부처다. 여여불如如佛이다. 때문에 고통과 윤회를 벗어나는 길은 모든 중생이 여래의 지혜덕상智慧德相을 원래 갖추고 있음을 깨치는 데 있다.

그렇다면 마음을 닦는 비결은 무엇인가. 지눌은 말한다. 깨달음의 길에 들어가는 문은 많다. 하지만 요점을 꼽으면 '돈오頓悟'와 '점수漸修'라는 두 문에 지나지 않는다. 이 지점에서 고민해야 한다. 돈오점수가 깨달음의 최고 방법인 것은 분명하다. 그러나 과거를 미루어볼 때, 이는 여러 번의 전생을 거치며 깨달음에 의지해 점점 훈습薰習해온 것이다. 지속적으로 축적해온 깨달음의 덩어리다. 오랜 시간 연기를 담아 훈제가 탄생하듯 깨달음이 축적된 시간만큼 돈오점수에 가까워진다.

지금 다시 태어난 내 인생에 들어서자마자 깨달음을 얻어 단번에 깨칠 수도 있다. 하지만 이 또한 실제로는 전생에서 깨닫고 나서 지속적으로 마음을 연마해 나가는 깨달음의 바탕이다. 돈오와 점수의 두 문은 모든 인간의 정해진 길이다. 깨달음의 길로 들어선 모든 인간은 먼저 마음을 깨닫고 뒤에 닦지 않은 이가 없었다. 닦음으로 말미암아 바른 지혜로 진리를 깨닫는 것이다.

문득 깨치고, 서서히 닦아나가다

참마음의 본체에는 두 가지 작용이 있다. 하나는 본래 그러한 마음의 근본 작용이고, 다른 하나는 인연에 따르는 응용 작용이다. 예를 들면 구리거울과 같다. 구리거울의 바탕은 우리의 본래 그러한 마음이고, 구리거울이 밝게 빛나는 것은 본래 마음의 작용이며, 밝음으로 인해 개개의 대상이 비치는 것은 인연을 따르는 응용에 해당한다.

이를 다시 마음에 가져와 비유해보자. 마음이 항상 고요한 것은 본래 마음이고, 마음이 항상 아는 것은 마음 자체의 작용이며, 그 앎이 말할 수 있고 분별할 수 있는 것은 마음이 다른 사물과의 인연에 따라 응용하는 작업이다. 우리는 마음의 이 세 측면을 이해하고 사는가? 마음에 대한 이해가 부족해 늘 쫓기고, 그것을 어디에 두어야 할지 몰랐던 건 아닌가.

지눌이 말하는 돈오는 우리말로 '단박 깨달음'이다. 그렇다면 우리는 인생에서 무엇을 단박에 깨달아야 할까. 그 깨달음의 상태는 어떠한가. 사람들은 흔히 현실에서 헤매는 경우가 많다. 망상에 사로잡혀 자기 본성이, 자기의 슬기로움이 참된 부처인 줄 알지 못한다. 그래서 늘 자기 본성과 마음은 제쳐두고 마음 밖에서 부처를 찾아 헤맨다. 헛되고 헛되도다.

그러다 어느 날 갑자기 선지식善知識에 들어가는 길을 지시하는 한 줄기 빛을 따라 자기 본성을 깨우친다. 이때 본성에는 원래 번뇌가 없고 지성이 스스로 갖추어져 있음을 깨닫는다. 이는 부처와 다름없다. 이런 사실을 깨우치는 작업이 바로 돈오다.

다시 말해 자기 본성을 돌이켜보고, 번뇌가 없고, 그것이 부처라는 깨달음을 돈오라고 한다. 이는 다른 사람이 '너의 마음이 본래 부처고 번뇌가 없는 것'이라 가르쳐주고, 그것을 이론적으로 따져가며 결론에 도달하는 방법이 아니다. 스스로의 마음을 돌이켜 빛나게 하여 고정불변하는 객체로서의 번뇌가 있지 않음을 깨닫는 일이다. 따라서 돈오는 하나의 생각을 돌이켜 반조하는 회광반조廻光返照에서 얻어진다.

돈오는 허망한 꿈과 같은 미혹 때문에 인지하지 못했던, 자신의 참 마음, 참 자아를 홀연히 발견함을 의미한다. 미망에서 깨달음으로의 변화, 꿈에서 깨어나는 일이 즉석에서 발생하기 때문에 돈오라고 부른다. 갑작스런 깨침! 때문에 돈오는 서서히 진행되는 점진적 과정이 아니라 갑자기 발생하는 하나의 정신적 혁명과 같다.

여기서 문제는 인간에게 필수적으로 존재하는 습기習氣다. 습기는 인간의 어리석음으로 인해 발생하는 다양한 양태의 허깨비와 같은 것들이다. 현실을 사는 동안 수시로 끼어 달라붙은 때다. 습기는 하루아침에 벗기기 힘들다. 지속적인 수련과 수양을 통해 제거해나가야 한다. 비유해보자. 저 산에 금이 가득 묻혀 있다는 사실을 안다. 하지만 저 산의 모든 것이 금은 아니다. 금을 캐내기 위해서는 그에 맞는 수단이 있어야 한다. 마음을 깨달은 이후에 닦는 작업이 필수적으로 요구된다. 여기에서 점수의 문제가 고려된다.

점수는 깨달음 없이 이루어지지 않는다. 저 산에 금이 가득 묻혀 있음을 아는 것처럼 마음이 슬기롭다는 사실을 알아야 한다. 그것도 모르는 상태에서, 깨달음이 없는 상황에서 무엇을 닦는단 말인가! 깨달음을 바탕으로 점진적으로 닦아나가는 단련이 진정한 점수다. 깨달음이 없는 점수는 일시적 점수지, 영원한 부처의 세계로 들어가는 수행이 아니다.

오늘 우리는 무엇을 요청받고 있나? 내 마음은 어떤가? 먼저 나를 돌아보며 나의 슬기를 깨우쳐라. 깨달음이 없는 공부가 무슨 의미가 있는가. 내 앞에 돈오점수의 세계가 열려 있다. 문득 나를 깨치고 서서히 닦아나가는 주체는 나 자신이다. 내가 나를 깨닫고, 내가 나를 닦아, 나를 부처로 승화하라. 해답은 내 마음의 근저에 있다.

유교를 통해 배우고 묻다

조선은 성리학을 국가 이데올로기로 설정한 유교의 나라였다. 삶의 기초가 성리학의 문화양식을 통해 추동됐다. 그리고 아직도 우리 몸속에서 전통처럼 꿈틀거린다. 명절이 되면 고향을 방문하고, 가족 친지와 만나고, 국가 비상사태가 되면 희생정신을 앞세워 나라 사랑을 실천한다. 유교 사상에서 강조하는 혈연, 가족 중심의 효도, 국가 사회에 대한 충성 등 다양한 예악禮樂 문화가 현대 한국 사회에서도 잔존한다. 유교는 한국인을 비롯한 동아시아인들에게 오랫동안 삶의 지침 역할을 해왔다.

유학은
일상의 합리성을
도모한다

유교는 자연天의 이법理法 세계를 인간 삶의 원리로 끌어들인 사상이다. 이를 '천인감응天人感應' 혹은 '천인합일天人合一'이라고 한다. 우주의 질서를 사회의 도덕 · 윤리 덕목으로 삼고, 인간의 일상을 건전하고 합리적으로 도모하려고 노력한 사유다. 유교는 도가나 불교에 비해 현실 사회의 운용과 조절에 초점을 맞추고 있다. 또 이론과 실천을 고민했다는 점에서 실제적 학문으로 인식됐다. 유교를 신봉한 학자들은 실제 학문에서 벗어났다는 측면을 강조하며 노자와 장자 계통의 도가와 불교를 배척했다. 도가와 불교가 형이상학으로 빠지는 공허한 학문, 이른바 허학虛學에 해당하므로 비판을 넘어 금기시하기에 이르렀다. 반면 유교에 대해서는 진실하고 현실적이라는 의미를 부여해 실학實學으로 자칭했다.

실학이라고 하니 거창하고 알찬 뭔가가 존재하는 것처럼 느껴진다. 일단 어휘 자체가 긍정적이고 뿌듯하다. 그러나 한국을 비롯해 중국과 일본 등 동아시아 사상사에서 실학은 시대와 상황에 따라 다양한 의미를 지닌다. 실학은 특정 학문을 지칭하기보다 어떤 사상의 내용이 얼마나 허위에 빠졌고 얼마나 공허한지 그 특성을 비판하는 데 중점을 두면서 등장한 학문적 경향이다. 우리가 중고등학교 역사 시간에 배운, 다산 정약용으로 귀결되는 조선 후기의 실학도 마찬가지다. 조선 초중기의 성리학이 지나치게 이론적이었다고 보고 이를 비판한 유교의 한 가닥이다.

유교를 이해하는 방식은 다양하다. 어떤 학자는 유교의 우주론宇宙論을 중심으로 연구하기도 하고, 어떤 학자는 수양론修養論을 강조하기도 한다. 우주론을 강조하면 천지자연天地自然이나 우주태극宇宙太極, 이기론理氣論

과 같은 범주를 고려하게 되고, 수양론을 강조하면 심성론心性論, 성정론性情論 등을 고민하게 된다. 전자는 유교의 자연관과 상통하고, 후자는 인간관으로 자리매김하게 된다. 무엇을 강조하든 유교의 실제 운용은 정치와 교육으로 귀결된다. 이를 한마디로 '정교政教'라 한다.

동서양을 막론하고 제정일치로 통치하던 고대 사회에서는 지배자가 정치와 종교, 교육을 모두 담당했다. 정치, 종교, 교육은 인간 생활을 운용하는 핵심 장치이므로 실제 분리해 논의하기 어렵다. 이 세 가지는 서로 다른 영역처럼 보이지만, 밀접한 연관을 갖고 인간의 사유와 실천을 제어하는 특징이 있다. 사회 공동체 및 구성원의 안녕과 질서유지를 위해 동일한 이념적 본질을 지니고 있기 때문이다. 이념적 동일성에 틈이 생길 때 사회는 불안해지고 혼란에 빠진다.

특히 유교는 '정치≒교육'이라는 의식을 통해 백성을 교화하고, 자연과 인간에 대한 제사 의식으로 삶을 단속하며 사회의 지속과 발전을 꾀했다. 이때 자연은 천지天地를 의미하고, 인간은 성현聖賢과 조상祖上을 포함한다. 아직도 우리 사회 곳곳에 남아 있는 제사 문화를 한번 돌이켜보라. 자연의 변화를 상징적으로 보여주는 사계절의 추이에 따라, 또는 명절이나 선조들의 기일에 따라 하늘과 땅, 위대한 성현과 조상들에게 제사를 지낸다.

제사는 왜 지내는가? 제사는 정교 의식을 알리는 상징적 행위다. 정치와 교육은 일상에서 발생하는 사안에 대해 표리表裏 관계를 형성한다. 동전의 양면처럼, 때로는 내용과 형식처럼 이해하면 된다. 단절적 양상이 아니라 연속선상에서 파악할 수 있다. 예를 들면, 어떤 사람이 평소 열심히 교육받고 훌륭한 관료나 정치가로 성장하는 구조에서 정교의 양상을 찾을 수 있다. 일상에서 다양한 삶의 내용을 익히는 것이 교육이고, 그 결과 관료나 정치가로 성장해 활동하는 일이 정치다.

한국인의 지식 전통, 성리학

유교는 집대성과 체계화를 기준으로 크게 두 부분으로 나뉜다. 공자, 맹자, 순자를 주축으로 하는 원시유교와 주자에 의해 집대성된 성리학이다. 성리학은 조선 유학에서 꽃을 피웠고, 한국인의 지적 전통으로 확고하게 자리 잡았다. 원시유교는 특징에 따라 본원유학本源儒學, 공맹학孔孟學, 수사학洙泗學 등 다양하게 불린다. 원시유교는 말 그대로 유교가 만들어진 초기의 모습을 보여준다는 의미고, 본원유학은 나무에서 뿌리, 강물에서 샘에 해당하는 유교의 기본 사상을 담은 학문이다. 공맹학은 사상을 확립한 초기의 학자가 공자와 맹자였기 때문에 그렇게 명명됐고, 공자와 맹자가 활동한 지역에 수洙와 사泗로 불리는 강물이 있었기 때문에 이를 빌려 이름을 붙였다.

조선 유교에 지대한 영향을 미친 성리학은 '성명의리지학性命義理之學'이라는 용어를 줄인 말이다. 송나라에서 발흥해 유행했기 때문에 송학宋學이라 하고, 명나라 때 발전했기 때문에 명학明學이라고도 한다. 이를 합쳐

송명리학宋明理學이라고도 한다. 정자와 주자가 학문 형성에 큰 기여를 했기에 정주학程朱學이라고도 하고, 육상산과 왕양명이 발전시킨 학문이라 육왕학陸王學이라고도 한다. 이를 완성한 학자가 주자여서 일반적으로 주자학朱子學이라고 부른다.

성리학이 강조하는 중심 개념을 차용해 이기론의 리理를 강조하는 의미에서 리학理學, 도통을 중심에 두었을 때는 도학道學, 인간의 심성을 논한다는 의미에서 심학心學이라고도 한다. 공자와 맹자, 순자의 원시유학을 바탕으로 새로운 양식을 가미한 학문이라는 의미에서 신유학新儒學이라고도 한다. 다양한 명칭만큼이나 강조점에 따라 사상적 차이가 있다.

성리학은 무엇보다 인간 심성의 수양을 강조한다. 성리학 이전에 존재했던 어떤 유교보다도 철저하게 자연법칙으로서의 이치나 규범법칙으로서의 인간 심성을 깊이 연구해 그 의미를 온전하게 실현하려는 사상이다. 궁리窮理와 존심양성存心養性을 핵심으로 두고, 종래의 유교를 형이상학적으로 재구성, 발전시킨 사유체계다. 궁리는 자연과 인간의 이치를 낱낱이 캐묻는 작업으로 일종의 탐구나 연구를 말하고, 존심양성은 마음을 보존하고 본성을 길러 인간 존재를 실현하는 모습이다.

궁리와 존심양성이라는 두 사유를 공통적으로 관통하고 있는 사상의 실천 구조가 바로 정교다. 이는 유교가 정교 시행을 위한 이론이자 실천의 지침임을 알려준다. 정교를 담당한 주체는 우리가 자주 언급하는 성인이나 현인, 군자, 혹은 대인이다. 이들은 인격자로서 리더십을 갖춘 덕망 높은 존재들이다. 정교의 대상은 소인이다. 소인은 일반 서민이 주축이 되는데, 흔히 말하는 백성이다. 군자에게 소인이란, 어리석고 무지몽매하여 교화를 받아야 하는 낮은 단계의 인간이다. 계급사회에서 전자는 지배계급으로 부귀한 계층을 구성하고, 후자는 피지배계급으로 빈천한 계층이 된다.

여기에서 놓치지 말아야 할 부분이 있다. '군자-소인' '지배계급-피지배계급'과 같은 이분법적 도식에 빠지면 유교의 정교 논리를 오해하거나 정확하게 이해하지 못할 수 있다. 유교의 정교 구조가 계급사회의 산물임은 분명하다. 그만큼 지배 구조는 계급 재생산을 통해 지배를 강화하는 측면이 있다. 그러나 지배와 피지배 사이의 관계를 일방적 지배계급계층의 관점으로만 이해해서는 곤란하다.

《맹자》에 등장하는 노심자勞心者와 노력자勞力者라는 언급이 이를 뒷받침한다. 노심자는 지배계급이 피지배계급을 향해 정치 행위를 하고, 노력자는 피지배계급이 지배계급에 대해 봉사하는 '노심-노력'이라는 역할분담 논리를 보여준다. 노심자는 노력자에게 삶의 지침이 되는 정신적 자양분을 제공하고, 노력자는 노심자를 물질적으로 봉양하는 기능의 차이를 일러준다. 여기에는 정신적·육체적 측면에서 상호 길러주는 방식의, 생명력 보존이라는 심오한 이치가 숨어 있다. 그것은 현대사회의 국가와 국민, 고용주와 근로자 등 다양한 관계에서도 유사하게 이해된다.

배우고 묻는
인생철학

이런 점에서 유교의 정교 행위는 정치와 교육을 분리한 양식이 아니라 통일체로 드러난다. 핵심은 수기치인修己治人의 과정을 통해 내성외왕內聖外王이나 성기성물成己成物을 달성하려는 목적에서 드러난다. 수기치인에서 수기는 자신을 수양하는 일이고, 치인은 다른 사람을 다스리는 일이다. 내성은 내면이 성스러운 사람으로 자신을 가다듬는 일이고, 외왕은 외면적으로 왕도를 실현할 수 있는 훌륭한 정치 지도자로서의 자질을 갖추는 작업이다. 성기는 자신의 인격을 완성하는 일이고, 성물은 자신의 인격을 온전하게 이룬 것처럼 자신 이외의 모든 존재들이 제대로 살 수 있도록 완성하는 작업이다.

이 가운데 수기·내성·성기는 개인의 인격 완성이라는 측면에서 교육적 특성이 강하고, 치인·외왕·성물은 타인과의 관계 조절이라는 측면에서 정치적 특성이 강하다. 하지만 정교는 연속선상에 있는 인간의 삶이다. 본질적으로 분리해 구조화해서는 곤란하다. 어떤 상황에서든 정치와 교육은 표리일체를 지향하며 사회를 조절해 나가는 학문의 과정이다. 글을 배우는 차원의 학문學文을 넘어, 배우고 묻는 일로서의 학문學問이다. 학문學文은 글이나 문화, 문명 등 지식 자체가 배움의 대상이자 목표다. 글文로 상징되는 지식의 습득과 이해라는 구체적 학습 목표가 있다. 그러나 학문學問은 학문學文을 바탕으로 하면서도 그것을 넘어 삶의 세계로 나아간다. 인생 전체를 관통하는 물음과 배움을 끊임없이 염원한다. 배우고 묻는 차원에서 유교는 인생철학이자 생활철학, 평생교육으로 자리매김할 수 있다.

강조하면, 유교는 학문學文을 초월해 학문學問을 지향한다. 배우고 묻는 과정은 인간의 전체적인 삶 가운데 진행된다. 삶의 지속을 통해 개인의 인격 완성은 물론 사회적 타자 발전을 동시에 도모한다. 수기치인의 과정은 한 사회의 문화를 유지하고 개혁하며 시대를 선도해 가려는 몸부림이었다. 조선의 성리학도 그런 인식에 투철했다. 유교를 인생의 철학으로 삼고 생활의 지침으로 여겨왔기에 학문적 관심은 한국인 특유의 교육 열정으로 드러나고, 정치에 대한 관심으로 표출되었으리라.

이치에 다다르다

고려시대 말기 안향이 중국의 원나라에서 성리학을 전래한 이후, 조선은 새로운 학문과 정치로 국가 운영을 고심했다. 성리학을 사회 경영의 중심 지침으로 하고 학문적 무장을 강화해가던 조선의 지식인들은 세상 불변의 진리를 온몸으로 받은 것처럼 주자학에 심취했다. 그 정점에 퇴계 이황과 율곡 이이가 존재한다. 이 두 지적 거장을 빼놓고 조선의 성리학을 논할 수 없다. 훗날 퇴계는 영남학파의 효시가 되고, 율곡은 기호학파의 태두가 되어 조선의 학문을 지속적으로 발달시킨다.

퇴계와 율곡의 성리학

퇴계는 어려서 아버지를 여의고 가난한 환경에서 자랐다. 요즘 말로 '흙수저'라고나 할까? 6세 때 이웃 노인에게 《천자

문》을 배웠고, 12세에 숙부에게서 《논어》를 익혔다. 하루는 숙부가 '리理'
자의 뜻을 묻자 "모든 일에서 타당한 것이 '리' 아닙니까?"라고 답했다.
18세 무렵 퇴계는 조그마한 연못가에서 청춘 시기의 마음을 철학시 한
편에 담았다. 시에는 우주 자연의 질서에 인간의 사사로운 욕망이 끼어
들까 우려하는 마음이 가득 담겼다.

노초요요요수애 　　　露草夭夭繞水涯

소당청활정무사 　　　小塘淸活淨無沙

운비조과원상관 　　　雲飛鳥過元相管

지파시시연축파 　　　只怕時時燕蹴波

이슬 맺힌 풀 야들야들 물가를 둘렀고

작은 연못 맑아 티 없이 깨끗하네

뜬구름 나는 새 원래 어울리거늘

이따금 제비만이 물결칠까 두렵네

　이 짧은 시구가 생각의 깊이를 나타내는 것인지, 담대한 자신의 마음
을 읊은 것인지, 인간 세상의 걱정이 앞선 우환의식憂患意識을 표출한 것인
지 쉽게 알 수 없다.

　퇴계와 거의 한 세대 거리를 두고 태어난 율곡은 강릉 오죽헌 몽룡실에

서 어머니 신사임당이 용꿈을 꾼 후 탄생했다고 전한다. 퇴계에 비해 상
대적으로 가정 형편이 좋았던 것 같다. 3세 때 말과 글을 배웠으며, 8세
때 시 〈화석정花石亭〉을 지을 정도로 특출했다. 10세 때 경포대에 올라
장문의 〈경포대부鏡浦臺賦〉를 쓴 신동으로 사람들을 경탄하게 만들었
고, 13세 때 아버지가 중병에 들자 팔을 찔러 피를 내고 아버지에게 제공
해 회춘하게 만든 효자기도 하다. 16세 때 모친상을 당하고 삶을 비관한
나머지 3년간 시묘한 후 불교에 입문하고 금강산에서 수도했다. 이 시기
불교에 입문한 일은 불교를 배척하던 유교 사회에서 두고두고 오점으로
남기도 했다. 20세 때 강릉 오죽헌으로 돌아와 〈자경문自警文〉을 지어 실
천했다. 13세 때 진사 초시에 장원급제한 것을 비롯해 크고 작은 과거에
아홉 번이나 장원급제해 '구도장원공九度壯元公'이라는 별칭이 붙을 정도로
유명하다. 그의 시 〈화석정〉으로 율곡의 천재성을 음미해보자.

임정추이만	林亭秋已晚
소객의무궁	騷客意無窮
원수련천벽	遠水連天碧
상풍향일홍	霜楓向日紅
산토고륜월	山吐孤輪月
강함만리풍	江含萬里風
새홍하처거	塞鴻何處去
성단모운중	聲斷暮雲中

숲속 정자에 가을은 깊어가고

떠도는 사람의 생각 끝없이 일어나네

저 멀리 보이는 물빛 하늘에 닿아 푸르고

서리 맞은 단풍 햇볕 받아 붉도다

산은 외로운 달을 토해내고

강은 만 리 바람을 머금었네

변방의 기러기 어디로 가는가

그 소리 저녁 구름 속으로 사라지네

시의 내용으로 볼 때 도저히 8세 소년이 지은 시답지 않다. 너무 어른 스럽다. 그래서 구도장원공이 되었던가.

퇴계와 율곡은 나름의 풍파를 겪었지만 퇴계는 비교적 늦은 나이인 34세, 율곡은 29세 때 각각 벼슬길에 나가 관직과 학문을 넘나들었다. 두 거장은 성리학이라는 학문을 통해 정치와 교육의 양식을 다양하게 보여주었다. 그들이 추구한 학문을 한마디로 '성학聖學'이라 한다. 율곡의 《성학집요聖學輯要》나 퇴계의 《성학십도聖學十圖》모두 성학을 고민한다. 엄밀하게 말하면 내용은 대동소이하다. 동일하다고 해도 과언이 아니다. 성학은 '성인이 되기 위한 학문' 혹은 '성왕이 되는 과정에서 배우는 학문'인데, 그 학문이 바로 유학이기 때문이다.

공부란
무엇인가

율곡은 성학의 첫 단추를 어리석은 인간의 모습을 깨우치는 데서 찾는다. 이 내용이 《격몽요결 擊蒙要訣》에 담겨 있다. 율곡은 강력하게 주장한다. "사람이 이 세상을 살면서 공부하지 않으면 올바른 사람이 될 수 없다." 여기서 공부란 특별한 작업이 아니다. 요즘처럼 입시만을 위해, 취직만을 위해 고심하며 전력투구하는 그런 일이 아니다.

그럼 공부란 무엇인가? 부모가 자식을 사랑하는 일, 자식이 부모에게 효도하는 일, 한 조직의 구성원이 조직과 지도자에게 충실하는 일, 부부 사이에 분별 있게 지내는 일, 형제자매가 서로 돌보고 이끌어주는 일, 젊은이가 늙은이를 공손하게 대접하는 일, 친구 사이에 신뢰하는 일 등이다. 공부하는 태도를 일상에서 제대로 행하는 것이지, 마음을 색다른 곳으로 치닫게 만들어 이상한 효과를 노리는 이벤트가 아니다.

특별한 활동이나 이벤트를 즐기고, 일상의 공부를 하지 않은 사람은 마음이 막히고 소견이 어둡기 마련이다. 사람은 반드시 자연과 인간에 관한 글을 읽고 그 이치를 탐구해 자신이 마땅히 행해야 할 길을 스스로 밝히고 펼쳐나가야 한다. 그래야 공부가 깊은 경지에 이르고 행동도 올바르게 된다.

여기서 문제는 현실을 살아가는 인간이다. 대부분의 사람들은 공부가 일상의 합리적 운용을 위한 지침을 마련하는 데 있음을 알지 못한다. 자신의 일상은 팽개치고, 자꾸 다른 곳으로 눈을 돌려 까마득히 높고 멀리 있는 형이상학적인 그 무엇을 찾으려 한다. 그것을 '관심'이라는 말로 포장해놓고, 하다가 안 되면 사람으로서 할 일이 아닌 것인 양 포기한다. 무관심의 끝은 참으로 슬프다. 자기가 해야 할 공부임에도 불구하고 조금만 어려움에 봉착하면 공부는 다른 사람이 하는 것이라고 남에게 밀어버린다. 자신의 삶을 위해 반드시 필요한 공부임에도 불구하고 객관화시켜 저 멀리 내보내고 만다. 오히려 그런 생활을 즐기기까지 한다. 인생을 잘 살기 위한 공부인데 내가 먼저 찾아 하는 게 사람의 도리 아닌가.

이러한 율곡의 한탄은 조선시대 건전한 유학자들의 보편적인 생각이었다. 이를 실천하는 핵심이 '경敬'이라는 삶의 공부인데, 어떤 차원에서는 강요에 가깝게 요구되기도 한다. 그 정돈된 질서가 유학의 공부다.

성학십도에 이르는 '지경'

퇴계는 타계하기 직전까지 혼신의 힘을 다해 공부의 양식을 마련하려고 노력했다. 그 결과물이 《성학십도》다. 퇴계가 타계하기 2년 전인 68세에 지은 것으로, 당시 어린 임금이던 선조에게 바친 성리학 공부의 요체다. 그 가운데 경敬은 성리학의 알파이자 오메가다. 공경하는 자세, 몰입하고 깨닫는 삶의 태도에 대한 경보이자 주의다. 책에 나오는 열 개의 그림 가운데 아홉째인 〈경재잠도敬齋箴圖〉가 있다. 그림에 대한 설명을 보면 성리학 전통이 강조했던 삶의 태도가 정말 간담 서늘하게 다가온다.

의복과 모자를 단정히 하고, 우러러 살피는 몸가짐을 존엄하게 하라.

마음을 가라앉혀 깊이 생각하고 생활하며 하느님을 대하듯 조심스러워 하라.

발 모습은 중후하게, 손놀림은 공손하게, 길을 갈 때는 땅을 가려 밟고, 개미집처럼 하찮은 것도 밟지 말고 돌아가라.

집 밖에 나가면 손님처럼 하고, 일을 맡아 할 때는 제사 모시듯 조심하여 조금이라도 소홀하지 말라.

입 다물기를 주둥이 막은 병처럼 하고, 사특한 생각 막기를 성을 쌓아 막는 것 같이 하라.

성실하고 집중하여 조금이라도 경솔하지 말라.

동쪽으로 간다 하고 서쪽으로 가지 말며, 남쪽으로 간다 하고 북쪽으로 가지 말라.

일을 할 때는 그 일에 정성을 다하고, 다른 일에 마음을 두지 말라.

두 가지 일을 한다 하고 두 가지 마음을 두지 말며, 세 가지 일을 한다 하고 세 가지 마음을 두지 말라.

오직 마음을 한 가지로 하여 사물의 변화를 살펴라.

이런 자세와 태도가 경을 지키는 일, 이른바 '지경持敬'이다. 경의 자세를 지켜야 일상에서 움직일 때와 가만히 있을 때 삶이 서로 어그러지지 않고 겉과 속이 서로 바르게 된다. 잠깐이라도 경의 자세를 놓치면 사사로운 욕심이 이곳저곳에서 드러나 잘못의 실마리가 된다. 불을 붙이지 않아도 뜨거워지고, 얼리지 않아도 차가워질 수 있다. 털끝만큼이라도 경에서 어긋남이 있으면 하늘과 땅

《성학십도》의 〈경재잠도〉

의 처지가 바뀌는 것과 같다. 인간의 윤리도덕이 무너지고, 구법에 따르는 행동을 사람들이 꺼리게 된다. 그러므로 공경을 삶의 화두로 삼아야 한다. 그것만이 진리다.

〈경재잠도〉와 그 설명에서 보았듯, 성리학의 말투는 상당 부분 경전에 입각한 훈계와 교훈적 명령이다. 자연스럽게 금지사인 '말라'와 '안 된다'는 표현으로 점철된다. 현대적 시선에서 보면 말투 자체가 너무 강압적이고 명령적이다. 짜증나는 말투일 수 있다. 그러나 이와 같은 표현은 성리학이 풍기는 고유의 문법이다. 좋다 나쁘다의 차원으로 재단할 수 있

는 문법체계가 아니다. 그 시대를 추동했던 힘이었고, 진리로 작용했던 사유였다. 그 전통은 아직도 우리 사회 곳곳에 남아 있다. 이를 취사선택하고 응용하는 작업은 각자의 몫이다.

성리학이 지향하는 이 엄격한 공부의 자세를 지킬 것인가, 말 것인가. 현대사회를 살아가는 시민은 당연히 성리학적 사유에 젖어 살아가는 사람이 아니기에 이를 지킬 명분이나 이유가 없다. 그런데 이런 의식이 우리 몸속에 미세하게 녹아 있는 사회적 유전자라면 어떻게 해야 할까. 함부로 버릴 수도 없고 무조건 끌어안을 수도 없는 일. 현대 민주사회의 시선으로, 민주시민으로서 성리학적 공부의 세계를 맞이한다면 어떤 모습이 좋을지 함께 고민해보자.

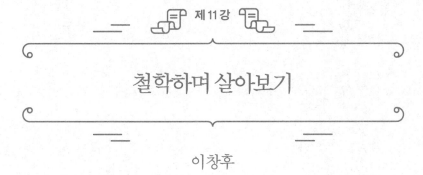

철학하며 살아보기

이창후

파란색 옷을 주로 입고 다녀 '파깨비'라는 별명을 얻은 철학자. 논리학으로 서울대 철학과 박사 학위를 취득하고 성균관대에 출강하고 있다. 서울경제신문 객원기자로 활동했으며, 영화와 소설 등 다양한 매체에서 철학의 맥을 짚어내는 저술 활동을 하고 있다. 저서로 《재미》《영화로 읽는 서양철학사》《그렇게 살라는 데는 다 철학이 있다》《비판적 사고 학술적 글쓰기(공저)》《영화로 읽는 윤리학 이야기》《나를 성장시키는 생각의 기술》 외 다수가 있다.

생각에 대한 생각

한 현자가 강가에서 명상하고 있었다. 강 건너편에서 그 모습을 본 다른 수행자는 오랜 수행 끝에 얻은 자신의 초능력을 현자에게 과시하고 싶어졌다. 그는 강물 위를 가로질러 조용히 명상 중인 현자에게 다가갔다.

"지금 제가 뭘 했는지 보셨나요?"

"그럼요. 강물 위로 걸어오시더군요. 어디에서 그걸 배우셨지요?"

"히말라야 산자락에서 12년 동안 요가와 고행을 했답니다. 한쪽 다리로 선 채 일주일에 엿새를 굶으면서 노력한 결과죠."

그는 어깨를 으쓱했다.

"그게 정말인가요?"

명상하던 현자가 강 위를 가로질러 온 그를 올려다보며 말했다.

"저런, 그걸 배우려고 그렇게 고생을 하셨나요? 2루피(60원)만 주면 언제나 뱃사공이 나룻배로 강을 건네주는데요?"

철학이란
무엇일까?

누가 얼마나 철학에 대해 관심이 많고 얼마나 공부를 하는지 나는 잘 모른다. 하지만 철학에 관심을 갖고 공부를 한다면 어떤 방식으로 하는지, 어떤 방식으로 해야 하는지에 대해서는 조금 안다. 여러 유명한 철학자들의 사상을 읽는 것이다. 호기심이 생기는 철학자의 사상에 바로 접근할 수도 있다. 하지만 그보다 더 좋은 방법은 철학의 역사를 설명한 책을 읽어나가는 것이다.

물론 모든 사람들이 철학을 전문적으로 공부하려고 하지는 않을 것이다. 그래서 나는 조금 다른 얘기를 하려고 한다. 철학을 제대로 공부하면 어려운 생각들을 따라가야 하고 어려운 말을 이해해야 한다. 어렵고 고상한 생각들을 배우면서 스스로 만족할지는 모르겠다. 하지만 철학책을 덮고 현실로 돌아오면 무엇이 남을까? 12년 동안 고행해서 겨우 2루피의 삯으로 건널 수 있는 강을 건너온 건 아닐까?

앞에서 한 이야기에는 또 다른 측면이 있다. 2루피의 돈을 주고 나룻배로 강을 건널 수 있는 사람과 초능력으로 물 위를 걸을 수 있는 사람 사이에는 확실히 차이가 있다. 물 위를 걸을 수 있다면 물에 빠진 사람을 서둘러 구해줄 수도 있고, 전쟁과 같은 상황에서 자신의 목숨을 건질 수도 있다. 문제는 물 위를 걸을 수 있는 능력이 왜 필요한지, 그 능력을 어디에 어떻게 써야 할지 모를 때다. 그렇다면 현자의 말처럼 2루피의 삯으로 나룻배를 타고 강을 건너는 편이 나을 것이다.

　내가 말하고 싶은 게 바로 이거다. 대체로 사람들은 철학자들의 사상과 철학 개념들을 공부하면서 이걸 어디에 쓸 수 있는지, 그 깊은 의미가 무엇인지 이해하지 못한다. 그저 유명한 철학자가 한 말이니까 암기한다. 그걸 제대로 이해하려면 상당히 어려운 공부를 많이 한 후에야 가능하다. 그러다 보니 도중에 무의미한 공부를 집어치우게 된다. 나는 그런 수고를 줄이고 싶다. 즉, 철학을 공부해서 얻는 것이 무엇인지, 전체의 깊은 의미는 무엇인지를 설명하려 한다.

　나중에라도 그 의미를 깨닫지 못한다면 다 헛수고다. 철학 공부를 통해 아무리 좋은 개념과 깊은 사상을 배우더라도 그건 훌륭한 철학자의 생각일 뿐 당신 자신의 생각이 아니다. 여전히 남의 생각일 뿐이다. 철학 공부의 진정한 가치는 자신의 생각을 발전시키는 데 있다. 그래서 나는 철학자들의 사상을 나열하고 설명하는 주입식 서술을 지양하려 한다. 대신 자신이 주인이 되는 주체적인 '생각'을 어떻게 해야 하는지 생각해볼 것이다. 철학은 결국 '생각에 대한 반성적인 고찰이고, 그걸 체계적으로 정리한 것'이다. 철학이라는 학문적 영역에서 다루는 세부 내용을 들여다보는 건 그다음 순서가 아닐까.

우리의 진정한
숙제는 무엇인가?

'철학'이란 말을 들으면 먼저 무엇을 상상하게 되는가? 인상을 찡그린 학자의 염세적 얼굴? 웃음 없는 얼굴로 목소리만 잔뜩 까는 권위적인 인상? 철학이 꼭 그렇게 심각해야 하는 건 아니다. 그런 고루한 이미지를 탈피하기 위해 몇 가지 사례를 소개한다.

첫 번째 이야기

도道는 만물에 뻗어 있어 미치지 않는 바가 없으니, 컨닝에도 마땅한 도가 있는 법이다. 그 내용을 살펴보면,

감독자의 공갈에 굴하지 않으니 이를 가리켜 '용勇'이라 한다. 우등생과 감독자의 위치를 항시 파악하고 있으니 이를 가리켜 '지智'라 한다. 컨닝하다 들켜 F 맞는 학생을 내 일처럼 불쌍히 여기니 이를 가리켜 '인仁'이라 한다. 자기는 들켜도 끝내 공범자를 불지 않으니 이를 가리켜 '의義'라 한다. 답을 보여주는 사람의 답이 정답임을 믿으니 이를 가리켜 '신信'이라 한다. 답을 보여주는 사람보다 더 높은 점수를 받지 않으니 이를 가리켜 '예禮'라 한다.

이처럼 인, 의, 예, 지, 신, 용의 도를 얻어 컨닝을 하면, 한때 '신속, 정확, 시치미 뚝'이라는 3요소에 의지하던 학생들이 높이 우러러보며 배움을 청하기 위해 신발 벗고 뛰어오고, 매일 미팅과 음주로 보내더

라도 얻지 못할 학점이 없다. 다만 졸업 후 패가망신까지는 막지 못하니 깊이 새겨야 하느니라.

두 번째 이야기

어떤 화장실에 이런 낙서가 쓰여 있었다.

"존재의 불안은 영원한 숙제인가?"

자못 심각하게 쓴 낙서 밑에 누군가 이렇게 적었다.

"숙제의 존재가 불안한 거다."

철학이란 무언가? 철학적 사고란 무엇인가? 그건 전제에 대한 비판이다. 철학은 자기 생각을 반성하는 사고이고, 더불어 체계화하는 것이다. 그리고 전제에 대한 비판의 한 형태가 개념 분석이다. 개념 분석은 철학적 사고의 중요 부분이다. 두 이야기의 핵심이 모두 개념 분석에 있다.

그럼 개념의 분석이란 무언가? 어렵게 생각할 필요 없다. 말뜻을 확인하는 것뿐이다. 첫 번째 이야기는 개념에 대해 설명하는 일반적 방식을 보여준다. 여기서는 유교나 불교 같은 동양철학에서 말하는 방식을 차용했다. 하지만 서양철학에서도 이와 같은 개념 분석, 즉 말뜻에 대한 설명이 중요한 부분을 차지한다. '철학의 아버지'라 불리는 소크라테스가 평생 이런 작업을 했다. 왜 개념 분석, 즉 말뜻에 대한 설명이 철학의 중요한 부분일까? 그 해답을 우리는 두 번째 이야기에서 찾을 수 있다.

'존재의 불안'이라고 말하면 뭔가 심오한 철학적 의미가 있는 것 같이 들린다. 실제로 어떤 의미가 있을 수도 있다. 소설 제목《참을 수 없는 존재의 가벼움》을 떠올리게 하는 이 말을 두고 어떤 사람이 뭔가 심각하게 고민하면서 이맛살을 찌푸린다면, 보통 사람이 이해할 수 없는 지성을 갖춘 사람으로 보일지도 모르겠다.

하지만 쓸데없는 현학에 스스로 매몰되어 고민하는 경우도 있다. 멀리서 그 예를 찾을 것 없다. 조선시대의 많은 성리학자들이 백성의 삶을 뒤로 제쳐놓고 당파 싸움과 성리학적 공리공론에 휩싸였던 게 그 예다. 그래서 실학 사상이 등장한 것 아닌가.

대개 '존재의 불안'이라는 말은 쓸모 있는 뜻을 갖기 어렵다. '불안'이라는 말은 감정을 느끼는 사람이나 동물만이 가질 수 있는 것이고, '존재'라는 말의 뜻은 '있음'의 뜻이기 때문이다. '활동의 배고픔'이나 '이름의 달리기'(내가 그냥 만들어본 말들이다)처럼 서로 어울릴 수 없는 말들이 붙으면 무의미한 말장난 이상이 될 수 없다.

'존재의 불안'이라는 말도 잘못 쓰인 말일 수 있다. 그렇게 본다면 '활동의 배고픔'에 대해 생각하느니 냉장고 문을 열고 먹을 만한 것이 있는지 찾아보는 게 나을 것이고, '이름의 달리기'에 대해 생각하느니 차라리 달리기나 해서 몸이라도 튼튼하게 하는 게 이로울 것이다. 마찬가지로 '존재의 불안'이라는 대답할 수 없는 물음에 대해 생각하는 것보다는 차라리 숙제의 존재에 대해 불안해하는 게 더 나을 것이다.

잘못된 생각을 고치는 철학

쓸데없는 생각을 해서는 안 되는 이유

앞에서 '존재의 불안'이라는 말이 불러일으키는 쓸모없는 현학적 생각에 대해 설명했다. 철학이란 그런 혼란을 걷어내기 위해 반성을 거듭하는 일이다. 개념 분석은 이때 나타난다. 내가 생각할 때 사용하는 말은 무슨 뜻일까? 개념 분석은 쓸데없는 생각에 정력을 낭비하지 않기 위해 따져보는 작업이다. 쓸데없는 생각에 매달리게 되면 어떻게 되는지 궁금한가?

세 번째 이야기

파깨비는 사람들과 잡담하는 것을 좋아하고 수수께끼도 좋아했다. 어느 날 파깨비가 비행기를 타고 서너 시간 여행을 하게 됐다. 지루

해서 그는 옆 사람과 수수께끼 놀이를 하고 싶었다. 하지만 옆 사람은 피곤한 표정으로 눈을 감으며 자신은 수수께끼 놀이에 전혀 관심이 없고 잠시라도 자고 싶다고 말했다. 그러나 파깨비는 잠시 후 다시 그 사람에게 제안했다.

"이건 어때요? 내가 낸 수수께끼를 당신이 맞추지 못하면 당신은 나에게 5만 원만 주면 되고, 당신이 낸 수수께끼를 내가 맞추지 못하면 나는 당신에게 열 배에 해당하는 50만 원을 줄게요. 그러면 당신에게 훨씬 유리하지 않겠어요?"

옆 사람은 여전히 피곤한 기색이었지만 수수께끼 놀이에 응하기로 했다. 옆 사람이 파깨비에게 먼저 수수께끼를 냈다.

"언덕에 올라갈 때는 다섯 개의 발로 올라가고, 내려올 때는 일곱 개의 발로 내려오는 게 뭐죠?"

수수께끼를 많이 알고 있다고 자부하는 파깨비였지만, 한참을 생각해도 도저히 답을 알 수가 없었다. 파깨비는 옆 사람에게 50만 원을 건넸다. 이번에는 파깨비가 수수께끼를 낼 차례였다. 답이 궁금했던 파깨비는 같은 수수께끼를 물었다. 그러자 옆 사람은 조용히 파깨비에게 5만 원을 건네고 잠을 청했다.

옆 사람이 파깨비에게 제시한 수수께끼는 답이 없는 문제였다. 원래부터 답이 없는 수수께끼에 대해 아무리 열심히 생각해본다 해도 답이 나올 리 없다. 답이 나온다면 그 답은 엉터리일 수밖에 없다. 하지만 파깨비는 그 수수께끼에 답이 없다는 생각을 하지 못했다. 일반적으로 수수께끼에는 답이 있기 때문이다. 그래서 열심히 답을 생각해보는 헛수고를 한 것이다. 여기서 문제는, 우리도 파깨비와 같은 입장에 처할 수 있다는 것이다.

'존재의 불안은 영원한 숙제인가?' 이 물음에 대해 존재의 불안이 해결될 수 있다와 없다를 가지고 따지며 싸우는 게 일상적인 생각의 방향이다. 언덕에 오를 때는 발이 다섯 개, 내려올 때는 발이 일곱 개인 게 무엇인지 생각하는 것과 다를 바가 없다.

한편 이에 대해 '존재의 불안이라는 말이 도대체 무슨 말인가?' 혹은 '이 말은 올바른 뜻을 가질 수 있는가?' 하고 생각하는 게 반성적인 생각이다. 파깨비의 경우에 이 수수께끼에 답이 있을 수 있는가를 따져보는 것과 같다. 곧 철학적인 사고방식이다. 그리고 그 말이 올바른 뜻을 가질 수 있는지 없는지 확인하기 위해 따져보는 것이 곧 전제에 대한 비판이고 개념 분석이다. 즉 '존재란 무엇인가?' '불안이란 어떤 뜻이며 어떤 경우에 올바르게 쓸 수 있는 말인가?'와 같다.

동양의 고전적 어투를 흉내 낸 앞의 컨닝 이야기에서 말하는 방식이 개념을 분석하는 것이라고 말했다. 하지만 서양철학에서는 '이데아라는 것은 무엇인가?' 혹은 '표상이란 무엇인가?'라는 문제를 따지고 들었다. 이런 이야기의 전체를 이해하기는 어려울 것이다. 우선 철학을 반성적 사고활동이라 이해하고, 여기서 사용하는 중요 도구가 개념 분석이라는 점만 생각하자. 그러면 예전에는 정말 공리공론으로만 비쳤을지 모를 철학적 논쟁들이 대체 왜 이루어지는지를 조금은 이해할 수 있을 것이다. 자, 그렇다면 개념 분석은 구체적으로 어떻게 효능을 발휘할까?

네 번째 이야기

낙태에 대한 찬반 문제를 놓고 친구와 격렬한 토론을 벌인 적이 있다. 나는 절대로 낙태는 허용되어서는 안 된다고 주장하고, 내 친구는 낙태를 허용해야 한다고 주장했다. 서로에 대한 비판이 극에 달했을 때 내 눈에 그 친구는 일종의 살인자, 혹은 돈을 위해 살인자를 변호하는 사람 정도로 보였다. 그런데 서로의 입장을 분명히 해보니 내가 의미했던 바는 '원칙적으로' 낙태를 허용해서는 안 된다는 것이었고, 그 친구는 '현실적으로' 낙태를 허용해야 한다는 것이었다. 그 친구도 원칙적으로 낙태가 바람직하다고 생각하는 사람은 아니었다. 낙태가 살인과 거의 다를 바 없다는 점에 대해서는 친구도 처음부터 의견을 같이하고 있었다. 나도 현실적으로는 아이를 원하지 않는 부부나 사고로 임신한 미혼모들에게 무조건 아이를 출산해야 한다고 잘라 말할 수는 없었다. 결국 서로의 입장은 거의 같았다.

많은 사람들이 이와 같은 경험을 한두 번쯤 해보지 않았을까. 격렬하게 내가 옳으니 네가 옳으니 따지며 감정싸움을 하다가 결국 서로 같은 말을 하고 있었음을 알게 되면 힘이 쭉 빠지고 만다. 끝까지 싸우는 불행한 사태를 피하고 서로가 적이 아님을 알게 되는 순간은 그나마 다행이다.

이렇게 불필요한 오해를 푸는 방법이 곧 개념 분석이다. 낙태 문제에 대해 내가 친구와 의견이 같음을 알게 된 것은 결국 '낙태 허용'과 '낙태 반대'의 의미가 무엇인지를 따져봄으로써 가능해진다.

소크라테스가 될 것인가
소피스트가 될 것인가

비트겐슈타인Ludwig Wittgenstein이라는 현대철학자가 이런 문제를 지적했다. 형이상학에서 논의하는 많은 문제가 잘못된 것이라고 말이다. 비트겐슈타인은 많은 형이상학적 문제가 병 속으로 잘못 들어와 입구를 찾지 못하는 파리의 고민과 같다고 지적했다. 이런 지적에 많은 지성인들이 동감했다. 비트겐슈타인이 유명한 철학자로 인정받는 이유다. 뜻을 알기 어려운 현학적 이야기를 한 것이 아니라, 우리 생각에 있는 근본적인 문제점을 짚어낸 것이다. 비트겐슈타인 이전에는 버트런드 러셀Bertrand Russell 등의 철학자들이 불을 지펴 현대철학의 한 흐름인 분석철학을 탄생시킨 배경이다.

현대철학에서만 생각에 대한 반성, 개념 분석 등이 나타난 게 아니다. 서양철학의 태동기에도 똑같은 일이 있었다. 소크라테스가 선구적인 모범을 보였다. 고대 그리스 아테네라는 도시국가에 살았던 그는 신전에서 기도 도중 아테네에서 가장 현명한 사람이 자신이라는 신의 계시를 받았다. 하지만 소크라테스는 자신이 아는 게 아무것도 없었기 때문에 신의 계시가 믿기지 않았다. 그래서 확인을 위해 아테네에서 똑똑하고 많이 안다는 사람들을 찾아다니며 묻고 이야기를 해봤다. 그 사람들이 소피스트다. '존재의 불안'과 같이 뭔가 많이 알지만 정확한 지식이 없던 사람들이다. 2천 년 전 그 옛날에 사람들이 알면 얼마나 많이 알고 있었겠는가.

소크라테스가 소피스트들과 이야기를 한 대화의 방법이 현대 서양철학의 고전으로 자리 잡은《대화록》이다. 그 내용을 보면 소크라테스는 끊임없이 소피스트들이 하는 말을 물고 늘어진다. 뜻을 물어보고 소피스트들이 말한 생각들에 대해 비판해본다. 즉 개념을 분석하고, 그 개념들을 사용한 생각에 논리적 모순은 없는지 등을 따져본 것이다. 결과적으로 소피스트들의 생각 중에 올바른 생각이 별로 없음이 드러난다. 그리고《대화록》은 끝난다.

처음에 내가《대화록》을 읽었을 때 이런 불평이 튀어나왔다. "그런데 소크라테스 자신의 생각은 뭐야? 그런 건 하나도 안 보이잖아?" 여전히 그렇게 불평하는 독자들을 많이 본다. 하지만 초점은 여기에 있다. 자신의 생각을 제시하는 게 아니라, (자신의 것이든 남의 것이든) 어떤 생각에 대해 여러 가지로 잘못될 수 있는 가능성을 따져보는 것이다. 이게 철학의 핵심이다.

동양철학을 서양철학과 많이 비교하는데, 동양철학에서는 이런 부분이 약하다. 동양철학은 생각에 대해 비판하고 반성하기보다 어떤 해결책을 제시하는 성격이 강하다. 동양에서 학문을 하는 선비가 공부하는 방법은 어떤가? "공자 왈, 맹자 왈"이다. 공자와 맹자가 말한 것을 열심히 암기한다. 적어도 정확한 철학이 의미하는 바는 이런 암기가 아니다.

그러므로 현대철학자들은 모두 소크라테스의 후손이다. 그런데 놀라운 사실이 있다. 그런 철학자들 속에 사실은 소피스트들이 많이 존재한다. 단, 그들은 자신이 소피스트인지 모른다. 철학을 공부했는데, 열심히 외운 것이다.

전제를 비판해야 하는 이유

거짓말쟁이가
되지 않기 위해

개념 분석과 비슷하지만 조금 다른 이야기, 조금 더 폭넓은 이야기가 '전제에 대한 비판'이다. 즉, 철학적 사고에서 중요 부분은 '전제에 대한 비판'이고, 개념 분석은 그 대표적인 방법이다.

여기서 비판이란 나쁜 뜻으로서 꼭 공격적 의미를 담는 것은 아니다. '전제에 대한 반성'이라고 말할 수 있다. 하지만 대체로 어떤 것을 반성해볼 때 좋고 나쁜 것을 꼬집어내기 위한 경우가 많으므로 '비판'이라는 말을 쓴다. 소피스트들의 생각이 잘못되었음을 보여준 소크라테스는 그들의 정치적인 적이 되었다. 그래서 결국 사형을 언도받았다.

그럼 전제에 대한 비판이란 무엇인가? 전제에 대한 비판이 왜 중요한가? 다음 이야기를 읽고 생각해보자.

다섯 번째 이야기

프랑스의 작가 베르나르 베르베르의 대표작 《개미》의 도입부에 수수께끼 하나가 나온다. 성냥개비 6개로 정삼각형 4개를 만들라는 것이다. 어떻게 만들 수 있을까?

여섯 번째 이야기

한 환자가 자신이 죽었다고 생각하고 있었다.

정신과 의사는 그를 거울 앞에 세워놓고 "죽은 사람은 피를 흘리지 않는다"는 말을 여러 번 반복했다. 그러고 나서 환자의 손가락을 핀으로 찔러 살짝 피가 나도록 했다.

"이제 알겠죠?"

의사가 의기양양하게 말했다.

"예, 이제 알겠어요."

환자가 대답했다.

"죽은 사람도 피를 흘린다는 것을."

일곱 번째 이야기

다소 진부해 보이지만 다음과 같은 경우를 생각해보자. 당신의 친구가 피고가 되어 재판을 받는다. 이 재판은 친구인 당신이 증인으로 출석하자 피고에게 유리하게 진행되었다.

증인의 증언이 끝나자 피고에게 불리하게 상황을 바꾸기 위해 검사

가 당신에게 심문을 시작했다. 검사는 몇 가지 애매한 질문을 하고
는 다그치듯 물었다.

"당신은 이제 다시는 거짓말을 하지 않겠습니까?"

당신은 뭐라고 대답할 것인가?

일곱 번째 이야기에서부터 거꾸로 설명을 시작해보자. 당신은 뭐라고
대답할 것인가? '아니오'라고 할 것인가, '예'라고 할 것인가? 어느 쪽으
로 대답하든 당신은 이미 거짓말쟁이가 되었음을 시인하는 것이 된다.
이때 당신의 답은 '예'나 '아니오'가 아니라 "검사님은 제가 거짓말을 했
다고 가정하고 있는데, 저는 그런 적이 없습니다"여야 한다.

간단하고 쉬워 보이는 이야기다. 하지만 여기에 전제에 대한 비판, 혹
은 반성이 들어 있다. 검사는 당신이 거짓말쟁이라고 가정한 후 질문을
한다. 당신은 그 질문 위에서 대답하는 것이 아니라 그 질문 밑에서 당
연시되는 것, 즉 전제를 먼저 검토해야 한다. 그게 바로 철학적 사고면서
이 경우 가장 실질적이고 중요한 문제가 될 것이다.

전제를 검토하지 않고 이야기를 진행했을 때 어떤 문제가 발생할 수
있는가? 여섯 번째 이야기에서 그 예가 드러난다. 정신과 의사는 환자의
생각을 바꾸기 위해 다음과 같이 설득한다. 죽은 사람은 피를 흘리지 않
는다. 그런데 당신은 피를 흘린다. 그러므로 당신은 죽은 사람이 아니다.

의사의 주장은 금방 들어도 이해가 되듯 논리적으로 타당한 주장이다.
그런데 환자는 어떻게 말했는가? 자신이 죽었다는 결론이 바뀌는 게 아

니라 오히려 죽은 사람도 피를 흘린다는 쪽으로 생각하게 됐다. 왜 그런가? 그 환자가 자신이 죽었다는 전제를 바꾸지 않고 그 위에서 생각하기 때문이다. 당신이 지금까지 거짓말을 해왔다는 생각을 밑에 깔고 또 거짓말을 할 것이냐 묻는 검사와 같다.

다섯 번째 이야기의 수수께끼도 중요한 전제를 검토해 해결한다. 성냥개비를 평면에 배열해야 한다는 전제 말이다. 이 불필요한 전제에 매달릴 필요가 없다. 성냥개비 6개로 피라미드를 만들면 된다.

황당함에 대한 철학적 분석

전제에 대한 비판이 왜 중요한가? 이 물음에 분명하게 답하려면 우리 생각 속에서 전제가 얼마나 중요한 자리를 차지하고 있는지 이해해야 한다. 자신이 죽었다고 생각하는 사람의 이야기도 한 예가 될 수 있다. 전제가 바뀌지 않으니 살아 있음을 보여주는 증거인, 피를 흘린다는 사실이 도무지 효과를 발휘하지 못하는 것이다.

이와 같이 어떤 문제에 있어 그 문제를 크게 좌우하는 전제는 대체로 사람의 근본적인 사고방식과 결부되어 있다. 그리고 그 문제의 핵심과도 관련이 있기 때문에 사태를 크게 변화시키기도 한다. 다음 이야기들을 읽어보면 전제의 중요성을 이해할 수 있다.

여덟 번째 이야기

변호사는 주거침입으로 기소된 사람을 변호하며 법정에서 다음과 같이 말했다.

"재판장님, 본 변호인은 피고인이 주거침입을 한 사실이 전혀 없었던 것으로 주장하는 바입니다. 피고인은 그 집 거실 창문이 열려 있기에 오른손을 집어넣어 별것 아닌 물건 몇 개를 꺼냈을 뿐입니다. 피고인의 팔을 피고인 자신으로 볼 수 없는데 그의 사지 가운데 어느 하나가 저지른 죄과에 대해 그 사람의 전신을 처벌한다는 건 납득할 수 없습니다."

"그것 참 그럴 듯한 주장입니다"라고 판사는 응수했다.

"그렇다면 그런 식으로 따져서 본 재판장은 피고인의 오른팔에 1년의 금고형을 선고하는 바입니다. 피고인은 팔과 함께 감옥으로 가든, 팔만 떼어 보내든 마음대로 하십시오."

그러자 피고는 변호사의 도움을 받아 코르크로 된 의수를 풀어 피고석에 내려놓은 뒤 웃으며 법정을 나갔다.

위의 이야기를 읽으면 뜻밖의 결과에 황당함을 느낄 것이다. 이런 황당한 얘기로 말하고자 하는 초점은 전제의 중요성이다. 위 이야기에서 전제에 해당하는 게 무엇인지 살펴보자. 사람이 자신의 팔을 떼어놓고 돌아다닌다는 건 상상하기 어렵다. 이것이 이 이야기의 전제다. 이 전제가 깨지면서 결과가 전적으로 달라진다. 이게 황당함의 조건이다.

왜 이런 이야기를 하는가? 반복해서 말하자면, 전제의 중요성에 대해 말하고, 더 나아가 철학적 사고활동의 중요성에 대해 말하고자 하기 때문이다. 판사는 팔을 감금하겠다 말했고, 피고인은 팔을 감금시키도록 했다. 판사가 말한 대로 모든 것이 이루어졌는데 판사 입장에서 문제가 잘 해결되지는 못했다. 전제에 대한 검토가 이루어지지 않은 상태에서, 특히 그 전제가 상당히 달랐기 때문에 생기는 결과다.

이와 같은 경우를 우리 일상에서 찾아보자. 모든 게 계획대로 됐지만 근본적인 전제에 대한 고찰이 없었기 때문에 문제가 엉뚱한 방향으로 흘러가는 경우 말이다. 사실 우리 일상에서 그런 일이 흔히 생기지는 않는다. 대체로 생각의 기본 전제는 보다 근본적인 생각이고, 그만큼 당연하고 옳기 때문이다.

자기 팔을 내버려두고 돌아다닐 수 있는 사람은 그렇게 흔하지 않다. 그래서 전제에 대한 검토와 비판이 없어도 '대체로' 일은 잘 굴러간다. 사람들이 철학적인 생각을 하지 않아도 '대체로' 문제가 없는 까닭이다. 하지만 당연하게 생각했던 것이 당연하지 않아서 가끔씩 문제가 생긴다. 이런 경우 결과는 황당할 뿐만 아니라 심각한 경우가 많다. 중요한 게 달라졌기 때문이다. 이런 일은 누구에게나 생길 수 있다. 모든 사람들이 철학적인 생각을 해야만 하는 까닭이다.

생각의 앞뒤 짜 맞추기

전제 분석을 통해 새로운 해결방법을 찾아내려고 할 때, 전제를 찾아내는 어려움보다 더 어려운 게 있다. 이게 철학을 가장 어렵게 만드는 건지도 모른다. 그건 생각을 체계화하는 일이다. 체계화란 무엇인가? 여러 가지 것들이 하나로 어우러지면서 앞뒤가 맞는 것을 말한다. 그럼 왜 체계화가 필요한가? 그리고 왜 체계화가 어려운가?

아홉 번째 이야기

독수리가 높은 바위에서 날아와 어린 양을 잡았습니다. 이 광경을 본 갈가마귀는 부러운 마음이 생겼습니다. 그래서 독수리를 본뜨려는 열의로 날갯소리를 획획 내며 양의 등허리로 급강하해 양의 등을 움켜쥐었습니다. 그러나 양을 잡아 날 수 있기는커녕 발톱이 양털에 걸려 양을 버리고 도망갈 수도 없게 되었습니다. 갈가마귀는 마구 파닥거렸지만 부질없는 일이었습니다. 결국 이 모습을 본 양치기가 달려와 갈가마귀를 잡고 말았습니다. 양치기는 갈가마귀를 날게 만들었던 날개를 잘랐습니다. 그리고 밤이 되자 집에 가져가 아이들에게 주었습니다. 아이들이 무슨 새냐고 물어보자 그가 말했습니다. "나는 이 새가 갈가마귀라는 걸 알고 있다. 그러나 이 새는 자기가 독수리라고 생각하고 있단다. 그래서 이렇게 잡힌 거지."

– 《이솝우화》 중에서

열 번째 이야기

윌마 루돌프는 스물두 명의 자식 중 스무 번째로 태어났다. 윌마는 조산아로 태어났기 때문에 생존 확률이 거의 없었다. 네 살 때 폐렴에 성홍렬까지 겹쳐 왼쪽 다리가 마비됐다. 그러나 아홉 살이 됐을 때 윌마는 다리에 차고 있던 금속 보조대를 스스로 떼어내고 목발도 없이 걷기 시작했다. 열세 살 때 윌마는 춤추는 듯 걸음걸이가 이상했지만 혼자 걸을 수 있었다. 의사는 기적이라고 말했다.

같은 해에 윌마는 달리기 선수가 되었다. 경주에 참가한 그녀는 꼴찌로 들어왔다. 이후 몇 년간 윌마는 모든 경기에 참가했으며, 언제나 꼴찌를 차지했다. 그러던 어느 날 그녀가 일등으로 들어오는 사건이 벌어졌다. 그리고 또 다른 경기에서도 우승했다. 이후 그녀는 참가한 모든 경기마다 선두를 차지했다. 다시는 걸을 수 없다던 어린 소녀는 올림픽에 참가해 세 개의 금메달을 목에 걸었다. 윌마 루돌프는 다음과 같이 말했다.

"엄마는 일찍부터 나에게 내가 강렬히 원하기만 하면 무엇이든지 이
룰 수 있다는 믿음을 심어주셨어요. 내가 첫 번째로 강렬히 원한 건
금속 보조대 없이 걷는 일이었어요."

— 《마음을 열어주는 101가지 이야기》 중에서

아홉 번째 이야기의 교훈은 자기 자신을 똑바로 알아야 한다는 것이고,
열 번째 이야기의 교훈은 자기 자신에 대해 믿음을 가지라는 것이다. 그
런데 문제는 언제 자기가 독수리가 될 수 없는 갈가마귀고, 언제 금메달
선수가 될 수 있는 윌마 루돌프인지 우리는 금방 알 수 없다는 것이다.

두 교훈 중 하나는 틀린 것일까? 그렇게 생각할 수도 있다. 그래서 어
떤 사람은 자신을 똑바로 아는 것만을 신조로 삶을 살고, 어떤 사람은 무
엇이든 이룰 수 있다는 믿음으로 삶을 살 수도 있다. 문제는 두 사람이
다 상당히 제한된 삶을 살 것이라는 데 있다.

철학과 현실이
손잡고 만든
동그라미의 크기

갈가마귀의 교훈을 신조로 삼는 사람은 소극적
인 삶을 살 것이고, 윌마 루돌프의 교훈을 신조로 삼는 사람은 과대망상
증으로 인해 결과적으로 실패할지도 모른다. 그때야 비로소 "역시 난 독
수리가 아닌 갈가마귀였어"라고 후회해도 늦을 것은 분명하다. 그 경우

에는 철학과 현실이 손잡고 만든 동그라미의 크기가 매우 작아질 것이다. 여기서 문제는 둘 다 옳을 수 있는데, 어떻게 둘 다 옳을 수 있는지 이해하기가 어렵다는 데 있다. 이것이 체계화의 문제, 특히 생각의 체계화가 왜 필요한가 하는 문제에 대한 답이다.

체계화는 왜 어려울까? 당신이 위의 두 교훈을 직접 어린이에게 설명해보면 알게 된다. 웬만큼 영민한 아이라면 단번에 "언제 자신을 똑바로 알아야 하고, 언제 자신에 대해 믿음을 가져야 해요?"라고 물을 것이다. 당신은 어떻게 설명할 것인가? 그냥 "삶에는 다양한 측면이 있어"라고 말하면 충분한 설명이 안 된다. 그 정도의 이해만으로는 아이가 자신이 삶의 다양한 측면 중 윌마 루돌프의 상황에 있는지, 갈가마귀의 상황에 있는지 알 수 없기 때문이다.

생각의 체계화가 어려운 이유에 대한 나의 대답은 이렇다. 나는 이 대답을 길을 찾아가는 것에 곧잘 비유한다.

열한 번째 이야기

유럽 배낭여행을 해본 사람이라면 유레일패스를 알 것이다. 유레일패스는 유럽 전역에서 기차를 자유롭게 탈 수 있도록 만든 여행자용 기차표다. 그런데 유레일패스를 가지고 유럽에서 먼 도시로 이동하려면 다소 불편하다. 스페인의 바르셀로나에서 독일의 뮌헨까지 이동하려고 한다면 직행 기차가 없다. 다른 도시를 거쳐 가야 하는데, 바르셀로나에서 출발하는 기차는 목적지에 따라 시간이 모두 다르다. 그래서 나에게 맞는 시간표에 따라 경유할 도시를 살펴보면, 이게 또 뮌헨과는 반대 방향으로 가든지 아니면 너무 멀리 돌아가는 경우가 많다. 여기서 끝이 아니다. 밀라노를 거쳐 뮌헨으로 가려고 할 경우 밀라노에서 내려 곧바로 뮌헨으로 가는 기차도 없다. 아침에 도착해 밤늦게까지 기다려야 뮌헨으로 가는 기차를 탈 수 있다. 다른 도시, 예를 들어 파리를 거쳐서 간다고 하면, 이번에는 파리에서 기다리는 시간은 짧은데 기차를 타고 가야 하는 시간이 매우 길어질 수 있다. 요약하자면 기차 시간과 방향, 기다리는 시간 등 여러 요소를 한꺼번에 고려해야 하는 것이다.

길을 찾아갈 때는 최소한 두 가지를 한꺼번에 생각해야 한다. 최종 목적지가 어디인가와 목적지에 가기 위해 지금 무엇을 할 수 있는가이다. 뮌헨으로 가야 하는데 지금 맞는 시간표에 따라 기차를 타면 뮌헨 반대 방향으로 가게 된다고 해보자. 그 기차가 아무리 편리하다 해도 타서는 안 된다. 그렇다고 오늘 당장 잘 곳도 없는데 내일 아침 기차를 타겠다는 계획을 세워도 곤란하다. 여기서 어려움은 지금 내 앞에 열려 있는 길과 궁극적으로 도착해야 할 목적지를 항상 같이 생각해서 그 생각들을 결합해야 한다는 데 있다. 이게 바로 생각을 체계화할 때 만나게 되는 어려움이다.

현재 가능한 것과
목적지 사이의
복잡한 생각들

체계적인 사고를 하기 위해서는 여러 가지 생각을 한꺼번에, 즉 복잡한 생각을 거쳐야 한다. 사실 이게 어렵다. 전체적인 생각의 방향을 잃지 않으면서 동시에 세부적인 생각을 정밀하게 해나가야 한다. 그래야 어떤 부분에 대한 생각을 하면서도 다른 부분과 앞뒤가 맞는지를 고려하면서 생각을 진행할 수 있다. 그러지 않고 하나에 대해 열심히 생각을 정리해 놓고 보면 다른 연관된 것에 대한 생각과 잘 맞지 않는다. 그림 그리는 법을 제대로 배우지 못한 사람이 그럴 듯하게 손을 그려 놓고 보니 몸에 비해 손을 너무 크거나 작게 그려 실패하는 것과 마찬가지다.

특히 전제 비판을 통해 도달한 새로운 문제의식을 중심으로 체계적인 생각을 하려면 복잡한 사고의 어려움에 다시 추상적인 사고의 어려움이 덧붙는다.

생각의 체계화가 어렵다는 것을 이해하면 새로운 답을 찾아내는 어려움도 이해할 수 있게 된다. 새로운 답이 훌륭하려면 전제에 대한 비판을 통해 찾아내는 답이 다른 모든 것과 체계화되어야 한다. 생각의 많은 부분은 현실적인 내용이다. 이 체계화가 이루어지지 않으면 철학은 현실과 손을 놓고 공허해진다. 결국 철학으로서의 가치를 잃는다.

철학이 세상을 바꾸는 방식

지금까지의 내용을 간단히 요약해보자. 철학의 사고활동은 두 개의 축, 즉 전제에 대한 비판과 체계화로 이루어진다. 다른 말로 표현하면 '분석'과 '종합'이라고도 한다.

그런데 방금 설명한 체계화라는 것, 그래서 여러 가지 생각을 하나의 전체로 짜 맞추는 일은 꼭 철학에서만 하는 것은 아니다. 체계화는 모든 학문활동에 필요하다. 생물학도 세포에 대한 이론과 생태계 이론을 서로 짜 맞추려 노력하고, 경제학도 개인이 물건을 살 때 값을 흥정하는 것과 대공황에 대한 설명까지 통합하려 노력한다. 그러므로 철학의 사고활동이 전제에 대한 비판과 체계화라는 큰 축으로 구성되는 건 사실이지만, 특징적 요소는 전제에 대한 비판에 더 많이 담겨 있다.

철학은 전제 비판인데, 이런 철학 활동을 통해 찾아내는 답이 평범한 답과는 매우 다르다. 평범한 답, 기존의 틀 안에서 주어지는 답은 지금까지 있었던 생각, 지금까지 있었던 삶 안에서 주어진다. 이에 반해 철학

활동을 통해 주어지는 답은 새로운 생각, 새로운 삶까지 열어준다. 정말
그런가?

컴퓨터에 관한
진실?

지금 우리 사회를 떠들썩하게 만들고 있는 4차
산업혁명의 근본 전제인 컴퓨터에 대해 이야기해봐야 할 시점이다.

열두 번째 이야기

철학자들은 별로 쓸데없는 생각만 하는 사람이라는 인상을 주는 것
같다. 하지만 그건 아마도 오늘날 현대 문명을 움직이는 중심 수단
인 컴퓨터, 그 컴퓨터를 생각해내고 만들어낸 학문이 철학이라는 사
실을 잘 모르기 때문일 수 있다.

수학자가 컴퓨터를 만들었다고 하면 별로 신기하게 여기지 않겠지
만, 철학자가 만들었다고 하면 뜻밖이라고 생각할 것이다. 실상 수
학과 철학은 여러 학문 중에서 굉장히 연관성이 깊고, 많은 부분 수
학과 철학의 내용은 겹친다. 그래서 서양의 유명한 철학자들은 대체
로 수학자기도 했다.

컴퓨터의 기본 개념은 앨버트 튜링이라는 수학자이자 논리학자가
고안한 튜링 기계에서 출발했다. 튜링 기계는 수학에 대한 철학적

문제를 해결하기 위해 개발된 것이다. 이 이론을 바탕으로 수학자인 폰 노이만이 구체적인 컴퓨터를 설계하고 발전시켰다. 그리하여 최초의 진공관 컴퓨터 '애니악ENIAC'을 필두로 지금 우리가 쓰고 있는 개인용 컴퓨터까지 쏟아져 나오게 되었다.

지금은 컴퓨터가 일반화되어 사람들이 장롱과 같은 물건으로 생각할지 모르지만, 아직도 컴퓨터를 어려워하는 사람들이 적지 않다. 컴퓨터 만지기를 무서워할 필요까지는 없겠지만, 컴퓨터가 어려운 이론에 근거한 복잡한 기계라는 생각은 맞다.

일단 이 이야기에서 왜 철학이 수학과 가까운 학문인지, 왜 두 학문의 내용이 겹치는지 궁금해하는 사람들이 있을지 모르니 먼저 간단히 설명하기로 하자. 논리학은 철학의 한 분야다. 이 정도는 쉽게 이해할 수 있을 것이다. 그런데 수학도 굉장히 논리적인 학문이다. 수학에서 논리가 빠지면 시체나 다름없다. 이것도 이해할 수 있다면 쉽게 철학과 수학의 관련성을 알 수 있다. 논리, 그게 두 학문에서 공통적인 부분이다.

철학적인 것과 철학적이지 않은 것

그러면 왜 수학이 컴퓨터를 만들었다고 말하지 않고 철학이 컴퓨터를 만들었다고 말할까?

열세 번째 이야기

다비트 힐베르트라는 수학자가 있었다. 이 사람이 어떤 학문적인 질문을 했는가 하면 "원칙적으로 수학의 모든 문제를 순서대로 해결할 수 있는 일반적인 기계적 절차가 있는가?"라고 물었다. 다소 어려운 말로 들리겠지만 쉽게 바꾸어 말하면 기계가 모든 수학 문제를 풀수 있는지 물은 셈이다.

여기에 대해 튜링은 수학적인 방법 대신 아주 흥미로운 직관을 동원해 모든 수학 문제를 해결할 수 있는 기계의 개념을 제시했다. 이 역시 쉽게 말해 보면 "이러이러한 기계가 있다면 모든 수학 문제를 풀수 있다"고 대답한 셈이다.

이제 생각해볼 차례다. 수학 문제를 푸는 건 철학보다 수학이 할 일이라고 말할 수 있다. 그 수학 문제를 누가 푸는가? 당연히 사람이 풀겠지. 여기서 '당연히'가 나왔다. 이게 전제다. 이제 이 전제에 대해 비판적으로 물어본다. 사람이 아닌 다른 건 수학 문제를 풀 수 없는가? 사람이 아닌 어떤 게 수학 문제를 풀 수 있을까? 기계! 좋은 생각이다. 나도 학창 시절에 수학 숙제를 하면서 기계가 수학 문제를, 그것도 모든 수학 문제를 풀 수 있다면 얼마나 좋을까 상상했다.

힐베르트라는 수학자가 바로 이 질문을 제기한 것이다. 기계가 모든 수학 문제를 풀 수 있는가? 그렇다면 우리는 이 수학자가 제기한 질문이 전제에 대한 비판에서 나왔으므로 철학적 질문이라는 사실을 알 수 있다.

튜링은 여기에 답을 했다. 어떻게? 새로운 기계의 개념을 제시하면서. 기계가 모든 수학 문제를 풀 수 있다는 건설적인 방향으로 말이다! 수학 숙제에 시달리는 모든 어린아이들의 꿈이 실현되는 순간이었다고 볼 수 있다.

여기서는 '새로운 기계의 개념을 제시했다'는 게 핵심이다. 즉, 튜링은 수학자였지만 우리가 아는 수학 문제를 푼 것이 아니다. 파깨비가 자기 함정에 빠져 45만 원을 잃은 후 '답이 없는 수수께끼도 있을 수 있다'는 새로운 생각에 도달했듯 튜링은 새로운 생각을 해낸 것이다. 그러므로 힐베르트의 철학적인 물음에 대해 수학자 튜링이 제시한 답은 철학적 답이었다. 이 때문에 철학자들은 튜링의 이론을 매우 중요하게 생각하고 많은 연구를 한다.

직업을 바꿀 것인가
삶을 바꿀 것인가

여기서 중요한 게 있다. 지금까지 우리는 전제에 대한 비판을 통해 새로운 해결책을 찾을 수 있다는 애기를 해왔다. 정말 새로운 해결책을 찾았을 때, 그 해결책은 '새로운 개념'을 얻음으로써 나타난다. 새로운 해결책을 찾는 것과 새로운 개념을 얻는 것은 같다. 단, 새로운 개념이 다른 사실이나 다른 이론과 함께 체계화할 수 있는 것이어야 한다는 조건이 따라붙는다. 체계화할 수 없으면 새로운 개념은 새로운 해결책이 되지 못한다. 엉뚱한 개념이 되는 데서 그친다.

오늘날 문명을 이끌어가는 중요한 한 축이 컴퓨터 기술임을 부정하기는 어렵다. 컴퓨터는 철학적 활동을 통해, 즉 전제에 대한 비판과 새로운 개념의 제시를 통해 현실화됐다. 꼭 컴퓨터에 한정되지 않는다 하더라도 우리는 철학적 활동이 인간의 새로운 생각을 가능하게 하고, 그래서 새로운 삶을 열어준 예를 여럿 찾을 수 있다. 《장자》에 나오는 다음의 이야기도 하나의 예가 될 수 있다.

열네 번째 이야기

송나라 사람 중에 손이 트는 데 쓰는 약을 잘 만드는 자가 있었다. 그는 대대로 세탁업을 하고 있었다. 어떤 사람이 소문을 듣고 금 1백 냥을 들고 와 약의 제조법을 사려고 했다. 송나라 사람은 가족을 모아놓고 "우리는 대대로 세탁업을 해왔지만 겨우 몇 푼 벌이밖에 못했다. 지금 약 만드는 비밀을 팔면 하루아침에 금 1백 냥을 얻게 되니 얼마나 좋은가? 팔아버리자"고 말했다.

그렇게 약방문을 산 손님은 곧 오나라의 왕을 찾아가 그 약을 홍보했다. 이후 오나라는 이웃 월나라와 전쟁을 하게 되는데, 오나라 왕은 약방문을 가져온 자를 장군으로 삼았다. 겨울에 월나라와 물 위에서 전쟁을 했으므로 오나라 군사는 손이 트는 데 쓰는 약을 썼다. 덕분에 월나라 군사를 크게 쳐부수었다. 오나라 왕은 약방문을 가져온 자에게 나라의 땅을 떼어 상으로 주었다.

손이 트는 데 쓰는 약의 비밀을 안다는 사실은 같지만, 한 사람은 땅을 하사받았고 한 사람은 세탁업을 면하는 데 그쳤다. 이는 쓰는 법이 달랐기 때문이다.

— 《장자》, 〈소요유逍遙遊〉 중에서

같은 약의 비밀로 어떤 사람은 직업을 바꾸는 데 그쳤고, 다른 사람은 인생을 바꾸었다. 이는 생각의 차이가 만든 결과다. 이렇게 철학은 삶을 바꾼다.

자, 마지막으로 정리해보자.

첫째, 철학은 분석과 종합의 두 사고활동으로 구성되어 있다. 철학에서의 분석은 전제에 대한 비판이고, 종합은 여러 생각들의 체계화다.

둘째, 철학의 특징은 전제에 대한 비판에 있다. 하지만 철학을 어렵게 하는 건 생각의 체계화다.

셋째, 철학적으로 사유되고 체계화된 생각이 삶을 바꾼다.

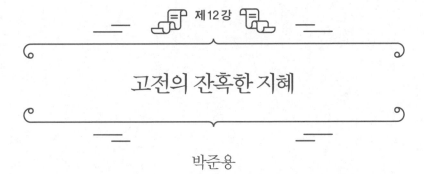

제12강

고전의 잔혹한 지혜

박준용

고전 내러티브를 현대적 감각으로 재해석하는 배우 겸 연극 평론가. 한양대 연극영화과 박사과정을 수료하고 배우이자 공연 평론가로 라디오, TV 등 다양한 매체를 통해 영화보다 더 재미있는 연극의 매력을 알리고 있다. 2006년에는 '한양대 최고 강사상'을 받기도 했다. 저서로는 《씨어터 홀릭》《팝 게릴라 레이디가가(공저)》 외 다수가 있으며, 영화 〈유령〉, 연극 〈세입자들〉〈잠 못 이루는 밤에〉 외 다수의 작품을 연출하고 출연했다.

막장 드라마는 어떻게 고전이 되었나

연극을 설명할 때 가장 먼저 나오는 고전 작품 목록으로 고대 그리스 연극이 있다. 정확히 말하면 '그리스 비극'이다. 주로 기원전 4세기 전후 고대 그리스 무대에 올랐던 연극을 말한다. 기원전 4세기 전후는 셰익스피어가 풍자했던 영국 엘리자베스 시대와 더불어 인류 역사에서 연극이 한 시대의 문화적 중추로 찬란한 꽃을 피운 시기였다. 두 시기의 작품들은 현대 연극계에서 재해석을 거듭해 무대에 오르는 모태로 기능하고 있다. 뿐만 아니라 영화를 포함한 여러 예술 장르에서 형식과 내용에 적잖은 영향력을 끼치고 있다. 수년 전 대중의 관심을 집중시킨 박찬욱 감독의 영화 〈올드보이〉는 고대 그리스 비극인 소포클레스의 〈오이디푸스 대왕〉의 내러티브와 주제를 차용해 변주한 전형적 패러디물의 성격을 띠고 있다. 그리스 연극의 어떤 매력이 2천500년이 지난 오늘에까지 끊임없는 관심을 자아내는 것일까.

비극은
인간이 타고난
원초적 숙명

고대 그리스 연극에서 조명을 받는 작품은 대부분 비극이다. 왜 희극이 아니라 비극인가. 여러 이유가 있을 수 있겠으나 원초적인 측면에서 볼 때 비극이 인류 탄생과 밀접하게 연결되어 있기 때문이다. 인간이 태어나는 순간을 보자. 어머니의 모태로부터 고통을 겪으며 분리와 단절을 통해 새 생명이 나온다. 아이가 처음 세상에 나오는 순간 웃고 있는 경우는 없다. 따뜻한 자궁이라는 공간에서 강제적으로 밀려나와 낯선 시공간을 만나고, 알 수 없는 공포와 불안으로 울부짖으며 태어난다. 모태로부터 분리되는 고통이 유아기에 있어 '죽음'에 대한 무의식적 공포라면, 이후 정체성의 형성과 더불어 인간은 종국에 맞이할 '죽음'이라는 근원적 공포를 갖고 삶을 살게 된다.

삶의 종착점이 죽음이라는 아이러니는 부조리 계열의 예술을 비롯한 현대예술에 주된 관심사로 지대한 영향력을 미치고 있다. 아리스토텔레스는 《시학》을 통해 비극의 전략으로서 카타르시스 이론*을 언급했다. 여기서 카타르시스는 극 중 등장인물이 겪는 관계와 상황에서 야기된 공

---

* 등장인물이 연민과 공포를 불러일으키는 일련의 사건을 통해 성취하는 정화 작용. 아리스토텔레스는 비극적인 내용의 연극이 정념의 정화를 이루는 데 큰 효과가 있으며, 무대 위에서 모방하는 행위 그 자체에 주목했다. 복잡한 행위의 구성, 연쇄 사건, 줄거리 구성 속에서 연기자의 모방을 통해 관객들이 카타르시스에 이른다고 봤다.

포와 연민의 감정 배설을 통해 일상의 뿌리 깊은 고통과 두려움을 대리해소한다는 의미를 지닌다.

인간 존재의 유한성에 기반한 원초적 설명이 다소 피상적으로 느껴진다면, 그리스 비극이 인류 역사 가운데 가장 오래된 내러티브 형식의 표현 예술이라는 설명이 보다 설득력 있게 들릴지 모른다.

그리스 비극의 내용은 대부분 기원전 8세기 무렵에 쓰인 신화와 영웅 설화를 근거로 한다. 호메로스의 대서사시 〈오디세이〉 〈일리아드〉가 대표적인 예다. 혹자는 《산해경》과 같은 중국 신화나 인도의 3대 고대 서사시 중 하나인 〈마하바라타〉 같은 작품에 뿌리를 둔 동양의 연극 전통이 그리스 비극보다 더 길지 않은가 의구심을 가질 수 있다. 그러나 중국을 비롯한 동양의 연극은 공연의 주체인 배우와 객체인 관람자가 분리되지 않고 상호 일체감을 이루며 진행되는 형식이었고, 이런 제의적 전통을 오랜 세월 유지해왔다. 푸닥거리 하는 무당과 두 손 모아 빌며 이를 지켜보는 사람 모두가 '굿'이라는 하나의 제의 속에 어우러진 모습이 구체적인 사례라 할 수 있다.

이에 비해 그리스 연극은 신화적 소재를 정형화된 무대 공간에 객관적인 공연물로 대상화시킴으로써 작품과 관객, 공연자와 관람자 사이에 심미적 거리를 형성한다. 즉, 제의적인 틀을 벗어나 공연하는 자와 바라보는 자가 일정한 거리를 두고 있으며, 관객이 객관적으로 무대 위에서 벌어지는 사건을 감상할 수 있게 된 것이다. 이런 이유로 그리스 비극은 비록 완전히 독립적인 공연 예술의 위상을 확보하지는 못했을지언정, 인류 최초로 제의로부터 분리해 일종의 정형화된 내러티브 표현 예술로 자리 매김하게 되었다.

비극적 성찰을 통한 인생 상담

비극은 인생의 근원적 질문 '도대체 왜?'에 답하기 위한 인류의 몸부림을 담고 있다. 인간의 근원적 고통인 생로병사의 이유를 묻고 답했던 초기 인류의 물음에서부터 과학기술 문명의 진보가 극에 달한 현대인들이 느끼는 존재론적 소외에 대한 물음에 이르기까지, 인간이라면 누구나 자신이 직면한 위기와 한계의 이유를 알고 싶어 하는 본능적 궁금증을 갖고 있다.

인간의 근원적 고통이 어디서 오는지에 대한 물음과 고뇌가 당면한 삶의 난제를 당장 해결해줄 수는 없다. 그러나 '왜'라는 물음을 집요하게 거듭해 나가는 과정 가운데 사람들은 행동과 선택에 대해 철저하게 반성하고 나아가야 할 방향을 성찰하게 된다.

반복해서 연애에 실패하는 사람들을 보면 나와 상대방 사이를 멀어지게 하는 문제에 대해 '왜'라고 물으며 그 까닭을 진지하게 생각해보지 않는 경우가 대부분이다. 삶의 난제 앞에서 반성과 성찰 없이 되는 대로 살아가는 사람에게 거듭된 실패는 당연할 수밖에 없다.

물론 내 앞에 놓인 삶의 위기를 넘어서는 방법에 진지하고 비극적인 성찰만 있는 것은 아니다. 보다 쉬운 방법으로 사람들이 즐겨 사용하는 '웃어넘김'이 있다. 고된 삶에 지친 사람들이 유치하기 그지없는 코미디 프로그램을 보거나 허황한 액션이나 판타지로 가득 찬 영화를 보며 잠시 고통을 내려놓고 쉼을 얻는 방식이다.

하지만 비극은 고통을 직면하고 정면으로 돌파하려 한다. 회피하기보다 고통과 직면해 기꺼이 진땀 나는 씨름을 경주한다. 그 시도가 처절한 실패로 귀결될지라도 상관하지 않는다. 비극적 영웅의 실패는 보는 이들의 시행착오를 줄여주는 값진 생의 교훈으로, 또는 어깨를 짓누르는 삶의 무게를 상대적으로 가볍게 만드는 위로로 작용할 수 있기 때문이다. 결국 그리스 비극의 위대함은 인간 본성에 대한 깊이 있는 이해를 바탕으로 인류가 직면한 존재론적 한계를 뛰어넘어 보려는 그 진지한 시도와 몸부림에 있다.

너무 인간적인
신들의 비극적 결함

그리스 신화 및 비극의 세계는 완전무결한 신의 모습이 아니다. 철저하게 결핍된 존재로서 인간화된 신의 세계를 다룬다. 탐욕과 이기심, 욕망에 휩쓸려 좌충우돌하는 그리스 신의 모습은 영웅적 면모를 지닌 신화적 인간에 비해 오히려 불완전해 보인다. 비극적 파국의 원인을 이루는 '비극적 결함Tragic Flaw'에 있어 인간 영웅 역시 예외는 아니다.

그리스 비극에서는 형제나 부부 사이는 물론 부자지간에도 유혈 낭자한 칼부림을 벌인다. 또 입에 담기 어려울 정도의 엽기적 근친상간과 살해의 사건들이 연속적으로 벌어진다. 도저히 의식적인 영역에서라도 상상하기 어려운 행위가 신과 인간의 이름으로 버젓이 자행된다.

이런 까닭에 그리스 비극의 신과 영웅들은 인간이 자신의 목소리, 곧 의식의 영역을 통해 차마 드러낼 수 없는 생의 어두움과 비루함, 곧 무의식적 충동과 욕망을 반영하는 존재로 이해할 수 있다. 오늘날의 정신분석학은 물론 각종 사회·문화 현상의 이면을 해석할 때 그리스 신화가 여전히 유용한 통찰력의 원천이 되는 것도 이러한 이유에서다. 인간의 의식은 물론 무의식의 세계를 비추는 거울로서 고대 그리스 연극은 인간의 존재적 조건이 궁극적으로 변화하지 않는 한 잔혹한 진실성을 상실하지 않는다.

비극의 원천은 아트레우스 가문의 저주

그리스 비극은 신과 그에 준하는 여러 인간 영웅의 이야기로 구성되어 있다. 뛰어난 영웅이 흔치 않듯 주요한 그리스 비극 작품은 대개 '탄탈로스Tantalus 가문' 혹은 '아트레우스Atreus 가문'과 같은 특정 가문을 배경으로 한다. 비극은 주로 집안의 유혈 낭자한 복수전을 소재로 삼는다. 관객 대부분은 가문에 얽힌 비극적 이야기를 대략 알고 있어서 작가들은 신의 저주와 그에 따른 복수의 악순환이 어떻게 시작되었는지 근원부터 소상히 설명하지 않았다. 작품마다 탄탈로스 가문에서 발생한 주요 사건을 시작부터 단도직입적으로 이야기하다 보니 오늘날 그리스 비극은 난해한 장르로 인식되곤 한다. 그래서 본격적인 이야기로 들어가기 전에 독자의 이해를 돕기 위해 주요 그리스 비극 간의 유기적 관계를 설명하고, 탄탈로스 가문에 얽힌 비극을 간략히 정리해보려고 한다.

신을 시험하려 한
탄탈로스

탄탈로스는 제우스의 아들로 반신반인의 존재다. 신들은 총명하기 짝이 없는 그를 특별히 총애해 신의 음료인 '넥타'를 한 상에서 마시게 할 정도였다. 하지만 역사에서 쉽게 발견할 수 있듯 절대 권력의 무한 신뢰는 당사자를 오만한 존재로 키워 결국 파멸하는 경우가 다반사다. 지혜로웠던 탄탈로스는 신들의 사랑에도 불구하고 인간 앞에서 완벽을 주장하는 신들의 세계 이면에 감춰진 추악한 실상을 바라보며 신에 대한 반역을 꿈꾸게 된다. 그럼에도 불구하고 넘어설 수 없는 무한자로서의 신과 유한자로서의 인간 사이의 경계를 부수기 위해 탄탈로스는 함정을 설치한다. 신들이 자신이 파놓은 함정에 빠진다면 인간은 전지한 신들의 무지를 폭로할 수 있다. 그 순간 신의 세계는 무너지고 바야흐로 인간의 세계가 열리게 될 것이다.

하지만 아무리 난봉꾼처럼 보인다 해도 신은 신이다. 신을 함정에 빠뜨리기 위해서는 누구도 상상할 수 없는 방법을 사용해야 한다. 신조차 상상할 수 없는 방법 말이다. 탄탈로스는 자신의 외아들을 '잡는다'. 말 그대로 아들을 잡아 요리한 후 큰 잔치를 열고 신들을 초대한다. 만약 신들이 정말 전지전능하다면 당연히 피로 얼룩진 음식을 먹지 않겠지만, 만약 모르고 먹는다면 그들의 완전함은 돌이킬 수 없는 손상을 입게 될 것이다.

결과는 인간 탄탈로스의 참패였다. 비록 인간의 눈에 비친 신의 모습이 모순으로 가득 차 있을지라도 신과 인간은 근본적으로 다른 존재다. 인간의 몸으로 신을 시험하려 했던 탄탈로스의 교만hybris에 신들은 분노한다. 그를 사로잡아 죽음의 세계인 하데스에서 영원한 형벌을 받게 만든다. 신화에 따르면, 하데스로 내려간 탄탈로스는 온몸이 묶인 채 타는 갈증과 배고픔에 시달리는 저주를 받았다. 목마름이 극에 달하면 어느덧 주위는 물로 가득 차오른다. 하지만 목을 내밀어 물을 마시려는 순간 물은 저만치 내려가고 만다. 눈앞에는 먹을 것이 매달려 있지만, 이 역시 먹으려고 몸을 내미는 순간 쑥 위로 올라가 버린다. 그렇게 올려다 본 머리 위에는 거대한 바위가 금방이라도 굴러떨어질 것처럼 위태로운 모습을 하고 있다. 결국 탄탈로스는 먹고 마시려 애쓰지만 결코 먹고 마실 수 없으며, 언제든 죽음의 고통을 맞이할 수 있는 처지로 영원을 살아가야 한다.

탄탈로스의 저주는 인류가 직면한 삶의 부조리를 은유한다. 사람들은 모두 잘 먹고 마시기 위해 몸부림치지만 결국 진정한 해갈과 배부름에 이르지 못한다. 그러던 와중에 문득 아무도 회피할 수 없는 '죽음'을 상기하고는 존재의 고통에 빠져든다. 결국 탄탈로스는 우리 자신이다.

한편 아버지를 잘못 만나 예기치 않은 죽임을 당했던 탄탈로스의 아들 '펠롭스'는 그를 가엾게 여긴 신들에 의해 부활하게 된다. 이후 그는 슬하에 여러 자녀를 두는데, 그 가운데 '아트레우스'와 '티에스테스' '크리시포스' 등은 그리스 비극 전통에서 자주 언급되는 인물이 된다.

왕위를 놓고 다투는 아트레우스와 티에스테스

　　　　　　　신의 혈통을 이어받은 두 형제는 태어나면서부터 영웅이었다. 그런데 갑작스럽게 왕이 죽었다. 그래서 1년 단위로 번갈아 가며 미케네의 왕위를 계승해달라는 요청을 받는다. 돈과 권력의 욕망 앞에서 자유로울 수 있는 인간이 세상에 얼마나 될까? 더 높은 자리를 꿈꾸며 이를 가로막는 가족의 가슴에 칼을 꽂는 패륜은 어제오늘의 일이 아니다. 다만 고대 그리스 비극에서 우리는 그런 인간의 전형을 찾을 수 있을 따름이다.

　앞서 왕이 된 아트레우스나 다음 해를 기다리고 있는 티에스테스 모두 어떻게 하면 혼자 왕위를 독차지할 수 있을까를 고민한다. 먼저 기회를 잡은 것은 아트레우스였다. 당시 미케네에는 황금양털을 가진 자가 왕이 될 것이라는 전설이 있었다. 아트레우스는 이미 황금양털을 확보해 깊은 금고에 숨겨 놓았다. 이 사실을 알게 된 티에스테스는 마음이 급해질 수밖에 없다. 경비가 삼엄한 왕궁, 그것도 내실 가장 은밀한 곳에 감춰진 황금양털을 어떻게 빼 올 것인가?

　깊은 내상을 남기는 배신은 가장 신뢰하는 내부 사람에게서 시작되는 법이다. 티에스테스는 형의 비밀금고에 접근할 수 있는 유일한 사람인

주요 그리스 비극의 가계도

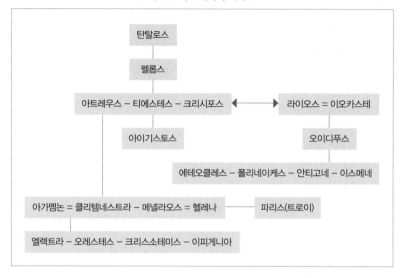

형수 아에로페를 유혹해 정을 통한 후 황금양털을 확보한다. 그리고 이 사실을 알 리 없는 아트레우스를 찾아가 말한다. "왕위를 놓고 형제간에 다투는 모습이 백성 보기에 좋지 않으니 전설에 따라 황금양털을 가진 사람이 왕이 되는 걸로 합시다." 동생의 제안에 형은 흔쾌히 허락한다. 그리고 보물이 티에스테스의 손에 들려 있고, 자신의 금고는 텅 비어 있음을 알게 된다. 사건의 전모를 파악한 아트레우스는 분노에 치를 떨지만 약속을 이행한다.

여기서 하나 알아야 할 사실은 신의 혈통을 이어받아 신에 버금가는 능력을 갖춘 영웅으로서의 인간은 반드시 자신이 발설한 말을 지켜야 한다는 게 불문율이다. 신들은 반드시 자신이 한 약속을 준행한다. 만약 신이 자신의 말을 지키지 않는다면 어떻게 인간에게 신의 말을 지키라고 요구할 수 있겠는가. 이런 까닭에 제우스는 세밀레가 자신의 모습을 본 후 죽을 것을 알면서도 약속했던 대로 그녀의 면전에서 신의 모습을 드러낼 수밖에 없었던 것이다. 아트레우스는 가슴속에 칼을 갈며 왕위를 동생에게 이양할 수밖에 없었다.

아트레우스의
잔혹한 복수

복수의 칼날을 가는 쪽은 형 아트레우스다. 왕위는 물론 믿었던 아내에게 배신까지 당했으니 그의 가슴은 시커멓게 타들어갔다. 이때 아트레우스를 불쌍하게 여긴 신이 있었으니, 바로 장자의 신이라 할 수 있는 제우스였다. 형의 복권을 위해 제우스는 한 가지 비책을 제시한다. 어차피 티에스테스의 제안에 따라 왕위 이양이 이루어졌으니, 마찬가지로 아트레우스 편에서도 한 번의 제안을 할 수 있는 권리가 있었다. 하지만 이미 왕이 된 동생이 웬만한 제안에는 응할 리 없을 터였다. 왕위 이양의 조건으로 도무지 세상에 일어날 수 없는 '해가 서쪽에서 뜬다면'과 같은 불가능한 조건을 걸어야 했다. 아무리 신이라 해도 만물의 순리를 파괴할 수는 없을 것이라 생각하고 티에스테스는 해가 서쪽에서 뜨면 왕위를 이양하라는 아트레우스의 제안을 받아들인다. 하지만 다음 날 최고 신인 제우스의 명에 따라 해는 서쪽에서 떠오른다. 티에

스테스는 만백성 앞에서 자신의 말을 지키기 위해 아쉬운 가슴을 달래며
왕위를 내어준다.

　모든 게 제자리로 돌아갔으니 형제의 관계 역시 원래대로 돌아갔을
까? 천만의 말씀이다. 고대 서아시아의 율법 중 아주 중요한 정언명령
중 하나가 바로 '눈에는 눈, 이에는 이'라는 법이다. 일견 야만적이고 잔
혹하게 느껴진다. 하지만 실제 인간의 본성과 연관 지어 생각해 볼 때 대
단히 자비로운 의도와 성격을 내포하고 있는 것으로 보인다. 스스로에게
적용해보라. 누군가 실수로든 의도적으로든 내 소중한 손이나 발 혹은
눈을 잃게 했다면, 상대방의 똑같은 부위를 빼앗는 선에서 만족할 수 있
을까? 천만의 말씀이다. 내 눈, 내 손과 발은 상대방의 그것과 같지 않다.
바로 내 것이기 때문이다.

　이런 까닭에 인간은 내 눈을 앗아 간 상대방의 눈은 물론 손과 발, 몸
과 생명 나아가 그의 형제와 자매, 일가족을 모두 파괴하는 잔혹한 본성
을 드러낸다. 이게 바로 '복수'가 의미하는 바다. 고대 율법의 제정자들
은 자신의 손해는 과대평가하고 타인에게 입힌 손해는 과소평가하는 인
간의 악한 본성으로 파국을 맞을까 우려했다. 그래서 '눈에는 눈', 곧 눈
을 하나 잃게 했다면 상대편에게도 같은 가치를 가진 눈 하나만 내놓도
록 했다. 그 외에는 손대지 말라는 준엄하면서도 자비로운 명령으로 복
수의 한계를 그어 놓은 것이다.

　아트레우스는 우여곡절 끝에 왕위를 되찾아왔지만 그 과정에서 자신

이 겪은 거짓과 불륜 등에 의한 깊은 상처로 인해, 동생에 대한 복수의 칼날을 더욱 날카롭게 벼린다. 이윽고 그는 큰 잔치를 마련한 후 동생을 초대하는 글을 보낸다. '우리 형제가 왕위를 사이에 두고 우애하지 못하니 백성에게 모범이 되지 못한다. 이제 과거를 잊고 함께 먹고 마시며 화해하는 모습을 보여 만백성이 알게 하자.'

형수와 관련된 일로 마음이 찜찜했던 티에스테스는 형의 화해 요청에 기꺼이 응한다. 진수성찬이 차려진 잔치에서 그는 형과 더불어 한참을 먹고 마시며 즐거워한다. 연회가 정점에 이르렀을 때, 잔치의 주요리가 뚜껑을 덮은 쟁반에 담겨져 나온다. 성대한 음식에 이미 만족스러웠던 동생은 형의 극진한 대접에 놀라움을 금치 못하며 자신 앞에 놓인 여러 개의 소반을 열어본다. 그 순간 티에스테스는 경악하고 만다. 소반 안에는 사랑하는 자신의 아들들의 머리가 놓여 있었던 것이다. 그는 외친다. "대체 이 아이들의 몸은 어디 있는가!" 아트레우스는 차가운 미소를 지으며 말한다. "네가 지금껏 먹고 마신 모든 것들이 바로 네 자식들이다." 티에스테스는 반미치광이가 된 채 미케네에서 추방당하고 만다.

티에스테스의 반격

이제 가슴에 복수의 칼날을 가는 쪽은 티에스테스가 되었다. 하지만 아들은 모두 죽임을 당했고, 자신은 힘을 빼앗긴 채 무력해졌다. 원통함에 그는 신들에게 탄원하기 시작한다. 간절한 탄원 끝에 내린 신탁은 참담했다. 진정 복수를 원한다면, 사랑하는 딸 펠로페이아를 겁탈해 아들을 낳아야 한다는 내용이다. 복수심에 불타는 티에스테스는 갈등 끝에 강도로 가장해 딸을 강간하고 현장에 자신의 신분을 암시하는 칼을 놔둔 채 사라진다.

이후 펠로페이아는 임신하고, 이 사실을 모르는 아트레우스는 그녀를 아내로 맞이한다. 이렇게 태어난 아이가 그리스 비극의 주요 등장인물 중 하나인 '아이기스토스'다. 아트레우스는 아이기스토스를 자신의 아이로 알고 키운다. 시간이 흘러 그가 청년으로 성장하자, 아트레우스는 해묵은 원한을 종식하기 위해 아들에게 밀명을 내린다. 이빨 빠진 호랑이지만 여전히 눈엣가시 같은 동생 티에스테스를 제거하라는 내용이다. 아이기토스는 영문도 모른 채 자신의 친아버지를 죽이러 가는 비운의 주인공이 된다. 아이기스토스의 손에는 그의 어머니가 물려준 티에스테스의 칼이 들려 있었다. 암살의 순간, 자객이 들고 있는 칼을 보자마자 티에스테스는 외친다. "I'm your father!" 영화 〈스타워즈〉에서 악의 화신 다스베이더가 제다이 기사가 된 아들 루크와 조우하는 순간 외친 명대사는 7천여 년 전 그리스 신화가 원천이었다.

아버지로 믿었던 자가 원수고, 원수로 여겼던 자가 진짜 아버지였음을 깨닫게 된 아이기스토스는 충격과 분노에 빠졌다. 이내 친아버지인 티에스테스에게 복수를 다짐한다. 그 길로 되돌아온 아이기스토스는 칼에 엽소 피를 묻혀 임무를 완수했노라 아트레우스를 안심시킨다. 그리고 아트레우스를 암살하는 데 성공한다. 아들의 도움으로 티에스테스는 오랜 숙원이던 왕좌에 복귀했고, 아트레우스의 아들 아가멤논과 메넬라오스는 추방을 당했다.

고대 그리스의 3대 비극 작가(아이스킬로스, 소포클레스, 유리피데스)가 쓴 주요 비극은 이렇게 탄탈로스 가문에서 벌어진 복수의 악순환을 전제로 펼쳐진다. 기본 토대를 닦았으니 이제 그들의 작품세계로 들어가보자.

잔혹복수극 〈오레스테스〉 3부작 읽기

3대 비극 작가 중 가장 먼저 이름을 낸 아이스킬로스^{Aeschylos}의 대표작은 오레스테스 3부작으로 알려진 〈오레스테이아〉다. 복수형 어미가 붙은 이 작품은 1부 〈아가멤논〉, 2부 〈제주를 바치는 여인들〉, 3부 〈자비로운 여신들〉로 이루어진 연작이다. 인간관계 갈등의 가장 원초적 표출이라 할 수 있는 이 작품은 복수를 향한 의지와 열망, 모순을 적나라하게 그려 내고 있다. 그래서 서양 문예 전통에서 거의 모든 복수극의 전형으로 평가받는다.

가정 비극의 원형을 담은 〈아가멤논〉

〈아가멤논〉은 수십 년에 걸친 트로이 전쟁을 승리로 이끌고 돌아오는 아가멤논 장군과 그리스 연합군의 개선 장면으로 시작한다. 오랜 전투의 긴장으로 지친 아가멤논 장군은 꿈에 그리던 집에 도착한 후 무장을 해제하고 뜨거운 욕조에 몸을 누인다. 욕실에 피어오르는 자욱한 김 사이로 어렴풋이 두 형체가 모습을 드러낸다. 아내 클리템네스트라와 한 남자였다. 아내의 손에는 날 선 도끼가 들려 있다. 용사 중의 용사였던 아가멤논은 영문도 모른 채 욕조 안에서 난도질되어 죽어간다. 남편이 아내의 손에 죽었다.

예나 지금이나 이런 살인 사건에는 크게 세 가지 동기가 있게 마련이다. 하나는 남편의 불륜, 다른 하나는 아내의 불륜, 마지막은 가족 내의 갈등이다. 아가멤논 살해 사건의 이면에는 이 세 가지 원인이 모두 포함되어 있다. 그래서 비극 〈아가멤논〉은 파국으로 치닫는 대부분의 '가정 비극'을 예시하는 작품의 원형으로 자리매김하고 있다.

여기서 각각의 원인을 살펴보자. 먼저 남편의 불륜이다. 전쟁에서 승리한 그리스 연합군은 관례에 따라 트로이의 남자를 모두 죽이고, 여자들은 포로와 노예로 끌고 온다. 에우리피데스의 〈트로이의 여인들〉은 남자들의 전쟁에서 살아남은 여인들의 처참한 고통을 그린 작품으로 유명하다. 왕족이 상대국 왕족을 노예로 삼는 원칙에 의해 아가멤논은 트로이의 왕녀 '카산드라'를 포로로 잡아온다. 카산드라는 매우 지혜로운 여인이었다. 그러나 그녀의 뛰어난 지혜는 종종 오만함으로 드러나게 되고, 신들은 그녀의 오만함에 저주를 내린다.

신들은 카산드라에게 앞날을 내다보는 예지력을 선사하지만, 미래의 일을 발설하는 순간 아무도 그녀의 말을 믿지 않는 저주도 함께 선물한다. 예를 들어 트로이의 목마 속에 그리스 군사들이 숨어 있다는 사실을 미리 경고하지만, 그녀가 이를 발설하는 순간 도리어 자발적으로 목마를 끌어들이는 식의 결과다. 카산드라는 진실과 미래를 부인하는 사람들에게 끊임없이 진실을 말해야 하는 예언자의 고통을 상징하는 원형적 존재라 할 수 있다. 카산드라를 포로로 끌고 온 아가멤논의 결정은 당시 전통에 따라 이루어진 간통 관계를 의미한다.

두 번째 원인은 아내의 간통이다. 예상보다 긴 전쟁이 계속되는 동안 외로운 나날을 보내던 클리템네스트라에게 한 남자가 다가왔다. 영웅의 풍모를 갖춘 그는 그녀에게 끊임없는 구애를 펼치고, 결국 아내는 금지된 사랑에 빠져든다. 그가 바로 아이기스토스다. 아이기스토스는 누구인가? 앞서 살펴본 것처럼, 그는 티에스테스의 아들이자 아트레우스를 죽인 장본인이다. 복수의 잔혹성은 아트레우스를 죽이고 그의 아들들을 추방하는 데서 멈추지 않았다.

아이기스토스는 자신의 아버지 티에스테스가 형 아트레우스의 아내를 유혹해 모욕을 준 것처럼 아트레우스의 장자인 아가멤논의 아내 클리템네스트라를 유혹해 같은 방식으로 복수를 실행한 것이다. 전쟁터에서 돌아온 아가멤논은 불륜 관계에 있는 두 사람 앞의 장애물에 불과했다. 사랑을 위해서든 복수를 위해서든 말이다.

마지막 이유를 살펴보자. 아가멤논에게는 네 남매가 있었으니 '엘렉트라'와 '오레스테스' '크리소테미스' '이피게니아'였다. 트로이 전쟁을 위해 그리스 연합군이 출항을 앞두고 있던 즈음 총사령관인 아가멤논은 고민에 빠진다. 출항에 꼭 필요한 바람이 불지 않기 때문이었다. 하루, 이틀이 지나고 한 달, 두 달이 지나도 바람이 불지 않자 만반의 준비를 끝내고 출전만을 기다리던 군사들은 점차 지쳐가고 사기도 떨어지고 있었다. 다급해진 아가멤논은 신탁을 요청하고, 예언자 칼카스는 장군의 딸인 이피게니아를 제물로 바칠 것을 요구한다. 너무나 사랑하는 막내딸이었으나, 아가멤논은 이피게니아를 죽여 제물로 바친다.

시대의 변화에도 불구하고 수많은 아버지들이 국가와 민족, 대의와 신념, 돈과 권력, 성공 등의 명분을 들어 아내와 자식들에 대한 무관심을 변명한다. 이런 맥락에서 아가멤논은 자신이 이루고자 하는 바를 위해 가족을 결과적 희생물로 삼는 아버지의 전형으로 이해된다.

문제는 대의명분만 앞세운 남편으로 인해 사랑하는 딸이 처참하게 죽는 모습을 목격한 어머니의 분노와 원망이다. 결국 클리템네스트라의 불륜과 살인은 비정한 남편에 대한 어미로서의 복수와 심판이다. 영웅으로 추앙받던 그리스 총사령관 아가멤논의 허무한 죽음으로 1부작 〈아가멤논〉은 막을 내린다.

근친 살해와 양심 사이, 〈제주를 바치는 여인들〉

극단적인 부부 갈등의 종합판과 같은 아가멤논과 클리템네스트라의 관계는 남편의 죽음으로 끝나는가 싶었지만, 늘 그렇듯 복수는 또 다른 복수를 부르는 법이다. 어머니가 불륜에 빠져 아버지를 죽였다. 그렇다면 이에 대한 복수의 책임과 권리는 누구에게 있을까? 당연히 아버지를 사랑하는 자녀일 것이다. 이를 염려한 아이기스토스와 클리템네스트라는 아가멤논의 아들 오레스테스마저 죽이려 한다. 하지만 오레스테스는 누나 엘렉트라의 기지로 목숨을 구한 뒤 먼 타국으로 몸을 피한다.

남은 건 엘렉트라와 크리소테미스 두 자매뿐이다. 비정한 어머니에게 복수를 해야 하지만, 여자의 몸으로 여장부인 어머니와 그 곁을 지키고 있는 아이기스토스를 물리친다는 것은 불가능에 가깝다. 크리소테미스는 현실을 인정하고 받아들이자 설득하지만, 아버지를 사랑했던 엘렉트라는 단호히 거부한다. 그리고 신에게 탄원하기로 한다. 복수심에 불타지만 이를 수행할 능력이 없었던 엘렉트라의 심적인 고통과 갈등은 시간이 지나자 집착에 가까운 광기에 이른다.

아버지에 대한 연모의 정 때문에 어머니와 갈등을 겪는 딸의 무의식적 욕망을 칭하는 용어 '엘렉트라 콤플렉스'가 이 장면에 기인한다. 엘렉트라의 원한 어린 고통은 계속되고, 신께 바치는 제주祭酒(제사 술)도 늘어가는 가운데 드디어 청년으로 자라난 오레스테스가 복수의 칼을 품고 은밀히 귀국한다. 너무나 변해버린 서로의 모습에 경계심을 품고 진심을 떠보던 남매는 아버지에 대한 사랑과 어머니에 대한 증오가 여전히 같음을 확인하고 서로를 얼싸안는다.

복수를 위한 합당한 명분과 이를 수행할 힘을 갖춘 오레스테스는 당당하게 궁전에 들어가 대결을 통해 먼저 아이기스토스를 제압하고, 드디어 어머니 앞에 나선다. 자신을 죽이러 돌아온 아들과 그의 손에 들린 칼을 바라보는 클리템네스트라의 마음은 참담하기 그지없다. 클리템네스트라는 목숨을 건지기 위해 자신이 왜 남편을 죽일 수밖에 없었는가를 설득하려 한다. 하지만 어떤 말로도 오랜 시간 나라를 위해 싸우고 돌아온 남편을, 그것도 외간 남자를 끌어들여 살해했다는 사실이 정당화될 수 없다. 한동안 치열한 논쟁이 전개된 후 결국 아들을 설득시킬 수 없음을 깨달은 클리템네스트라는 가슴을 풀어 젖힌다. 유방을 드러낸 그녀는 아들을 향해 외친다. "젖이다. 바로 이 젖이다." 이 외침은 곧 '내가 이 가슴으로 너를 먹이고 살렸으니 부디 나를 살려다오'라는 처절한 몸부림이다. 아들로부터 목숨을 구하려는 어머니의 절규가 원초적 방식으로 표현되는 이 장면은 연극 역사상 가장 비극적인 대목으로 꼽힌다.

어머니의 애원에도 불구하고 오레스테스는 복수의 칼날을 거두지 않는다. 그는 부정한 어머니를 죽여 억울한 죽임을 당한 아버지의 복수를 완수하겠다는 정당성으로 가득 차 있다. 하지만 복수가 결행되는 순간, 오레스테스는 예상하지 못한 고통을 느낀다.

고대 그리스 신화에는 인간이 저지르지 말아야 할 중범죄 중 하나로 근친 살해를 꼽는다. 근친 살해를 범했을 경우, 지하 세계 하데스에서 복수의 세 여신이 일어나 그를 처단한다고 알려져 있다. 모계 사회였던 고대 그리스 사회에서 아내의 남편 살해보다 아들의 어머니 살해가 더 중죄로 여겨졌음을 예상할 수 있다. 복수의 여신들은 천륜을 저버린 아들을 처단하기 위해 오레스테스의 뒤를 쫓고, 오레스테스는 정처 없는 방랑의 길을 떠난다. 다소 우화적인 설정으로 보이는 '복수의 여신들'의 등장은 현대 심리학에서 터부를 어긴 사람들이 경험하는 내면의 고통을 상징하는 것으로 해석된다.

러시아의 대문호 도스토옙스키가 쓴 《죄와 벌》에는 대학생 라스콜리니코프가 등장한다. 라스콜리니코프는 이념적 확신으로 전당포 노인을 살해한다. 가난한 민중의 피를 빨아먹고 사는 기생충 같은 노인을 제거하는 일이 세상을 위해 도리어 선한 일이기 때문이다.

그러나 살인 이후 라스콜리니코프는 이전에 생각해본 적 없는 고통과 갈등에 직면한다. 바로 '양심'이다. 그의 이념은 노인을 파괴해야 할 적으로 규정했으나, 그의 존재는 노인을 한 인간으로 느끼고 있었다. 이념으로도 누를 수 없었던 양심적 고통은 오레스테스에게도 예외가 아니었다. 오레스테스의 내적 고통은 복수의 여신으로 형상화되어 나타난 것으로 이해할 수 있다.

신의 이름으로, 〈자비로운 여신들〉

복수의 여신들을 피해 도망하던 오레스테스는 아폴론 신의 보호를 받게 된다. 이에 복수의 여신들은 자신들에게 정당한 복수의 권리가 있음을 주장하며 아폴론 신에게 항의한다. 신들의 세계가 인간 문제로 혼란을 겪게 되자 지혜의 신인 아테네는 법정을 열어 이 문제를 처리하고자 한다. 여기서 흥미로운 점은 법정의 판관들이 신이 아니라 지혜로운 인간들이라는 것이다.

자비로운 신은 전지전능하다. 지독한 악행을 저지른 인간일지라도 그가 왜 악행을 저지를 수밖에 없었는가의 전후 사정을 잘 알고 있다. 그래서 신은 인간을 냉정하게 재판할 수 없다. 신들은 사후의 인간 중 노인의 지혜를 가진 열 명의 판관을 임명해 오레스테스의 일을 다룬다. 재판의 결과는 5:5로 팽팽했다. 결국 재판장을 맡은 아테네 신에게 마지막 결정이 돌아가고, 아테네는 오레스테스에게 한 표를 던진다.

결과를 받아들일 수 없었던 복수의 여신들이 인간 세상을 향해 맹렬하게 화를 내려는 순간 아테네는 그들에게 화해를 제안한다. 제안은 이렇다. 복수의 여신들은 종교의 신이 되어 모든 인간들로부터 숭배받을 권리를 가질 수 있다. 순응하는 인간들에게 여신들은 자비로운 축복을 내릴 수 있고, 거부하는 자들에게는 가혹한 복수를 할 수 있다. 세상 모든 이들로부터 숭배를 받는다는 매력적 제안에 복수의 여신들은 응어리를 푼다. 그리고 숭배에 어울리는 '자비로운 여신들'로 변신하게 된다. 이게 〈오레스테이아〉의 마지막 3부 〈자비로운 여신들〉의 내용이다.

〈아가멤논〉〈제주를 바치는 여인들〉이 이야기의 구성적 측면이나 등장인물들의 캐릭터 등에서 높은 완성도를 보이는 반면, 〈자비로운 여신들〉의 경우 복수의 여신들이 자비로운 여신으로 변화하는 일련의 흐름이 매끄럽지 못하다. 그리고 전체적으로 개연성이 부족하게 느껴진다. 아이스킬로스가 뛰어난 능력을 가졌음에도 불구하고 그리스 3대 비극 작가 중 가장 오래된 작가로서 여전히 신화적 세계로부터 자유롭지 않았음을 짐작하게 하는 대목이다.

3부작의 결론은 이렇다. 문제는 인간이 일으키고 신이 복잡한 문제를 풀어나간다. 문제 해결의 주도권은 여전히 신의 손에 있다. 신 중심의 가치체계는 최고의 그리스 비극 작가로 불리는 소포클레스에 이르러 변화를 보이고, 에우리피데스에 이르면 완전히 전복되는 흐름을 보인다.

미스터리 추적 패륜드라마
〈오이디푸스 대왕〉

그리스 3대 비극 작가 중 최고의 작가로 추앙받는 소포클레스Sophocles
에 대한 평가는 오늘날에도 이어지고 있다. 창의적인 구성이나 세련된
수사법 등 탁월한 극작술로 유명했던 그의 작품 중 역시 〈오이디푸스 대
왕〉이 압권이다.

오이디푸스는 부친을 살해하고 어머니와 동침하는 운명을 겪는다. 근
친 살해와 근친상간의 끔찍한 운명을 타고난 오이디푸스 설화는 고대 그
리스 당대에는 물론 그리스 신화나 비극 작품을 모르는 사람들도 익히
알고 있을 정도로 오늘날 널리 알려져 있다. 예나 지금이나 사람들은 충
격적인 설정, 선정적인 스토리에 극적 흥미를 느낀다.

이렇게 좋은 소재를 비극 작가들이 그냥 놔둘 리 없다. 3대 비극 작가
들은 물론 여타 군소 작가들도 오이디푸스에 관한 작품을 다투어 발표했
다. 그중에서 오늘날 자타가 공인하는 대표 작품은 역시 소포클레스의
〈오이디푸스 대왕〉이다. 작품 앞에 늘 소포클레스의 이름이 따라오는 것

만 봐도 알 수 있듯, 소포클레스는 이미 잘 알려진 오이디푸스 이야기를 날카로운 통찰력과 흥미진진한 구성을 덧입혀 완전히 새로운 작품으로 재탄생시켰다. 오늘은 소포클레스의 〈오이디푸스 대왕〉을 살펴보자.

라이오스 가문의 저주

아트레우스 가문의 저주는 펠롭스의 아들 크리시포스를 통해 라이오스 왕의 계보로 흘러 내려간다. 저주의 원인은 다양한 설로 남아 있지만, 당시 미소년이었던 크리시포스를 연모한 테베의 왕 라이오스가 그를 납치해 동성애 관계를 맺고, 이를 굴욕으로 여긴 크리시포스가 자살한 사건으로 신의 노여움을 샀다는 게 비교적 유력하다.

라이오스 왕은 신의 저주를 받았다는 사실을 모른 채 아내인 이오카스테 왕비와의 사이에서 아들을 낳는다. 그리고 신탁을 통해 아이의 장래를 내다보고자 했다. 그런데 청천벽력 같은 신탁이 내린다. 아이가 자라 아버지를 죽이고 어머니와 동침한다는 것이었다.

라이오스 왕은 신탁을 두려워한 나머지 아이를 죽이려 한다. 그러나 아무리 냉혈한이라도 자신의 피붙이를 어떻게 제 손으로 죽일 수 있겠는가. 왕은 믿을 수 있는 양치기를 불러 깊은 산속에 아이를 버리라 명한다. 징표를 남기고자 아이 뒤꿈치를 뚫어 줄로 꿴 후 양치기에게 넘겨준다. '발뒤꿈치가 퉁퉁 부은 자'라는 의미인 '오이디푸스'는 여기에서 기원한다.

발뒤꿈치가
퉁퉁 부은
오이디푸스

아이를 맡은 늙은 양치기는 아이를 내버린 후 아이에게 다가오는 산짐승 쫓아내기를 거듭한다. 그때 마침 이웃 도시국가 코린토스로 향하던 한 나그네를 만나게 된다. 테베로부터 비교적 멀리 떨어져 있던 나라, 코린토스의 사신이었던 나그네는 양치기로부터 아이를 건네받는다.

임무를 마치고 고국으로 돌아온 사신의 품에는 한 아이가 잠들어 있고, 이 모습은 대를 이을 아들이 없어 고민 중이던 코린토스의 왕 폴리보스와 왕비 멜로페의 눈에 들어온다. 결국 왕의 양자로 들어간 오이디푸스는 두 사람을 자신의 친부모로 알고 자란다.

한창 예민한 청년기에 친구들과 싸우다 '주워 온 아이'라는 욕을 들은 오이디푸스는 의혹에 잠긴다. 사랑하는 부모님께 차마 진실을 물어볼 수 없었던 오이디푸스는 의혹을 풀고자 신탁을 청한다. 그런데 원하는 신탁은 내리지 않고, 아버지를 죽이고 어머니와 동침하라는 끔찍한 신탁이 내린다. 신탁의 준엄함을 알고 있는 오이디푸스는 신이 내린 운명을 피하기 위해 그 길로 짐을 싸 길을 떠난다. 코린토스로부터 멀리 떨어진 테베로 말이다.

그 다음의 내용은 독자들이 익히 알고 있는 바와 같다. 테베로 향하던 중 신경이 곤두서 있던 오이디푸스는 좁은 갈림길에서 사소한 시비 끝에 친아버지 라이오스 왕 일행을 죽인다. 이후 그는 테베의 길목을 지키고 있는 스핑크스의 수수께끼를 풀어 왕비 이오카스테와 결혼함으로써 자신도 모르는 사이 신탁을 완성한다.

미스터리 구조로 패러디되다

대개의 작가들이 오이디푸스 설화를 자연스러운 시간 흐름에 따라 순차적으로 전개한 데 비해 소포클레스는 극의 첫 장면을 오이디푸스가 테베의 왕이 된 장면으로 시작한다. 전체 내용 전개의 중반을 넘어선 지점에서 극을 시작한 것이다. 관객들의 술렁임은 당연하다. 이렇게 극을 뭉텅 잘라먹고 시작해도 괜찮은가?

술렁거림 속에서 백성 역을 맡은 '코러스' 무리는 왕에게 고통을 호소한다. 정의로운 왕, 오이디푸스는 백성의 고통을 풀고자 처남 크레온을 파견해 신탁을 청한다. 돌아온 크레온은 테베가 겪고 있는 어려움의 원인이 선왕 라이오스 왕을 참살한 자가 아직도 테베에서 활보하고 있기 때문이라고 외친다. 그 장본인이 자신이라는 사실을 꿈에도 의심하지 않은 채 오이디푸스는 범인을 잡겠노라 신 앞에 맹세한다.

다음 수순으로 범인을 찾기 위해 예언자를 부른다. 눈이 먼 예언자 '테이레시아스'는 사람들의 존경을 받고 있는 지혜로운 선견자다. 왕 앞에 불려온 예언자는 곤혹스러운 상황에 처한다. 진실을 알지만 결코 발설할 수 없는 상황이다. 그는 진실을 추궁하는 오이디푸스가 이 모든 재앙의 근원임을 알고 있다. 하지만 이를 밝히는 순간, 자신의 목숨은 물론 라이오스 왕가와 테베의 운명이 파멸로 치달을 수 있다는 사실도 알고 있다. 진실을 알지만 말할 수 없다는 테이레시아스의 태도에 오이디푸스는 분노한다. 그리고 의혹의 눈초리를 건넨다.

오이디푸스는 예언자의 입을 열기 위해 그에게 갖은 고통을 퍼붓는다. 가난한 예언자는 진리를 외치는 임무를 부여받은 까닭에 신 외에 어떤 권력도 두려워하지 않는다. 폭력으로 예언자를 제압하려던 오이디푸스의 시도는 실패한다. 다음 전략은 모욕이다. 오직 명예와 자존심만으로 살아가는 예언자를 돈 따위에 양심을 팔아넘긴 협잡꾼이라 비난한다. 왕의 모욕적인 말에 테이레시아스는 진실을 토해낸다.

"이 모든 재앙의 근원은 바로 당신이요!"

그리고 예언자는 황망히 궁전을 빠져 나간다.

오이디푸스는 대단히 합리적이고 이성적인 사람이다. 혹자는 그를 이성으로 검증할 수 있는 세계 이외의 모든 것을 의심한, 계몽주의적 인간의 전형이라 부르기도 한다. 세상 모든 사람이 의심의 대상일지라도 자신만은 결백하다 확신하고 있는 오이디푸스는 합리적인 추론에 의거해 상황을 재해석한다.

예언자는 지금 왕을 모함하고 있다. 내 지위가 위태로워지면 왕위는 아내에게 넘어간다. 아내는 내 편이다. 그 다음은 넘버 3인 크레온이다. 신탁을 받은 자도, 예언자를 부른 자도 크레온이다. 오이디푸스의 합리적 추론은 모든 일이 왕위를 탐한 크레온의 음모라는 결론에 이른다. 크게 노한 왕은 크레온의 사형을 명한다. 하지만 동생을 지키려는 이오카스테 왕비의 만류로 추방하는 선에서 문제를 마무리한다.

이성과 의혹은
서로의 꼬리를 문다

아무리 합리적인 오이디푸스 왕이지만 영험하다는 예언자가 궁전을 나가며 퍼부은, 자신의 가문과 자녀들을 향한 저주가 마음에 걸리는 건 어쩔 수 없다. 왕비 이오카스테는 왕의 마음을 위로하기 위해 과거의 한 사건을 이야기 한다. "왕이시여, 예언자의 말에 신경 쓰지 마세요. 오래전 선왕이 살아계실 때, 아들로부터 죽임을 당한다는 신탁을 받았어요. 하지만 선왕은 스핑크스를 물리칠 비책을 얻고자 신전에 가던 중 삼거리에서 아들이 아닌 도적떼들을 만나 죽음을 맞았어요. 그러니 신탁이나 저주 같은 건 다 믿을 수 없는 것들이에요."

극 중의 아이러니는 왕의 마음을 위로하기 위해 던진 말이 도리어 오이디푸스의 마음을 더 큰 의혹 속으로 몰아간다는 데 있다. 이오카스테의 말을 들은 오이디푸스의 머리에 과거 어느 삼거리에서 마주쳐 사소한 시비 끝에 죽인 노인과 일행이 떠오른다.

인간은 누구나 자기중심적 존재다. 대개의 사람들은 늘 자기 입장에서 타인의 삶이나 말을 판단한다. 소통을 위해 끊임없이 대화를 해도, 종국에는 완전히 다른 입장에 서서 상대를 비난하는 경우가 생기는 이유가 여기에 있다. 사람들은 상대방의 이야기 중에서 자신이 듣고 싶은 것, 믿고 싶은 것만을 받아들인다는 말이다. 의견 일치를 봤다던 정치인들이 다음 날 내가 언제 그런 말을 했느냐며 논쟁을 벌이는 모습이 반복되는 것도 같은 맥락이다.

오이디푸스도 예외는 아니었다. 의혹에 휩싸인 오이디푸스는 왕비의 말 가운데 선왕을 죽인 것이 '도적떼'라는 부분에 주목한다. 도적떼가 수시로 출몰하는 지역에서 선왕 일행이 공격받을 가능성은 충분하다. 게다가 자신은 혼자 그 일을 행하지 않았던가. 이러한 추론이 가능한 것은 오이디푸스가 자신은 선왕을 죽이지 않았노라고 단호하게 믿는, 스스로에 대한 절대 확신 때문이다.

그럼에도 불구하고 여전히 마음 한구석에 자리 잡은 불안을 해소하기 위해 오이디푸스는 선왕 일행 가운데 생명을 건진 유일한 생존자를 소환한다. 산길을 잘 아는 양치기로 알려진 생존자가 '도적떼가 선왕을 죽였다'고 증언한다면 자신이 완전한 자유를 얻을 수 있을 거라 믿었다.

코린토스의
비보에 울고 웃다

그때 코린토스로부터 비보가 들려온다. 폴리보스 왕이 운명했다는 것이다. 소식을 전해들은 오이디푸스의 마음에는 기쁨과 슬픔이 교차한다. 자신을 폴리보스 왕의 아들로 믿고 있는 오이디푸스에게 아버지의 죽음은 고통이었으나, 자신이 아버지를 죽인다는 신탁이 깨어졌다는 사실은 그를 기쁘게 만들었다.

소식을 전한 사신은 오이디푸스에게 이제 고국 코린토스로 돌아가 왕위를 계승해 달라고 요청한다. 하지만 오이디푸스는 거절한다. 아버지의 죽음으로 신탁의 반이 어긋났지만, 어머니와 동침한다는 나머지 신탁이 아직 살아있지 않은가. 왕위를 계승하러 돌아갔다가 혹시라도 자신이 미치광이가 되어 어머니를 덮친다면 어떻게 되겠는가.

이때 사신은 오이디푸스의 마음을 위로하기 위해 진실을 고백한다. "당신은 폴리보스 왕의 친아들이 아닙니다. 당신은 내가 사신으로 임무를 수행하고 귀국하던 중 테베의 한 양치기로부터 건네받은 아이였습니다. 그러니 걱정 말고 귀국하십시오." 그를 위로한다며 사신이 내뱉은 말은 오이디푸스를 한층 더 깊은 수렁으로 내몬다.

비합리적 존재의
합리적 추론은
파멸을 낳는다

그렇다면 내 아버지는 누구인가? 출생의 비밀을
풀기 위해 오이디푸스는 사신에게 아기를 넘겨준 양치기를 소환하라 명
령한다. 공교롭게도 라이오스 왕을 수행했던 생존자와 양치기는 같은 인
물임이 드러난다. 이제 진실이 드러날 순간이 임박한다.

이쯤 되고 보니 사태의 전말을 먼저 깨달은 사람은 사건의 중심에 서
있는 왕비 이오카스테였다. 그녀는 직감적으로 오이디푸스가 자신의 아
들임을 깨닫는다. 대체 누가 이 참담한 진실을 받아들일 수 있단 말인가.

자신은 물론이요, 오이디푸스와 그와 함께 낳은 아이들, 그리고 테베
의 미래를 생각해 왕비는 집요하게 진실을 추적하는 오이디푸스를 만류
하기 시작한다. 신탁의 저주가 이미 자신을 통해 이루어졌음을 인정할
수 없었던 오이디푸스는 더 이상 출생의 비밀을 캐지 말라는 왕비의 만
류에 대해 또다시 합리적인 추론에 의한 결론을 내린다. 비천한 출신일
지도 모르는 자신에 대한 수치와 부끄러움 때문에 비밀을 밝히려는 노력
을 만류하고 있다는 것이다.

오이디푸스는 분노해 외친다. "내가 비참한 하층민 출신이거나 그보다
더한 처지의 사생아일지라도 나는 내 출생을 부끄러워하지 않으며 끝내
진실을 밝히고 말겠다." 오이디푸스를 만류할 수 없음을 깨달은 왕비는
체념하고 내실로 발걸음을 옮긴다.

　이윽고 모든 의혹을 밝힐 양치기가 끌려온다. 궁의 긴장은 최고조에 이른다. 사건의 전모를 알고 있는 양치기는 쉽게 진실을 고백할 수 없다. 하지만 왕의 매서운 추궁과 군사들의 무력을 견딜 수 없어 그는 결국 외치고 만다. "이 모든 재앙의 근원은 바로 당신이오! 당신은 라이오스 왕의 아들이며, 그를 죽인 범인입니다!" 청천벽력 같은 선언 앞에 오이디푸스는 망연자실 침묵할 뿐이다.

　공연에서 이 짧은 순간의 침묵은 퍼즐처럼 흩어져 있던 오이디푸스에 관한 진실이 그의 머릿속에서 분명한 하나의 그림으로 맞춰지는 극적 순간이다. 바로 이 순간을 위해 연극이 그 먼 여정을 달려왔는지도 모른다. 찰나처럼 짧지만 심연의 깊이를 지닌 침묵의 시간이 지나고 정신을 차린 오이디푸스는 내실로 들어간 아내이자 그의 어머니인 이오카스테를 떠올린다. 혹시 그녀가?

　황급히 뛰어 들어간 그의 눈앞에 사랑하는 왕비의 차가운 시신이 기다리고 있다. 잔인한 진실을 감당할 수 없었던 이오카스테는 스스로 목을 매고 말았다. 오이디푸스의 가슴은 찢어진다. 상상해보라. 어머니이자 사랑하는 연인, 그리고 그녀를 통해 낳은 아들딸이자 내 형제가 된 아이들에 대한 고통스러운 혼돈을 말이다. 비통한 오이디푸스는 왕비의 머리에 꽂힌 비녀를 뽑아 자신의 눈을 찌른다. "시퍼렇게 눈을 뜨고 있었으면서도 진실을 보지 못한 어리석은 눈이여, 저주를 받을지어다!"

숨이 멎는 순간까지는
행복했노라 말하지 마라

소포클레스의 〈오이디푸스 대왕〉이 지닌 위대함
은 구성의 창의성뿐만 아니라 작품이 지닌 주제적 탁월함에 있다. 인간
본성에 대해 뛰어난 통찰력을 보인 작가는 지금으로부터 2천500여 년
전에 인간이 겪게 될 존재론적 모순을 포착한 것이다. 바로 인간의 합리
성에 대한 맹신, 그로 인한 인류의 파국이다.

17세기 계몽주의 이후 20세기 중반에 이르기까지 인류는 합리적 이성
에 미래를 걸었다. 그러나 인류는 오이디푸스와 마찬가지로 합리성을 도
구로 맹신하면서도 정작 자신이 끊임없이 요동치는 비합리적 존재임을,
그러한 토대 위에서 부유하고 있음을 깨닫지 못했다. 결과는 연이은 세
계대전과 과학과 기술 문명의 폐해, 그리고 그로 인한 전 지구적 재앙이
었다. 소포클레스는 오이디푸스의 파멸을 통해 비합리적 인간이 합리성
을 무기로 절대 확신의 오만에 빠져 자신의 옳음을 주장할 때 어떤 파국
을 맞게 될 것인지를 예언하고 있다.

또 하나 중요한 주제는 극의 종반부에 장로 역할을 맡은 코러스를 통
해 선포된다. 그들은 오이디푸스의 참극 앞에서 관객을 향해 외친다. "누
구든 죽음의 침상 위에서 숨이 멎는 그 순간까지, 나는 행복하였노라 말
하지 말라."

이게 무슨 말인가? 인간은 현재적 존재다. 제아무리 뛰어난 인간도 한

치 앞의 미래를 볼 수 없다. 그러므로 인간은 신과 운명 앞에서 겸손해야 한다. 내가 지금 행복하다고 해서 계속 행복할 것처럼 혹은 반대로 불행하다고 계속 불행할 것처럼 여기며 사는 것은 존재의 한계를 망각한 태도다. 이런 오만함이 세상을 재앙의 구덩이로 빠뜨린다.

세계 최강국 미국이 20세기에 가장 많은 전쟁을 일으킨 나라의 불명예를 안은 것은 경제력·군사력에 절대적 확신을 가진 제국의 오만에서 비롯한 바가 적지 않다. 그래서 장로들은 숨을 거두는 게 확실한 순간이 되어서야 비로소 행복했다 말하고, 나머지 시간에는 삶의 주변을 살필 줄 아는 유한자로서의 겸손을 권하는 것이다.

당시의 작품 가운데 소포클레스의 〈오이디푸스 대왕〉이 돋보이는 이유는 오이디푸스의 실존주의적 태도 때문이다. 파국에 이르고 자신의 눈을 찔러 멀게 한 오이디푸스는 처참한 몰골로 백성 앞에 서서 외친다. "대체 누가 내게 이 끔찍한 운명을 내렸단 말인가? 그건 신들이다. 하지만 보라. 눈을 터뜨려 스스로를 벌한 건 바로 이 손이다!"

알 수 없는 미래의 운명 앞에 인간은 분명한 한계를 지녔다. 하지만 불확실성 앞에서도 인간이 스스로의 의지에 따라 결단을 내리고 실천할 수 있는 그 무언가가 있음을 주장한 오이디푸스의 선언은 20세기 실존주의 철학을 앞서 말한 것으로 이해할 수 있다.

비극 속 악녀 〈메데이아〉를 위한 변명

에우리피데스Euripidēs는 3대 비극 작가 중 가장 후대 사람이다. 수상 경력도 세 사람 중 열세에 놓여 있어 오랜 세월 주목받지 못한 작가이기도 하다. 다른 비극 작가들과 달리 그는 여러 가지로 차별화된 작품을 발표했다. 대표작 〈트로이의 여인들〉이나 〈메데이아〉 등은 내러티브 주도권을 신이 아닌 인간, 그것도 남성이 아닌 여성이 쥐고 있다. 가부장적인 당시 사회를 감안할 때 이례적인 작품들이다.

또 그의 비극 속에 등장하는 주요 인물들은 전통적인 신이나 운명과의 갈등을 다루는 대신 서로 다른 성격과 욕망을 지닌 인간들 사이의 갈등으로 인한 고통을 다룬다. 에우리피데스에 이르면 인간에 의한, 인간을 위한, 인간의 이야기 시대가 열리게 된다.

시대 변화에도 불구하고 비극 경연 대회 심사위원들은 전통적인 이야기 방식, 곧 인간이 문제를 일으키고 신이 문제를 해결한다는 원리를 고집했다. 그래서 에우리피데스의 작품은 완성도가 떨어지는 문제적 작품으로 폄하되곤 했다. 수상이나 흥행 모든 면에서 고전을 면치 못했다. 에우리피데스의 반격은 '데우스 엑스 마키나deus ex machina*'였다. 이야기를 전개해 나가다 결정적인 부분에서 한계에 봉착했을 때, 갑작스러운 신의 등장이나 엄청난 유산 상속 등의 황당한 방식으로 문제를 해결해버리는 식의 어설픈 극작술을 통칭하는 말로 에우리피데스의 작품에 자주 등장한다.

극적 구성은 물론 세부 수사법에 뛰어났던 에우리피데스가 실력이 부족해 어이없는 해결책으로 작품을 끝맺었다고 보긴 어렵다. 많은 학자들은 그가 심사위원들과 전통의 요구에 대해 "당신들이 원하는 게 신이 문제를 해결하도록 하는 것이라면 원하는 대로 해주겠다"식의 오기를 부렸다고 본다. 공교한 구성과 전개 후에 난데없이 신이 등장하는 방식으로 생뚱맞게 표현했다는 것이다. 시대와 타협하지 않고 작가 정신에 충실한 채 자신만의 독특한 방식을 고집한 에우리피데스의 삶과 작품은 오늘날 현대 예술가의 이미지와 가장 비슷한 것인지도 모른다.

이아손
vs.
펠리아스

〈메데이아〉는 에우리피데스의 대표작으로 오늘

---

* 이야기 속에서 작가가 상황을 의도대로 전개해나가기 위해 절대적인 힘이나 세력을 개입하는 것을 의미한다.

날에도 심심치 않게 공연되는 작품이다. 이야기의 주인공은 영웅 '이아손'과 그의 아내 '메데이아'다. 이아손은 이올코스의 왕 아이손의 아들로 어릴 때 먼 타국으로 유학을 떠난다. 그동안 아이손은 의붓 형제인 펠리아스에게 왕위를 빼앗기고 죽임을 당한다. 부당한 방법으로 왕이 된 펠리아스는 두려운 마음에 신탁을 청하고 '한쪽 신발만 신은 자를 주의하라'는 신탁을 받는다.

세월이 지나 청년이 된 이아손은 합법적인 왕위 계승자로 고국을 향한다. 돌아오는 길에 그는 물살이 세차게 흐르는 강물 앞에 선다. 그런데 강가에서 웬 노파 하나가 애타게 강 저편으로 건네줄 것을 청하는 것이 아닌가. 제 한 몸 가누기도 힘든데 이아손은 노파를 업고 강을 건너기 시작한다. 중간쯤 이르렀을 때 노파가 심하게 몸을 흔드는 바람에 그만 신발 한 짝이 벗겨져 떠내려간다. 힘겹게 강기슭에 도착하는 순간, 노파의 모습은 흔적도 없이 사라진다. 그 노파는 헤라 여신으로 이아손의 마음과 자질을 시험해본 것이다.

신발 한 짝을 끌고 이올코스로 돌아온 이아손은 펠리아스에게 왕위 이양을 요구한다. 펠리아스의 시선이 신발 한 짝에 꽂힌 건 당연한 일. 순순히 왕위를 물려줄 마음이 없던 펠리아스는 조카 이아손이 정말 왕이 될 자격을 갖추었는지 시험해본다는 이유로 야만족 콜키스의 보물인 황금양털을 가져오라고 명한다. 모험심 강한 이아손은 숙부의 제안을 받아들이고 50명을 태울 수 있는 큰 배를 만들게 했다. 배가 완성되자 배를 만든 아르고스의 이름을 따 '아르고호'라고 불렀다. 이아손은 젊은이들을 모집했는데, 그중에는 나중에 그리스의 영웅으로 이름을 떨친 헤라클레스, 테세우스, 오르페우스, 네스토르 같은 이들도 있었다.

성공을 쫓는 이아손의 사랑과 변절

천신만고 끝에 콜키스에 도착한 이아손은 황금 양털이 도저히 접근하기 어려운 곳, 불을 뿜는 용의 보호 아래 있음을 알게 된다. 도움의 손길은 뜻밖의 사람이 전한다. 바로 콜키스의 왕 아이에테스의 딸인 '메데이아'였다. 이아손의 영웅다운 풍모에 마음을 빼앗긴 메데이아는 결혼을 조건으로 마법을 써서 용을 잠재운다. 그리고 황금양털을 훔쳐 이아손 일행이 성공적으로 콜키스를 떠날 수 있도록 돕는다.

생명의 은인 메데이아와 결혼한 이아손은 이올코스로 금의환향해 펠리아스로부터 왕위 계승을 기다린다. 하지만 여전히 왕위를 물려줄 생각이 없는 펠리아스는 차일피일 미루고, 메데이아는 그런 왕의 마음을 꿰뚫어본다. 메데이아는 왕의 딸들을 모아 끓는 가마솥에 늙은 염소를 찢어 넣은 후 젊은 염소가 되는 장면을 보여주며 거짓 주문을 가르쳐준다. 효심 깊은 딸들은 펠리아스를 죽여 솥에 넣고 부활을 기다린다. 하지만 거짓 주문이 효력을 발휘할 리 만무하다.

이 일로 곤경에 빠진 건 오히려 이아손이었다. 모든 사정을 알게 된 이올코스 백성과 펠리아스의 아들 아카스토스는 이아손 무리를 추방한다.

이유야 어찌되었든 아내 때문에 코앞에서 왕좌를 놓쳤다고 생각한 이아손의 마음은 점차 메데이아 곁을 떠난다.

방랑 끝에 코린토스 인근에 정착한 이아손은 영웅적 풍모 덕분에 코린토스의 왕인 크레온의 눈에 든다. 왕위를 물려줄 아들이 없던 크레온은 이아손에게 자신의 딸 글라우케와 혼인할 것을 제안한다. 문제는 만만치 않은 여인 메데이아다. 크레온은 왕권을 발동해 메데이아를 마녀로 몰고 추방을 명한다. 메데이아의 가슴을 더욱 아프게 만든 건 크레온의 핍박이 아니라 남편 이아손의 변절이다.

이아손은 메데이아를 찾아와 설득한다. "여보, 내 출세를 위해 공주와 결혼하려는 게 아니오. 우리는 괜찮지만 야만족인 당신의 혈통을 이어받은 아이들의 앞날을 생각해보시오. 일단 공주와 결혼해 아이들의 신분을 보장받은 후 당신을 부르리다." 여장부 메데이아가 이아손의 치졸한 거짓에 넘어갈 리 없다. 그녀의 가슴에 피눈물이 흘러넘친다. 그를 위해 아버지를 배신하고, 뒤쫓아 오는 남동생을 찢어 죽이고, 영원히 조국을 등졌건만 돌아온 건 차디찬 배신의 칼날이다.

자비 없는
메데이아의 복수

메데이아에게 남은 건 복수 밖에 없다. 그녀는 밤새 새 신부를 위한 화관과 드레스를 짠다. 선물은 양자로 살아갈 아이들의 손에 들려 새어머니가 될 글라우케에게 전달된다. 뜻밖의 선물, 아름답기 그지없는 옷과 화관에 마음을 빼앗긴 신부는 금방 드레스를 입고 화관을 쓴 후 거울 앞에 선다. 그러나 기쁨도 잠시, 메데이아의 원한이 깃들어 있는 드레스는 신부의 몸을 옥죄고 화관에서는 분노의 불길이 치솟는다. 글라우케는 처참한 몰골로 죽어간다.

소식을 듣고 뛰어온 크레온은 시신을 부둥켜안고 통곡한다. 하지만 끝이 아니다. 타버린 시신은 어느덧 크레온의 팔다리에 들러붙어 왕의 사지마저 마비시키고, 크레온은 딸의 시신과 한데 뒤엉켜 온몸이 찢겨 죽는 종국을 맞이한다.

이아손의 사랑인 글라우케와 그가 탐했던 권력의 상징인 크레온을 파괴함으로써 메데이아의 복수는 완성됐을까? 천만의 말씀이다. 이아손에 대한 응징은 아직 남았다. 메데이아는 도저히 상상할 수 없는 일을 계획한다. 이아손의 가슴에 더 큰 상처를 남기기 위해 메데이아는 이아손이 세상에서 가장 사랑하는 것을 파괴하기로 결심한다. 이아손과 함께 낳은 소중한 아이들을 죽이기로 한 것이다.

혹자는 아무리 독한 여인이라 할지라도 어떻게 남편에 대한 복수를 위해 죄 없는 아이들을 죽일 수 있는가 반문하기도 한다. 하지만 부부 사이의 불화가 극단적 선택으로 이어져 남편 앞에서 자녀를 안고 아파트에서 뛰어내린 아내의 이야기가 지금도 신문 사회면에 등장한다. 메데이아의 이야기는 오늘날에도 유효할지 모른다.

증오하는 남편에 대한 복수를 위해 사랑하는 아이들을 제 손으로 죽일 수밖에 없다고 스스로를 설득하는 장면은 쉽사리 납득될 수 없는 부분이라 더더욱 연극 〈메데이아〉의 백미를 이루는 부분으로 손꼽힌다. 앞서 벌어진 참극에 경악한 이아손은 분노에 가득 차 메데이아를 찾아온다. 그러나 눈앞에 펼쳐진 현실은 더 끔찍했다. 태양신 헬리오스의 불마차를 탄 메데이아가 양손에 사랑하는 아이들의 시신을 안고 차가운 시선으로 자신을 응시하고 있는 게 아닌가! 이아손은 되돌릴 수 없는 인생의 참극 앞에서 미칠 듯 분노를 발산하며 무너지고 만다. 그런 그를 뒤로 한 채 메데이아는 아이들 영혼의 안식을 빌기 위해 먼 여정을 떠난다.

더 이상
신이나 영웅은 없다

〈메데이아〉에는 에우리피데스 작품의 주요 특징이 제대로 나타나 있다. 이 작품은 전형적인 가정 비극의 모양새를 갖추고 있다. 더 이상 신이나 영웅은 없다. 신과 운명을 겨루는 거대한 스케일의 비극은 존재하지 않는다. 출세를 위해 어려운 시절 자신을 도운 아내를 버리는 비정한 남편, 변절한 남편을 응징하기 위해 모든 것을 파괴하는 아내가 있을 뿐이다.

현실에서 집안의 갈등이 그러하듯 화해는 요원하고 비극적 상황은 좀처럼 제대로 마무리되지 않는다. 갈라선 두 사람, 그 사이에서 희생당한 아이들이 남아 있다. 작가는 이를 통해 말한다. 보라, 이야말로 우리의 적나라한 현실이 아닌가.

〈메데이아〉에서 관객들은 고대 비극의 주인공이라고는 믿어지지 않을 정도로 현대적인 캐릭터의 복잡 미묘한 심리와 만난다. 아무리 미운 남편에 대한 복수라 할지라도 어머니가 자신이 낳고 기른 아이들을 살해한다는 건 좀처럼 납득하기 어려운 게 사실이다.

에우리피데스는 메데이아가 모성과 복수심 사이에서 끊임없이 망설이며 스스로를 설득하고 논박하는 일련의 심리적 갈등을 치밀한 솜씨로 묘사한다. 작가는 오랜 세월 비난받아 온 잔혹한 마녀가 아니라, 사랑하고 질투하며 복수하고 고통스러워하는 현실적 여인으로 메데이아를 재창조했다. 영웅적 선택이나 단선적 감정으로 거침없이 복수를 결행하는 기존의 그리스 비극에 비해 캐릭터나 심리에 무게를 둔 에우리피데스의 작품이 더 현대적으로 느껴지는 까닭이다.

제2강 • 너를 이해해 | 전미경 |

- 권김현영 외(2012). 성의 정치 성의 권리. 자음과 모음.
- 김승섭(2017). 아픔이 길이 되려면. 동아시아.
- 레슬러, K. 로버트(2004). 살인자들과의 인터뷰. 황정하 외 번역. 바다출판사.
- 박민영(2017). 학교는 민주주의를 가르치지 않는다. 인물과사상사.
- 엄기호(2013). 교사도 학교가 두렵다. 따비.
- 오동선(2015). 아이를 빛나게 하는 학교인권. 아카데미프레스.
- 윤가현(1998). 동성애의 심리학. 학지사.
- 이수정·김경옥(2016). 사이코패스는 일상의 그늘에 숨어 지낸다. 중앙M&B.
- 이은진(2018). 인권수업. 지식프레임.
- 조윤선(2011). 학교의 풍경. 교양인.
- 타마뉴, 플로랑스(2007) 동성애의 역사. 이상빈 번역. 이마고.
- 탱, J. 루이(2010). 사랑의 역사. 이규현 번역. 문학과 지성사.
- 허대석(2018). 우리의 죽음이 삶이 되려면. 글항아리.

제4강 • 스크린으로 부활한 천재들 | 최은 |

- 고흐, 반 빈센트(2005). 반 고흐, 영혼의 편지. 빈센트 반 고흐. 신성림 번역. 예담.
- 고흐, 반 빈센트(2014). 반 고흐, 영혼의 편지2. 박은영 번역. 예담.
- 김광우(2016). 뭉크·쉴레·클림트: 표현주의의 대가들. 미술문화.

- 디스텔, 안(2012). 르누아르: 빛과 색채의 조형화가. 시공사.
- 바쟁, 앙드레(2005). 장 르느와르. 방혜진·박지희 번역. 한나래.
- 박우찬(2009). 반 고흐, 밤을 탐하다. 소울.
- 박홍규(2009). 구스타프 클림트, 정적의 조화. 가산출판.
- 베일리, 마틴(2016). 반 고흐의 태양, 해바라기: 걸작의 탄생과 컬렉션의 여정. 박찬원 번역. 아트북스.
- 안재경(2010). 고흐의 하나님. 홍성사.
- 에이데, D. 아우프 외(2009). 르누아르. 김영선 번역. 예경.
- 이택광(2014). 반 고흐와 고갱의 유토피아. 아트북스.
- 이주헌(1998). 클림트: 에로티시즘의 횃불로 밝힌 시대정신. 재원.
- 재닉, 앨런, 툴민, 스티븐(2013). 비트겐슈타인과 세기말 빈. 석기용 번역. 필로소픽.
- 정금희(2013). 프리다 칼로와 나혜석 그리고 까미유 끌로델. 재원.
- 조성관(2007). 빈이 사랑한 천재들 : 클림트에서 프로이트까지. 열대림.
- 클로델, 카미유(2010). 카미유 클로델. 김이선 번역. 마음산책.
- 파울리, 타타냐(2009). 클림트: 분리주의와 오스트리아 제국의 황금빛 황혼. 임동현 번역. 마로니에북스.
- 크레팔디, 가브리엘레(2009). 르누아르 : 인생의 아름다움을 즐긴 인상주의 화가. 최병진 번역. 마로니에북스.

제7강 · 쉽게 풀어보는 경제원리 | 박정호 |

- 김선화(2013). 100년 기업을 위한 승계전략. 쌤앤파커스.
- 박제가(2013). 완역 정본 북학의. 안대회 역주. 돌베개.

제8강 · 역사에 남은 경제학자의 한마디 | 이용택 |

- 손튼, 필(2015). 위대한 경제학자들. 박선령 번역. 시그마북스.

- 차현진(2013). 금융오디세이. 인물과사상사.
- 킨들버거, P. 찰스(2006). 광기, 패닉, 붕괴 금융위기의 역사. 김홍식 번역. 굿모닝북스.
- 하일브로너, L. 로버트(2012). 세속의 철학자들. 장상환 번역. 이마고.

제9강 • 무기의 발달과 경제 │ 이세환 │

- 기쿠치, 요시오(2011). 용병 2000년의 역사. 김숙이 번역. 사과나무.
- 네루, 자와할랄(2004). 세계사 편력(전3권). 곽복희 · 남궁원 번역. 일빛.
- 다이아몬드, 재레드(2005). 총, 균, 쇠. 김진준 번역. 문학사상.
- 도허티, 마틴(2016). 총기백과사전. 양혜경 번역. 휴먼앤북스.
- 미즈노, 히로키(2012). 도해 고대병기. 이재경 번역. 에이케이커뮤니케이션즈.
- 바우텔, 찰스(2002). 무기의 역사. 박광순 번역. 가람기획.
- 비버, 앤터니(2017). 제2차 세계대전. 김규태 · 박리라 번역. 글항아리.
- 시노다, 고이치(2001). 무기와 방어구: 중국편. 신동기 번역. 들녘.
- 육군사관학교 전사학과(2007). 세계전쟁사. 황금알.
- 이대영(2006). 세계2차대전사. 호비스트.
- 이성주(2012). 아이러니 세계사. 추수밭.
- 이성주(2003). 팬더의 전쟁견문록. 이가서.
- 이치가와, 사다하루(2000). 무기와 방어구: 서양편. 남혜승 번역. 들녘.
- 치폴라, M. 카를로(2010). 대포 범선 제국. 최파일 번역. 미지북스.
- 홍희범(2012). 세계의 군용총기백과 4. 호비스트.

제10강 • 한국의 사상을 말하다 │ 신창호 │

- 금강대학교 불교문화연구소(2017). 돈황사본 대승기신론소 연구. 씨아이알.
- 김부식(1996). 삼국사기 상 · 하. 이병도 역주. 을유문화사.
- 노자(2015). 노자 도덕경. 남만성 번역. 을유문화사.

• 데리다, 자크(2010). 그라마톨로지. 김성도 번역. 민음사.

• 박태원(2013). 원효의 십문화쟁론. 세창출판사.

• 성대대동문화연구원 편(1992). 퇴계전서(전5권). 대동문화연구원.

• 성백효(2010). 맹자집주. 전통문화연구회.

• 성백효(2011). 현토완역 논어집주. 전통문화연구회.

• 신창호(2014). 한글 논어. 판미동.

• 신창호(2015). 한글 대학·중용. 판미동.

• 신창호(2015). 한글 맹자. 판미동.

• 서명석(2017). 퇴율 공부법과 현대교육 비판. 책인숲.

• 양기석(2010). 대학장구. 술이.

• 양기석(2010). 중용장구. 술이.

• 이이(2015). 격몽요결. 김원중 번역. 민음사.

• 이황(2012). 성학십도. 이광호 번역. 홍익출판사.

• 지눌(1987). 보조국사전서. 김달진 역주. 고려원.

• 편집부(1991). 한국민족문화대백과사전(전28권). 웅진출판.

• 편집부 편(1992). 율곡전서(전2권). 대동문화연구원.

• 하위징아, 요한(2010). 호모 루덴스. 이종인 번역. 연암서가.

제11강 • 철학하며 살아보기 | 이창후 |

• 램프레히트, P. 스털링(2008). 서양철학사. 김태길 번역. 을유문화사.

• 이창후(2002). 철학과 놀자. 아이필드.

• 이창후(2010). 영화로 읽는 윤리학 이야기. 새문사.

• 이창후(2014). 영화로 읽는 서양철학사. 새문사.

• 캔필드. 잭(2015). 마음을 열어주는 101가지 이야기. 류시화 번역. 인빅투스.

카테고리	강의 주제	월	화	수	목	금
역사와 미래	마이너리티 리포트 조선	남녀가 평등했던 조선의 부부 애정사	물도사 수선이 말하는 조선의 일상생활사	야성의 화가 최북이 말하는 조선의 그림문화사	장애인 재상 허조가 말하는 조선 장애인사	이야기꾼 전기수가 말하는 조선의 스토리문화사
	천 년을 내다보는 혜안	암흑의 시대를 뚫고 피어난 르네상스의 빛	프랑스, 르네상스의 열매를 따다	계몽주의와 프랑스대혁명	신은 떠났다. 과학혁명의 도달점, 산업혁명	문화의 카오스, 아무도 답을 주지 않는다
	차茶로 읽는 중국 경제사	인류 최초로 차를 마신 사람들	평화와 바꾼 차, 목숨과 바꾼 차	아편전쟁과 중국차의 몰락	차는 다시 나라를 구할 수 있을까?	차의 혁신, 현대판 신농들
심리와 치유	치유의 인문학	내가 나를 치유하다	다 타서 재가 되다 : 번아웃 신드롬	분노와 우울은 동전의 양면이다 : 분노조절장애	불청객도 손님이다 : 불안	더 나은 나를 꿈꾸다
	동양 고전에서 찾은 위로의 한마디	나이 들어 실직한 당신을 위한 한마디	자꾸 비겁해지는 당신을 위한 한마디	언제나 남 탓만 하는 당신을 위한 한마디	불운이 두려운 당신을 위한 한마디	도전을 주저하는 당신을 위한 한마디
	내 마음 나도 몰라	호환·마마보다 무서운 질병 : 비만	F코드의 주홍글씨 : 우울증	인생은 아름다워 : 자존감과 자기조절력	알면서 빠져드는 달콤한 속삭임 : 중독	나는 어떤 사람일까? : 기질과 성격
예술과 일상	미술은 의식주다	단색화가 뭐길래	김환기의 경쟁자는 김환기뿐이다	컬렉터, 그들은 누구인가	세상에서 가장 비싼 그림	화가가 죽으면 그림값이 오른다?
	창의력의 해답, 예술에 있다	미술, 그 난해한 예술성에 대하여	이름 없는 그곳 : 사이·뒤·옆·앞·안	용기와 도발	슈퍼 모던 맨, 마네	먹느냐 먹히느냐, 모델과의 결투
	예술의 모티브가 된 휴머니즘	보편적 인류애의 메시지 : 베토벤의 〈합창〉	함께, 자유롭게, 꿈을 꾸다 : 파리의 문화살롱	슈베르트를 키운 8할의 친구들 : 슈베르티아데	형편없는 시골 음악가처럼 연주할 것 : 말러의 뿔피리 가곡과 교향곡	절대 잊지 않겠다는 다짐 : 쇤베르크의 〈바르샤바의 생존자〉
천체와 신화	지도를 가진 자, 세계를 제패하다	고지도의 매력과 유혹	한눈에 보는 세계지도의 역사	탐험의 시작, 미지의 세계를 향하다	지도상 바다 명칭의 유래와 우리 바다 '동해'	〈대동여지도〉, 조선의 네트워크를 구축하다
	동양 신화의 어벤져스	동양의 제우스, 황제	소머리를 한 농업의 신, 염제	창조와 치유의 여신, 여와	불사약을 지닌 여신, 서왕모	동양의 헤라클레스, 예
	천문이 곧 인문이다	별이 알려주는 내 운명, 점성술	동양의 하늘 vs. 서양의 하늘	불길한 별의 꼬리, 혜성	태양 기록의 비과학과 과학	죽어야 다시 태어나는 별, 초신성

| 커리큘럼 3 : **전진** |

카테고리	강의 주제	월	화	수	목	금
문학과 문장	문장의 재발견	벌레가 되고서야 벌레였음을 알다 : 프란츠 카프카 《변신》	마음도 해부가 되나요? : 나쓰메 소세키 《마음》	겨울 나무에서 봄 나무로 : 박완서 《나목》	사진사의 실수, 떠버리의 누설 : 발자크 《고리오 영감》	일생토록 사춘기 : 헤르만 헤세 《데미안》
	괴물, 우리 안의 타자 혹은 이방인	인간의 경계는 어디까지인가 : 괴물의 탄생	우리 안의 천사 혹은 괴물 : 메리 셸리 《프랑켄슈타인》	내 안의 친밀하고도 낯선 이방인 : 로버트 L. 스티븐슨 《지킬박사와 하이드 씨의 기이한 사례》	공포와 매혹이 공존하는 잔혹동화 : 브람 스토커 《드라큘라》	괴물이 던져준 기묘한 미학적 체험
	나를 찾아가는 글쓰기	말과 글이 삶을 바꾼다	독서, 글쓰기에 연료를 공급하는 일	소설가의 독서법	어쨌든 문장이다	마음을 다잡는 글쓰기의 기술
건축과 공간	가로와 세로의 건축	광장, 사람과 건축물이 평등한 가로의 공간	철강과 유리, 세로의 건축을 실현하다	근대 건축을 이끈 사람들	해체주의와 자연 중심적 건축의 새로운 시도	인간이 주인이 되는 미래의 건축
	시간과 공간으로 풀어낸 서울 건축문화사	태종과 박자청, 세계문화유산을 건축하다	조선 궁궐의 정전과 당가	대한제국과 정동, 그리고 하늘제사 건축	대한제국과 메이지의 공간 충돌, 장충단과 박문사	궁궐의 변화, 도시의 변화
	건축가의 시선	빛, 어둠에 맞서 공간을 만들다	색, 볼륨과 생동감을 더하다	선, 움직임과 방향을 제시하다	틈과 여백, 공간에 사색을 허락하다	파사드, 건물이 시작되다
클래식과 의식	클래식, 문학을 만나다	작곡가의 상상 속에 녹아든 괴테의 문학 : 〈파우스트〉	셰익스피어의 언어, 음악이 되다 : 〈한여름 밤의 꿈〉	자유를 갈망하는 시대정신의 증언자, 빅토르 위고 : 〈리골레토〉	신화의 해석, 혁명의 서막 : 오르페우스와 프로메테우스	바이블 인 뮤직 : 루터와 바흐의 수난곡
	오래된 것들의 지혜	오래되어야 아름다운 것들 : 노경老境	겨울 산에 홀로 서다 : 고봉孤峰	굽은 길 위의 삶, 그 삶의 예술 : 곡경曲徑	고요해야 얻어지는 : 공허空虛	소멸, 그 후 : 박복剝復
	시간이 만든 완성품	스토리텔링과 장인 정신으로 명품이 탄생하다	그 남자가 누구인지 알고 싶다면 : 말과 자동차	패션, 여성을 완성하다	시간과 자연이 빚은 최고의 액체 : 와인	인류를 살찌운 식문화의 꽃 : 발효음식
융합과 이상	조선의 과학과 정치	백성의 삶, 시간에 있다	모두가 만족하는 답을 구하라 : 수학	억울한 죽음이 없어야 한다 : 화학	하늘의 운행을 알아내다 : 천문학	빙고로 백성의 고통까지 얼리다 : 열역학
	'나'는 어디에 있는가	별에서 온 그대	우주에서 나의 위치는?	나는 어떻게 여기에 왔을까?	나의 조상은 누구인가	마음은 무엇일까?
	제4의 물결	평민이 왕의 목을 친 최초의 시민혁명 : 영국혁명	천 년 넘은 신분 제도를 끝장낸 대사건 : 프랑스대혁명	빵·토지·평화를 위한 노동자의 혁명 : 러시아혁명	나라의 주인이 누구인지 보여준 독립 혁명 : 베트남혁명	민주주의 역사를 다시 쓰다 : 대한민국 촛불혁명

| 커리큘럼 4 : 관계 |

카테 고리	강의 주제	월	화	수	목	금
1 인 생 활 자	자존감의 뿌리를 찾아서	시대적 사명, 자존감	무수리 씨와 나잘난 씨, 정신과에 가다	합리적으로 의심하며 살고 있나요?	존중의 문화가 없는 별	내 인생의 주인공은 나다
	내 길은 내가 간다	스스로 아웃사이더가 되다	일생을 추위에 떨어도 향기를 팔지 않는다	홀로 빈 방을 지키리	천지에 진 빚을 갚으며	산속에 숨어 세상을 바꾸다
	다름의 심리학	'다름'에 대한 건강한 이해	무엇이 우리를 다르게 만드나	나와 너를 이해하기 위한 질문	소통은 습관이다	인정과 존중의 자세
	1인 가구 보고서	통계로 보는 1인 가구 변천사	가치 소비를 지향합니다	다양한 욕구가 이끄는 공간의 변화	솔로 이코노미 시대	개인 지향형 사회와 기술
개 인 과 사 회	과식사회	과식, 굶주린 조상이 물려준 유산	다이어트는 내일부터	가짜 허기	과식을 부르는 숨은 유혹자들	과식사회에서 미식사회로
	똑똑한 사람들이 가족에게는 왜 그럴까	가족은 유기체	아버지, 두 얼굴의 사나이	당신은 부모입니까, 학부모입니까?	세상에 못된 아이는 없다	이별의 원인은 내게 있다
	콤플렉스의 시대, 신화와 비극에서 위로를 찾다	콤플렉스는 인간의 본질	팜므 파탈의 비애, 페드르	괴물이 된 여자, 메데이아	사과 한 알에서 시작된 사건, 오쟁이 진 남편	신화, 여전히 콤플렉스를 말한다
	노동인권: 이건 제 권리입니다	참아가며 일하는 세상 아니잖아요	너와 나의 일상, 노동 그리고 노동인권	노동법을 아시나요	파업하면 나쁜 사람들 아닌가요	새 시대의 노동인권
소 확 행	취향의 발견	자유와 관용	위장과 전치	순간과 영원	매몰과 항거	취향과 감각
	뇌로 인간을 보다	성격과 행동을 좌우하는 뇌	우울할 때는 뇌를 자극하세요	현대인의 노이로제, 강박증	창조성과 정신병의 관계	행복하려면 도파민하라
	현대인을 위한 여행인문학	사람들은 왜 떠나려고 하는 걸까	유통기한을 늘리는 인문여행법	읽고 쓰기 위해 떠나는 여행	인도에서 만난 책 그리고 여운	여행을 부르는 책들
	키워드로 알아보는 북유럽	휘게를 아세요?	신화의 땅, 북유럽	이케아의 정신, 이케아의 유산	평화를 추구했던 정신, 노벨상	권력에 의문을 제기하라

카테고리	강의 주제	월	화	수	목	금
인문학 코드	인간의 삶과 미래 기술	인공지능 그리고 윤동주	질문하는 인간의 내일	도구의 존재론과 애플의 혁신	일자리의 미래와 또 다른 위험	독일의 번영과 문화적 인간
	이야기는 어떻게 산업이 되었나	이야기가 돈이 되는 세상	스토리텔링 사업의 노하우	기업, 스토리텔링에 주목하다	박물관, 이야기의 보물 창고	당신도 스토리텔러가 될 수 있다
	성공하는 마케팅에 숨은 인문학	카페와 사랑의 차이	동물원에도 통한 디자인	시장을 만드는 기업	로마제국과 열린 혁신	창의력과 공간
	러시아 문학의 생명력	푸시킨과 오페라	레르몬토프와 로망스	고골과 애니메이션	도스토옙스키와 연극	톨스토이와 영화
리더의 교양	세종의 원칙	왜 지금 다시 세종인가	세종의 경청법	세종의 질문법	세종의 공부법	결국 모두 백성을 위한 일
	다섯 명의 영화감독 다섯 개의 세계	지적 유희를 즐기고 싶을 때, 크리스토퍼 놀란	느슨한 일상에 충격이 필요할 때, 다르덴 형제	답답한 공간에서 숨쉬고 싶을 때, 알폰소 쿠아론	우리 사회의 해답을 찾고 싶을 때, 이창동	덕질의 미덕을 쌓고 싶을 때, 쿠엔틴 타란티노
	르네상스 미술의 한 장면	피렌체의 상인들	하늘을 향한 둥근 지붕	다윗은 어떻게 조각되었나	열린 창으로 바라본 세계	바티칸의 영광, 교황들의 찬가
	인물로 이해하는 춘추전국시대	정당한 통치권이란 무엇인가	관중, 말과 감정을 비틀지 않는다	호언, 사람의 본성을 거스르지 않는다	손숙오, 해치지 않고 키운다	유방, 조직이 아닌 사람의 입장에서 판단하다
시장과 문화	키워드로 보는 중국 비즈니스 문화	'차별'의 문화	'꽌시'에 죽고 사는 중국인	같이 '밥'을 먹어야 친구지	→ '체면'이 목숨보다 중하다	은혜도 원한도 '되갚는' 게 도리
	시간이 만든 명품의 비밀	명품의 조건	감각의 모자이크, 이탈리아	르네상스의 용광로, 프랑스	앵글로색슨 왕실의 자존심, 영국과 미국	간결과 실용 그리고 일상, 북유럽
	명의열전	공식 명의 1호, 편작	명불허전의 명의, 화타	식이요법의 선구자, 전순의	한국형 실용의학의 정립, 허준	의학에 담아낸 혁명 사상, 이제마
	알고 보면 재미있는 미술 시장	미술 쇼핑하기 좋은 날	'호기심의 방'에서 라스베이거스 쇼룸으로	미술품은 진정 그림의 떡인가	알쏭달쏭 미술 게임	미술, 이유 있는 밀당

카테고리	강의 주제	월	화	수	목	금
기술과 행복	디지털과 아날로그	디지털 기술이 펼친 새로운 세계	초연결 시대, 우리의 관계가 바뀌다	'좋아요'에 휘둘리는 리얼 라이프	새로운 세상은 모두를 행복하게 할 수 있을까	두 개의 세상을 현명하게 살아가려면
	소유에서 접속으로	대량생산과 소유의 시대	공유경제, 구독경제, 중고거래의 공통점	새로운 생산방식	접속의 시대를 이끄는 초연결	달라지는 경제 패러다임
	AI라는 동반자	AI의 미래, 선택에 달렸다	챗봇의 미래	미래의 일과 인공지능	AI, 생명 없는 알고리즘	인공지능과 함께 이룰 수 있는 미래
	영화로 보는 인간의 오만	인간보다 나은 인간의 꿈: 인간 능력 증강과 확장이 부딪히는 벽	영원한 젊음과 불로의 미래: 생명 연장의 꿈과 누구도 모를 진화의 끝	인간보다 나은 사이보그, 이 세상보다 나은 사이버 세상	한 치 오차 없이 완벽한 예측과 통제라는 정치적 오만	그들이 꿈꾸는 세상: 우리는, 나는 어떤 세상을 꿈꾸고 있나?
우리의 삶	한국인의 미래	인간의 미래	개인과 사회의 미래	일의 미래	한반도의 미래	미래의 돌발변수
	'지구'라는 터전	지구의 기원과 진화	인간의 출현과 발달	인간과 지구의 미래	지구인이 알아야 할 지구	우주, 지구, 인간
	비난과 이해 사이	분수에 맞지 않은 소비: 기회비용	온라인 중고시장에서의 거래: 정보의 비대칭성	학부모 모임에서 소외당하는 직장맘: 시장	화장실 문을 잠그는 가게: 비용	해외 직구족: 소비자 잉여, 생산자 잉여
	100세 시대의 사고	진정한 행복이란	핵심가치에 집중하는 삶	가족을 대하는 자세	품위 있는 죽음	노년에 더 빛나는 것들
생각의 전환	자유와 평등의 미래	자유를 찾아서: 프랑스 혁명	차별화된 자유: 7월 혁명	모든 이에게 자유를: 2월 혁명	자유를 넘어 평등으로: 파리 코뮌	금지하는 것을 금지한다: 68 혁명
	이런 인권, 어떻습니까	인권감수성이란?	내가 당사자일 수 있는 문제들	인권 vs 인권	아는 것과 행동하는 것	인권감수성의 미래
	세대 화합을 이끄는 지혜	중국 명산 탐방으로 시간을 넘다	대를 이은 유언	내가 단서를 열 테니 네가 완성하여라	나의 견해가 잘못되었습니다	어려운 세상을 함께 헤쳐나가야 하는
	무의식이 우리에게 말해주는 것들	무의식을 발견한 프로이트	무의식을 이해하는 놀라운 반전: 상징과 기호의 차이	무의식적 상징이 말하는 것	무의식에 감춰진 놀라운 지혜	종교적 차원에서 무의식이란

─── 《퇴근길 인문학 수업》 시즌1 | 멈춤, 전환, 전진 편 |

《퇴근길 인문학 수업》은 현대인의 독서생활 패턴에 맞춰 구성된 인문학 시리즈다. 한 개의 주제를 월요일부터 금요일까지 다섯 번의 강의로 나눠 하루 30분씩 5일이면 하나의 인문학 강의를 완독할 수 있다. 시즌1은 인문학의 범위를 '멈춤, 전환, 전진'이라는 방향성으로 나눠 풀어냈다. 다양한 소재와 짧은 호흡, 쉬운 언어로 호평을 받으며 출간 즉시 인문 분야 베스트셀러에 올랐다.

퇴근길 인문학 수업 | 전진 |

《퇴근길 인문학 수업》 시즌2 | 관계, 연결, 뉴노멀 편 |

시즌2는 '인문학은 어떻게 삶이 되는가'에 초점을 맞춰 기획됐다. 〈관계〉편은 나(개인)와 사회를 탐구하는 주제로 구성했고, 〈연결〉편은 산업과 문화 속에 스며든 인문정신이 우리 삶과 어떤 연관성을 갖는지에 주목했다. 〈뉴노멀〉편은 포스트 코로나 시대에 요구되는 태도와 재확인해야 할 가치관 속에서 다시 인문학의 가치를 살핀다.

퇴근길 인문학 수업 | 관계 |